"Este es el mejor libro cristiano del siglo veinte".

Mark Dever

"La mayor necesidad de la iglesia en cualquier época de la historia redentora es el conocimiento del carácter Dios. Toda la Biblia fue inspirada con el objetivo de revelar la naturaleza del único, sabio y eterno Dios. Si leemos la Biblia y pasamos por alto el carácter de Dios, jamás seremos impactados y transformados. De ahí la importancia del libro que tienes en tus manos. Sin lugar a dudas, este ha sido uno de los libros que más ha influenciado la iglesia y lo seguirá haciendo por mucho tiempo. Packer escribió con una mente teológica brillante, pero también con un corazón pastoral. Con sencillez, pero no simpleza, muestra claramente que el conocimiento de nuestro Dios hará de nosotros hijos más obedientes, mejores adoradores, discípulos más comprometidos con Dios y con Su causa y aún mejores intérpretes del texto bíblico. Desearía con todo mi corazón que tantas personas como fuera posible leyeran y reflexionaran en el contenido de esta obra. De ocurrir esto, estoy convencido de que la iglesia cambiará radicalmente".

Miguel Núñez

"Después de la Biblia, el libro *Conocer a Dios* por J.I. Packer tuvo el mayor impacto en mí como nuevo cristiano. Me ayudó a crecer en una comprensión bíblica de quién es, qué desea y qué hace Dios. Y como resultado, comencé a comprender Su grandeza. Este libro fue tan útil para mí que lo he usado como la principal herramienta de discipulado con otros nuevos creyentes. No puedo recomendar este libro lo suficiente. Es uno de los grandes libros cristianos que todo cristiano debería leer".

Juan R. Sánchez

"El estilo de Packer es suscinto, vívido e ingenioso. Su perspectiva es una de mente abierta, la cual resume toda la escena bíblica. Y la verdad que expone enciende el corazón. Al menos encendió el mío y me instó a apartarme a orar y adorar".

John Stott

"*Conocer a Dios* es una obra maestra escrita por un teólogo maestro. Sirve como una alarma para todos aquellos que están dormidos frente a la majestad de Dios".

R. C. Sproul

"Por años me han preguntado por mi 'top veinte' en la lista de libros cristianos que me he leído. *Conocer a Dios* ha estado en esa lista desde mediados de la decada de los setenta. Este volumen es Packer en su máxima expresión".

Charles Swindoll

"De cien años para acá solo un puñado de libros podrían ser llamados y aceptados como 'clásicos cristianos'. El libro del Dr. J.I. Packer, *Conocer a Dios*, puede señalarse como uno de ellos. Como un teólogo y escritor dotado, el Dr. Packer tiene la excepcional habilidad de tratar con verdades espirituales profundas y fundamentales de una manera práctica y altamente entendible. Este libro ayudará a cada lector a comprender de una manera completa una de las verdades más grandiosas de las Escrituras: podemos conocer a Dios personalmente, porque Él quiere que le conozcamos".

Billy Graham

"La razón por la que este libro es ahora un clásico y, en mi opinión, una lectura obligada para todo cristiano, es porque muchos cristianos no se dan cuenta de qué tan importante es empezar siempre por entender quién es Dios. Este libro desarrolla todas las doctrinas fundamentales de la fe cristiana, desde los atributos de Dios hasta lo que Él ha hecho por nosotros en el mensaje del evangelio de una manera muy sencilla y clara. ¡Este es uno de los mejores recursos para discipulados de nuevos y también de experimentados creyentes!"

Nathan Díaz

"*Conocer a Dios* es una lectura obligada para cualquier cristiano que piense seriamente sobre su fe. A la vez que es teológico, es práctico; a la vez que es profundo, es de lectura fácil. Lo recomiendo ampliamente".

John Perkins

"He aquí un teólogo que llama desde un lugar donde las ovejas puedan oírlo. En palabras sencillas, nos muestra a las personas del común lo que significa conocer a Dios".

Elisabeth Elliot

"Los libros y los ensayos que el Dr. Packer ha escrito podrían llenar estanterías, pero él sigue siendo conocido mayormente por su obra *Conocer a Dios*. Otros autores podrían haber seguido escribiendo libros sobre desear, amar, servir o buscar a Dios, pero esta obra del Dr. Packer lo dice claramente, lo dice mejor".

Joni Eareckson Tada

"Pocas cosas merecen ser llamadas 'clásicos cristianos', pero este libro es seguramente una de ellas. Con el corazón de un pastor, el entendimiento de un teólogo y la pasión de un profeta, J.I. Packer trae al lector a estar cara a cara con el Dios viviente".

Charles Colson

"Este libro es una excelente exposición bíblica en tanto restituye las doctrinas de la Escritura y las aplica a las necesidades de nuestra época".

Christianity Today

"Lo que hace a la obra del Dr. Packer tan vital, práctica y creíble es que él *vive* lo que *escribe*. Conocer a Dios es la obra de un hombre que en realidad lo *hace*: lo conoce, quiere que nosotros lo conozcamos y nos muestra cómo hacerlo".

Jack Hayford

"No es lo mismo estudiar vulcanología que ver la violenta erupción de un volcán de cerca. De igual manera, no es lo mismo estudiar la teología sistemática que conocer a Dios. En este libro clásico, J.I. Packer nos toma de la mano y nos guía por un sendero que nos lleva al borde del mismo cráter del volcán. El camino a veces demanda cierto esfuerzo, pero vale la pena. Con cada paso sentimos más la viva presencia del poderoso y temible Dios, creador del universo".

Samuel E. Masters

CONOCER
A
DIOS

J.I. PACKER

Mientras lees, comparte con otros en redes usando
#ConocerADios

Conocer a Dios (con guía de estudio)
J.I. Packer

© 2023 por Poiema Publicaciones

Traducido con el debido permiso del libro *Knowing God* © 1973 por J.I. Packer. Publicado por InterVarsity Press, Downers Grove, Illinois, con permiso de Hodder and Stoughton Limited, Londres. Guía de estudio © 1975 por InterVarsity Christian Fellowship en Estados Unidos. El texto fue adaptado al inglés estadounidense y rediseñado en 2018.

A menos que se indique lo contrario, las citas bíblicas han sido tomadas de *La Santa Biblia, Nueva Versión Internacional* © 1986, 1999, 2015, por Biblica, Inc. Usada con permiso. Las citas bíblicas marcadas con la sigla NBV han sido tomadas de *La Nueva Biblia Viva* © 2006, 2008 por Biblica, Inc.; las marcadas con la sigla RV60, de *La Santa Biblia, Versión Reina Valera* © 1960 por Sociedades Bíblicas en América Latina y renovado © 1988 por Sociedades Bíblicas Unidas; las marcadas con la sigla BLHP, de *La Palabra, versión Hispanoamericana de Hoy* © 2010, por Sociedad Biblia de España; las marcadas con la sigla NBLA, de *La Nueva Biblia de las Américas* © 2005, por The Lockman Foundation; las marcadas con la sigla NTV, de *La Santa Biblia, Nueva Traducción Viviente* © 2010, por Tyndale House Foundation.

Todos los derechos reservados. Ninguna parte de esta publicación puede ser reproducida, almacenada en un sistema de recuperación, o transmitida de ninguna forma ni por ningún medio, ya sea electrónico, mecánico, fotocopia, grabación, u otros, sin el previo permiso por escrito de la casa editorial.

Poiema Publicaciones
info@poiema.co
www.poiema.co

Impreso en Colombia
ISBN: 978-1-955182-01-0
SDG

Para Kit

CONTENIDO

Prefacio xi

PARTE UNO: CONOCE AL SEÑOR

1. El estudio de Dios 3
2. El pueblo que conoce a su Dios 13
3. Conocer y ser conocidos 23
4. El único Dios verdadero 35
5. Dios encarnado 45
6. Él dará testimonio 61

PARTE DOS: ¡CONTEMPLA A DIOS!

7. El Dios inmutable 73
8. La majestad de Dios 81
9. El único y sabio Dios 91
10. La sabiduría de Dios y la nuestra. 103
11. Tu Palabra es verdad 115
12. El amor de Dios 125
13. La gracia de Dios 137
14. Dios el Juez. 149
15. La ira de Dios 159
16. Bondad y severidad 171
17. El Dios celoso 181

PARTE TRES: SI DIOS ES POR NOSOTROS

18. La esencia del evangelio 193
19. Hijos de Dios 217
20. Tú eres nuestro guía. 253
21. Estas pruebas interiores 269
22. La suficiencia de Dios 281

Prefacio (1975) 315
Prefacio (2005) 319
Guía de estudio 323
Índice de las Escrituras 355

PREFACIO

Así como los payasos aspiran a representar el papel de Hamlet, yo he deseado escribir un tratado sobre Dios. Este libro, sin embargo, no lo es. Su extensión quizás pueda hacer pensar que intenta serlo, pero quien lo tome así saldrá defraudado. Más bien, se trata de una cadena de temas: una serie de pequeños estudios sobre grandes temas, la mayor parte de los cuales aparecieron primeramente en el *Evangelical Magazine* [*Revista Evangélica*]. En su origen constituían mensajes independientes, pero se presentan reunidos ahora porque parecen fusionarse en un solo mensaje acerca de Dios y de nuestra manera de vivir. Es su objetivo práctico el que explica tanto la selección como la omisión de temas y el modo en que son tratados.

En *A Preface to Christian Theology* [*Prefacio a la teología cristiana*], Juan Mackay ilustró dos tipos de interés en las cuestiones cristianas mediante personas sentadas en el balcón del piso alto de una casa española que observan el paso de la gente en la calle abajo. Los "balconeros" pueden oír lo que hablan los que pasan y pueden charlar con ellos; pueden comentar críticamente la forma en que caminan los transeúntes; o pueden también intercambiar ideas acerca de la calle, de la existencia misma de esta o de adónde conduce, lo que puede verse a lo largo de la misma, y así sucesivamente; pero son espectadores, y sus problemas son teóricos únicamente. Los que pasan, en cambio, enfrentan problemas que, aunque tienen su lado teórico, son en esencia prácticos: problemas como "qué camino tomar" y "cómo hacer para llegar", problemas que requieren no solo comprensión sino también decisión y acción. Tanto los balconeros como los viajeros pueden pensar sobre los mismos asuntos, pero sus problemas difieren. Así, por ejemplo, en relación con el *mal*, el problema del balconero es encontrar una explicación teórica de cómo conciliar el mal con la soberanía y la bondad de Dios, mientras que el problema del viajero es cómo vencer el mal y hacer que redunde en beneficio. De modo similar, en relación con el *pecado*, el balconero se pregunta si la pecaminosidad de la raza y la perversidad individual son realmente conceptos aceptables, mientras que el viajero, que conoce el pecado desde dentro, se pregunta qué esperanza hay de liberación. O tomemos el problema de la *Deidad*: mientras el balconero se está preguntando cómo es posible que un Dios pueda ser tres, qué clase de unidad pueden representar las tres, y cómo tres que hacen uno pueden ser personas, el viajero quiere saber cómo dar honor, y mostrar amor y confianza como corresponde, a las tres personas que están ahora mismo obrando juntas para sacarlo del pecado y llevarlo a la gloria. Y así podríamos seguir. Ahora bien, este es un libro para viajeros, y trata asuntos de viajeros.

La convicción que sustenta este libro es la siguiente: la ignorancia sobre Dios —ignorancia tanto de Sus caminos como de la práctica de la comunión con Él— está en la raíz de buena parte de la debilidad de la iglesia en la actualidad. Dos tendencias desafortunadas parecen haber producido esta situación.

La primera tendencia consiste en que *la mentalidad del cristiano se ha conformado al espíritu moderno*: el espíritu, es decir, que concibe grandes ideas sobre el hombre y solo deja lugar para ideas pequeñas en cuanto a Dios. La tendencia moderna en relación con Dios es la de mantenerlo a distancia, aunque Él no sea negado totalmente; y lo irónico está en que los cristianos modernos, preocupados por la conservación de prácticas religiosas en un mundo irreligioso, han permitido ellos mismos que Dios se haga remoto. Las personas con visión clara, al ver esto, se sienten tentadas a retirarse de las iglesias con una especie de disgusto, a fin de proseguir la búsqueda de Dios por su cuenta. Y no es posible culparlos del todo; porque la gente de iglesia que mira a Dios por el extremo opuesto del

Prefacio

telescopio, por así decirlo, de tal modo que queda reducido al tamaño de un pigmeo, no pueden menos que terminar siendo ellos mismos cristianos pigmeos; y naturalmente la gente con visión clara quiere algo mejor que esto. Más todavía, las ideas sobre la muerte, la eternidad, el juicio, la grandeza del alma y las consecuencias perdurables de las decisiones temporales están todas pasadas de moda para los modernos, y es triste comprobar que la iglesia cristiana, siguiendo la misma tendencia, en lugar de alzar su voz para recordar al mundo lo que está siendo olvidado, se ha acostumbrado a darle muy poco lugar a estos temas. Pero estas capitulaciones ante el espíritu moderno resultan suicidas en lo que respecta a la vida cristiana.

La segunda tendencia consiste en que *la mente cristiana ha sido perturbada por el escepticismo moderno*. Desde hace más de tres siglos la levadura naturalista de la perspectiva renacentista viene trabajando como un cáncer en el pensamiento occidental. Los arminianos y los deístas del siglo diecisiete, como los socinianos del siglo dieciséis, llegaron a negar, contra la teología de la Reforma, que el control que ejerce Dios sobre el mundo sea directo o completo, y en buena medida la teología, la filosofía y la ciencia se han combinado desde entonces para apoyar esta negación. Como resultado, la Biblia ha sido atacada intensamente, como ha ocurrido también con muchas de las posiciones fundamentales del cristianismo histórico. Los hechos fundamentales de la fe han sido puestos en tela de juicio. ¿Se encontró Dios con Israel en el Sinaí? ¿Fue Jesús algo más que un hombre muy espiritual? ¿Realmente acontecieron los milagros del evangelio? ¿No será el Jesús de los Evangelios una figura mayormente imaginaria?... y así sucesivamente. Pero esto no es todo. El escepticismo acerca de la revelación divina, como también acerca de los orígenes del cristianismo, ha dado lugar a un escepticismo más amplio que abandona toda idea de una unidad de la verdad, y con ello toda esperanza de un conocimiento humano unificado; de modo que en la actualidad se supone comúnmente que mis aprehensiones religiosas no tienen nada que ver con mi conocimiento científico de las cosas externas a mí mismo, por cuanto Dios no está "allá afuera" en el mundo, sino solamente "aquí adentro", en mi psiquis. La incertidumbre y la confusión en cuanto a Dios que caracteriza a nuestra época es lo peor que hemos conocido desde que la teosofía gnóstica intentó tragarse al cristianismo en el segundo siglo.

Con frecuencia se dice hoy en día que la teología está más firme que nunca, y en términos de erudición académica y de la cantidad y calidad de los libros que se publican probablemente sea cierto; pero hace mucho que la teología no ha sido tan débil y tan torpe en su tarea básica de mantener a las iglesias dentro de las realidades del evangelio. Hace noventa años C. H. Spurgeon describió los vaivenes que ya veía entre los bautistas con relación a las Escrituras, la expiación y el destino humano, como una "cuesta abajo". ¡Si Spurgeon pudiera analizar el pensamiento protestante acerca de Dios en la actualidad, supongo que hablaría de una "caída en picada"!

"Deténganse en los caminos y miren; pregunten por los senderos antiguos. Pregunten por el buen camino, y no se aparten de él. Así hallarán el descanso anhelado" (Jer 6:16). Esa es la invitación que este libro extiende también al lector. No se trata de una crítica de las sendas nuevas, excepto indirectamente, sino más bien de un sincero y directo llamado a recordar las antiguas, con el convencimiento de que "el buen camino" sigue siendo el que solía ser. No les pido a mis lectores que supongan que estoy muy seguro de lo que hablo. "Los que, como yo," —escribió C. S. Lewis— "tienen una imaginación que va más allá de la obediencia, están expuestos a un justo castigo: fácilmente imaginamos poseer condiciones mucho más elevadas que las que realmente hemos alcanzado. Si describimos lo que hemos imaginado, podemos hacer que otros, como también nosotros mismos, crean que realmente hemos llegado tan alto" y de este modo engañarlos a ellos y engañarnos a nosotros mismos (*The Four Loves* [*Los cuatro amores*], Fontana, 128). Todos los que leen y escriben literatura devocional harían bien en reflexionar sobre las palabras de Lewis. Pero "Escrito está: 'Creí, y por eso hablé'. Con ese mismo espíritu de fe también nosotros creemos, y por eso hablamos" (2Co 4:13). Y si lo que aquí se ha escrito ayuda a alguien en la forma en que las meditaciones que precedieron a su redacción me ayudaron a mí, la tarea habrá valido con creces la pena.

J.I.P.
Trinity College, Bristol, Inglaterra

PARTE UNO

CONOCE AL SEÑOR

Juan 17:26 ✓   Juan 1:18
Salmo 25:4   Jer. 33:3
Ezequiel 38:23

CAPÍTULO UNO

EL ESTUDIO DE DIOS

El 7 de enero de 1855 el pastor de New Park Street Chapel, Southwark, Inglaterra, inició su sermón matutino con las siguientes palabras:

Alguien ha dicho que "el estudio apropiado de la humanidad es el hombre". No voy a negar este concepto, pero pienso que es igualmente cierto que el estudio apropiado para los elegidos de Dios es Dios mismo; el estudio apropiado para el cristiano es la Deidad. La ciencia más elevada, la especulación más encumbrada, la filosofía más vigorosa que puedan jamás ocupar la atención de un hijo de Dios, es el nombre, la naturaleza, la persona, la obra, los hechos y la existencia de ese gran Dios a quien llama Padre.

En la contemplación de la divinidad hay algo extraordinariamente beneficioso para la mente. Es un tema tan vasto que todos nuestros pensamientos se pierden en su inmensidad; tan profundo, que nuestro orgullo se hunde en su infinitud. Cuando se trata de otros temas podemos abarcarlos y enfrentarlos; sentimos una especie de autosatisfacción al encararlos, y podemos seguir nuestro camino con el pensamiento: "Cuan sabio soy". Pero cuando damos con esta ciencia por excelencia y descubrimos que nuestra plomada no puede sondear su profundidad, que nuestro ojo de

PARTE UNO | *Conoce al Señor*

águila no puede percibir su altura, nos alejamos con el pensamiento de que el hombre vano quisiera ser sabio, pero es como el pollino salvaje; y con la solemne exclamación: "Soy un principiante, y nada sé". Ningún tema de contemplación tenderá a humillar la mente en mayor medida que los pensamientos de Dios...

Pero si bien el tema *humilla* la mente, también la ensancha. El que con frecuencia piensa en Dios, tendrá una mente más amplia que el hombre que se afana simplemente por lo que le ofrece este mundo estrecho. El estudio más excelente para ensanchar el alma es la ciencia de Cristo y este crucificado, y el conocimiento de la deidad en la gloriosa Trinidad. Nada hay que desarrolle tanto el intelecto, que magnifique tanto el alma del hombre, como la investigación devota, sincera y continua del gran tema de la Deidad.

Además, a la vez que humilla y ensancha, este tema tiene un efecto eminentemente *consolador*. La contemplación de Cristo proporciona un bálsamo para toda herida; la meditación sobre el Padre proporciona descanso de toda aflicción; y en la influencia del Espíritu Santo hay bálsamo para todo mal. ¿Quieres librarte de tu dolor? ¿Quieres ahogar tus preocupaciones? Entonces ve y zambúllete en lo más profundo del mar de la Deidad; piérdete en su inmensidad; y saldrás de allí como si te levantaras de un lecho de descanso, renovado y fortalecido. No conozco nada que sea tan consolador para el alma, que apacigüe las crecientes olas del dolor y la aflicción, que proporcione paz ante los vientos de las pruebas, como la ferviente reflexión sobre el tema de la Deidad. Ese es el tema que te invito a considerar esta mañana...

Las palabras que anteceden, dichas hace más de un siglo por C. H. Spurgeon (que en esa época, increíblemente, tenía solo veinte años de edad) eran ciertas entonces y siguen siéndolo hoy. Ellas constituyen un prefacio adecuado para una serie de estudios sobre la naturaleza y el carácter de Dios.

¿QUIÉN NECESITA LA TEOLOGÍA?

"Pero espera un momento" —dice alguien—, "contéstame esto: ¿Tiene sentido realmente nuestro viaje? Ya sabemos que en la época de Spurgeon a la gente le interesaba la teología, pero a mí me resulta aburrida. ¿Por qué vamos a dedicarle tiempo en el día de hoy al tipo de estudio que nos propones? ¿No te parece que el laico puede arreglárselas sin él? Después de todo, ¡estamos en el siglo veintiuno, no en el diecinueve!".

¡Es una pregunta válida!, pero creo que hay una respuesta convincente para la misma. Está claro que el interlocutor al que nos referimos supone que un estudio sobre la naturaleza y el carácter de Dios no es práctico ni relevante para la vida. Sin embargo, en realidad es el proyecto más práctico que cualquier persona puede encarar. El conocimiento acerca de Dios tiene una importancia crucial para el desarrollo de nuestra vida. Así como sería cruel trasladar a un aborigen del Amazonas directamente a Londres, depositarlo sin explicación alguna en la plaza de Trafalgar, y abandonarlo allí, sin conocimiento de la lengua inglesa ni de las costumbres inglesas, para que se desenvuelva por su cuenta, así también somos crueles contra nosotros mismos cuando intentamos vivir en este mundo sin conocimiento de ese Dios de quien es el mundo y que lo dirige. Para quienes no saben nada en cuanto a Dios, este mundo se torna un lugar extraño, absurdo y penoso, y la vida en él se hace desalentadora y desagradable. Descuida el estudio de Dios y te sentencias a ti mismo a transitar la vida dando tropezones y errando el camino como si tuvieras los ojos vendados, por así decirlo, sin el necesario sentido de dirección, y sin comprender lo que ocurre a tu alrededor. Es la manera segura de malgastar tu vida y perder tu alma.

Teniendo presente, pues, que el estudio de Dios es provechoso, nos preparamos para comenzar. Pero, ¿por dónde comenzar? Evidentemente tenemos que iniciar el estudio desde donde estamos. Sin embargo, eso significa adentrarse en una tormenta, pues la doctrina de Dios es hoy el centro de una tormenta. El denominado "debate sobre Dios", con sus lemas tan alarmantes —"nuestra imagen de Dios debe desaparecer"; "Dios ha muerto"; "podemos cantar el credo pero no podemos decirlo"— se agita por todas partes. Se nos afirma que la fraseología cristiana, como la han practicado históricamente los creyentes, es una especie de disparate refinado, y que el conocimiento de Dios está en realidad vacío de contenido.

Los esquemas de enseñanza que profesan tal conocimiento se catalogan de anticuados y se descartan: "el calvinismo", "el fundamentalismo", "el escolasticismo protestante", "la vieja ortodoxia". ¿Qué debemos hacer? Si postergamos el viaje hasta que haya pasado la tormenta, quizá nunca lo comencemos.

Yo propongo lo siguiente. El lector recordará la forma en que el peregrino de Bunyan, cuando su esposa y sus hijos lo llamaban para que abandonara el viaje que estaba iniciando, se tapó los oídos y siguió corriendo, exclamando: "¡Vida, vida, vida eterna!". Yo le pido al lector que por un momento se tape los oídos para no escuchar a los que le dicen que no hay camino que lleve al conocimiento de Dios, y que inicie el viaje conmigo para ver por sí mismo. Después de todo, solo el que comienza a andar conoce el camino. Y el caminante no se molestará si escucha a los que nunca han transitado por ahí diciendo que no existe tal camino.

Con tormenta o no, por lo tanto, nosotros vamos a comenzar. Sin embargo, ¿cómo trazamos la ruta que debemos seguir?

La ruta la determinarán cinco afirmaciones básicas, cinco principios fundamentales relativos al conocimiento acerca de Dios que sostienen los cristianos. Son estos:

1. Dios ha hablado al hombre, y la Biblia es Su Palabra, la que nos ha sido dada para abrir nuestro entendimiento a la salvación.
2. Dios es Señor y Rey sobre Su mundo; gobierna por sobre todas las cosas para Su gloria, demostrando Sus perfecciones en todo lo que hace, a fin de que tanto hombres como ángeles le rindan adoración y alabanza.
3. Dios es Salvador, activo en Su amor soberano mediante el Señor Jesucristo, con el propósito de rescatar a los creyentes de la culpa y el poder del pecado, para adoptarlos como hijos y bendecirlos como tales.
4. Dios es trino y uno; en la Deidad hay tres personas: Padre, Hijo y Espíritu Santo; y en la obra de salvación las tres personas actúan unidas, el Padre proyectando la salvación, el Hijo realizándola, y el Espíritu aplicándola.
5. La santidad consiste en responder a la revelación de Dios con confianza y obediencia, fe y adoración, oración y alabanza, sujeción y

servicio. La vida debe verse y vivirse a la luz de la Palabra de Dios. Esto, y nada menos que esto, constituye la verdadera religión.

A la luz de estas verdades generales y básicas, examinaremos a continuación lo que nos muestra la Biblia sobre la naturaleza y el carácter del Dios del que hemos estado hablando. Nos hallamos en la posición de viajeros que, luego de observar una gran montaña a la distancia, de rodearla y de comprobar que domina todo el panorama y que determina la configuración del paisaje que la rodea, se dirigen hacia ella con la intención de escalarla.

LOS TEMAS BÁSICOS

¿Qué implica el ascenso? ¿Cuáles son los temas que nos ocuparán?

Tendremos que estudiar la *Deidad* de Dios, las cualidades de la Deidad que separan a Dios de los seres humanos y determinan la diferencia y la distancia que existen entre el Creador y Sus criaturas, cualidades tales como Su existencia autónoma, Su infinitud, Su eternidad, Su inmutabilidad. Tendremos que considerar los *poderes* de Dios: Su omnisciencia, Su omnipresencia, Su carácter todopoderoso. Tendremos que referirnos a las *perfecciones* de Dios, los aspectos de Su carácter moral que se manifiestan en Sus palabras y en Sus obras: Su santidad, Su amor y misericordia, Su veracidad, Su fidelidad, Su bondad, Su paciencia, Su justicia. Tendremos que tomar nota de lo que le agrada, lo que le ofende, lo que despierta Su ira, lo que le da satisfacción y gozo.

Para muchos de nosotros, estos son temas poco conocidos. No lo fueron siempre para el pueblo de Dios. Hubo un tiempo en que el tema de los atributos de Dios (como se les conoce) revestía tal importancia que se incluía en el catecismo que todos los niños de las iglesias debían aprender y que todo miembro adulto debía conocer. Así, a la cuarta pregunta en el Catecismo Menor de Westminster: "¿Qué es Dios?", la respuesta dice lo siguiente: "Dios es un Espíritu, infinito, eterno e inmutable en Su ser, sabiduría, poder, santidad, bondad, justicia y verdad", afirmación que el gran Charles Hodge describió como "probablemente la mejor definición de Dios que jamás haya escrito el hombre".

Pocos son los niños de hoy en día, no obstante, que estudian el Catecismo Menor de Westminster, y pocos son los fieles modernos que habrán escuchado una serie de sermones sobre el carácter de la divinidad parecidos a los voluminosos *Discourses on the Existence and Attributes of God* [*Discursos sobre la existencia y los atributos de Dios*] de Charnock dados en 1682. Igualmente, son pocos los que habrán leído algo sencillo y directo sobre la naturaleza de Dios, por cuanto es poco lo que se ha escrito sobre Él últimamente. Por lo tanto, debemos suponer que una exploración de los temas mencionados nos proporcionará muchos elementos nuevos para la meditación, y muchas ideas nuevas para considerar y digerir.

EL CONOCIMIENTO APLICADO

Por esta misma razón debemos detenernos, antes de comenzar el ascenso de la montaña, para hacernos algunas preguntas sumamente importantes; preguntas que, por cierto, siempre deberíamos hacernos cada vez que comenzamos cualquier tipo de estudio del santo libro de Dios. Las preguntas se relacionan con nuestras propias motivaciones e intenciones como estudiantes. Necesitamos preguntarnos: ¿cuál es mi objetivo y fin primordial al ocupar mi mente en estas cosas? ¿Qué pretendo *hacer* con mi conocimiento sobre Dios, una vez que lo tenga? Porque el hecho que tenemos que enfrentar es el siguiente: si buscamos el conocimiento teológico por lo que es en sí mismo, terminará por resultarnos contraproducente. Nos hará orgullosos y engreídos. La misma grandeza del tema nos intoxicará, y llegaremos a considerarnos superiores a los demás cristianos por nuestro interés en él y nuestra comprensión del mismo; y miraremos con desprecio a aquellos cuyas ideas teológicas nos parezcan toscas e inadecuadas y los desecharemos como elementos de poco valor. Porque como les dijo Pablo a los ensoberbecidos corintios: "El conocimiento envanece… El que cree que sabe algo, todavía no sabe como debiera saber" (1Co 8:1-2). Si adquirir conocimientos teológicos es un fin en sí mismo, si estudiar la Biblia no representa un motivo más elevado que el deseo de saber todas las respuestas, entonces nos veremos encaminados directamente a un estado de engreimiento y autoengaño. Debemos cuidar nuestro corazón a fin de no abrigar una actitud similar, y orar para que ello no ocurra. Como ya hemos visto, no puede haber salud espiritual sin conocimiento doctrinal;

pero también es cierto que no puede haber salud espiritual *con* este conocimiento si se lo procura con fines errados y se lo estima con valores equivocados. En esta forma el estudio doctrinal puede realmente tornarse peligroso para la vida espiritual, y nosotros hoy en día, en igual medida que los corintios de la antigüedad, tenemos que estar en guardia a fin de evitar este peligro.

Sin embargo, alguien dirá, ¿acaso no es un hecho que el amor a la verdad revelada de Dios, y un deseo de saber todo lo que se pueda, es lo más lógico y natural para toda persona que haya nacido de nuevo? ¿Qué nos dice el Salmo 119? "¡Enséñame tus decretos!"; "Ábreme los ojos, para que contemple las maravillas de tu ley"; "¡Cuánto amo yo tu ley!", "¡Cuán dulces son a mi paladar tus palabras! ¡Son más dulces que la miel a mi boca!"; "dame entendimiento y llegaré a conocer tus estatutos" (Sal 119:12, 18, 97, 103, 125). ¿Acaso no anhela todo hijo de Dios, junto con el salmista, saber todo lo que pueda acerca de su Padre celestial? ¿Acaso no es el hecho de que recibieron el amor de la verdad una prueba de que han nacido de nuevo? (ver 2Ts 2:10). ¿Y acaso no está bien procurar satisfacer en la mayor medida posible este anhelo dado por Dios mismo?

Por supuesto, sí lo es. Pero si miramos de nuevo lo que dice el Salmo 119, veremos que lo que anhelaba el salmista era adquirir un conocimiento no teórico sino práctico acerca de Dios. Su anhelo supremo era conocer a Dios mismo y deleitarse en Él, y valorar el conocimiento de Dios simplemente como un medio para ese fin. Quería entender las verdades divinas con el fin de que su corazón pudiera responder a ellas y que su vida fuera conformada a las mismas. Observamos lo que se destaca en los versículos iniciales: "Dichosos los que van por caminos perfectos, los que *andan conforme a la ley del Señor*. Dichosos los que *guardan sus estatutos y de todo corazón lo buscan*… ¡Cuánto deseo afirmar mis caminos para *cumplir tus decretos!*" (Sal 119:1, 2, 5). Le interesaban la verdad y la ortodoxia, la enseñanza bíblica y la teología, pero no como fines en sí mismos sino como medios para lograr las verdaderas metas de la vida y la santidad. Su preocupación central era acerca del conocimiento y el servicio del gran Dios cuya verdad procuraba entender.

Esta debe ser también nuestra actitud. Nuestra meta al estudiar la Deidad debe ser la de conocer mejor a Dios mismo. Debe interesarnos ampliar el grado de acercamiento no solo a la doctrina de los atributos de Dios, sino al Dios vivo que los despliega. Así como Él es el tema de nuestro estudio, y quien nos ayuda en ello, también debe ser el fin del mismo. Debemos procurar que el estudio de Dios nos lleve más cerca de Él. Con este fin se dio la revelación, y es a este fin que debemos aplicarla.

MEDITANDO SOBRE LA VERDAD

¿Cómo debemos lograr esto? ¿Cómo podemos transformar el conocimiento *acerca* de Dios en conocimiento *de* Dios? La regla para llegar a ello es exigente, pero simple. Consiste en que transformemos todo lo que aprendamos *acerca* de Dios en tema de meditación *delante* de Dios, seguido de oración y alabanza *a* Dios.

Quizás tengamos alguna idea acerca de lo que es la oración, pero ninguna en cuanto a lo que es la meditación. Es fácil que así sea ya que la meditación es un arte que se ha perdido el día de hoy, y los creyentes sufren gravemente cuando ignoran esta práctica. La meditación es la actividad que consiste en recordar, pensar y reflexionar sobre todo lo que uno sabe acerca de las obras, el proceder, los propósitos y las promesas de Dios, aplicando todo a uno mismo. Es la actividad del pensar consagrado, que se realiza conscientemente en la presencia de Dios, a la vista de Dios, con la ayuda de Dios, y como medio de comunión con Dios. Tiene como fin aclarar la visión mental y espiritual que tenemos de Dios y permitir que la verdad de la misma haga un impacto pleno y apropiado sobre la mente y el corazón. Se trata de un modo de hablar consigo mismo sobre Dios y uno mismo; más aun, con frecuencia consiste en discutir con uno mismo, a fin de librarse de un espíritu de duda, de incredulidad, para adquirir una clara aprehensión del poder y la gracia de Dios.

Su efecto es siempre humillarnos, al contemplar la grandeza y la gloria de Dios, y nuestra propia pequeñez y pecaminosidad, así como también alentarnos y consolarnos —"confortarnos", en el antiguo y sólido sentido bíblico de la palabra— mientras contemplamos las inescrutables riquezas de la misericordia divina desplegadas en el Señor Jesucristo. Estos son los puntos que destaca Spurgeon en el párrafo de su sermón citado al comienzo de este capítulo, y son reales y verdaderos. En la medida en que vamos profundizando más y más esta experiencia de ser humillados y exaltados, aumenta nuestro conocimiento de Dios, y con él la paz, la fortaleza y el gozo. Que Dios nos ayude, entonces, a usar nuestro conocimiento acerca de Él, para que todos podamos en verdad "conocer al Señor".

San Lucas 14 = 11-24.

CAPÍTULO DOS

EL PUEBLO QUE CONOCE A SU DIOS

En un día de sol me paseaba con un erudito que había arruinado en forma definitiva sus posibilidades de adelanto académico porque había chocado con dignatarios de la iglesia en torno al tema del evangelio de la gracia. "Pero no importa —comentó al final— porque yo he conocido a Dios y ellos no". Esta observación no era más que un paréntesis, un comentario de paso en relación con algo que yo había dicho; pero a mí se me quedó grabada, y me hizo pensar.

Se me ocurre que no son muchos los que dirían en forma natural que han conocido a Dios. Dicha expresión tiene relación con una experiencia de carácter concreto y real a la que la mayoría de nosotros, si somos honestos, tenemos que admitir que seguimos siendo extraños. Tal vez afirmemos que tenemos un testimonio, y podemos contar nuestra historia de conversión como los mejores. Decimos que *conocemos* a Dios —después de todo, eso es lo que se espera que digan los evangélicos—. Pero ¿se nos ocurriría decir, sin vacilar, y con referencia a acontecimientos concretos de nuestra historia personal, que *hemos conocido* a Dios? Lo dudo, pues sospecho que para la mayoría de nosotros la experiencia de Dios nunca ha sido tan vívida.

Me parece que no somos muchos los que podríamos decir en forma natural que, a la luz del conocimiento de Dios que hemos llegado a experimentar, las desilusiones pasadas y las angustias presentes, tal como las considera el mundo, *no importan*. Porque el hecho real es que a la mayoría

PARTE UNO | *Conoce al Señor*

de las personas sí nos importan. Vivimos con ellas, y ellas constituyen nuestra "cruz" (como la llamamos). Constantemente descubrimos que nos estamos volcando hacia la amargura, la apatía y la pesadumbre, porque nos ponemos a pensar en ellas, cosa que hacemos con frecuencia. La actitud que adoptamos ante el mundo es una especie de estoicismo seco, lo cual dista enormemente de ese "gozo indescriptible y glorioso" que en la estimación de Pedro debían estar experimentando sus lectores (1P 1:8). "¡Pobrecitos" —dicen de nosotros nuestros amigos—, "cómo han *sufrido*!"; y esto es justamente lo que nosotros mismos creemos.

Pero este heroísmo falso no tiene lugar alguno en la mente de los que realmente han conocido a Dios. Nunca piensan con amargura sobre lo que podría haber sido; jamás piensan en lo que han perdido, sino solo en lo que han ganado. Pablo escribió: "Todo aquello que para mí era ganancia, ahora lo considero pérdida por causa de Cristo. Es más, todo lo considero pérdida por razón del incomparable valor de conocer a Cristo Jesús, mi Señor. Por él lo he perdido todo, y lo tengo por estiércol, a fin de ganar a Cristo y encontrarme unido a él… a fin de conocer a Cristo" (Fil 3:7-10). Cuando Pablo dice que estima las cosas que perdió como *estiércol*, no quiere decir simplemente que no las considere valiosas sino que tampoco las tiene presentes de forma constante en la mente: ¿qué persona normal se pasa el tiempo soñando nostálgicamente con el estiércol? Y, sin embargo, esto es justo lo que muchos de nosotros hacemos. Esto demuestra lo poco que en realidad poseemos un verdadero conocimiento de Dios.

¿CONOCER A DIOS O CONOCER ACERCA DE DIOS?

En este punto tenemos que enfrentarnos francamente con nuestra propia realidad. Quizá seamos evangélicos ortodoxos. Estamos en condiciones de declarar el evangelio con claridad, y podemos detectar la mala doctrina a un kilómetro de distancia. Si alguien nos pregunta cómo puede conocer a Dios, podemos de inmediato proporcionarle la fórmula correcta: llegamos a conocer a Dios por mérito de Jesucristo el Señor, en virtud de Su cruz y de Su mediación, sobre el fundamento de Sus promesas, por el poder del Espíritu Santo, mediante el ejercicio personal de la fe. Mas la alegría genuina, la bondad, el espíritu libre, que son las marcas de los que han conocido a Dios, rara vez se manifiestan en nosotros; tal vez menos que en otros círculos cristianos donde, por comparación, la verdad evangélica se conoce en forma menos clara y completa. Aquí también parece que los postreros pueden llegar a ser primeros, y los primeros postreros. Conocer a Dios un poco vale más que conocer mucho *sobre* Dios.

Centrándonos más en este asunto, quisiera agregar dos cosas:

1. Se puede conocer mucho sobre Dios sin conocer mucho a Dios. Estoy seguro de que muchos de nosotros nunca nos hemos dado cuenta de esto. Descubrimos en nosotros un profundo interés en la teología (disciplina que, desde luego, resulta sumamente fascinante; en el siglo diecisiete constituía el pasatiempo de toda persona culta). Leemos libros de teología y apologética. Nos aventuramos en la historia cristiana y estudiamos el credo cristiano. Aprendemos a manejar las Escrituras. Los demás sienten admiración ante nuestro interés en estos temas, y pronto descubrimos que se nos pide opinión en público sobre diversas cuestiones relacionadas con lo cristiano; se nos invita a dirigir grupos de estudio, a hacer presentaciones, a escribir artículos y, en general, a aceptar responsabilidades, ya sea formales o informales; a actuar como maestros y árbitros de ortodoxia en nuestro propio círculo cristiano. Los amigos nos aseguran que estiman grandemente nuestra contribución, y todo esto nos lleva a seguir explorando las verdades divinas, a fin de estar en condiciones de hacerle frente a las demandas.

Todo eso está muy bien, pero el interés por la teología, y el conocimiento *sobre* Dios, y la capacidad de pensar claramente y hablar bien sobre temas cristianos, de ninguna manera es lo mismo que conocerlo. Podemos saber tanto sobre Dios como Calvino —de hecho, si estudiamos sus obras con diligencia, tarde o temprano lo sabremos—, sin embargo, (y a diferencia de Calvino, debo decir) quizás no conozcamos a Dios en absoluto.

2. Se puede saber mucho sobre la piedad sin conocer mucho a Dios. Esto depende de los sermones que uno escucha, de los libros que lee y de las personas con quienes se relaciona. En esta era analítica y tecnológica no faltan libros en las bibliotecas de las iglesias, ni sermones en el púlpito, que enseñan cómo orar, cómo testificar, cómo leer la Biblia, cómo dar diezmo, cómo actuar si somos creyentes jóvenes, cómo actuar si somos creyentes de muchos años, cómo ser un cristiano feliz, cómo alcanzar la consagración, cómo llevar a la gente a Cristo, cómo recibir el bautismo del Espíritu Santo (o, en algunos casos, cómo evitarlo), cómo hablar en lenguas (o, cómo explicar las manifestaciones pentecostales), y en general cómo cumplir todos los pasos que los maestros en cuestión asocian con la idea de ser un cristiano fiel. No faltan tampoco las biografías que describen, para nuestra consideración, las experiencias de creyentes de otras épocas.

Aparte de otras consideraciones que puedan hacerse sobre este panorama, lo cierto es que el mismo hace posible que obtengamos un gran caudal de información de segunda mano acerca de la práctica del cristianismo. Además, si nos ha tocado una buena dosis de sentido común, con frecuencia podemos emplear lo que hemos aprendido para ayudar a los más débiles en la fe, y que tienen un temperamento menos estable, a afirmarse y desarrollar un sentido de proporción en relación con sus problemas, y de este modo uno puede ganarse una buena reputación como pastor. Sin embargo, se puede tener todo esto y no conocer a Dios en absoluto.

Volvemos, entonces, al punto de partida. La cuestión no está en saber si somos buenos en teología, o "equilibrados" (¡palabra horrible y pretenciosa!) en lo que se refiere a la manera de encarar los problemas de la vida cristiana. La cuestión está en resolver si podemos decir, sencilla y honestamente, no porque pensemos que como evangélicos debemos poder decirlo sino porque se trata de la simple realidad, que hemos conocido a Dios, y que porque hemos conocido a Dios las cosas desagradables que hemos experimentado, o las cosas agradables que hemos experimentado, no nos importan por el hecho de que somos cristianos. Si realmente conociéramos a Dios, esto es lo que diríamos, y si no lo decimos, tal cosa solo constituye una señal de que tenemos que enfrentarnos a la realidad de que hay diferencia entre conocer a Dios y el mero conocimiento acerca de Dios.

EVIDENCIAS DE CONOCER A DIOS
Hemos dicho que a las personas que conocen a Dios, las pérdidas que sufran y las "cruces" que lleven no les preocupan; lo que han ganado sencillamente elimina de su mente estas cosas. ¿Qué otro efecto tiene sobre una persona el conocimiento de Dios? Diversas secciones de las Escrituras responden esta pregunta desde distintos puntos de vista, pero quizás la

respuesta más clara y notable de todas la proporcione el libro de Daniel. Podemos sintetizar su testimonio en cuatro proposiciones.

1. Quienes conocen a Dios despliegan gran energía para Dios. En uno de los capítulos proféticos de Daniel leemos esto: "el pueblo que conoce a su Dios *se mostrará fuerte y actuará*" (Dn 11:32, NBLA). En el contexto, esta afirmación se inicia con la palabra "pero", y se contrasta con la actividad del "hombre despreciable" (Dn 11:21) que propiciará "la abominación de la desolación" y corromperá mediante lisonjas y halagos a aquellos que han violado el pacto de Dios (Dn 11:31-32). Esto demuestra que la acción iniciada por los que conocen a Dios es una *reacción* ante las tendencias contrarias a Él que se ponen de manifiesto a su alrededor. Mientras su Dios es desafiado o despreciado, no pueden descansar; sienten que deben hacer algo; la deshonra hecha al nombre de Dios los impulsa a actuar.

Esto es exactamente lo que ocurre en los capítulos narrativos de Daniel, donde se nos habla de las "proezas" de Daniel y sus tres amigos. Ellos eran hombres que conocían a Dios y que, en consecuencia, se sentían impulsados cada cierto tiempo a pararse firmes frente a las costumbres y los dictados de la irreligión o de la falsa religión. En el caso de Daniel, en particular, se ve que no podía dejar pasar una situación de ese tipo, sino que se sentía obligado a desafiarla directamente. Antes que arriesgarse a ser contaminado ritualmente al comer la comida del palacio, insistió en que se le diera una dieta vegetariana, con gran consternación para el jefe de los eunucos (Dn 1:8-26). Cuando Nabucodonosor suspendió por un mes la práctica de la oración, bajo pena de muerte, Daniel no se limitó a seguir orando tres veces al día, sino que lo hizo frente a una ventana abierta, para que todos pudieran ver lo que estaba haciendo (Dn 6:10). Nos trae a la memoria el caso del obispo Ryle, quien se inclinaba hacia adelante en la catedral de San Pablo en Londres ¡para que todos pudieran ver que no se volvía hacia el este al recitar el Credo!

Gestos de esta naturaleza no deben entenderse mal. No es que Daniel, o el obispo Ryle en su caso, fuera un tipo difícil, inclinado a llevar la contraria, que se deleitaba en rebelarse y que solo era feliz cuando se ponía decididamente en contra del gobierno. Es simplemente que aquellos que conocen a su Dios son conscientes de las situaciones en las que la verdad y el honor de Dios están siendo directa o tácitamente comprometidos, y en lugar de dejar pasar el asunto a la ligera, forzarán la atención de los hombres y buscarán así obligar a cambiar de opinión al respecto, incluso a riesgo personal.

Este despliegue de energía para Dios no se limita tampoco a gestos públicos. En realidad ni siquiera comienza allí. Las personas que conocen a su Dios son, ante todo, personas de oración, y el primer aspecto en el que su celo y su energía por la gloria de Dios se ponen de manifiesto es en sus oraciones. En Daniel 9 vemos que cuando pudo "entender... [por] las Escrituras" que el periodo de la cautividad de Israel, según estaba profetizado, estaba por cumplirse, y, al mismo tiempo, se dio cuenta de que el pecado del pueblo seguía siendo tal que en lugar de provocar misericordia podía provocar juicio, se dedicó a buscar el rostro de Dios en oración y súplicas, en ayuno, luto y sobre cenizas (Dn 9:3), y oró por la restauración de Jerusalén con tal vehemencia, pasión y agonía de espíritu como las que la mayoría de nosotros no hemos conocido jamás.

Sin embargo, el eterno fruto del verdadero conocimiento de Dios es la energía para orar a favor de la causa de Dios. Energía, por cierto, que solo puede encontrar salida y alivio para esa tensión interior cuando se canaliza mediante esta clase de oración, y cuanto mayor sea el conocimiento, ¡tanto mayor será la energía que se desencadena! De este modo podemos probarnos. Tal vez no estemos en posición de hacer gestos públicos contra la impiedad y la apostasía. Quizás estemos avanzados en años, o enfermos, o nos veamos limitados por alguna otra situación física. Pero todos podemos orar respecto a la impiedad y la apostasía que vemos en la vida cotidiana a nuestro alrededor. Si, en cambio, no se manifiesta en nosotros ese poder para la oración y, en consecuencia, no podemos ponerla en práctica, tenemos entonces una prueba segura de que todavía conocemos muy poco a nuestro Dios.

2. Quienes conocen a Dios piensan grandes cosas de Dios. No tenemos espacio suficiente para referirnos a todo lo que el libro de Daniel nos dice en cuanto a la sabiduría, el poder y la verdad de ese gran Dios que domina la historia y nos muestra Su soberanía en actos de juicio y misericordia, tanto con los individuos como con las naciones, según Su propia voluntad.

Es suficiente decir que quizás no haya en toda la Biblia una presentación más vívida y sostenida de la multiforme realidad de la soberanía de Dios que en este libro. Ante el poderío y el esplendor del imperio babilónico que se había tragado a Palestina y la perspectiva de otros grandes imperios mundiales que le seguirían, empequeñeciendo a Israel según cualquier criterio de cálculo humano, el libro en su conjunto constituye un dramático recordatorio de que el Dios de Israel es Rey de reyes y Señor de señores, "es el Cielo el que gobierna" (Dn 4:26, NBLA), que la mano de Dios está sobre la historia en todo momento, que la historia, de hecho, no es más que "*Su* historia", el desarrollo de Su plan eterno, y que el reino que triunfará al final es el de Dios.

La verdad central que Daniel le enseñó a Nabucodonosor en los capítulos 2 y 4, que le recordó a Belsasàr en el capítulo 5 (Dn 5:18-23), que Nabucodonosor reconoció en el capítulo 4 (Dn 4:34- 37), que fue la base de las oraciones de Daniel en los capítulos 2 y 9, y de su confianza para desafiar a la autoridad en los capítulos 1 y 6, así como de la confianza de sus amigos al desafiar a la autoridad en el capítulo 3, que, además, formaba la sustancia principal de todas las revelaciones que Dios le dio a Daniel en los capítulos 2, 4, 7, 8, 10 y 11-12, es la verdad de que "el Dios Altísimo es el Soberano de todos los reinos humanos" (Dn 4:17, *cf.* Dn 5:21). Él sabe, y conoce anticipadamente, todas las cosas, y Su conocimiento anticipado es predestinación; por lo tanto Él tendrá la última palabra, tanto en lo que se refiere a la historia del mundo como al destino de cada hombre; Su reino y Su justicia finalmente triunfarán, porque ni hombres ni ángeles podrán impedir el cumplimiento de Sus planes.

Estos eran los pensamientos acerca de Dios que llenaban la mente de Daniel, como lo evidencian sus oraciones (ya que estas constituyen siempre la mejor prueba de lo que piensa el hombre sobre Dios): "¡Alabado sea por siempre el nombre de Dios! Suyos son la sabiduría y el poder. Él cambia los tiempos y las épocas, pone y depone reyes. A los sabios da sabiduría y sabe lo que se oculta en las sombras. ¡En él habita la luz!" (Dn 2:20-22).

"Señor, Dios grande y terrible, que cumples tu pacto de fidelidad con los que te aman y obedecen tus mandamientos… Tú, Señor, eres justo… tú,

Señor nuestro, eres un Dios compasivo y perdonador... eres justo en todos tus actos" (Dn 9:4, 7, 9, 14).

¿Es así como pensamos nosotros acerca de Dios? ¿Es esta la perspectiva de Dios que se expresa en nuestras propias oraciones? ¿Podemos decir que este tremendo sentido de Su santa majestad, de Su perfección moral y de Su misericordiosa fidelidad nos mantienen humildes y dependientes, en asombro y obediencia, como lo fue en el caso de Daniel? Por medio de esta prueba podemos, también, medir lo mucho o lo poco que conocemos a Dios.

3. Quienes conocen a Dios evidencian gran valentía por Dios. Daniel y sus amigos eran hombres que se arriesgaban. No eran imprudentes. Sabían lo que hacían. Habían calculado el costo. Habían estimado el riesgo. Tenían perfecta conciencia de lo que les costaría su actitud, a menos que Dios interviniera milagrosamente, lo cual en efecto ocurrió.

Pero tales consideraciones no los detenían. Una vez que estuvieron convencidos de que su posición era la correcta, y de que la lealtad a su Dios exigía que la tomaran, entonces, para emplear la expresión de Oswald Chambers: "Con una sonrisa en el rostro se lavaron las manos de las consecuencias". "¡Es necesario obedecer a Dios antes que a los hombres", dijeron los apóstoles (Hch 5:29). "Considero que mi vida carece de valor para mí mismo, con tal de que termine mi carrera y lleve a cabo el servicio que me ha encomendado el Señor Jesús", dijo Pablo (Hch 20:24).

Este era precisamente el espíritu de Daniel, Sadrac, Mesac, y Abed-nego. Es el espíritu de todos los que conocen a Dios. Es posible que encuentren extremadamente difícil determinar el curso correcto de acción que deben seguir, pero una vez que están seguros lo encaran con decisión y firmeza. No les molesta que otros hijos de Dios no piensen como ellos y no los acompañen. (¿Fueron Sadrac, Mesac, y Abed-nego los únicos judíos que se negaron a adorar la imagen de Nabucodonosor? Nada indica, en lo que ha quedado escrito, que ellos lo supieran, ni tampoco, en último análisis, que les interesaba saberlo. Estaban seguros de lo que a ellos les correspondía hacer, y eso les bastaba). Por esta prueba también podemos medir nuestro conocimiento de Dios.

4. Quienes conocen a Dios manifiestan gran contentamiento en Dios.
No hay paz como la de aquellos cuyas mentes están plenamente seguras de que han conocido a Dios, y Dios los ha conocido a ellos, y que esta relación les garantiza el favor de Dios en la vida, en la muerte y para siempre.

Esta es la paz de la cual habla Pablo en Romanos 5:1: "En consecuencia, ya que hemos sido justificados mediante la fe, tenemos paz con Dios por medio de nuestro Señor Jesucristo", y cuyo contenido analiza detalladamente en Romanos 8: "Por lo tanto, ya no hay ninguna condenación para los que están unidos a Cristo Jesús... El Espíritu mismo le asegura a nuestro espíritu que somos hijos de Dios. Y, si somos hijos, somos herederos... sabemos que Dios dispone todas las cosas para el bien de quienes lo aman... a los que justificó, también los glorificó... Si Dios está de nuestra parte, ¿quién puede estar en contra nuestra?... ¿Quién acusará a los que Dios ha escogido?... ¿Quién nos apartará del amor de Cristo?... estoy convencido de que ni la muerte ni la vida... ni lo presente ni lo por venir... podrá apartarnos del amor que Dios nos ha manifestado en Cristo Jesús nuestro Señor" (Ro 8:1, 16-17, 28, 30, 31, 33, 35, 38-39). ✳

Esta es la paz que conocían Sadrac, Mesac y Abed-nego, de ahí la serena tranquilidad con que enfrentaron el ultimátum de Nabucodonosor (Dn 3:15): si no adoran la estatua, "serán lanzados de inmediato a un horno en llamas, ¡y no habrá dios capaz de librarlos de mis manos!". La respuesta que dieron (Dn 3:16-18) se ha hecho clásica: "¡No hace falta que nos defendamos ante Su Majestad!". (¡Nada de pánico!) "Si se nos arroja al horno en llamas, el Dios al que servimos puede librarnos del horno y de las manos de Su Majestad". (Con cortesía pero con la mayor seguridad; ¡conocían a su Dios!). "Pero, aun si nuestro Dios no lo hace así, sepa usted que no honraremos a sus dioses ni adoraremos a su estatua". (¡No importa! ¡No hay diferencia! Sea que vivieran o murieran, estarían contentos).

Señor, no me corresponde decidir
si vivo o muero;
mi misión es amarte y servirte,
y esto solo Tu gracia puede darlo.

*Si la vida es larga, estaré contento
de que pueda obedecer mucho tiempo;
si es corta, ¿por qué debería estar triste,
ya que me espera una eternidad a Tu lado?*

La profundidad de nuestro contentamiento es otra medida con la que podemos juzgar si realmente conocemos a Dios.

LOS PRIMEROS PASOS

¿Deseamos conocer a Dios así? Entonces debemos hacer dos cosas:

En primer lugar, debemos reconocer lo mucho que nos falta por conocer a Dios. Debemos aprender a medirnos no por el conocimiento que tengamos acerca de Él, ni por los dones o responsabilidades eclesiásticas que tengamos, sino por la forma en que oramos y por lo que sentimos dentro del corazón. Sospecho que muchos de nosotros no tenemos idea de lo pobres que somos en este aspecto. Pidamos al Señor que nos lo haga ver.

En segundo lugar, debemos buscar al Salvador. Cuando estaba en la tierra, el Señor invitaba a personas ordinarias a que lo acompañaran; de este modo llegaban a conocerlo y, a través de Él, a conocer al Padre. El Antiguo Testamento registra manifestaciones del Señor Jesús anteriores a la encarnación, en las que hacía lo mismo: tenía compañerismo con hombres y mujeres, como el ángel del Señor, con el fin de que pudieran conocerlo. El libro de Daniel nos relata lo que parecen ser dos de estas ocasiones, porque ¿quién era el cuarto hombre, con "apariencia de un dios" (Dn 3:25), que caminaba con los tres amigos de Daniel en el horno? ¿Y quién era el ángel que Dios mandó para que cerrara la boca de los leones cuando Daniel estaba en el foso con ellos (Dn 6:22)? El Señor Jesucristo se encuentra ausente de este mundo en cuerpo, pero espiritualmente no hay diferencia; todavía podemos encontrar a Dios y conocerlo si buscamos y encontramos la compañía de Jesús. Solo aquellos que han buscado al Señor Jesús hasta encontrarlo —pues la promesa es que cuando lo busquemos de todo corazón, seguramente lo encontraremos— pueden presentarse ante el mundo y testificar que conocen a Dios.

CAPÍTULO TRES

CONOCER Y SER CONOCIDOS

¿Para qué fuimos creados? Para conocer a Dios. ¿Qué meta deberíamos fijarnos en esta vida? La de conocer a Dios. ¿Qué es esa "vida eterna" que nos da Jesús? Conocer a Dios. "Y esta es la vida eterna: que te conozcan a ti, el único Dios verdadero, y a Jesucristo, a quien tú has enviado" (Jn 17:3).

¿Qué es lo mejor que existe en la vida, lo que ofrece mayor gozo, delicia y contentamiento que ninguna otra cosa? Conocer a Dios. "Así dice el Señor: 'Que no se gloríe el sabio de su sabiduría, ni el poderoso de su poder, ni el rico de su riqueza. Si alguien ha de gloriarse, que se gloríe de conocerme y de comprender que Yo soy el Señor" (Jer 9:23-24).

¿Cuál de los diversos estados en que Dios ve al hombre le produce mayor deleite? Aquel en el que el hombre conoce a Dios. "Lo que pido de ustedes es... conocimiento de Dios y no holocaustos", dice Dios (Os 6:6).

En estas pocas frases hemos expresado mucho. El corazón de todo verdadero cristiano cobrará entusiasmo ante lo expresado, mientras que la persona que tiene una religión meramente formal permanecerá indiferente. (De paso, su estado no regenerado se pondrá en evidencia por este solo hecho). Lo que hemos dicho proporciona de inmediato un fundamento, un modelo, una meta para nuestra vida, además de un principio para determinar prioridades y una escala de valores.

Una vez que comprendemos que el propósito principal para el cual estamos aquí es el de conocer a Dios, la mayoría de los problemas de la vida encuentran solución por sí solos. El mundo contemporáneo está lleno de personas que sufren de la agotadora enfermedad que Albert Camus catalogó como el mal del absurdo ("la vida es una broma pesada"), y del mal que podríamos denominar la fiebre de María Antonieta, ya que fue ella quien encontró la frase que lo describe ("nada tiene sabor"). Estas enfermedades arruinan la vida: todo se vuelve tanto un problema como un motivo de aburrimiento, porque nada parece tener valor. Pero el parásito del absurdismo y la fiebre de Antonieta son males de los que, por su naturaleza, los cristianos están inmunes, excepto cuando sobrevienen periodos ocasionales de malestar, cuando el poder de la tentación comprime y distorsiona la mente. Pero tales periodos, por la gracia de Dios, no duran mucho.

Lo que hace que la vida valga la pena es contar con un objetivo lo suficientemente grande, algo que nos cautive la emoción y comprometa nuestra lealtad; y esto es justo lo que tiene el cristiano de un modo que no lo tiene ninguna otra persona. Porque, ¿qué meta más elevada, más exaltada y más atractiva puede haber que la de conocer a Dios?

Desde otro punto de vista, sin embargo, todavía no es mucho lo que hemos dicho. Cuando hablamos de conocer a Dios, hacemos uso de una fórmula verbal, y las fórmulas son como cheques; no valen para nada a menos que sepamos cómo cobrarlos. ¿De qué estamos hablando cuando usamos la frase *conocer a Dios*? ¿De algún tipo de emoción? ¿De escalofríos que nos recorren la espalda? ¿De una sensación etérea, nebulosa, propia de los sueños? ¿De sensaciones alucinantes y eufóricas como las que buscan quienes consumen drogas? ¿Es conocer a Dios una experiencia intelectual especial? ¿Se escucha una voz? ¿Se ven visiones? ¿Es una serie de pensamientos extraños que invaden la mente? ¿De qué se trata? Estos asuntos deben ser abordados, especialmente porque, según las Escrituras, esta es un área en la que es fácil ser engañado, y puedes creer que conoces a Dios cuando no es así. Lanzamos por tanto la siguiente pregunta: ¿qué clase de actividad o acontecimiento es el que puede acertadamente describirse como "conocer a Dios"?

LO QUE IMPLICA CONOCER A DIOS

Para comenzar, está claro que "conocer" a Dios es necesariamente una cuestión más compleja que la de "conocer" a otra persona, del mismo modo que "conocer" al prójimo resulta más complejo que "conocer" una casa, un libro o un idioma. Cuanto más complejo sea el objeto, tanto más complejo resulta conocerlo. El conocimiento de un objeto abstracto, como un idioma, se obtiene mediante el estudio; el conocimiento de algo inanimado, como una montaña o un museo, se obtiene mediante la inspección y la exploración. Estas actividades, si bien demandan un esfuerzo concentrado, son relativamente fáciles de describir. Pero cuando se trata de cosas vivientes, conocerlas se torna mucho más complicado. No se conoce a un organismo viviente con conocer únicamente su historia pasada; también se debe conocer cómo es probable que reaccione y se comporte en determinadas circunstancias. La persona que dice: "Yo conozco este caballo", en general quiere decir no solo que lo ha visto antes (aunque por la forma en que empleamos las palabras, bien podría querer decir esto solamente); sin embargo, es más probable que quiera decir: "Sé como se comporta, y puedo decirte cómo debes tratarlo". El conocimiento de esta clase solo se obtiene mediante una asociación previa con el animal, al haberlo visto en acción, y al tratar de atenderlo y cabalgarlo uno mismo.

En el caso de los seres humanos, la situación se complica aún más por el hecho de que, a diferencia de los caballos, las personas guardan secretos. En pocos días se puede llegar a conocer a un caballo en forma completa, pero es posible pasar meses y hasta años en compañía de otra persona y, a pesar de ello, tener que decir al final: "En realidad, no lo conozco". Reconocemos grados de conocimiento en otros; decimos que los conocemos "bien", "no muy bien", "lo suficiente como para saludarnos", "íntimamente", o tal vez "a la perfección", según el grado de franqueza que han manifestado hacia nosotros.

De manera que la calidad y la profundidad de nuestro conocimiento de los demás dependen más de ellos que de nosotros. Conocerlos depende más directamente de que nos permitan que los conozcamos que de nuestros intentos por llegar a conocerlos. Cuando nos encontramos, la parte nuestra consiste en prestarles atención y demostrar interés hacia ellos, mostrar buena voluntad y sincerarnos amistosamente. A partir de ese momento, sin embargo, son ellos, no nosotros, los que deciden si los vamos a conocer o no.

Imaginemos que nos presentan a una persona que consideramos "superior" a nosotros, ya sea en rango, en distinción intelectual, en capacidad profesional, en santidad personal, o en algún otro sentido. Cuanto más conscientes estemos de nuestra propia inferioridad, tanto más sentimos que nuestra parte consiste en colocarnos a su disposición respetuosamente para que esta persona tome la iniciativa en la conversación. (Pensemos en la posibilidad de un encuentro con el presidente o un ministro). Nos gustaría llegar a conocer a una persona tan encumbrada, pero nos damos cuenta perfectamente de que esto es algo que debe decidirlo esta persona, no nosotros. Si se limita a las formalidades del caso tal vez nos sintamos desilusionados, pero comprendemos que no nos podemos quejar; después de todo, no teníamos derecho a reclamar su amistad.

Pero si, por el contrario, comienza de inmediato a brindarnos su confianza y nos dice francamente lo que está pensando con relación a asuntos de interés común, y si a continuación nos invita a tomar parte en determinados proyectos y nos pide que estemos a su disposición en forma permanente para este tipo de colaboración toda vez que la necesite, entonces nos sentiremos tremendamente privilegiados, y nuestra actitud general cambiará desmedidamente. Si hasta entonces la vida nos parecía inútil y tediosa, ya no lo será más desde el momento en que esa gran personalidad nos cuenta entre sus colaboradores inmediatos. Aquí hay algo digno de comentar, ¡y algo por lo cual vivir!

Esto, en cierta medida, es una ilustración de lo que significa conocer a Dios. Con razón el Señor podía decir por medio de Jeremías: "Si alguien ha de gloriarse, que se gloríe de conocerme y de comprender que yo soy el Señor" (Jer 9:24), porque el conocer a Dios equivale a tener una relación que tiene el efecto de deleitar el corazón humano.

Lo que ocurre es que el omnipotente Creador, Señor de los ejércitos, el gran Dios ante quien las naciones son como una gota de agua en un balde, se te acerca y comienza a hablarte por medio de las palabras y las verdades de las Sagradas Escrituras. Quizás conoces la Biblia y la doctrina cristiana hace años, pero ellas no han significado nada para ti. Pero un día despiertas al hecho de que Dios te está hablando de verdad —¡a ti!— a través del mensaje bíblico. Mientras escuchas lo que Dios te está diciendo te sientes humillado, porque Dios te habla de tu pecado, de tu culpabilidad, de tu debilidad, de tu ceguera, de tu necedad, y te obliga a darte cuenta de que no tienes esperanza y que nada puedes hacer, hasta que clames por perdón. Pero esto no es todo. Llegas a comprender, mientras escuchas, que en realidad Dios te está abriendo el corazón, tratando de hacer amistad contigo, de involucrarte como colega; en la expresión de Barth, como *compañero de pacto*. Es algo realmente asombroso, pero es verdad: la relación en la que los seres humanos pecadores conocen a Dios es una relación en la que el Señor, por así decirlo, los toma a Su servicio a fin de que sean Sus colaboradores (ver 1Co 3:9) y amigos personales. La acción de Dios de sacar a José de la prisión para hacerlo primer ministro de Faraón es un ejemplo de lo que hace con el cristiano: de ser prisionero de Satanás se descubre súbitamente en una posición de confianza, al servicio de Dios. De inmediato la vida se transforma.

Tener vergüenza o prestigio por ser siervo, depende de a quién se sirva. Son muchos los que han manifestado el prestigio que sentían de ser servidores personales de Sir Winston Churchill durante la Segunda Guerra Mundial. ¡Con cuánta mayor razón debería ser motivo de orgullo y gloria conocer y servir al Señor de los cielos y la tierra!

¿En qué consiste, por lo tanto, la actividad de conocer a Dios? Reuniendo los diversos elementos que entran en juego en esta relación, como lo hemos esbozado, podemos decir que conocer a Dios comprende: primero, escuchar la Palabra de Dios y aceptarla en la forma en que es interpretada por el Espíritu Santo, para aplicarla a uno mismo; segundo, tomar nota de la naturaleza y el carácter de Dios, como los revelan Su Palabra y Sus obras; tercero, aceptar Sus invitaciones y hacer lo que Él manda; y cuarto, reconocer y regocijarse en el amor que ha mostrado al acercarse a ti y atraerte a esta divina comunión.

CONOCER A JESÚS

La Biblia le pone carne y piel a estas ideas básicas con imágenes y analogías. Nos dice que conocemos a Dios como un hijo conoce a su padre, una mujer conoce a su esposo, un súbdito conoce a su rey y una oveja conoce a su pastor (estas son las cuatro analogías principales empleadas). Estas cuatro analogías indican una relación en la que el que conoce "mira hacia arriba" a aquel a quien conoce, y este último acepta la responsabilidad de ocuparse del bienestar del primero. Esto forma parte del concepto bíblico de conocer a Dios, que quienes le conocen —es decir, aquellos por los que se deja conocer— son amados y cuidados por Él. Enseguida volveremos a esto.

La Biblia agrega luego que conocemos a Dios de este modo solo mediante el conocimiento de Jesucristo, que es el mismo Dios manifestado en carne. "¿… todavía no me conoces? El que me ha visto a Mí ha visto al Padre"; "Nadie llega al Padre sino por Mí" (Jn 14:9, 6). Es importante, por lo tanto, que tengamos claro lo que significa *conocer* a Jesucristo.

Para Sus discípulos terrenales el conocer a Jesús se puede comparar directamente con el acto de conocer al personaje importante de nuestra ilustración. Los discípulos eran galileos del pueblo que no tenían por qué pensar que Jesús pudiera tener algún interés especial en ellos. Pero Jesús, el rabí que hablaba con autoridad, el profeta que era más que profeta, el maestro que despertó en ellos admiración y devoción crecientes hasta que no pudieron menos que reconocerlo como su Dios, los buscó, los llamó a estar con Él, formó con ellos Su círculo íntimo, y los reclutó como Sus agentes para declarar al mundo el reino de Dios. "Designó a doce, a quienes nombró apóstoles, para que lo acompañaran y para enviarlos a predicar" (Mr 3:14). Reconocieron en quien los había elegido y los había llamado amigos al "Cristo, el Hijo del Dios viviente" (Mt 16:16), el Hombre que nació para ser Rey, el portador de las "palabras de vida eterna" (Jn 6:68), y el sentido de lealtad y de privilegio que este conocimiento les dio transformó toda su vida.

Ahora bien, cuando el Nuevo Testamento nos dice que Jesucristo ha resucitado, una de las cosas que esto significa es que la víctima del Calvario se encuentra ahora, por así decirlo, en libertad, de manera que cualquier persona en cualquier parte puede disfrutar del mismo tipo de relación con Él que disfrutaron los discípulos en los días de Su peregrinaje en la tierra.

Las únicas diferencias son que, primero, Su presencia con cada creyente es espiritual, no corporal, y por ende invisible a los ojos físicos; segundo, que el cristiano, basándose en el testimonio del Nuevo Testamento, conoce desde el primer momento aquellas doctrinas sobre la deidad y el sacrificio expiatorio de Jesús que los primeros discípulos solo llegaron a comprender gradualmente a lo largo de un periodo de años; y, en tercer lugar, que el modo en que Jesús nos habla ahora no es pronunciando nuevas palabras, sino aplicando a nuestras conciencias aquellas palabras Suyas que están registradas en los Evangelios, junto con el resto del testimonio bíblico sobre Él. Pero el conocer a Cristo Jesús sigue siendo una relación de discipulado personal tan real como lo fue para los doce cuando Él estuvo en la tierra. El Jesús que transita a través del relato del evangelio acompaña a los cristianos de hoy en día, y el conocerlo comprende el andar con Él, hoy como en aquel tiempo.

Jesús dice: "Mis ovejas oyen Mi voz; Yo las conozco y ellas me siguen" (Jn 10:27). Su "voz" es lo que Él afirma de Sí mismo, es Su promesa, Su llamado. "Yo soy el pan de vida... la puerta de las ovejas... el buen pastor... la resurrección" (Jn 6:35; 10:7, 14; 11:25). "El que se niega a honrar al Hijo no honra al Padre que lo envió. Ciertamente les aseguro que el que oye Mi palabra y cree al que me envió tiene vida eterna" (Jn 5:23-24). "Vengan a Mí todos ustedes que están cansados y agobiados, y Yo les daré descanso. Carguen con Mi yugo y aprendan de Mí... y encontrarán descanso para su alma" (Mt 11:28-29).

La voz de Jesús es "oída" cuando se acepta lo que Él afirma, cuando se confía en Su promesa, cuando se responde a Su llamado. De ahí en adelante, Jesús es conocido como el pastor, y a quienes ponen su confianza en Él los conoce como Sus ovejas. "Mis ovejas oyen Mi voz; Yo las conozco y ellas me siguen. Yo les doy vida eterna, y nunca perecerán, ni nadie podrá arrebatármelas de la mano" (Jn 10:27-28). Conocer a Jesús significa ser salvo por Jesús, ahora y eternamente, del pecado, de la culpa, de la muerte.

UN ASUNTO PERSONAL

Ahora, damos un paso atrás para observar lo que hemos dicho que significa "que te conozcan a Ti, el único Dios verdadero, y a Jesucristo, a quien Tú has enviado", y subrayamos los siguientes puntos.

Primero, *conocer a Dios es un asunto de trato personal*, como lo es toda relación directa con las personas. Conocer a Dios es más que el conocimiento acerca de Él; es un asunto de tratar con Él a medida que se revela a nosotros, y de que trate con nosotros a medida que pase el tiempo. El conocimiento acerca de Dios es una condición previa necesaria para poder confiar en Él ("¿Y cómo creerán en aquel de quien no han oído?" [Ro 10:14]), pero la amplitud de nuestro conocimiento sobre Él no es un indicador de la profundidad de nuestro conocimiento de Él.

John Owen y Juan Calvino conocían más teología que Bunyan o Billy Bray, pero ¿quién negaría que los dos últimos conocían a su Dios tan bien como los otros dos? (Los cuatro, desde luego, eran asiduos lectores de la Biblia, lo cual vale mucho más que la preparación teológica formal). Si el factor decisivo fuera la precisión y la minuciosidad de los conocimientos, entonces obviamente los eruditos bíblicos más destacados serían los que conocerían a Dios mejor que nadie. Pero no es así; es posible tener todos los conceptos correctos en la cabeza sin haber conocido jamás en el corazón las realidades a que los mismos se refieren; y un simple lector de la Biblia, o uno que solo escucha sermones pero que está lleno del Espíritu Santo, debe desarrollar una relación mucho más profunda con su Dios y Salvador que otros más preparados que se conforman con ser teológicamente correctos. La razón está en que los primeros *tratan* con Dios en relación con la aplicación práctica de la doctrina a su propia vida, mientras que los otros no.

(2) Segundo, *conocer a Dios es un asunto de compromiso personal*, tanto de mente como de voluntad y de sentimientos. Es evidente que de otro modo no sería, en realidad, una relación personal completa. Para llegar a conocer a una persona hay que aceptar plenamente su compañía, compartir sus intereses, y estar dispuesto a identificarse con sus asuntos. Sin eso, la relación con esta persona será solo superficial e intrascendente.

"Prueben y vean que el SEÑOR es bueno", dice el salmista (Sal 34:8). "Prueben" es, como decimos, "degustar" un bocado de algo, con el propósito de apreciar su sabor. El plato que nos presentan puede parecer rico, y puede venir con la recomendación del cocinero, pero no sabemos qué gusto tiene realmente hasta que lo probamos. De igual modo, no podemos saber cómo es una persona hasta que no hayamos "probado" su amistad. Por así decirlo, los amigos se comunican sabores mutuamente todo el tiempo, porque comparten lo que sienten el uno hacia el otro (pensemos en dos personas que se aman), como también sus actitudes hacia todas las cosas que les son de interés común. A medida que se van abriendo de este modo el uno al otro mediante lo que dicen y lo que hacen, cada uno de ellos va "probando" la calidad del otro con resultados positivos o negativos. Cada cual se ha identificado con los asuntos del otro, de manera que se sienten unidos emocionalmente. Hay manifestación de sentimientos mutuos, piensan el uno en el otro. Este es un aspecto esencial del conocimiento que los amigos tienen el uno del otro; y lo mismo se aplica al conocimiento que el cristiano tiene de Dios, que, como hemos visto, es en sí mismo una relación entre amigos.

El lado emocional del conocimiento de Dios se minimiza a menudo hoy en día, por miedo a fomentar un ensimismamiento sentimental. Es cierto que no hay cosa menos religiosa que la religión centrada en uno mismo, y que se hace necesario repetir constantemente que Dios no existe para nuestra "comodidad", "felicidad", "satisfacción", o para proporcionarnos "experiencias religiosas", como si estas fueran las cosas más interesantes o importantes de la vida.

También se hace necesario destacar que cualquiera que, sobre la base de las "experiencias religiosas", dice: "'Lo conozco', pero no obedece sus mandamientos, es un mentiroso y no tiene la verdad" (1Jn 2:4; *cf.* 1Jn 2:9, 11; 3:6, 11; 4:20).

Pero, con todo esto, no debemos perder de vista que conocer a Dios es una relación emocional, además de intelectual y de la voluntad, y no podría ser una relación profunda entre personas si no fuera así. El creyente está, y debe estar, emocionalmente involucrado en las victorias y adversidades de la causa de Dios en el mundo, al igual que el personal de Winston Churchill estaba emocionalmente involucrado en los altibajos de la guerra. Los creyentes se regocijan cuando su Dios es honrado y vindicado y sienten la más aguda angustia cuando ven que Dios es despreciado.

Cuando Bernabé llegó a Antioquía "y vio las evidencias de la gracia de Dios, se alegró" (Hch 11:23). En contraste, el salmista escribió: "Ríos de lágrimas brotan de mis ojos, porque Tu ley no se obedece" (Sal 119:136). Igualmente, el cristiano siente vergüenza y dolor cuando está consciente de que ha defraudado a su Señor (ver, por ejemplo, Sal 51 y Lc 22:61-62) y ocasionalmente conoce el éxtasis del regocijo cuando Dios le hace ver de un modo o de otro la gloria del perdurable amor con que ha sido amado ("se alegran con un gozo indescriptible y glorioso" [1P 1:8]).

PARTE UNO | *Conoce al Señor*

❋ Este es el lado emocional y práctico de la amistad con Dios. Ignorar este aspecto significa que, por verdaderos que sean los pensamientos que alguien tenga sobre el Señor, en realidad no conoce aún al Dios en el cual está pensando.

③ Tercero, *conocer a Dios es un asunto de gracia*. Es una relación en la que la iniciativa parte invariablemente de Dios. Y así debe ser, porque Él está totalmente por encima de nosotros, y por cuanto hemos perdido por completo todo derecho a Su favor al haber pecado.

No es que nosotros nos hagamos amigos de *Dios*; *Él* se hace amigo de *nosotros*, haciendo que lo conozcamos mediante el amor que nos manifiesta. Pablo expresa este concepto de la prioridad de la gracia en nuestro conocimiento de Dios cuando escribe a los gálatas: "ahora que conocen a Dios —*o más bien que Dios los conoce a ustedes*—..." (Ga 4:9). Lo que surge de esta expresión final es que el apóstol entiende que la gracia vino primero, y que sigue siendo el factor fundamental para la salvación de sus lectores. Su conocimiento de Dios fue la consecuencia de que Dios los conociera a ellos. Lo conocen por fe porque primeramente Él los eligió por gracia.

La palabra *conoce*, cuando se emplea con respecto a Dios de esta manera, es un término que expresa gracia soberana, que indica que el Señor tomó la iniciativa de amar, elegir, redimir, llamar y preservar. Es evidente que parte de lo que quiere decir es que Dios nos conoce plena y perfectamente, como se desprende del contraste entre nuestro conocimiento imperfecto de Dios y Su conocimiento perfecto de nosotros en 1 Corintios 13:12. Pero este no es el sentido principal. El significado principal surge de pasajes como los siguientes:

✗ "Y el Señor respondió a Moisés: '...has hallado gracia ante Mis ojos y *te he conocido por tu nombre*'" (Ex 33:17, NBLA). "Antes que Yo te formara en el seno materno, *te conocí* [Jeremías], y antes que nacieras, te consagré" (Jer 1:5, NBLA). "Yo soy el buen pastor; *conozco a Mis ovejas*, y ellas me conocen a Mí... y doy Mi vida por las ovejas. Mis ovejas oyen Mi voz; *Yo las conozco*... y nunca perecerán" (Jn 10:14-15, 27-28). Aquí el conocimiento que tiene Dios de los que son Suyos está asociado con Sus planes de misericordia salvadora. Es un conocimiento que comprende afecto personal, acción redentora, fidelidad al pacto y protección providencial hacia aquellos a quienes Dios conoce. Comprende, en otras palabras, la salvación, ahora y por siempre, como ya lo hemos notado.

SIENDO CONOCIDOS

Lo que interesa sobre todo, por lo tanto, no es, en última instancia, el que yo conozca a Dios, sino el hecho más grande que está en la base de todo esto: el hecho de que *Él me conoce a mí*. Estoy tallado en las palmas de Sus manos. Estoy siempre presente en Su mente. Todo mi conocimiento de Él depende de Su iniciativa constante de conocerme. Lo conozco porque Él me conoció primero, y sigue conociéndome. Me conoce como amigo, como uno que me ama; y no hay momento en que Su mirada no esté sobre mí, o en que Su ojo se distraiga de mí; no hay momento, por consecuencia, en que Su cuidado de mí flaquee.

Se trata de un conocimiento trascendental. Hay un consuelo indescriptible —ese tipo de consuelo que energiza, no el que debilita— en el hecho de saber que Dios está conociéndome en amor constantemente, y de que me cuida para bien. Produce gran alivio saber que el amor que me tiene es eminentemente realista, basado invariablemente en un conocimiento previo de lo peor que hay en mí, de manera que nada de lo que pueda descubrir en cuanto a mi persona en el futuro puede desilusionarlo, ni anular Su decisión de bendecirme.

Hay, por cierto, un gran motivo para la humildad en el pensamiento de que Él ve todas las cosas torcidas que hay en mí y que los demás no ven (¡de lo cual me alegro!), y en que ve más corrupción en mí que la que yo mismo veo (aunque lo que veo me basta). Pero hay también un gran incentivo para adorar y amar a Dios en el pensamiento de que, por alguna razón que no comprendo, Él me quiere como amigo, anhela ser mi amigo, y ha entregado a Su Hijo a morir por mí a fin de concretar ese propósito. No podemos desarrollar estos conceptos aquí, pero basta con mencionarlos para mostrar lo mucho que significa saber no solo que conocemos a Dios, sino que Él nos conoce.

CAPÍTULO CUATRO

EL ÚNICO DIOS VERDADERO

¿Qué nos sugiere la palabra "idolatría"? ¿Salvajes arrastrándose frente a un tótem? ¿Estatuas de rostro cruel y severo en los templos hindúes? ¿La danza arremolinada de los sacerdotes de Baal alrededor del altar de Elías? Es indudable que estas cosas constituyen idolatría, nada más obvio; pero debemos tener presente que hay también formas más sutiles de idolatría.

Veamos lo que dice el segundo mandamiento: "No te hagas ningún ídolo, ni nada que guarde semejanza con lo que hay arriba en el cielo, ni con lo que hay abajo en la tierra, ni con lo que hay en las aguas debajo de la tierra. No te inclines delante de ellos ni los adores. Yo, el Señor tu Dios, soy un Dios celoso" (Ex 20:4-5). ¿A qué se refiere este mandamiento?

Si estuviera aislado, sería natural suponer que se refiere a la adoración de imágenes de dioses distintos a Yahvé: la idolatría babilónica, por ejemplo, que ridiculizó Isaías (Is 44:9-20; 46:6-7); o el paganismo del mundo greco-romano de la época de Pablo, del que escribió en Romanos 1:23, 25, quienes "cambiaron la gloria del Dios inmortal por imágenes que eran réplicas del hombre mortal, de las aves, de los cuadrúpedos y de los reptiles… Cambiaron la verdad de Dios por la mentira, adorando y sirviendo a los seres creados antes que al Creador". Pero en el contexto en que se encuentra el segundo mandamiento no puede en realidad referirse a esta clase de idolatría, porque, si así fuera, no haría sino repetir el pensamiento expresado en el primer mandamiento sin agregar nada nuevo.

En consecuencia, entendemos que el segundo mandamiento —como se ha considerado siempre— en realidad establece el principio de que (para citar a Charles Hodge) "la idolatría consiste no solo en la adoración de dioses falsos sino también en la adoración del Dios verdadero por medio de imágenes". En su aplicación cristiana, esto significa que no debemos hacer uso de representaciones visuales o pictóricas del Dios trino, ni de ninguna de las personas de la Trinidad, para fines de adoración. Por lo tanto, el mandamiento se refiere no al objeto de la adoración, sino al modo en que se realiza; lo que nos dice es que no se deben usar estatuas o figuras de aquel a quien adoramos como ayudas para la adoración.

EL PELIGRO DE LAS IMÁGENES

Puede parecer extraño a primera vista que tal prohibición encuentre un lugar entre los diez principios básicos de la religión bíblica, pues a primera vista no parece tener mucho sentido. ¿Qué peligro puede haber, nos preguntamos, en que el adorador se rodee de estatuas y figuras si lo ayudan a elevar su corazón a Dios?

Estamos acostumbrados a tratar la cuestión de si estas cosas deben usarse o no como algo que tiene que ver con el temperamento y los gustos personales. Sabemos que algunas personas tienen crucifijos y cuadros de Cristo en sus habitaciones, y ellas nos informan de que el acto de contemplar estos objetos las ayudan a centrar sus pensamientos en Jesús cuando oran. Sabemos que muchas personas sostienen que pueden adorar con más libertad y facilidad en las iglesias que están llenas de estos ornamentos que en las que están libres de estos elementos. Y bien, decimos, ¿qué tiene eso de malo? ¿Qué daño pueden hacer estas cosas? Si a la gente realmente le resultan útiles, ¿qué más podemos decir? ¿Qué sentido tiene prohibírselos? Frente a esta perplejidad, algunas personas sugieren que el segundo mandamiento se aplica únicamente a representaciones inmorales y degradantes de Dios, representaciones copiadas de los cultos paganos, y nada más.

Pero la misma fraseología del mandamiento en cuestión descarta una interpretación limitativa de esta naturaleza. Dios dice categóricamente:

El único Dios verdadero

"No te hagas ningún ídolo, ni nada que guarde semejanza con lo que hay arriba en el cielo" para usarla en el culto. Este mandato categórico prohíbe no solo el uso de figuras y estatuas que representen a Dios en forma de animal, sino también el uso de figuras y estatuas que lo representen como lo más excelso de la creación, es decir, el ser humano. Igualmente prohíbe el uso de figuras y estatuas de Jesucristo como hombre, si bien Jesús fue y sigue siendo hombre; porque todas las figuras y estatuas se hacen necesariamente según la "semejanza" del hombre ideal como lo concebimos nosotros, y por tanto están sujetas a la prohibición que establece el mandamiento en cuestión.

Históricamente, los cristianos han tenido diferencias en cuanto a si el segundo mandamiento prohíbe el uso de imágenes de Jesús con fines de enseñanza e instrucción (en las clases de la escuela dominical, por ejemplo), y la cuestión no es fácil de resolver; pero no hay lugar a dudas de que el mandamiento nos obliga a separar nuestra adoración, tanto en público como en privado, de todas las imágenes y estatuas de Cristo, no menos que de las imágenes y estatuas de Su Padre.

Pero entonces, ¿cuál es el sentido de esta prohibición tan amplia? Si se considera el énfasis que se le da al mandamiento mismo, con la terrible sanción que lo acompaña (la proclamación del celo de Dios y de Su severidad para castigar a los transgresores), cabría suponer que se trata de un asunto de crucial importancia. No obstante, ¿lo es?

La respuesta es *sí*. La Biblia nos muestra que la gloria de Dios y el bienestar espiritual de los seres humanos están ambos directamente vinculados con este asunto. Se nos presentan dos líneas de pensamiento que, en conjunto, explican ampliamente por qué este mandamiento debería haber sido enfatizado con tanta insistencia. Dichas líneas de pensamiento se relacionan, no con la utilidad real o supuesta de las imágenes, sino con la fidelidad de las mismas. Son las siguientes:

✴ *1. Las imágenes deshonran a Dios porque oscurecen Su gloria.* La semejanza de las cosas en el cielo (sol, luna, estrellas), en la tierra (personas, animales, aves, insectos), y en el mar (peces, mamíferos, crustáceos), no constituyen, justamente, una semejanza de su Creador. "Una imagen verdadera de Dios", escribió Calvino, "no se encuentra en todo el mundo;

y por eso... Su gloria es manchada, y Su verdad corrompida por la mentira, cada vez que se presenta ante nuestros ojos en una forma visible... Por lo tanto, inventar cualquier imagen de Dios es en sí mismo impío; porque por esta corrupción Su majestad es adulterada, y Él es representado como algo distinto de lo que es".

El punto aquí no es solo que la imagen representa a Dios con cuerpo y miembros, cuando en realidad no tiene ninguna de las dos cosas. Si esto fuera la única razón para prohibir las imágenes, las representaciones de Cristo serían inobjetables. La cuestión cala mucho más hondo. El centro de la objeción a las figuras e imágenes es que inevitablemente ocultan la mayor parte, si no toda, la verdad sobre la naturaleza personal y el carácter del Ser divino al que representan.

A modo de ilustración: Aarón hizo un becerro de oro (es decir, una imagen en forma de toro). El propósito era hacer un símbolo visible de Yahvé, ese Dios poderoso que había sacado a Israel de Egipto. No cabe duda de que la imagen tenía como fin honrar a Dios, como símbolo adecuado de Su gran poder y fortaleza. Pero no es difícil ver que un símbolo de esta naturaleza en realidad es un insulto a la divinidad, pues, ¿qué idea de Su carácter moral, de Su justicia, bondad y paciencia puede deducirse de la contemplación de una estatua de Dios concebido como un toro? En consecuencia la imagen de Aarón escondía la gloria de Yahvé.

De modo similar, la compasión que inspira el crucifijo oscurece la gloria de Cristo, porque oculta el hecho de Su deidad, de Su victoria en la cruz, y de Su reinado presente. El crucifijo nos habla de Su debilidad humana, pero esconde Su fortaleza divina; habla de la realidad de Su dolor, pero esconde de nuestra visión la realidad de Su gozo y de Su poder. En estos dos casos el símbolo resulta indigno principalmente por lo que deja de evidenciar. Y así son todas las representaciones visibles de la deidad.

Cualquiera sea nuestro concepto del arte religioso desde un punto de vista cultural, no debiéramos contemplar las representaciones de Dios en busca de Su gloria a fin de que nos muevan a la adoración; porque Su gloria consiste precisamente en aquello que estas representaciones jamás pueden mostrarnos. Por esto Dios agregó al segundo mandamiento una referencia a Sí mismo describiéndose como "celoso" para vengarse de quienes lo desobedecen en esto: porque el "celo" de Dios en la Biblia consiste en Su celo por mantener Su propia gloria, gloria que resulta empañada cuando se emplean imágenes con fines de adoración.

En Isaías 40:18, después de declarar vívidamente la inmensurable grandeza de Dios, la Escritura nos pregunta: "¿Con quién compararán a Dios? ¿Con qué imagen lo representarán?". Ante estas preguntas no se considera una respuesta sino solamente un respetuoso silencio. Su objeto es recordarnos que es tan absurdo como impío pensar que una imagen modelada, como deben serlo forzosamente las imágenes, que es copia de alguna criatura, pudiera constituir una semejanza aceptable del Creador.

Pero esta no es la única razón por lo cual nos está prohibido emplear imágenes en el culto de adoración.

2. Las imágenes nos engañan porque comunican ideas falsas acerca de Dios. Sugieren ideas falsas acerca de Dios. La forma inadecuada en que lo representan pervierte nuestros pensamientos sobre Él, e imprime en la mente errores de todo tipo en cuanto a Su carácter y Su voluntad. Aarón, al hacer una imagen de Dios en forma de un becerro, llevó a los israelitas a pensar que Dios era un ser que podía ser adorado en forma aceptable con frenético libertinaje. Por consiguiente la "fiesta en honor del Señor" que organizó Aarón (Ex 32:5) se transformó en una vergonzosa orgía. Igualmente constituye un hecho histórico que el empleo del crucifijo como elemento auxiliar para la oración ha llevado a que muchas personas confundan la devoción con el acto de reflexionar con melancolía sobre los sufrimientos corporales de Cristo; ha conducido a que se vuelvan morbosos acerca del valor espiritual del dolor físico, y ha impedido que adquieran un conocimiento adecuado del Salvador resucitado.

Estos ejemplos nos muestran la forma en que las imágenes pueden falsear la verdad de Dios en la mente del hombre. Psicológicamente, es evidente que si nos habituamos a centrar los pensamientos en una imagen o en una figura de aquel a quien vamos a dirigir la oración, con el tiempo llegaremos a pensar en Él y a orar a Él en términos de la representación que nos ofrece esa imagen. Por tanto, en este sentido "te inclinarás" y "adorarás" a tu imagen; y en la medida en que la imagen no revele la verdad sobre Dios, en esa medida no adorarás verdaderamente a Dios. Es por ello que Dios prohíbe que hagamos uso de imágenes y figuras en el culto.

IMÁGENES FUNDIDAS E IMÁGENES MENTALES

Comprender que las imágenes y las figuras de Dios afectan nuestro concepto de Él pone de manifiesto otro aspecto en el que tiene aplicación la prohibición del segundo mandamiento. Así como nos prohíbe que fabriquemos imágenes fundidas de Dios, también nos prohíbe que concibamos imágenes mentales de Él a nuestro antojo. El acto de imaginarnos cómo es puede constituir una infracción del segundo mandamiento tanto como la imagen que es obra de nuestras manos.

Con cuánta frecuencia se oye decir frases como estas: "*Me gusta pensar* en Dios como el gran Arquitecto (o Matemático, o Artista)". "Yo no pienso en Dios como Juez; *me gusta pensar* en Él simplemente como Padre". Por experiencia sabemos que afirmaciones de esta clase constituyen el preludio a una negación de algo que la Biblia nos dice acerca de Dios. Se hace necesario decir con la mayor firmeza posible que quienes se sienten libres para pensar en Dios *como a ellos les gusta* están quebrantando el segundo mandamiento. En el mejor de los casos, solo pueden pensar en Dios en la figura de un hombre: el hombre ideal, tal vez, o el superhombre. Pero Dios no es ninguna clase de hombre. Nosotros fuimos hechos a Su semejanza, pero no debemos pensar que Él existe en semejanza nuestra. Pensar en Dios en tales términos es ser ignorantes sobre Él, todo lo contrario de conocerle.

Toda teología especulativa que descanse sobre el razonamiento filosófico, más bien que en la revelación bíblica, falla en este punto. Pablo nos indica adónde va a parar este tipo de teología: "Dios, en Su sabio designio, dispuso que el mundo no lo conociera mediante la sabiduría humana" (1Co 1:21). Seguir la imaginación del propio corazón en el ámbito de la teología es el camino para permanecer ignorantes de Dios, y convertirse en adoradores de ídolos, siendo el ídolo en este caso una falsa imagen mental de Dios, hecha por la propia especulación e imaginación.

A la luz de lo dicho, el propósito positivo del segundo mandamiento se hace claro. En lo negativo, se trata de una advertencia contra las formas de adoración y prácticas religiosas que llevan a deshonrar a Dios y a falsear Su verdad. En lo positivo constituye un llamado a que reconozcamos que Dios el Creador es trascendente, misterioso e inescrutable, que está más allá de la imaginación humana y de toda especulación filosófica, y es por ende un llamado a que nos humillemos, a que escuchemos Su voz y aprendamos de Él, y a que permitamos que Dios mismo nos enseñe cómo es y en qué forma debemos pensar en Él. "Mis pensamientos no son los de ustedes, ni sus caminos son los Míos —afirma el Señor—. Mis caminos y Mis pensamientos son más altos que los de ustedes; ¡más altos que los cielos sobre la tierra!" (Is 55:8-9). Pablo se expresa en el mismo tenor: "¡Qué profundas son las riquezas de la sabiduría y del conocimiento de Dios! ¡Qué indescifrables Sus juicios e impenetrables Sus caminos ¿Quién ha conocido la mente del Señor, o quién ha sido Su consejero?" (Ro 11:33-34).

Dios no es como nosotros; Su sabiduría, Sus objetivos, Su escala de valores, Su modo de proceder difieren tanto de los nuestros que no podemos llegar a ellos por conjetura o intuición, o deducirlos por analogía de nuestra noción del hombre ideal.

Pero esto es justo lo que ha hecho. Les ha hablado a sus profetas, y a nosotros por medio de los profetas y apóstoles, así como también mediante las palabras y los hechos de Su propio Hijo. A través de esta revelación, que está a nuestra disposición en las Sagradas Escrituras, podemos formarnos una noción correcta de Dios; sin ella jamás podremos. Por lo tanto, parecería que en lo positivo la fuerza del segundo mandamiento está en que nos obliga a tomar nuestros conceptos de Dios de Su propia Palabra, y no de otra fuente, cualquiera que sea.

Este es el aspecto positivo del mandamiento, lo cual se desprende con claridad de la forma misma en que está expresado. Habiendo prohibido la manufactura y la adoración de imágenes, Dios se declara celoso; Él castigará no a los adoradores de imágenes en sí, sino a todos los que lo aborrecen, en el sentido de que no tienen en cuenta Sus mandamientos en general.

En el contexto, lo más natural y lo que se esperaría sería una amenaza dirigida directamente a los que usan imágenes; ¿por qué, en cambio, la amenaza de Dios tiene aplicación general? Seguro que esto es así para que comprendamos que quienes se hacen de imágenes y se valen de ellas para el culto, y como consecuencia derivan de ellas inevitablemente su teología, de hecho tenderán a descuidar la voluntad revelada de Dios en los demás aspectos también. <u>Quien se asocia a las imágenes no ha aprendido aún a amar la Palabra de Dios ni a prestarle atención.</u> Los que se acercan a imágenes hechas por humanos, ya sean materiales o mentales, para que ellas los conduzcan a Dios difícilmente toman con la debida seriedad la revelación divina.

En Deuteronomio 4, Moisés mismo proclama la prohibición de las imágenes en el culto siguiendo exactamente las mismas líneas, oponiendo la fabricación de imágenes al acto de atender la Palabra y los mandamientos de Dios, como si estas dos cosas se excluyeran mutuamente. Le recuerda al pueblo que en el Sinaí, si bien tuvieron pruebas de la presencia de Dios, no hubo representación visible de Su persona, sino que escucharon Su palabra, y los exhorta a que sigan viviendo al pie del monte, por así decirlo, donde la misma Palabra de Dios pueda sonar en sus oídos directamente y donde no haya supuestas imágenes ante sus ojos para distraerlos.

La enseñanza está clara. Dios no les mostró un símbolo visible de Sí mismo, sino que les habló; por lo tanto no deben ahora buscar símbolos visibles de Dios, sino sencillamente dedicarse a obedecer Su palabra. Si se argumenta que Moisés tenía miedo de que los israelitas tomaran diseños de imágenes de las naciones idólatras que los rodeaban, nuestra respuesta es que indudablemente tenía ese temor, y esto es justo la cuestión: todas las imágenes de Dios hechas por humanos, ya sean fundidas en metal o mentales, constituyen en realidad copias de lo que ofrece un mundo pecador e impío, y por consiguiente no pueden menos que ser contrarias a lo que establece la Santa Palabra de Dios. El que hace una imagen de Dios adopta para ello los conceptos que le ofrece una fuente humana, y no lo que Dios mismo dice acerca de Sí mismo; y esto es precisamente lo que está mal.

UNA MIRADA AL VERDADERO DIOS

El interrogante que se nos presenta como consecuencia de la línea de pensamiento que venimos siguiendo es este: ¿hasta qué punto guardamos el segundo mandamiento? Desde luego que no hay imágenes de toros en las iglesias a las que asistimos, y probablemente no tengamos un crucifijo en la casa (aunque es posible que tengamos algunos cuadros de Cristo en las paredes, sobre cuyo destino tendríamos que volver a pensar). Pero, ¿estamos seguros de que el Dios que procuramos adorar es el Dios de la Biblia, el Yahvé de la Trinidad? ¿Adoramos al único Dios verdadero tal como Él es? ¿O son nuestras ideas en cuanto a Dios tales que en realidad no creemos en el Dios *cristiano*, sino en alguna deidad diferente como los musulmanes, los judíos, o los Testigos de Jehová, que no creen en el Dios cristiano, sino en otro distinto?

Me dirán: ¿cómo puedo saberlo? Pues bien, aquí está la prueba. El Dios de la Biblia ha hablado en Su Hijo. La luz del conocimiento de Su gloria aparece en el rostro de Jesucristo. ¿Acostumbro a contemplar la persona y la obra del Señor Jesucristo a fin de ver en ellas la verdad última en cuanto al carácter y la gracia de Dios? Al contemplar a Cristo, ¿veo centrados en Él todos los propósitos y planes de Dios?

Si he podido ver todo esto, y si he podido con la mente y con el corazón acudir al Calvario y allí hacer mía la solución que el Calvario me ofrece, puedo entonces saber que en verdad rindo culto de adoración al Dios verdadero, que Él es mi Dios, y que desde ya disfruto de la vida eterna, según la definición del propio Señor: "esta es la vida eterna: que te conozcan a Ti, el único Dios verdadero, y a Jesucristo, a quien Tú has enviado" (Jn 17:3).

NOTA ADICIONAL (1993)

A lo largo de los años la constante llegada de una que otra carta ha insistido en que mi disuasión a usar imágenes de Dios con propósitos didácticos o devocionales se pasa de la raya. ¿Acaso será cierto?

Se plantean tres argumentos en contra. Primero, la alabanza a Dios requiere de la expresión estética cristiana a través de las artes visuales al igual que se requiere de la expresión moral cristiana a través del amor de la familia y el amor al prójimo. Segundo, la imaginación es parte de la naturaleza humana tal cual Dios la creó, y debiera ser santificada y expresada, en vez de estigmatizada y oprimida, en nuestra comunión con nuestro Creador. Tercero, las imágenes (crucifijos, íconos, estatuas, ilustraciones de Jesús) sí crean devoción, la cual sería más débil sin las mismas.

El principio del primer argumento sin duda es correcto, pero debe aplicarse de forma adecuada. El arte simbólico puede ser útil para la adoración en muchas maneras, pero el segundo mandamiento igual prohíbe cualquier cosa que se pueda ver como una imagen que representa a Dios. Si las pinturas, los dibujos y las estatuas de Jesús, el Hijo encarnado, siempre se percibieran como símbolos de la perfección humana dentro de la cultura que las produce (anglosajón de rostro blanco, africano de rostro negro, chino de rostro amarillo, o lo que fuere), en vez de sugerir qué aspecto tenía en verdad, no se haría ningún daño, pero como ni los niños ni los adultos ingenuos lo perciben de esta forma, opino que sería mejor prescindir de los mismos.

El principio del segundo argumento también es correcto, pero la forma bíblica de aplicarlo sería aprovechar nuestra imaginación verbal y visual para realizar la tarea de apreciar el drama y la maravilla de las actividades históricas de Dios, tal como se hace en los libros de los profetas, los Salmos y el libro de Apocalipsis, en lugar de hacer caso omiso al segundo mandamiento mediante la creación de imágenes estáticas y supuestamente representativas de Él.

En cuanto al tercer argumento, el problema es que debido a que estas imágenes se tratan como representaciones en vez de ser simbólicas, empiezan a corromper la devoción que provocan. Como a los humanos nos resulta difícil evitar este peligro, la sabiduría aconseja, una vez más, que lo mejor y más seguro es aprender a evitarlos. No vale la pena correr algunos riesgos.

CAPÍTULO CINCO

DIOS ENCARNADO

No es de extrañar que a las personas pensantes les resulte difícil creer en el evangelio de Jesucristo, ya que las realidades que trata sobrepasan nuestra comprensión. Pero también resulta triste que muchas personas hagan que la fe sea más difícil de lo que debe ser, porque encuentran dificultades donde no debiera haberlas.

Tomemos la expiación, por ejemplo. Para muchos constituye una piedra de tropiezo. Dicen: ¿Cómo podemos aceptar que la muerte de Jesús de Nazaret —un solo hombre que muere en una cruz romana— sirva para remediar los pecados del mundo? ¿Cómo puede ser que esa muerte tenga el efecto de que Dios perdone nuestros pecados hoy?

O tomemos la resurrección, que para muchos también constituye una piedra de tropiezo. Se preguntan: ¿Cómo podemos creer que Jesús se levantó físicamente de la muerte? Aceptamos que sea difícil negar que la tumba quedó vacía, pero, ¿acaso no es más difícil todavía creer que Jesús emergió de ella para iniciar una vida corporal sin fin? ¿Acaso no es más fácil dar crédito a la teoría de la resurrección temporal después de un desmayo, o al robo del cuerpo, en lugar de a la doctrina cristiana de la resurrección?

O tomemos el nacimiento virginal, doctrina que ha sido ampliamente rechazada en círculos protestantes en el presente siglo. Algunos preguntan: ¿Cómo podemos aceptar semejante anormalidad biológica?

O consideremos los milagros de los Evangelios; para muchos esto también constituye un escollo insalvable. Llegan a aceptar que Jesús sanaba (resulta difícil, dadas las evidencias disponibles, dudar de esto, y de todos modos la historia conoce casos de otras personas que han realizado sanidades milagrosas); sin embargo, ¿cómo se puede creer que Jesús caminó sobre el agua, que alimentó a los cinco mil o que levantó a los muertos? Relatos como estos serían por demás fantasiosos. Ante estos problemas, y otros similares, muchas personas que están al borde de la fe se sienten profundamente perplejas en el día de hoy.

EL MÁS GRANDE MISTERIO

Pero en realidad la verdadera dificultad no está en estos aspectos en lo absoluto, porque no es en ellos que el evangelio nos enfrenta con el misterio supremo. La dificultad radica, no en el mensaje de expiación del Viernes Santo, ni en el mensaje de la resurrección aquel domingo, sino en el mensaje de la encarnación de la Navidad. La afirmación cristiana realmente asombrosa es que Jesús de Nazaret es Dios hecho hombre: la segunda persona de la Deidad se convirtió en el "segundo hombre" (1Co 15:47), con lo cual quedó decidido el destino de la humanidad; la segunda cabeza representativa de la raza, que adoptó la humanidad sin perder la deidad, Jesús de Nazaret, es tan completa y realmente divino como humano.

Aquí hay dos misterios por el precio de uno: la pluralidad de personas dentro de la unidad de Dios, y la unión de la Deidad y la humanidad en la persona de Jesús. Es aquí, en lo que aconteció en esa primera Navidad, donde yacen las profundidades más grandes e inescrutables de la revelación cristiana. "El Verbo se hizo hombre" (Jn 1:14); Dios se hizo hombre; el Hijo divino se hizo judío; y el Todopoderoso apareció en la tierra en forma de un niño indefenso, incapaz de hacer otra cosa que estar acostado en una cuna, mirando sin comprender, haciendo los movimientos y ruidos característicos de un bebé, necesitado de alimento y de toda la atención del caso, y teniendo que aprender a hablar como cualquier otro niño. Y en todo esto no hubo ilusión ni engaño en absoluto: la infancia del Hijo de Dios fue una absoluta realidad. Cuanto más se piensa en todo esto, tanto más asombroso resulta. La ficción no podría ofrecernos algo tan fantástico como lo es esta doctrina de la encarnación.

En esto reside la verdadera piedra de tropiezo del cristianismo. Es en este punto en el que han naufragado los judíos, los musulmanes, los unitarios, los Testigos de Jehová, así como también muchos de los que experimentan las dificultades enumeradas más arriba (sobre el nacimiento virginal, los milagros, la expiación y la resurrección). Las dificultades que surgen en relación con otras cuestiones relativas al relato evangélico generalmente nacen de una creencia inadecuada o de la falta de fe en la encarnación. Pero una vez que se acepta plenamente la realidad de la encarnación, las otras dificultades se disuelven.

Si Jesús no hubiera sido más que un hombre santo, sumamente notable, las dificultades para creer lo que el Nuevo Testamento nos dice acerca de Su vida y obra serían realmente gigantescas. No obstante, si Jesús es la misma persona que la Palabra eterna, el agente del Padre en la creación, por medio de quien hizo el universo (Heb 1:2), ya no resulta asombroso que nuevos actos de poder creativo señalaran Su venida al mundo, Su vida en él, y Su salida del mismo. No resulta extraño que Él, el autor de la vida, se levantara de la muerte. Si realmente era el Hijo de Dios, resulta mucho más asombroso que tuviera que morir y no que volviera a vivir.

"¡Es todo un misterio! Que el inmortal muriera", escribió Wesley, pero en la resurrección del Inmortal ya no hay misterio comparable. Y si el inmortal Hijo de Dios realmente se sometió a la muerte, no es extraño que tal muerte pueda tener un significado salvador para una raza condenada. Una vez que aceptamos que Jesús es divino, se torna irrazonable descubrir dificultad en estas cosas; es todo parte de una misma entidad, forma parte de una sola unidad. La encarnación constituye en sí misma un misterio insondable, pero le da sentido a todo lo demás en el Nuevo Testamento.

¿QUIÉN ES ESTE NIÑO?

Los Evangelios de Mateo y Lucas nos dicen con algo de detalle cómo vino a este mundo el Hijo de Dios. Nació afuera de una pequeña posada en una oscura aldea judía en los grandes días del Imperio Romano. En general tendemos a embellecer el relato cuando lo contamos Navidad tras Navidad, cuando en realidad es más bien un relato brutal y cruel. La razón por la cual Jesús no nació en la posada es que estaba llena y nadie le ofreció una cama a la mujer que estaba por dar a luz, por lo cual tuvo que tener su bebé en el establo, y colocarlo en el pesebre. El relato es sin pasión y sin comentarios, pero el lector atento no puede menos que temblar ante el cuadro de degradación e insensibilidad que se nos pinta.

Con todo, los evangelistas no relatan la historia con el fin de que saquemos de ella lecciones morales. Para ellos lo importante del relato no está en las circunstancias del nacimiento (salvo en el sentido de que constituía el cumplimiento de la profecía, ya que tuvo lugar en Belén; ver Mt 2:1-6), sino más bien en la identidad del niño. En relación con esto el Nuevo Testamento afirma dos cosas. Nosotros ya las hemos indicado; considerémoslas ahora en mayor detalle.

1. El niño que nació en Belén era Dios. Más precisamente, para decirlo en el lenguaje bíblico, era el *Hijo de Dios*; o, como lo expresa invariablemente la teología cristiana, *Dios Hijo*. El Hijo, observa, no *un* Hijo: como lo dice cuatro veces Juan en los tres primeros capítulos de su Evangelio, con el fin de asegurarse de que sus lectores comprendan totalmente el carácter único de Jesús, el "Hijo *unigénito* del Padre" (ver Jn 1:14, 18; 3:16, 18). Por consiguiente, la iglesia cristiana confiesa: "Creo en Dios Padre… y en Jesucristo, *Su único Hijo*, nuestro Señor".

Los apologistas cristianos a veces hablan como si la afirmación de que Jesús es el unigénito Hijo de Dios fuese la respuesta completa y definitiva a todos los interrogantes relativos a Su identidad. Pero no puede serlo, porque la frase misma da lugar a otras interrogantes, y a su vez se presta fácilmente a confusiones. ¿Significa la afirmación de que Jesús es el Hijo de Dios que en realidad hay dos dioses? ¿Es entonces el cristianismo una religión politeísta, como sostienen tanto los judíos como los musulmanes? ¿Implica la frase *Hijo de Dios* que Jesús, si bien ocupa un lugar aparte entre los seres creados, no era en Sí mismo divino en igual sentido en que lo es el Padre? En la iglesia primitiva los arrianos sostenían esta doctrina, y en los tiempos modernos la han adoptado los unitarios, los Testigos de Jehová, los cristadelfianos, y otros. ¿Tienen razón? ¿*Qué quiere decir* la Biblia realmente cuando llama Hijo de Dios a Jesús?

Estas preguntas han tenido perplejas a muchas personas, pero el Nuevo Testamento en realidad no nos deja con dudas en cuanto a la forma de responder a ellas. En principio, el apóstol Juan hizo todas estas preguntas y las resolvió en conjunto en el prólogo a su Evangelio. Escribía, según parece, para lectores con trasfondo tanto judío como griego. Conforme a lo que él mismo nos dice, escribió a fin de que "crean que Jesús es… el

Hijo de Dios, y para que al creer en su nombre tengan vida" (Jn 20:31). En su Evangelio nos presenta a Jesús como el Hijo de Dios.

Sin embargo, Juan sabía que la frase *Hijo de Dios* estaba teñida de asociaciones incorrectas en la mente de sus lectores. La teología judía lo utilizaba como título para el Mesías (humano) que esperaban. La mitología griega mencionaba muchos "hijos de los dioses", superhombres nacidos de la unión entre un dios y una mujer. En ninguno de estos casos, no obstante, tenía la frase de referencia el sentido de deidad personal; antes bien, en ambos casos, está excluido tal sentido. Juan quería estar seguro de que cuando escribía acerca de Jesús como el Hijo de Dios no habría de ser entendido mal, es decir que no se iban a tomar sus palabras en el sentido griego y judío que acabamos de mencionar, y deseaba dejar claramente establecido desde el comienzo que el carácter de Hijo que Jesús se atribuía, y que le atribuían los cristianos, era precisamente cuestión de deidad personal y nada inferior a eso. De allí su famoso prólogo (Jn 1:1-18). La iglesia de Inglaterra lo lee todos los años como el Evangelio para el día de la Navidad, y con toda razón. En ninguna otra parte del Nuevo Testamento se explica con tal claridad la naturaleza y el significado del carácter filial divino de Jesús.

Mira la forma cuidadosa y concluyente en que Juan expone su tema.

El término *Hijo* no aparece en absoluto en las primeras frases; en cambio habla primeramente del Verbo (la Palabra). No había peligro de que esta palabra fuera mal entendida; los lectores del Antiguo Testamento lo reconocerían de inmediato. La Palabra de Dios en el Antiguo Testamento es Su expresión creadora, Su poder en acción para cumplir Su propósito. El Antiguo Testamento representa la expresión verbal de Dios, la expresión misma de Su propósito, como si tuviera poder en sí misma para llevar a cabo el propósito expresado. Génesis 1 nos enseña que en la creación "dijo Dios: '¡Que *exista* la luz!'. Y la luz *llegó a existir*" (Gn 1:3). "Por la palabra del SEÑOR fueron creados los cielos... porque Él habló, y todo fue creado" (Sal 33:6, 9). El Verbo de Dios es, por lo tanto, Dios obrando.

Juan toma esta figura y procede a decimos siete cosas acerca del Verbo divino.

(1) "*En el principio* ya existía el Verbo" (Jn 1:1). He aquí la *eternidad* del Verbo. No tenía principio en Sí mismo; cuando las demás cosas comenzaron, Él ya *existía*.

(2) "y el Verbo estaba *con* Dios" (Jn 1:1). He aquí la *personalidad* del Verbo. El poder que lleva a cabo los propósitos de Dios es el poder de un ser personal concreto, que se encuentra en una relación eterna de comunión activa con Dios (esto es lo que significa la frase en cuestión).

(3) "y el Verbo *era* Dios" (Jn 1:1). He aquí la *deidad* del Verbo. Si bien es distinto del Padre en persona, no es una criatura; es divino en Sí mismo como lo es el Padre. El misterio con el cual nos enfrenta este versículo es, por lo tanto, el misterio de las distinciones personales dentro de la unidad de la Deidad.

(4) "*Por medio de Él todas las cosas fueron creadas*" (Jn 1:3). He aquí el Verbo en función *creadora*. Es el agente del Padre en todo acto creador que este haya realizado jamás. Todo lo que ha sido hecho, ha sido hecho por medio de Él. (Aquí, incidentalmente, tenemos pruebas adicionales de que el Hacedor no pertenece a la clase de las cosas creadas, como tampoco el Padre).

(5) "En Él estaba la *vida*" (Jn 1:4). He aquí el Verbo *vivificando*. No hay vida física en el ámbito de las cosas creadas salvo en y a través de Él. Aquí está la respuesta bíblica al problema del origen y la continuidad de la vida en todas sus formas: la vida la da y la mantiene el Verbo. Las cosas creadas no tienen vida en sí mismas, sino que tienen vida en el Verbo, la segunda persona de la Deidad.

(6) "y la vida era *la luz de la humanidad*" (Jn 1:4). Aquí vemos al Verbo en función *reveladora*. Al dar vida, da también luz; es decir, cada persona recibe revelaciones de Dios por el hecho de estar vivo en el mundo de Dios, y esto, tanto como el hecho de estar vivo, se debe a la obra del Verbo.

(7) "Y el Verbo *se hizo hombre*" (Jn 1:14). He aquí el Verbo *encarnado*. El niño en el pesebre de Belén era nada menos que el Verbo eterno de Dios.

Luego, habiéndonos mostrado quién es y lo que es el Verbo —persona divina, autor de todas las cosas— Juan nos da Su identificación. La encarnación, nos dice, fue la revelación de que el Verbo es el Hijo de Dios. "Hemos contemplado Su gloria, la gloria que corresponde al Hijo unigénito del Padre" (Jn 1:14). Esta identificación recibe confirmación en el versículo 18: "el Hijo unigénito, que es Dios y que vive en unión íntima con el Padre". De este modo, Juan llega al punto adonde quería llegar desde el primer momento. A esta altura ha dejado claramente establecido lo que se quiere decir cuando se le llama a Jesús Hijo de Dios. El Hijo de Dios es el Verbo de Dios; vemos lo que es el Verbo (la Palabra); pues bien, eso mismo es lo que es el Hijo. Tal es el mensaje del prólogo de Juan.

Así pues, cuando la Biblia proclama a Jesús como el Hijo de Dios, la declaración lleva el propósito de afirmar Su definida deidad personal. El mensaje de la Navidad descansa en el hecho sorprendente de que el niño en el pesebre era *Dios*.

Pero lo que hemos dicho no es más que la mitad de toda la historia.

2. ***El niño que nació en Belén era Dios hecho hombre.*** El Verbo se había hecho carne: un ser humano real y verdadero. No había dejado de ser Dios; no era menos Dios entonces que antes; pero había comenzado a hacerse hombre. No era ahora Dios *menos* algunos elementos de Su deidad, sino Dios *más* todo lo que había hecho Suyo al tomar sobre Sí la humanidad. Aquel que había hecho al hombre estaba ahora probando lo que era ser hombre. Aquel que hizo al ángel que se convirtió en diablo se encontraba ahora en un estado en el que podía ser tentado —más aun, no podía evitar ser tentado— por el diablo; y la perfección de Su vida humana la logró luchando contra Satanás. La Epístola a los Hebreos, elevando la vista a Él en Su gloria después de la ascensión, deriva gran consuelo de este hecho.

"Era preciso que en todo se asemejara a sus hermanos... Por haber sufrido Él mismo la tentación, puede socorrer a los que son tentados". "No tenemos un sumo sacerdote incapaz de compadecerse de nuestras debilidades, sino uno que ha sido tentado en todo de la misma manera que nosotros, aunque sin pecado. Así que acerquémonos confiadamente al trono de la gracia para recibir misericordia y hallar la gracia que nos ayude en el momento que más la necesitemos" (Heb 2:17-18; 4:15-16).

El misterio de la encarnación es realmente insondable. No lo podemos explicar; solo podemos formularlo. Quizás no haya sido formulado nunca mejor que en las palabras del Credo de Atanasio. "Nuestro Señor Jesucristo, Hijo de Dios, es Dios y hombre... perfecto Dios, y perfecto Hombre... Quien, aunque sea Dios y Hombre, sin embargo, no es dos, sino un solo Cristo; uno, no por la conversión de la Divinidad en carne, sino por la asunción de la humanidad en Dios".

Más allá no puede ir nuestra mente. Lo que vemos en el pesebre es, en palabras de Charles Wesley:

*A nuestro Dios circunscrito a un espacio;
hecho incomprensiblemente hombre.*

Incomprensibilidad. Conviene que recordemos esto, que rechacemos la especulación y que adoremos con un espíritu de aceptación gozosa.

NACIDO PARA MORIR

¿Cómo debemos pensar sobre la encarnación? El Nuevo Testamento no nos insta a rompernos la cabeza con los problemas físicos y psicológicos que plantea, sino a que adoremos a Dios por el amor que se mostró. Porque fue un gran acto de condescendencia y de humillación de Sí mismo. "Quien, siendo por naturaleza Dios, no consideró el ser igual a Dios como algo a qué aferrarse. Por el contrario, se rebajó voluntariamente, tomando la naturaleza de siervo y haciéndose semejante a los seres humanos. Y, al manifestarse como hombre, se humilló a sí mismo y se hizo obediente hasta la muerte, *¡y muerte de cruz!*" (Fil 2:6-8). Y todo esto fue para nuestra salvación.

Los teólogos a veces han considerado la posibilidad de que la encarnación haya tenido como fin originalmente, y en lo fundamental, perfeccionar el orden creado, y que su significado redentor fue, por así decirlo, un recurso agregado posteriormente por Dios; pero, como ha insistido correctamente James Denney: "el Nuevo Testamento no conoce una encarnación que pueda definirse aparte de su relación con la expiación... El Calvario, y no Belén, es el centro de la revelación, y toda elaboración del cristianismo que olvide o niegue esto distorsiona al cristianismo, sacándolo de su enfoque (*The Death of Christ* [*La muerte de Cristo*], 1902, p. 235). El significado crucial de la cuna de Belén radica en el lugar que ocupa en la secuencia de pasos que condujeron al Hijo de Dios a la cruz del Calvario, y no podemos entender el mensaje a menos que lo veamos en este contexto. El versículo clave del Nuevo Testamento para interpretar la encarnación no es, por consiguiente, la afirmación llana que aparece en Juan 1:14 —" el Verbo se hizo hombre y habitó entre nosotros"— sino, más bien, la afirmación más amplia de 2 Corintios 8:9: "Ya conocen la gracia de nuestro Señor Jesucristo, que, aunque era rico, por causa de ustedes se hizo pobre, para que mediante Su pobreza ustedes llegaran a ser ricos". Aquí se expresa no solo el hecho de la encarnación, sino también su significado; aquí se nos explica la forma en que debemos considerar y tener siempre presente el hecho de que el Hijo haya tomado nuestra humanidad: no simplemente como una maravilla de la naturaleza, sino más bien como una sorprendente maravilla de la gracia.

¿HECHO MENOS QUE DIOS?
A esta altura, no obstante, debemos detenernos para considerar un uso diferente que algunos hacen de los versículos de Pablo que acabamos de citar. En Filipenses 2:7 la frase traducida en la Nueva Versión Internacional como "se rebajó voluntariamente" y en la Nueva Biblia de Las Américas como "se despojó a Sí mismo" es, literalmente, "se vació a Sí mismo". ¿Acaso esto (se pregunta), juntamente con la declaración en 2 Corintios 8:9 de que Jesús "se hizo pobre", no arroja alguna luz sobre el carácter de la encarnación misma? ¿No implica acaso que al hacerse hombre hubo alguna medida de reducción de la deidad del Hijo?

Esta es la denominada teoría de la *kenosis*, palabra griega que significa "vaciamiento". La idea que la inspira en todas sus formas es la de que, a fin de ser plenamente hombre, el Hijo tuvo que renunciar a algunas de Sus cualidades divinas, porque de otro modo no habría podido compartir la experiencia de verse limitado por el espacio, el tiempo, el grado de conocimiento y el grado de conciencia, todo lo cual forma parte esencial de la vida verdaderamente humana. Esta teoría ha sido formulada de diferentes maneras. Algunos han sostenido que el Hijo abandonó únicamente Sus atributos "metafísicos" (la omnipotencia, la omnipresencia y la omnisciencia) pero que retuvo los atributos "morales" (la justicia, la santidad, la verdad, etc.). Otros han sostenido que cuando se hizo hombre renunció a todos Sus poderes específicamente divinos, y a Su conciencia divina de Sí mismo también, si bien en el transcurso de Su vida terrena volvió a adquirir este último atributo.

En Inglaterra, la teoría de la *kenosis* fue abordada por primera vez por el obispo Gore en 1889, para explicar por qué nuestro Señor ignoró lo que los eruditos de la alta crítica del siglo diecinueve consideraban errores en el Antiguo Testamento. La tesis de Gore decía que, al hacerse hombre, el Hijo hizo abandono de Su conocimiento divino en cuanto a los hechos históricos, si bien retuvo la infalibilidad divina en cuanto a cuestiones morales. En el campo de los hechos históricos, sin embargo, estaba limitado a las ideas judías corrientes, las que aceptó sin discusión, sin saber que no todas eran acertadas. De ahí Su tratamiento del Antiguo Testamento como verbalmente inspirado y enteramente fidedigno, y Su afirmación de que el Pentateuco pertenecía a Moisés y el Salmo 110 a David, puntos de vista que para Gore resultaban inaceptables. Muchos son los que han seguido a Gore en este aspecto, en busca de justificación para no aceptar la estimación que Cristo hizo del Antiguo Testamento.

Pero la teoría de la *kenosis* es inaceptable. Porque, en primer lugar, se trata de una especulación a la que no dan el menor apoyo los textos que se citan a su favor. Cuando Pablo dice que el Hijo se vació a Sí mismo y se hizo pobre, lo que quiere decir, como lo demuestra el contexto en cada caso, es que hace a un lado no Sus atributos y poderes divinos, sino Su gloria y Su dignidad divinas, "la gloria que tuve contigo antes de que el mundo existiera", como lo expresa Cristo en Su gran oración sacerdotal (Jn 17:5). La traducción que hacen la Nueva Versión Internacional y la Nueva Biblia de Las Américas de Filipenses 2:7 son interpretaciones correctas del significado paulino. No existe apoyo alguno en las Escrituras para la idea de que el Hijo abandonara algún aspecto de Su deidad.

Además, la teoría mencionada ofrece problemas grandes e imposibles de solucionar. ¿Cómo podemos decir que el hombre Cristo Jesús era plenamente Dios si le faltaban algunas de las cualidades de la deidad? ¿Cómo podemos decir que reveló perfectamente al Padre, si algunos de los poderes y atributos del Padre no estaban en Él? Más todavía, si, como lo supone la teoría, la humanidad real resultaba incompatible con una deidad plena en la tierra, seguramente que debe serlo también en el cielo; de modo que se deduce que "el hombre de la gloria" ha perdido algunos de Sus poderes divinos para toda la eternidad. Si, como dice el Artículo Anglicano 2, "la Deidad y la Humanidad fueron unidas en una sola persona" en la encarnación "para no ser separadas jamás", parecería resultar ineludible, con esta teoría, reconocer que en la encarnación la deidad del Hijo perdió ciertos atributos divinos para no recuperarlos jamás.

Sin embargo, el Nuevo Testamento es claro y definitivo en cuanto a la omnipotencia, la omnipresencia y la omnisciencia del Cristo resucitado (Mt 28:18, 20; Jn 21:17; Ef 4:10). Pero si, frente a esto, los que sostienen la teoría de la *kenosis* negaran que estos atributos son incompatibles con la humanidad real en el cielo, ¿qué razón pueden dar para creer que esta incompatibilidad haya existido en la tierra?

Además, el uso que hace Gore de esta teoría para justificar el hecho de que considera equivocada parte de la enseñanza de Cristo, mientras sostiene la autoridad divina de lo demás, no resulta aceptable. Cristo afirmó en términos absolutos y categóricos que toda Su enseñanza era de Dios: que nunca fue otra cosa que el mensajero de Su Padre. "Mi enseñanza no es Mía... sino del que me envió", "hablo conforme a lo que el Padre me ha enseñado", "Yo no he hablado por Mi propia cuenta; el Padre que me envió me ordenó qué decir y cómo decirlo... todo lo que digo es lo que el Padre me ha ordenado decir" (Jn 7:16; 8:28; 12:49-50). Se declaró a Sí mismo como un hombre "que les he expuesto la verdad que he recibido de parte de Dios" (Jn 8:40).

Ante estas afirmaciones, solo hay dos posibilidades. La primera es aceptarlas y atribuir plena autoridad divina a todo lo que Jesús enseñó, incluidas Sus declaraciones sobre la inspiración y la autoridad del Antiguo Testamento, o las rechazamos y ponemos en duda la autoridad divina de Sus enseñanzas en cada punto. Si Gore deseaba realmente mantener la autoridad de la enseñanza moral y espiritual de Jesús, no debería haber cuestionado la verdad de Su enseñanza sobre el Antiguo Testamento; si, por el contrario, estaba realmente decidido a discrepar con Jesús sobre el Antiguo Testamento, debería haber sido coherente y haber adoptado el punto de vista de que, puesto que las afirmaciones de Jesús sobre Su enseñanza no pueden aceptarse tal cual, no tenemos ninguna obligación de estar de acuerdo con Jesús en nada.

Si se utiliza la teoría de la *kenosis* para el fin que quiso darle Gore, resulta excesiva: demuestra que Jesús, al haber renunciado a Su conocimiento divino, era totalmente falible, y que cuando afirmó que toda Su enseñanza venía de Dios se estaba engañando a Sí mismo y a los demás. Si queremos sostener la autoridad divina de Jesús como maestro, siguiendo Su propia declaración, tenemos que rechazar la teoría de la *kenosis*, o por lo menos debemos rechazar esta aplicación de la misma. De hecho, los relatos de los Evangelios ofrecen pruebas contra la teoría de la *kenosis*. Es cierto que el conocimiento que tenía Jesús tanto de cuestiones humanas como divinas era limitado. Ocasionalmente pide información: "¿Quién me ha tocado la ropa?". "¿Cuántos panes tienen ustedes?" (Mr 5:30; 6:38). Declara que comparte la ignorancia de los ángeles en cuanto al día en que volverá (Mr 13:32). Pero en otros momentos dio muestras de poseer conocimiento sobrenatural. Conoce el pasado oscuro de la mujer samaritana (Jn 4:17-18). Sabe que cuando Pedro salga a pescar, el primer pez que tome tendrá una moneda en la boca (Mt 17:27). Sabe, sin que se le diga, que Lázaro está muerto (Jn 11:11-13). De igual modo, de vez en cuando despliega un poder sobrenatural al realizar milagros de sanidad, multiplicar alimentos y resucitar muertos. La impresión que dan los Evangelios de Jesús no es la de que estuviera totalmente desprovisto de conocimiento y poderes divinos, sino de que se valía de ambos en forma intermitente, mientras que buena parte del tiempo se contentaba con no hacerlo. La impresión, en otras palabras, no es tanto la de una deidad reducida sino la de capacidades divinas restringidas.

¿Cómo explicamos esta restricción? Sin duda, en términos de la verdad que tanto predica el Evangelio de Juan en particular, es decir, la entera sumisión del Hijo a la voluntad del Padre. Parte del misterio revelado sobre la Deidad es que las tres personas se encuentran en una relación fija entre Sí. El Hijo aparece en los Evangelios como una persona divina dependiente, que piensa y actúa única y solamente como lo indica el Padre, y no como si fuera absolutamente independiente. "El Hijo no puede hacer nada por su propia cuenta". "Yo no puedo hacer nada por Mi propia cuenta" (Jn 5:19, 30). "he bajado del cielo no para hacer Mi voluntad, sino la del que me envió" (Jn 6:38). "No hago nada por Mi propia cuenta... siempre hago lo que le agrada [al Padre]" (Jn 8:28-29).

Corresponde a la naturaleza de la segunda persona de la Trinidad reconocer la autoridad de la primera persona y someterse a Su buena voluntad. Es por ello que se declara Hijo, y que la primera persona es Su Padre. Si bien es igual al Padre en eternidad, poder y gloria, le es natural representar el papel de Hijo y encontrar gozo en cumplir la voluntad de Su Padre, así como es natural para la primera persona de la Trinidad planificar e iniciar las obras de la Deidad, y natural también, para la tercera persona, proceder a cumplir lo que le indican conjuntamente el Padre y el Hijo.

De este modo, la obediencia del Dios-Hombre al Padre cuando estaba en la tierra no fue resultado de una nueva relación ocasionada por la encarnación sino la continuación en el tiempo de la relación eterna entre el Hijo y el Padre en el cielo. En la tierra, como en el cielo, el Hijo ocupó un lugar de total dependencia con respecto a la voluntad del Padre.

Pero si esto es así realmente, queda todo explicado. El Dios-Hombre no tenía conocimiento independiente, como tampoco actuaba en forma independiente. Así como no hizo todo lo que pudo haber hecho, porque ciertas cosas no respondían a la voluntad del Padre (ver Mt 26:53-54), no sabía conscientemente todo lo que podía haber sabido, sino solo lo que el Padre quería que supiera. Su conocimiento, como todo lo demás relacionado con Su actividad, estaba limitado por la voluntad de Su Padre. Y por ello, la razón de Su ignorancia de (por ejemplo) la fecha en que habría de volver no radicaba en que hubiera hecho abandono de Su poder para conocer todas las cosas en el momento de la encarnación, sino en que no era la voluntad del Padre que tuviera conocimiento de ese hecho particular mientras estaba en la tierra, antes de Su pasión. Seguramente Calvino tenía razón cuando comentó sobre Marcos 13:32 lo siguiente: "Hasta que no hubo cumplido totalmente Su misión [mediadora], la información que le fue dada después de Su resurrección no le fue dada antes". Así que la limitación del conocimiento de Jesús debe explicarse no en términos del carácter de la encarnación sino con relación a la voluntad del Padre para el Hijo mientras este estaba en la tierra. Por lo tanto, llegamos a la conclusión de que, así como en los Evangelios hay ciertos hechos que contradicen la teoría de la *kenosis*, así, también, no existen hechos en los Evangelios que no se puedan explicar mejor sin esta teoría.

SE HIZO POBRE

Vemos ahora lo que significó para el Hijo de Dios despojarse de Sí mismo y hacerse pobre. Significaba poner a un lado Su gloria (la verdadera

PARTE UNO | *Conoce al Señor*

kenosis); una voluntaria restricción de Su poder; la aceptación de las penurias, el aislamiento, los malos tratos, la malicia y la incomprensión; y finalmente, una muerte con tal agonía —espiritual aun más que física— que Su alma llegó al punto del quebrantamiento poco antes (ver Lc 12:50 y el relato de Getsemaní). Significaba amor hasta lo sumo para seres humanos que no lo merecían, para aquellos que "mediante su pobreza… llegaran a ser ricos". El mensaje de Navidad es que hay esperanza para una humanidad arruinada —esperanza de perdón, esperanza de paz con Dios, esperanza de gloria— porque, siguiendo la voluntad del Padre, Jesucristo se hizo pobre y nació en un establo para que treinta años más tarde pudiera ser colgado de una cruz. Este es el mensaje más hermoso que el mundo haya escuchado, y que jamás escuchará.

Hablamos con ligereza del "espíritu navideño", pero rara vez nos referimos a algo más que a la alegría sentimental de las celebraciones familiares. Pero lo que hemos dicho nos hace ver claramente que esta frase tendría que despertar en nosotros una tremenda carga de significado. Tendría que significar la reproducción en la vida de los seres humanos de la especial disposición de Aquel que por nosotros se hizo pobre en la primera Navidad. Y el espíritu navideño mismo debiera ser la marca de todo cristiano a lo largo de todo el año.

Constituye una vergüenza y un motivo de deshonra para nosotros hoy que tantos cristianos —seré más específico: tantos cristianos entre los más firmes y ortodoxos— anden por este mundo en el espíritu del sacerdote y el levita de la parábola de nuestro Señor, viendo la necesidad humana por todas partes, pero (tras un piadoso deseo, y tal vez una oración para que Dios supla su necesidad) apartando los ojos y pasando por el lado. Este no es el espíritu de la Navidad. Tampoco es el espíritu de aquellos cristianos —que, por desgracia, son muchos—, cuya ambición en la vida parece limitarse a formar un buen hogar cristiano de clase media, y a hacer buenos amigos cristianos de clase media, y a educar a sus hijos con buenos métodos cristianos de clase media, y que dejan a los sectores de clase inferior de la comunidad, cristianos y no cristianos, que se las arreglen por sí mismos.

El espíritu navideño no brilla en el creyente que solamente respeta y comparte con las personas que son de una clase social alta, que tiene un nivel de exigencia extremadamente alto que es casi imposible de satisfacer. Porque el espíritu de la Navidad es el espíritu de los que, como Su Maestro, abrazan como principio para todos los actos de su vida el hacerse pobres —gastando y desgastándose— a fin de enriquecer a los demás: dando su tiempo, ocupándose, preocupándose, cuidando a los demás, y no solamente a sus amigos, para promover su bien, en cualquier sentido en que pudieran requerirse sus servicios.

Hay quienes evidencian este espíritu, pero debería haber muchos más. Si Dios en Su misericordia nos reaviva, una de las cosas que hará será despertar más de esta clase de espíritu en nuestro corazón y en nuestra vida. Si anhelamos que se produzca un despertar espiritual en nosotros mismos, debemos tratar de cultivar ese espíritu. "Ya conocen la gracia de nuestro Señor Jesucristo, que, aunque era rico, por causa de ustedes se hizo pobre, para que mediante Su pobreza ustedes llegaran a ser ricos" (2Co 8:9). "La actitud de ustedes debe ser como la de Cristo Jesús" (Fil 2:5). *"Corro por el camino de Tus mandamientos, porque has ampliado mi modo de pensar"* (Sal 119:32).

CAPÍTULO SEIS

ÉL DARÁ TESTIMONIO

"Gloria sea al Padre", canta la iglesia, "y al Hijo, y al Espíritu Santo". ¿Qué es esto? preguntamos: ¿alabanza a tres dioses? No; alabanza a un solo Dios en tres personas. Como dice el himno:

¡Yahvé! ¡Padre, Espíritu, Hijo!
¡Misteriosa Trinidad! ¡Tres en uno!

Este es el Dios al que ofrecen culto los cristianos: el Dios trino. La médula de la fe cristiana en Dios es el misterio revelado de la Trinidad. *Trinitas* es una palabra latina que expresa la idea de lo que tiene el carácter de la "tres-idad". El cristianismo descansa sobre la doctrina de la *trinitas*, del tres-en-uno, de la tri-personalidad de Dios.

A menudo se asume que la doctrina de la Trinidad, solo porque es un misterio, constituye una pieza inservible de la teología, que para nada nos es necesaria. Nuestra práctica ciertamente parece reflejar esta suposición. El Libro de Oración de la iglesia de Inglaterra prescribe trece ocasiones cada año en las que el Credo de Atanasio, la declaración clásica de esta doctrina, debe ser recitado en la adoración pública, pero es raro que hoy se use incluso en una de esas ocasiones. El clérigo anglicano promedio nunca predica sobre la Trinidad, excepto quizás el Domingo de la Trinidad; el ministro conformista promedio, que no observa el Domingo de la

Trinidad, no predica de ella nunca. Uno se pregunta qué diría el apóstol Juan acerca de nuestra práctica, porque según él la doctrina de la Trinidad es una parte esencial del evangelio cristiano.

En las líneas iniciales de su Evangelio, como lo vimos en el capítulo anterior, Juan nos presenta el misterio de dos personas diferentes dentro de la unidad de la Deidad. Este es el extremo profundo de la teología, indudablemente, pero Juan nos zambulle en él de inmediato. "En el principio ya existía el Verbo, y el Verbo estaba *con* Dios, y el Verbo *era* Dios" (Jn 1:1). El Verbo era una persona que estaba en comunión con Dios, y el Verbo era en Sí mismo personal y eternamente divino. Era, como nos sigue informando Juan, el Hijo unigénito del Padre. Juan coloca este misterio del Dios único en dos personas al comienzo de su Evangelio, porque sabe que nadie puede entender las palabras y los hechos de Jesús de Nazaret a menos que comprenda el hecho de que este Jesús es en verdad Dios Hijo.

LA TERCERA PERSONA

Pero esto no es todo lo que Juan quiere que entendamos acerca de la pluralidad de personas en la Deidad. Ya que, en su relato de la última conversación que tuvo nuestro Señor con Sus discípulos, dice que el Salvador, después de haberles explicado que se iba a preparar lugar para ellos en la casa de Su Padre, a continuación les prometió el don de "otro Consolador" (Jn 14:16).

Notemos esta frase; está llena de contenido. Denota una persona, y una persona realmente notable. Un *Consolador*. La riqueza del concepto se desprende de la diversidad de traducciones en diferentes versiones: "Abogado Defensor" (NTV), "Defensor" (DHH), "Consejero" (PDT). Este término comunica la idea de estímulo, apoyo, asistencia, cuidado, y de asumir la responsabilidad del bienestar de otro. *Otro* consolador. Sí, porque Jesús era el Consolador original, y la tarea del reemplazante sería la de continuar con este aspecto de Su ministerio. Se deduce, por lo tanto, que solo podemos apreciar todo lo que quería decir nuestro Señor, cuando habló de "otro Consolador", al comprobar todo lo que Él mismo hizo al amar, cuidar e instruir pacientemente a Sus discípulos y proveer para sus necesidades durante los tres años de Su ministerio personal con ellos. Él los cuidará, es lo que en efecto les estaba diciendo Cristo, de la misma manera en que los he cuidado Yo. ¡Una persona realmente notable!

Nuestro Señor procedió a decir quién era ese nuevo Consolador. Es "el Espíritu de verdad", "el Espíritu Santo" (Jn 14:17, 26). Este nombre denota deidad. En el Antiguo Testamento el *Verbo* de Dios y el *Espíritu* de Dios constituyen figuras paralelas. El Verbo de Dios es Su palabra todopoderosa; el Espíritu de Dios es Su aliento todopoderoso. Ambas frases comunican el concepto de Su poder en acción. La palabra y el aliento de Dios aparecen juntos en el relato de la creación. "El Espíritu [*aliento*] de Dios se movía sobre la superficie de las aguas. Y *dijo* Dios: '¡Que exista la luz!' Y la luz *llegó a existir*" (Gn 1:2-3). "Por la palabra del Señor fueron creados los cielos, y por el *soplo* [Espíritu] de Su boca, las estrellas" (Sal 33:6). Juan nos ha dicho en su prólogo que el Verbo divino de que se habla aquí es una persona. Ahora nuestro Señor ofrece enseñanza paralela, en el sentido de que el Espíritu divino también es una persona. Confirma, al mismo tiempo, su testimonio de la deidad de este Espíritu personal cuando lo designa Espíritu *Santo*, así como más adelante habría de referirse al Padre *Santo* (Jn 17:11).

El Evangelio de Juan muestra cómo Cristo relacionó la misión del Espíritu con la voluntad y el propósito del Padre y del Hijo. En una parte es el Padre quien enviará al Espíritu, como fue también el Padre quien envió al Hijo (ver Jn 5:23, 26-27). El Padre enviará al Espíritu, dice nuestro Señor, "en Mi nombre", es decir, como representante de Cristo, para hacer la voluntad de Cristo y para actuar como Su representante y con Su autoridad (Jn 14:26). Así como Jesús había venido en el nombre de Su Padre (Jn 5:43), actuando como agente del Padre, hablando las palabras del Padre (Jn 12:49-50), haciendo las obras del Padre (Jn 10:25; 17:4, 12), y dando testimonio invariablemente de aquel cuyo emisario era, así también el Espíritu había de venir en el nombre de Jesús, para actuar en el mundo como agente y testigo de Cristo. El Espíritu "procede del (griego *para*: del lado del) Padre" (Jn 15:26), de igual manera que anteriormente el Hijo había salido de (*para*) Dios (Jn 16:27). Luego de haber enviado a Su Hijo al mundo, el Padre ahora lo llama de nuevo a Su gloria y envía al Espíritu a tomar Su lugar.

Pero esta es solamente una de las formas de considerar el asunto. En otro lugar es el Hijo quien enviará al Espíritu "del Padre" (Jn 15:26). Como el Padre envió al Hijo al mundo, así el Hijo enviará al Espíritu al mundo (Jn 16:7). El Espíritu es enviado por el Hijo tanto como por el Padre. Como consecuencia, tenemos la siguiente serie de relaciones:

1. El Hijo está sujeto al Padre, por cuanto el Hijo es enviado por el Padre en Su nombre (el del Padre).
2. El Espíritu está sujeto al Padre, por cuanto el Espíritu es enviado por el Padre en el nombre del Hijo.
3. El Espíritu está sujeto al Hijo tanto como al Padre, por cuanto el Espíritu es enviado por el Hijo tanto como por el Padre. (Compárese Jn 20:22, "sopló sobre ellos y les dijo: 'Reciban el Espíritu Santo'").

Así Juan deja estampada la revelación de nuestro Señor sobre el misterio de la Trinidad: tres personas y un solo Dios; el Hijo hace la voluntad del Padre y el Espíritu hace la voluntad del Padre y del Hijo. Y lo que recibe realce es que el Espíritu, que viene a los discípulos de Cristo "para que los acompañe siempre" (Jn 14:16), viene a ejercer el ministerio de consolación en lugar de Cristo. Por lo tanto, si el ministerio de Cristo como consolador era importante, el ministerio del Espíritu Santo como consolador no puede ser menos importante.

DIVINO PERO IGNORADO

Pero esa no es la impresión que nos queda de la lectura de la historia de la iglesia, como tampoco al observar la vida de la iglesia hoy.

Resulta sorprendente ver la diferencia con que se tratan las doctrinas bíblicas de la segunda Persona y de la tercera Persona de la Trinidad. La persona y la obra de Cristo han sido y siguen siendo temas de debate en el seno de la iglesia; pero la persona y la obra del Espíritu Santo han sido, en gran medida, olvidadas. La doctrina del Espíritu Santo es la cenicienta de las doctrinas cristianas. Son muy pocos los que parecen interesarse en ella.

Se han escrito muchísimos libros excelentes sobre la persona y la obra de Cristo, pero los libros sobre la persona y la obra del Espíritu Santo que valen la pena leer casi podrían contarse con los dedos de una mano. Los cristianos no tienen dudas acerca de la obra que hizo Cristo; saben que Él los redimió mediante Su muerte expiatoria, aun cuando puedan diferir entre ellos en cuanto a lo que esto implica exactamente. Pero el cristiano promedio tiene una idea muy nebulosa acerca de la obra que realiza el Espíritu Santo.

Algunos hablan del Espíritu de Cristo del mismo modo que se hablaría del espíritu de la Navidad, como una vaga presión cultural que genera buena voluntad y religiosidad. Algunos piensan que el Espíritu inspira las convicciones morales de incrédulos como Gandhi o el misticismo teosófico de Rudolf Steiner. Pero la mayoría, quizás, no piensan en el Espíritu Santo en absoluto, y no tienen ideas positivas de ningún tipo sobre Su obra. En un sentido muy real se encuentran en la misma posición que los discípulos con los que Pablo se encontró en Éfeso y que dijeron: "ni siquiera hemos oído hablar del Espíritu Santo" (Hch 19:2).

Resulta extraordinario comprobar que quienes profesan ocuparse tanto de Cristo sepan tan poco sobre el Espíritu Santo y tengan tan poco interés en Él. Los cristianos son conscientes de la diferencia que supondría si, al fin y al cabo, se demostrara que nunca ha habido una encarnación o una expiación. Saben que entonces estarían perdidos, pues no tendrían Salvador. Pero muchos cristianos no tienen ni idea de la diferencia que supondría que no hubiera Espíritu Santo en el mundo. Si en ese caso ellos, o la iglesia, sufrirían de alguna manera, simplemente lo desconocen.

No cabe duda de que algo anda mal aquí. ¿Cómo podemos justificar el haber descuidado de esta forma el ministerio del agente designado por Cristo? ¿Acaso no es un engaño hueco decir que honramos a Cristo cuando desconocemos, y al desconocer deshonramos, a Aquel que Cristo nos ha enviado como Su representante para que ocupara Su lugar y nos cuidara de parte Suya? ¿No deberíamos ocuparnos del Espíritu Santo más de lo que lo hacemos?

LA IMPORTANCIA DE LA OBRA DEL ESPÍRITU
¿Tendrá importancia, no obstante, la obra del Espíritu Santo?

¡Sí que la tiene! De no haber sido por la obra del Espíritu Santo no hubiera habido ni evangelio, ni fe, ni iglesia, ni cristianismo en el mundo.

En primer lugar, sin el Espíritu Santo *no habría ni evangelio ni Nuevo Testamento*.

Cuando Cristo se fue de este mundo, entregó Su causa a Sus discípulos. Los hizo responsables de seguir haciendo discípulos en todas las naciones.

"Ustedes darán testimonio", les dijo en el aposento alto (Jn 15:27). "Serán Mis testigos… hasta los confines de la tierra", fueron Sus palabras de despedida en el monte de los Olivos, antes de Su ascensión (Hch 1:8). Tal fue la misión que les asignó. Pero, ¿qué clase de testigos debían ser? Nunca fueron alumnos muy buenos; constantemente entendían mal a Jesús, no comprendían el significado de Su enseñanza, y esto a todo lo largo de Su ministerio terrenal. ¿Cómo podía esperarse que habrían de andar mejor después de Su partida? ¿No era absolutamente seguro que, con la mejor voluntad del mundo, pronto mezclarían de forma inseparable la verdad del evangelio con una multitud de conceptos erróneos, por más bien intencionados que fueran, y su testimonio quedaría rápidamente reducido a un enredo distorsionado, confuso e irreparable?

La respuesta a esta pregunta es no; porque Cristo les mandó el Espíritu Santo para que les enseñara toda verdad y los salvara de todo error; para recordarles lo que ya se les había enseñado y revelarles lo que el Señor todavía quería que aprendieran. "El Consolador… les enseñará todas las cosas y les hará recordar todo lo que les he dicho" (Jn 14:26). "Muchas cosas me quedan aún por decirles, que por ahora no podrían soportar. Pero, cuando venga el Espíritu de verdad, Él los guiará a toda la verdad, porque no hablará por Su propia cuenta, sino que dirá solo lo que oiga" (es decir, les hará conocer todo lo que Cristo le indique, de la misma manera que Cristo les hizo conocer todo lo que el Padre le había indicado a Él; ver Jn 12:49-50; 17:8, 14), "y les anunciará las cosas por venir. Él me glorificará porque tomará de lo Mío y se lo dará a conocer a ustedes" (Jn 16:12-14). De este modo "testificará acerca de Mí" [a ustedes, Mis discípulos, a quienes lo he enviado] y [preparados y capacitados mediante Su obra de testimonio] también ustedes darán testimonio" (Jn 15:26-27).

La promesa era que, enseñados por el Espíritu, los discípulos originales habrían de ser capacitados para hablar como si fueran otras tantas bocas de Cristo, de manera que, así como los profetas del Antiguo Testamento podían iniciar sus sermones con las palabras: "Así dice el Señor", también los apóstoles del Nuevo Testamento habrían de poder, con igual veracidad, decir de su enseñanza, ya fuera oral o escrita: "Así dice el Señor Jesucristo".

Y eso sucedió. El Espíritu vino sobre los discípulos, y les testificó acerca de Cristo y Su salvación, conforme a la promesa. Escribiendo sobre la gloria de esta salvación ("lo que Dios ha preparado para quienes lo aman"), Pablo dice: "Dios nos ha revelado esto por medio de Su Espíritu... Nosotros... hemos recibido... el Espíritu que procede de Dios, para que entendamos lo que por Su gracia Él nos ha concedido. Esto es precisamente de lo que hablamos [y podría haber agregado también, *escribimos*], no con las palabras que enseña la sabiduría humana, sino con las que enseña el Espíritu" (1Co 2:9-13). El Espíritu daba testimonio a los apóstoles revelándoles toda la verdad e inspirándolos a comunicarla verazmente. De aquí el evangelio, y de aquí también el Nuevo Testamento. Pero el mundo no hubiera conocido ni lo uno ni lo otro sin el Espíritu Santo.

Pero esto no es todo. En segundo lugar, sin el Espíritu Santo no hubiera *ni fe ni nuevo nacimiento*; en breve, *no habría cristianos*.

La luz del evangelio brilla; pero "el dios de este mundo ha cegado la mente de estos incrédulos" (2Co 4:4), y los ciegos no responden al estímulo de la luz. Como le dijo Cristo a Nicodemo: "quien no nazca de nuevo no puede ver el reino de Dios" (Jn 3:3; ver también v. 5). Hablando en Su nombre y en el de Sus discípulos a Nicodemo, y a toda esa clase de gente religiosa no regenerada a la que Nicodemo pertenecía, Cristo siguió explicando que la consecuencia inevitable de estar en ese estado no regenerado es la incredulidad: "ustedes no aceptan nuestro testimonio" (Jn 3:11). El evangelio no produce en ellos convencimiento de pecado; la incredulidad los tiene atrapados.

¿Qué se desprende de esto? ¿Llegaremos a la conclusión de que predicar el evangelio es perder el tiempo, y que por lo tanto debemos abandonar la evangelización por tratarse de una empresa inútil, destinada al fracaso? No; porque el Espíritu permanece con la iglesia para dar testimonio de Cristo. A los apóstoles les dio testimonio mediante *revelación* e *inspiración*, como ya hemos visto. Al resto de nosotros, a través de todas las épocas, nos da testimonio mediante la *iluminación*: abriendo ojos enceguecidos, restaurando la visión espiritual, haciendo que los pecadores puedan ver que el evangelio es en efecto la verdad de Dios, que la Escritura es en verdad la Palabra de Dios, y que Cristo es en verdad el Hijo de Dios. Nuestro Señor prometió: "cuando Él [el Espíritu] venga, convencerá al mundo de su error en cuanto al pecado, a la justicia y al juicio" (Jn 16:8).

No nos corresponde a nosotros imaginar que podemos probar la verdad del cristianismo con nuestros propios argumentos; nadie puede demostrar la verdad del cristianismo excepto el Espíritu Santo, mediante Su propia y todopoderosa obra de renovar el corazón enceguecido. Es la prerrogativa soberana del Espíritu de Cristo convencer la conciencia de los hombres acerca de la verdad del evangelio de Jesucristo; y los testigos humanos de Cristo deben aprender a poner sus esperanzas de éxito no en una hábil presentación de la verdad por el hombre sino en la poderosa demostración de la verdad por el Espíritu.

Aquí Pablo nos señala el camino: "hermanos, cuando fui a anunciarles el testimonio de Dios, no lo hice con gran elocuencia y sabiduría... No les hablé ni les prediqué con palabras sabias y elocuentes, *sino con demostración del poder del Espíritu*, para que la fe de ustedes no dependiera de la sabiduría humana, sino del poder de Dios" (1Co 2:1-5). Y debido a que el Espíritu da testimonio de este modo, las personas vienen a la fe cuando se predica el evangelio. Pero sin el Espíritu no habría un solo cristiano en todo el mundo.

NUESTRA REPUESTA APROPIADA

¿Honramos nosotros al Espíritu Santo reconociendo Su obra y poniendo nuestra confianza en ella? ¿O lo menospreciamos desconociéndolo y, por lo tanto, deshonramos no solamente al Espíritu sino al Señor que lo envió?

En nuestra fe: ¿Aceptamos la autoridad de la Biblia, el Antiguo Testamento profético, y el Nuevo Testamento apostólico que Él inspiró? ¿La leemos y la escuchamos con reverencia y actitud receptiva, como corresponde a la Palabra de Dios? De lo contrario, deshonramos al Espíritu Santo.

En nuestra vida: ¿Respetamos la autoridad de la Biblia y vivimos de acuerdo con ella, independientemente de lo que se diga en contra de ella, reconociendo que la Palabra de Dios no puede sino ser verdadera, y que lo que Dios ha dicho, ciertamente lo quiere decir, y lo respaldará? Si no, deshonramos al Espíritu Santo, que nos dio la Biblia.

En nuestro testimonio: ¿Recordamos que solo el Espíritu Santo, por Su testimonio, puede autentificar nuestro testimonio? ¿Acudimos a Él para que obre de esta manera, y confiamos en Él para que lo haga, y mostramos la realidad de nuestra confianza, como hizo Pablo, evitando las artimañas de la sabiduría humana? De lo contrario, deshonramos al Espíritu Santo. ¿Podemos tener dudas de que la presente esterilidad en la vida de la iglesia constituye el juicio de Dios sobre nosotros por la manera en que hemos deshonrado al Espíritu Santo? Y, en este caso, ¿qué esperanza tenemos de que esto se rectifique a menos que aprendamos a honrar al Espíritu Santo en nuestra manera de pensar, en nuestra manera de orar y en la práctica de la vida? "Él testificará acerca de Mí".

"El que tenga oídos, que oiga lo que el Espíritu dice a las iglesias".

PARTE DOS

¡CONTEMPLA A DIOS!

CAPÍTULO SIETE

EL DIOS INMUTABLE

Nos dicen que la Biblia es la Palabra de Dios, lámpara a nuestros pies, lumbrera a nuestro camino. Nos dicen que en ella encontraremos el conocimiento de Dios y de Su voluntad para nuestra vida. Lo creemos; y acertadamente, porque lo que dicen es cierto. De manera que tomamos la Biblia y comenzamos a leer. Leemos con constancia y detenimiento, porque lo hacemos con seriedad; realmente queremos conocer a Dios.

Pero a medida que leemos, nos quedamos cada vez más perplejos. Aunque nos sentimos cautivados, no somos alimentados. La lectura no nos está ayudando; nos deja desconcertados y, para decir verdad, más bien deprimidos. Comenzamos a preguntarnos si la lectura de la Biblia vale la pena y si tiene sentido que sigamos.

DOS MUNDOS DIFERENTES

¿Cuál es nuestro problema? Pues, básicamente, lo siguiente: la lectura bíblica nos ha transportado a lo que, para nosotros, es un mundo nuevo por completo, a saber, el mundo del Cercano Oriente como era hace miles de años, primitivo y bárbaro, agrícola y rudimentario. Es en ese mundo donde se desenvuelve la acción de la historia que relata la Biblia. En ese mundo encontramos a Abraham y a Moisés, a David y a los demás, y vemos el trato de Dios con ellos. Oímos cuando los profetas denuncian la idolatría y amenazan con juicios a causa del pecado. Vemos al Hombre de Galilea hacer milagros, discutir con los judíos, morir por los pecadores, levantarse de la muerte y ascender al cielo. Leemos cartas escritas por maestros cristianos para oponerse a herejías extrañas que, hasta donde sepamos, no existen hoy en día. Nos resulta sumamente interesante, pero nos da la sensación de que es algo muy lejano. Pertenece a *aquel* mundo, no a *este* mundo. Nos sentimos, por así decirlo, fuera del mundo bíblico, mirando hacia dentro. Somos meros espectadores, y nada más. Nuestro pensamiento que no expresamos es: "Sí, Dios hizo todo eso, y fue maravilloso para las personas involucradas, pero ¿cómo nos afecta a nosotros ahora? No vivimos en el mismo mundo. ¿Cómo puede ayudarnos el registro de las palabras y obras de Dios en tiempos bíblicos, el registro de Su trato con Abraham, Moisés, David y los demás, a nosotros, que tenemos que vivir en la era de las naves espaciales?".

No vemos que haya vínculo alguno entre los dos mundos, y de ahí que vez tras vez nos preguntemos qué aplicación pueden tener para nosotros las cosas que leemos en la Biblia. Y cuando, como ocurre a menudo, lo que leemos resulta emocionante y glorioso en sí mismo, la sensación de que hemos sido excluidos nos deprime enormemente.

A la mayoría de los que leen o han leído la Biblia les ha ocurrido esto. No todos saben cómo encarar el asunto. Algunos cristianos parecen resignarse a seguir de lejos, creyendo en el registro bíblico, sin duda, pero sin buscar ni esperar para sí mismos tal intimidad y trato directo con Dios como lo conocieron los hombres y las mujeres de la Biblia. Esta actitud, muy frecuente hoy en día, es en realidad una confesión de haber fracasado en el intento de resolver el problema.

Pero, ¿cómo puede vencerse esta sensación de distancia remota entre nosotros y la experiencia bíblica de Dios? Podríamos decir muchas cosas, pero la cuestión fundamental es indudablemente la siguiente. La sensación de distancia remota es una ilusión que surge a partir de la búsqueda de un vínculo entre nuestra situación y la de los diversos personajes bíblicos. Cierto es que en términos de espacio, tiempo y cultura, tanto ellos como la época histórica a la que pertenecían están muy distantes de nosotros. Pero el vínculo entre ellos y nosotros no se debe encontrar en ese nivel.

El vínculo es Dios mismo. Porque el Dios con el cual estaban en relación es el mismo Dios con el que tenemos que relacionarnos nosotros.

Podemos decirlo de manera más precisa diciendo que es *exactamente* el mismo Dios; por cuanto Él no cambia en lo más mínimo. Por tanto, resulta claro que lo que tenemos que considerar a fin de disipar la sensación que nos asalta, la de que hay un abismo infranqueable entre la situación de los hombres y de las mujeres de la época bíblica y la nuestra, es que Dios es *inmutable*.

NO HAY DOS DIOSES DIFERENTES
Dios no cambia. Ampliemos este concepto.
   1. **La *vida* de Dios no cambia.** Dios ha existido "siempre" (Sal 93:2), Él es "Rey eterno" (Jer 10:10), "inmortal" (Ro 1:23), el "único inmortal" (1Ti 6:16). "Antes que nacieran los montes y que crearas la tierra y el mundo, desde los tiempos antiguos y hasta los tiempos postreros, Tú eres Dios" (Sal 90:2). La tierra y el cielo, dice el salmista, "perecerán, pero Tú permaneces. Todos ellos se desgastarán como un vestido. Y como ropa los cambiarás, y los dejarás de lado. *Pero Tú eres siempre el mismo*, y Tus años no tienen fin" (Sal 102:26-27). "Yo soy Dios; Yo soy el primero, y Yo soy el último" (Is 48:12).

Las cosas creadas tienen principio y fin, pero no así el Creador. La respuesta a la pregunta del niño: "¿Quién hizo a Dios?", es sencillamente que Dios no tuvo necesidad de que nadie lo hiciera, porque siempre estuvo allí. Existe para siempre; y nunca cambia. No envejece. Su vida ni crece ni mengua. No adquiere nuevos poderes, ni pierde los que alguna vez tuvo. No madura ni se desarrolla. No aumenta en sabiduría ni en fuerza, ni se debilita con el paso del tiempo. "No puede experimentar un cambio para bien", escribió A. W. Pink, "porque ya es perfecto; y siendo perfecto, no puede experimentar cambio para mal".

La diferencia primera y principal entre el Creador y Sus criaturas es que ellas son mutables y su naturaleza admite cambios, mientras que Dios es inmutable y jamás puede dejar de ser lo que es. Como lo expresa el himno:

Nosotros florecemos y prosperamos como las hojas del árbol
y nos marchitamos y perecemos, pero nada te cambia a Ti.

Tal es el poder de la "vida indestructible" de Dios (Heb 7:16).

2. El *carácter* de Dios no cambia. Las tensiones, o un shock, o una lobotomía, pueden cambiar el carácter de una persona, pero nada puede cambiar el carácter de Dios. En el curso de la vida humana, los gustos, los puntos de vista y el humor pueden cambiar radicalmente; una persona amable y equilibrada puede volverse amarga y excéntrica; una persona de buena voluntad puede hacerse cínica e insensible. Pero al Creador no le puede ocurrir nada así. Jamás se vuelve menos veraz, menos misericordioso, menos justo, menos bueno de lo que una vez fue. El carácter de Dios es hoy, y lo será siempre, exactamente lo que fue en los tiempos bíblicos.

En este sentido, es instructivo reunir las dos revelaciones de Dios sobre Su nombre en el libro de Éxodo. El nombre revelado de Dios es, por supuesto, más que una etiqueta; es una revelación de lo que Él es en relación con nosotros.

En Éxodo 3 leemos que Dios anunció a Moisés Su nombre diciendo: "Yo soy el que soy" (Ex 3:14), frase de la cual YHVH (Yahvé, "el Señor") constituye una forma abreviada (Ex 3:15). Este "nombre" no es una descripción de Dios, sino simplemente una declaración de Su existencia autónoma y de Su eterna inmutabilidad; una manera de recordarnos que Él tiene vida en Sí mismo, y que lo que es ahora, lo es eternamente. En Éxodo 34, sin embargo, leemos que Dios proclamó Su nombre a Moisés mediante una lista de las diversas facetas de Su santo carácter. "El Señor, el Señor (Yahvé), Dios clemente y compasivo, lento para la ira y grande en amor y fidelidad, que mantiene Su amor hasta mil generaciones después, y que perdona la iniquidad, la rebelión y el pecado; pero que no deja sin castigo al culpable, sino que castiga la maldad de los padres en los hijos y en los nietos, hasta la tercera y la cuarta generación" (Ex 34:5-7).

Esta proclamación complementa la de Éxodo 3 al decir lo que en efecto es Yahvé; y la de Éxodo 3 complementa esta otra al decirnos que Dios es por siempre lo que tres mil años atrás le decía a Moisés que era en ese momento. El carácter moral de Dios no cambia. Por ello Santiago, en un pasaje que se refiere a la bondad y la santidad de Dios, a Su generosidad hacia los hombres y Su hostilidad contra el pecado, habla acerca de Dios como Aquel en quien "no hay cambio ni sombra de variación" (Stg 1:17, NBLA).

3. La *verdad* de Dios no cambia. A veces las personas dicen cosas que en realidad no sienten, sencillamente porque no saben lo que piensan; además, porque sus puntos de vista cambian; con frecuencia descubren que ya no pueden sostener lo que dijeron en algún momento del pasado. Alguna vez todos tenemos que contradecir algo que hemos dicho, porque ya no expresa lo que pensamos; a veces tenemos que tragarnos las palabras porque los mismos hechos las refutan.

Las palabras de los seres humanos son cosas inestables. Pero no es así con las palabras de Dios. Permanecen para siempre, como inalterables expresiones válidas de Su pensamiento. No hay circunstancias que lo obliguen a retirarlas; no hay cambios en Su propia manera de pensar que le exijan modificarlas. Isaías escribe: "Que todo mortal es como la hierba… La hierba se seca… pero la palabra de nuestro Dios permanece para siempre" (Is 40:6-8). De igual modo, dice el salmista: "Tu palabra, Señor, es eterna, y está firme en los cielos… todos Tus mandamientos son verdad… los cuales estableciste para siempre" (Sal 119:89, 151-152).

La palabra traducida *verdad* en el último versículo encierra la idea de estabilidad. Cuando leemos la Biblia, por lo tanto, tenemos que recordar que Dios sigue fiel a todas las promesas, demandas, declaraciones de propósitos y palabras de advertencia que allí se dirigen a los creyentes neotestamentarios. No se trata de reliquias de una época pasada sino de una revelación enteramente válida del pensamiento de Dios para Su pueblo en todas las generaciones, mientras dure este mundo. Como nos lo ha manifestado nuestro propio Señor: "la Escritura no puede ser quebrantada" (Jn 10:35). Nada puede anular la eterna verdad de Dios.

4. La *manera de obrar* de Dios no cambia. Dios sigue actuando hacia los hombres y las mujeres pecadores como lo hacía en la historia bíblica. Sigue todavía demostrando Su libertad y Su señorío, discriminando entre pecadores, haciendo que algunos escuchen el evangelio mientras otros no, y permitiendo que algunos de los que escuchan se arrepientan mientras otros permanecen incrédulos, enseñando de este modo a los santos que Él no le debe misericordia a nadie, y que es enteramente por la gracia divina, y de ningún modo por sus propios esfuerzos, que ellos mismos han podido encontrar la vida.

Sin embargo, Él aún bendice a aquellos a quienes concede Su amor de un modo que los humilla, para que toda la gloria sea únicamente Suya. Todavía odia los pecados de Su pueblo, y usa toda clase de sufrimientos y aflicciones interiores y exteriores para apartar sus corazones de la desobediencia y la negligencia. Sigue buscando la comunión con Su pueblo, y le envía tanto tristezas como alegrías para quitar su amor de otras cosas y atraerlo hacia Sí mismo. Sigue enseñando a los creyentes a valorar los regalos que ha prometido, haciéndoles esperar y guiándoles a orar insistentemente por ellos antes de concedérselos. Así leemos que fue el trato con Su pueblo en el relato de las Escrituras, y así trata con Su pueblo hoy. Las metas y los principios en que basa Su acción permanecen constantes; en ningún momento actúa saliéndose de Su carácter inalterable. Como bien sabemos, nuestra manera de actuar resulta patéticamente inconstante; pero no la de Dios.

5. Los *propósitos* de Dios no cambian. "La Gloria de Israel no miente ni cambia de parecer, pues no es hombre para que se arrepienta" (1S 15:29). Balaam había dicho lo mismo: "Dios no es un simple mortal para mentir y cambiar de parecer. ¿Acaso no cumple lo que promete ni lleva a cabo lo que dice?" (Nm 23:19).

Arrepentirse significa revisar los juicios que hemos hecho y cambiar el plan de acción. Dios jamás hace esto; jamás necesita hacerlo, por cuanto Sus planes se hacen sobre la base de un conocimiento y un control completos que se extienden a todas las cosas, tanto pasadas y presentes como futuras, de manera que no puede haber casos imprevistos y repentinos que puedan tomarlo por sorpresa. "Una de dos cosas hace que el hombre cambie de parecer y modifique sus planes: la falta de visión para anticipar algo, o la falta de visión para ejecutarlos. Pero, ya que Dios es omnisciente y omnipotente, jamás se le hace necesario modificar Sus decretos" (A. W. Pink). "Los planes del Señor quedan firmes para siempre; los designios de Su mente son eternos" (Sal 33:11). Lo que Dios hace en el tiempo, lo planificó desde la eternidad. Y todo lo que planificó en la eternidad lo lleva a cabo en el tiempo. Todo lo que se ha comprometido a hacer en Su Palabra se cumplirá infaliblemente. De la misma forma, leemos acerca de "la inmutabilidad de Su consejo" para hacer que los creyentes disfruten a plenitud de la herencia prometida y del juramento inmutable mediante el cual confirmó Su consejo a Abraham, el creyente arquetípico, tanto para darle seguridad al patriarca como también a nosotros (Heb 6:17-18). Así sucede con todas las intenciones anunciadas por Dios. No cambian. Ningún aspecto de Su plan eterno cambia.

Cierto es que hay un conjunto de versículos (Gn 6:6-7; 1S 15:11; 2S 24:16; Jon 3:10; Jl 2:13-14) que dicen que Dios se arrepintió. La referencia en cada caso es a una inversión del trato anterior de Dios a determinadas personas, como consecuencia de su reacción a ese trato. Pero no hay ninguna sugerencia de que esta reacción no estaba prevista, o que tomó a Dios por sorpresa y no estaba prevista en Su plan eterno. No se implica ningún cambio en Su propósito eterno cuando comienza a tratar a una persona de una manera nueva.

6. El *Hijo* de Dios no cambia. "Jesucristo es el mismo ayer y hoy y por los siglos" (Heb 13:8), y Su toque tiene todavía Su antiguo poder. Sigue siendo cierto que "puede salvar por completo a los que por medio de Él se acercan a Dios, ya que vive siempre para interceder por ellos" (Heb 7:25). Jesucristo no cambia nunca. Este hecho es un poderoso motivo de consuelo para el pueblo de Dios.

DEBEMOS SER COMO ELLOS

¿Dónde está, pues, la sensación de distancia y diferencia entre los creyentes de los tiempos bíblicos y nosotros? Está descartada. ¿Sobre qué base? Sobre la base de que Dios no cambia. La comunión con Dios, la confianza en Su Palabra, el acto de vivir por fe, de "descansar en las promesas de Dios", son en esencia realidades idénticas para nosotros hoy así como para los creyentes tanto del Antiguo como del Nuevo Testamento. Este pensamiento nos consuela cuando nos enfrentamos a las incertidumbres de cada día: en medio de todos los cambios e incertidumbres de la vida en la era nuclear, Dios y Su Cristo permanecen invariables, con todo el poder necesario para salvar.

Pero este pensamiento también nos plantea un desafío. Si nuestro Dios es el mismo que el de los creyentes del Nuevo Testamento, ¿cómo podemos justificar resignarnos a experimentar una comunión con Él y un nivel de conducta cristiana tan inferiores a los de ellos? Si Dios es el mismo, ninguno de nosotros puede eludir esta cuestión.

CAPÍTULO OCHO

LA MAJESTAD DE DIOS

Nuestra palabra *majestad* viene del latín, y significa *grandeza*. Cuando le conferimos majestad a alguien, estamos reconociendo grandeza en su persona, y haciendo conocer nuestro respeto por ella: como, por ejemplo, cuando hablamos acerca de Su Majestad la reina.

Ahora bien, *majestad* es una palabra que en la Biblia se emplea para expresar el concepto de la grandeza de Dios, nuestro Hacedor y Señor. "El Señor reina, vestido está de *majestad*... Desde la antigüedad está establecido Tu trono (Sal 93:1-2, NBLA). "Se hablará del esplendor de Tu gloria y *majestad*, y yo meditaré en Tus obras maravillosas" (Sal 145:5). Pedro, al recordar la gloria real de Cristo en la transfiguración, dice: "fuimos testigos oculares de Su *majestad*" (2P 1:16).

En Hebreos, la frase *la Majestad* se usa dos veces para referirse a *Dios*. Cristo, se nos informa, cuando ascendió se sentó "a la derecha de *la Majestad* en las alturas", "a la derecha del trono de *la Majestad* en el cielo" (Heb 1:3; 8:1). La palabra *majestad*, cuando se aplica a Dios, constituye siempre una declaración de Su grandeza y una invitación a la adoración. Lo mismo es cierto cuando la Biblia habla de que Dios está *en las alturas* y *en el cielo*; la idea aquí no es que Dios está separado de nosotros por una gran distancia espacial, sino de que está muy por encima de nosotros en grandeza, y que por lo tanto es motivo de adoración. "Grande es el Señor, y digno de suprema alabanza" (Sal 48:1). "Porque el Señor es el gran Dios... Vengan, postrémonos reverentes" (Sal 95:3, 6). Los instintos de confianza y adoración del cristiano son estimulados poderosamente por el conocimiento de la grandeza de Dios.

Pero se trata de un conocimiento que en buena medida está ausente para muchos cristianos: y esta es una de las razones que hacen que nuestra fe sea tan débil y nuestra adoración tan blanda. Nosotros somos modernos, y las personas de esta época, si bien tienen una gran percepción de ellos mismos, tienen un concepto bastante bajo de Dios. Cuando la persona en la iglesia, y más aún la persona en la calle, utiliza la palabra *Dios*, rara vez piensa en la *majestad* divina.

A un libro reciente se le ha titulado *Tu Dios es demasiado pequeño*; este es un título apropiado para la época. Hoy nos encontramos en el polo opuesto a nuestros antepasados evangélicos en este orden, aun cuando confesemos nuestra fe con las mismas palabras que ellos. Cuando comenzamos a leer a Lutero, Edwards o Whitefield, aun cuando nuestra doctrina pueda ser igual que la de ellos, pronto comenzamos a darnos cuenta de que tenemos muy poco que ver con ese Dios poderoso a quien ellos conocían tan íntimamente.

Hoy se pone gran énfasis en la idea de que Dios es personal, pero se expresa el concepto de tal modo que nos queda la impresión de que Dios es una persona tal como nosotros: débil, inadecuado, poco efectivo, en cierto modo patético. ¡Pero este no es el Dios de la Biblia! Nuestra vida individual es cosa finita: está limitada en todas direcciones, en el espacio, en el tiempo, en conocimiento, en poder. Pero Dios no está limitado. Es eterno, infinito y todopoderoso. Él nos tiene en Sus manos, pero nosotros jamás podemos tenerlo a Él en las nuestras. Como nosotros, Él es un ser personal, pero a diferencia nuestra es *grande*. A pesar de su constante énfasis sobre la realidad del interés personal de Dios en Su pueblo, y sobre la mansedumbre, la ternura, la benevolencia, la paciencia y la vehemente compasión que nos muestra, la Biblia nunca deja que perdamos de vista Su majestad y Su dominio ilimitado sobre todas Sus criaturas.

PERSONAL PERO MAJESTUOSO

Para ilustrarlo, no tenemos más que buscar en los primeros capítulos del Génesis. Desde el comienzo del relato bíblico, por la sabiduría de la inspiración divina, la historia se cuenta de tal manera que nos transmite la doble verdad de que el Dios que se nos presenta es a la vez *personal y grandioso*.

En ninguna otra parte de la Biblia se expresa en términos más vívidos la naturaleza personal de Dios. Dios delibera consigo mismo: "Hagamos" (Gn 1:26). Le trae a Adán los animales para que les ponga nombre (Gn 2:19). Se pasea en el huerto, llamando a Adán (Gn 3:8-9). Hace preguntas a Sus criaturas (Gn 3:11-13; 4:9; 16:8). Baja del cielo a fin de enterarse de lo que están haciendo (Gn 11:5; 18:20-33). Lo entristece la maldad de los seres humanos a tal grado que se arrepiente de haberlos creado (Gn 6:6-7).

Las representaciones de Dios, como las mencionadas, tienen por objeto hacernos ver que el Dios con el que tenemos que tratar no es un mero principio cósmico, impersonal e indiferente, sino una Persona viviente, pensante, que siente, que es activa, que aprueba el bien, que desaprueba el mal, y que está permanentemente interesada en Sus criaturas.

Pero no debemos deducir de estos pasajes que el conocimiento y el poder de Dios son limitados, o que normalmente está ausente, y por lo tanto no sabe lo que ocurre en el mundo, excepto cuando viene en especial con el fin de investigar. Estos mismos capítulos descartan todas esas ideas al enseñarnos que la grandeza de Dios no es menos clara que Su característica de ser un Dios personal.

El Dios de Génesis es el Creador, que pone orden en el caos, que hace surgir la vida con el poder de Su palabra, que esculpe a Adán con el polvo de la tierra y a Eva con la costilla de Adán (Gn 1 – 2). Y Él es, además, Señor de todo lo que ha creado. Maldice la tierra y somete a la humanidad a la muerte física, modificando así el orden universal perfecto en su origen (Gn 3:17-24); cubre la tierra con las aguas del diluvio, destruyendo así toda vida en señal de juicio, excepto aquella que se encuentra en el arca (Gn 6 – 8); confunde el idioma humano y dispersa a los edificadores de Babel (Gn 11:7-9); destruye a Sodoma y Gomorra mediante (aparentemente) una erupción volcánica (Gn 19:24-25). Abraham lo llama verdaderamente "Juez de toda la tierra" (Gn 18:25), y usa acertadamente el nombre que le dio Melquisedec: "Dios altísimo, creador del cielo y de la tierra" (Gn 14:19-22). Está presente en todas partes y observa todo:

el crimen de Caín (Gn 4:9), la corrupción de la humanidad (Gn 6:5), la destitución de Agar (Gn 16:7). Bien pudo Agar llamarle *El Roi*, "Dios que ve", y a su hijo Ismael, "Dios oye", porque, efectivamente, es un Dios que ve y oye, y nada se le escapa.

Él mismo se ha dado el nombre de *El Shaddai*, "Dios Todopoderoso", y todos Sus actos constituyen una ilustración de la omnipotencia que Su nombre proclama. Le promete a Abraham y a su esposa un hijo cuando ellos ya son nonagenarios, y reprende a Sara por su risa incrédula, y también injustificada: "¿Acaso hay algo imposible para el Señor?" (Gn 18:14). Además, no es solo en momentos aislados cuando Dios toma el control de los acontecimientos; toda la historia está bajo Su dominio. Y una evidencia de eso la encontramos en sus profecías detalladas sobre el extraordinario futuro que se proponía trazar para la descendencia de Abraham (Gn 12:1-3; 13:14-17; 15:13-21; etc.).

Tal es, en síntesis, la majestad de Dios según Génesis.

SIN LIMITACIONES

¿Cómo podemos formarnos una idea exacta de la grandeza de Dios? La Biblia nos indica dos pasos que debemos dar con este fin. El primero es *eliminar de nuestros pensamientos sobre Dios las limitaciones que le harían pequeño*. El segundo es *compararlo con poderes y fuerzas que nos parecen grandes*.

Como ejemplo de lo que comprende el primer paso acudamos al Salmo 139, donde el salmista medita sobre la naturaleza infinita e ilimitada de la presencia, el conocimiento y el poder de Dios en relación con las personas. Él dice que estamos siempre en la presencia de Dios. Puedes aislarte de los demás seres humanos, pero es imposible esconderse del Creador. "Tu protección me envuelve por completo… ¿A dónde podría alejarme de Tu Espíritu? ¿A dónde podría huir de Tu presencia? Si subiera al cielo [el cielo estrellado], allí estás Tú; si tendiera mi lecho en el fondo del abismo [el mundo de los muertos], también estás allí. Si me elevara sobre las alas del alba, o me estableciera en los extremos del mar" no puedo escapar de la presencia de Dios: "aun allí Tu mano me guiaría" (Sal 139:5-10). Tampoco pueden las tinieblas, que me esconden de la vista humana, protegerme de la mirada de Dios (Sal 139:11-12).

Y así como no hay límites a Su presencia conmigo, tampoco hay límites para Su conocimiento de mí. Así como jamás me deja solo, tampoco paso desapercibido. "Señor, Tú me examinas, Tú me conoces. Sabes cuándo me siento y cuándo me levanto [todos mis actos y mis movimientos]; aun a la distancia me lees el pensamiento [todo lo que ocupa mi mente]... todos mis caminos te son familiares [todos mis hábitos, planes, metas, deseos, como también toda mi vida hasta la fecha]. No me llega aún la palabra a la lengua [dicha o pensada] cuando Tú, Señor, ya la sabes toda" (Sal 139:1-4).

Puedo esconder mi corazón, mi pasado y mis planes futuros de los que me rodean, pero de Dios nada puedo ocultar. Puedo hablar de un modo que engañe a otros en cuanto a lo que realmente soy, pero nada de lo que diga o haga sirve para engañar a Dios. Él descubre todo lo que me reservo y todo lo que aparento ser; me conoce tal como soy, mejor, en realidad, de lo que me conozco a mí mismo.

Un Dios cuya presencia y escrutinio puedo eludir sería una deidad pequeña y trivial. Pero el Dios verdadero es grande y temible, por el solo hecho de que siempre está conmigo y Su mirada siempre está sobre mí. Vivir se convierte en un asunto impresionante cuando te das cuenta de que pasas cada momento de tu vida a la vista y en compañía de un Creador omnisciente y omnipresente.

Esto, sin embargo, no es todo. Ese Dios que todo lo ve es al mismo tiempo un Dios todopoderoso, la fuente de aquellos poderes que ya me han sido revelados por la maravillosa complejidad de mi propio cuerpo físico, cuerpo que Él me ha dado. Enfrentado a esta realidad, las meditaciones del salmista se vuelven adoración. "¡Te alabo porque soy una creación admirable! ¡Tus obras son maravillosas, y esto lo sé muy bien!" (Sal 139:14).

He aquí, entonces, el primer paso en la tarea de percibir la grandeza de Dios: consiste en comprobar cuán ilimitada es Su sabiduría, Su presencia y Su poder. Muchos otros pasajes de la Escritura enseñan lo mismo, especialmente Job 38 – 41, capítulos en los que Dios mismo acepta el reconocimiento que hace Eliú de Su grandeza con las palabras: "En Dios hay una majestad terrible" (Job 37:22, RV60), y presenta ante Job un tremendo despliegue de Su sabiduría y poder en la naturaleza, le pregunta si puede igualar semejante "majestad" (Job 40:9-11), y lo convence de que ya que no puede, no tendría que pretender censurar a Dios por Su manejo del caso, lo que está mucho más allá del entendimiento de Job mismo. Pero no podemos detenernos a reflexionar en eso por ahora.

EL INCOMPARABLE
Como ejemplo de lo que significa el segundo paso analicemos Isaías 40. Aquí Dios le habla a gente cuyo ánimo es el que tienen muchos cristianos en la actualidad: gente sin esperanza, acobardada, secretamente desesperada; gente contra la que el curso de los acontecimientos se viene batiendo desde hace mucho tiempo; gente que ha dejado de creer que la causa de Cristo puede volver a prosperar. Veamos cómo Dios razona con ellos a través de Su profeta.

Miren las *obras* que he hecho, les dice. ¿Podrían hacerlas ustedes? ¿Puede hombre alguno hacerlas? "¿Quién ha medido las aguas con la palma de su mano, y abarcado entre sus dedos la extensión de los cielos? ¿Quién metió en una medida el polvo de la tierra? ¿Quién pesó en una balanza las montañas y los cerros?" (Is 40:12). ¿Son ustedes lo suficientemente sabios como para hacer estas cosas? ¿Tienen el poder necesario? En cambio Yo sí; de otro modo no hubiera podido hacer este mundo. "¡Contempla a Dios!".

Miren ahora a las *naciones*, continúa diciendo el profeta: las grandes potencias nacionales que ustedes consideran dueñas de su destino. Asiria, Egipto, Babilonia, tan vastos son sus ejércitos y sus recursos, en comparación a los Suyos, que les tienen temor, miedo. Pero consideren ahora la posición de Dios frente a esas poderosas fuerzas que ustedes tanto temen. "A los ojos de Dios, las naciones son como una gota de agua en un balde, como una brizna de polvo en una balanza... Todas las naciones no son nada en Su presencia; no tienen para Él valor alguno" (Is 40:15, 17). Ustedes tiemblan ante las naciones porque son mucho más débiles que ellas; pero Dios es mucho más grande que las naciones, al grado que para Él son como nada. "¡Contempla a Dios!".

Luego, echemos un vistazo al *mundo*. Consideren su tamaño, su variedad y su complejidad; piensen en los casi cinco mil millones de personas que lo pueblan, y en el enorme cielo que está por encima de él. ¡Qué seres diminutos somos ustedes y yo en comparación con todo el planeta en que vivimos! Y, sin embargo, ¿qué es todo este portentoso planeta en comparación con Dios? "Él reina sobre [por encima de] la bóveda de la tierra, cuyos habitantes son como langostas. Él extiende los cielos como un toldo, y los despliega como carpa para ser habitada (Is 40:22). El mundo nos hace pequeños a todos, pero Dios hace pequeño al mundo. El mundo es el estrado de Sus pies, sobre el que está sentado de manera inexpugnable. Él es más grande que el mundo y todo lo que en este hay; por tanto, toda la frenética actividad de sus millones de habitantes no lo afectan en mayor medida que a nosotros el ruido y los movimientos de las langostas en un día de sol. "¡Contempla a Dios!".

Miremos, en cuarto lugar, a los *grandes líderes* del mundo: los gobernantes cuyas leyes y programas políticos determinan el bienestar de millones de personas; los que aspiran a gobernar el mundo, los dictadores, los creadores de imperios, gente que tiene en sus manos el poder necesario para desencadenar una guerra global. Piensen en Senaquerib y en Nabucodonosor, piensen en Alejandro, Napoleón, Hitler. Piensen en los líderes de las grandes potencias mundiales de hoy. ¿Suponen ustedes que son realmente estos grandes hombres quienes determinan el giro que debe tomar el mundo? Vuelvan a pensar en esto; porque Dios es más grande que los más grandes entre ellos. "Él anula a los poderosos, y a nada reduce a los gobernantes de este mundo" (Is 40:23). Dios es, como lo dice el Libro de Oración, "el único que gobierna a los príncipes". "¡Contempla a Dios!".

Pero no hemos terminado aún. Miren, por último, a las *estrellas*. La experiencia más universalmente impresionante que conoce el ser humano es la de estar solo en una noche despejada mirando las estrellas. No hay otra cosa que nos dé una sensación semejante de distancia y lejanía; no hay experiencia que nos dé un sentido más grande de nuestra propia pequeñez e insignificancia. Y nosotros, que vivimos en la era de las naves espaciales, estamos en condiciones de complementar esta experiencia universal con el conocimiento científico de los factores que están involucrados: millones de estrellas en número, a miles de millones de años luz de distancia. La gente se marea; la imaginación no puede abarcarlo todo cabalmente; cuando intentamos imaginar las insondables profundidades del espacio exterior, nos quedamos mentalmente estupefactos y mareados.

Pero, ¿qué es esto para Dios? "Alcen los ojos y miren a los cielos: ¿Quién ha creado todo esto [las estrellas]? El que ordena la multitud de estrellas una por una, y llama a cada una por su nombre. ¡Es tan grande Su poder, y tan poderosa Su fuerza, que no falta ninguna de ellas!" (Is 40:26). Es Dios quien ordena las estrellas; fue Dios quien las puso en el espacio; Él es su Hacedor y Amo: están todas en Sus manos, y sujetas a Su voluntad. Tal es Su poder y Su majestad. "¡Contempla a Dios!".

NUESTRA RESPUESTA A SU MAJESTAD

A continuación dejemos que Isaías aplique a nuestro caso la doctrina bíblica de la majestad de Dios, formulándonos las tres preguntas que aquí hace en nombre del Señor a esos israelitas desilusionados y abatidos.

1. "'¿Con quién, entonces, me compararán ustedes? ¿Quién es igual a Mí?', dice el Santo" (Is 40:25). Estas preguntas censuran *los conceptos errados acerca de Dios*. "Tus conceptos de Dios son demasiado humanos", le dijo Lutero a Erasmo. Es aquí justo donde muchos nos descarriamos. Nuestros conceptos de Dios no son suficientemente grandes; no tenemos en cuenta la realidad de Su poder y Su sabiduría ilimitados. Ya que nosotros mismos somos limitados y débiles, nos imaginamos que en algún aspecto Dios también lo es, y nos resulta difícil aceptar que no lo sea. Pensamos en Dios como si fuera parecido a nosotros. Rectifiquen este error, dice Dios; aprendan a reconocer la plena majestad de su incomparable Dios y Salvador.

2. "¿Por qué murmuras, Jacob? ¿Por qué refunfuñas, Israel: 'Mi camino está escondido del Señor; mi Dios ignora mi derecho'?" (Is 40:27). Estas preguntas censuran *los conceptos errados acerca de nosotros mismos*. Dios no nos ha abandonado, así como no había abandonado a Job. Jamás abandona a la persona hacia quien dirige Su amor; tampoco Cristo, el buen pastor, pierde jamás la huella de Sus ovejas. Es tan falso como irreverente acusar a Dios de olvidar, de pasar por alto, de perder interés en la situación y las necesidades de Su pueblo. Si nos hemos estado resignando a la idea de que Dios nos ha abandonado a nuestros propios recursos, busquemos la gracia necesaria para avergonzarnos de nosotros mismos. Tal pesimismo incrédulo deshonra profundamente a nuestro gran Dios y Salvador.

3. "¿Acaso no lo sabes? ¿Acaso no te has enterado? El Señor es el Dios eterno, creador de los confines de la tierra. No se cansa ni se fatiga, y Su inteligencia es insondable" (Is 40:28). Estas preguntas censuran *nuestra lentitud para aceptar la majestad de Dios*. El Señor quiere sacarnos de la incredulidad moviéndonos a la vergüenza. ¿Qué es lo que pasa? Dios pregunta: ¿Se han estado imaginando que Yo, el Creador, estoy viejo y cansado? ¿Nadie les ha dicho la verdad sobre Mí?

Muchos somos merecedores de este reproche. ¡Qué lentos somos para creer en Dios *como Dios*, soberano, todopoderoso, que todo lo ve! ¡Qué poco tenemos en cuenta la majestad de nuestro Señor y Salvador Jesucristo! Lo que necesitamos es "esperar en el Señor" meditando en Su majestad, hasta que encontremos renovadas fuerzas tallando estas cosas en nuestros corazones.

CAPÍTULO NUEVE

EL ÚNICO Y SABIO DIOS

¿Qué quiere decir la Biblia cuando afirma que Dios es *sabio*? En las Escrituras la sabiduría es una cualidad moral tanto como intelectual, más que mera inteligencia o conocimiento, así como también es más que simple habilidad o sagacidad. Para ser realmente sabio, en el sentido bíblico, la inteligencia y la habilidad deben ser puestas al servicio de una causa buena. La sabiduría consiste en la capacidad de ver y en la inclinación a elegir la meta mejor y más alta, juntamente con la forma más segura de alcanzarla.

La sabiduría es, en realidad, el lado práctico del bien moral. Como tal, solo se encuentra en su plenitud en Dios mismo. Solo Él es entera, invariable y naturalmente sabio. "Su sabiduría siempre activa", dice el himno; y es cierto. Dios no puede menos que ser invariablemente sabio en todo lo que hace. La sabiduría, como decían los viejos teólogos, es Su *esencia*, así como el poder, la verdad y el bien son también Su *esencia*; estos son elementos integrales de Su carácter.

LA SABIDURÍA NUESTRA Y LA DE DIOS
La sabiduría humana puede verse frustrada por factores circunstanciales que se escapan del control de la persona sabia. Ahitofel, el asesor renegado de David, dio un buen consejo cuando le sugirió a Absalón que liquidara a David de inmediato, antes de que tuviera tiempo de recuperarse del

primer sobresalto de la revuelta de Absalón. Pero él de manera estúpida tomó otra determinación, y Ahitofel, hirviendo por su orgullo herido, previendo sin duda que la revuelta habría de fracasar como consecuencia, y no pudiendo perdonarse a sí mismo por haber sido tan necio como para unirse a ella, se volvió a su casa y se suicidó (2S 17).

Pero la sabiduría de Dios no puede verse frustrada, como ocurrió con el "acertado" consejo (v. 14) de Ahitofel, pues está aliada a la omnipotencia. El poder forma parte de la esencia de Dios tanto como la sabiduría. Un principio bíblico fundamental descriptivo del carácter divino dice que la omnisciencia gobierna la omnipotencia, el poder infinito es gobernado por la infinita sabiduría. "Profunda es Su *sabiduría*, vasto Su *poder*" (Job 9:4). "Con Dios están la *sabiduría* y el *poder*" (Job 12:13). "Es poderoso en *fuerza de sabiduría*" (Job 36:5, RV60). "¡Es tan grande Su *poder*, y tan poderosa Su *fuerza*, que no falta ninguna de ellas!... y Su *inteligencia* es insondable" (Is 40:26, 28). "Suyos son la *sabiduría* y el *poder*" (Dn 2:20). La misma coyuntura aparece en el Nuevo Testamento: "¡Al que *puede* fortalecerlos a ustedes conforme a mi evangelio... al único *sabio* Dios" (Ro 16:25, 27). La sabiduría sin poder resultaría patética, una caña quebrada; el poder sin sabiduría resultaría simplemente aterrador; pero en Dios la sabiduría ilimitada y el poder infinito se unen, y esto hace que Él sea digno por completo de nuestra plena confianza.

La omnipotente sabiduría de Dios está siempre activa, y jamás fracasa. Todas Sus obras de creación, providencia y gracia la evidencian, y mientras no la veamos en ellas no estamos mirando como corresponde. Pero no podemos reconocer la sabiduría de Dios a menos que sepamos para qué realiza Él Sus obras. Aquí es donde muchos se equivocan. Entienden mal lo que quiere decir la Biblia cuando afirma que Dios es amor (ver 1Jn 4:8-10). Piensan que Dios propone una vida libre de problemas para todos, independientemente de su estado moral y espiritual y, por consiguiente, llegan a la conclusión de que todo lo que sea doloroso y desconcertante (las enfermedades, los accidentes, los perjuicios, la falta de trabajo, el sufrimiento de un ser querido), indica que bien la sabiduría o el poder de Dios, o ambos, han fracasado, o que Dios, después de todo, no existe.

Pero esta idea en cuanto a las intenciones de Dios está totalmente equivocada. La sabiduría de Dios nunca se comprometió a mantener la felicidad en un mundo caído, ni a hacer que la impiedad resulte beneficiosa. Ni siquiera a los cristianos les ha prometido una vida sin penurias; más bien al revés. Él tiene otros propósitos para la vida en este mundo, no simplemente facilitarle la vida a todos.

Entonces ¿qué quiere conseguir? ¿Cuál es Su meta? ¿Qué se propone? Cuando Dios nos creó, Su propósito era que le amáramos y le honráramos, alabándole por la complejidad y variedad maravillosamente ordenadas de Su mundo, usándolo según Su voluntad, y así disfrutarlo a Él y ese mundo que creó. Y aunque hemos caído, Dios no ha abandonado Su propósito inicial. Todavía tiene establecido que una gran hueste de seres humanos llegue a amarlo y a honrarlo. Su objetivo final es lograr que esos humanos alcancen un estado en el que le agraden enteramente y lo alaben de forma adecuada, un estado en el que sea el todo para ellos, y en el que Él y ellos se regocijen continuamente en el conocimiento del amor mutuo que sienten; un estado en el que ellos se regocijen en el amor salvador de Dios, puesto sobre ellos desde toda la eternidad, y en el que Dios se regocije en el amor que las personas le retribuyen, y que se manifiesta en ellos por la gracia mediante el evangelio.

En esto consistirá la *gloria* de Dios, y también nuestra *gloria*, en todos los sentidos que este término tan rico puede denotar. Pero esto solo se cumplirá plenamente en el mundo venidero, en el contexto de una transformación de todo el orden creado. Sin embargo, mientras tanto Dios sigue trabajando sin descanso para que se concrete. Sus objetivos inmediatos son encaminar a hombres y mujeres individualmente hacia Él en una relación de fe, esperanza y amor, librándolos del pecado y evidenciando en sus vidas el poder de Su gracia; defender a Su pueblo de las fuerzas del mal, y extender por el mundo entero el evangelio por medio del cual ofrece Su salvación.

En el cumplimiento de cada una de las partes de este propósito, el Señor Jesucristo ocupa un lugar central, por cuanto Dios lo ha establecido tanto como Salvador del pecado, en quien debemos confiar, y como Señor de la iglesia, a quien debemos obedecer. Hemos considerado la forma en que la sabiduría divina se manifestó en la encarnación y en la cruz de Cristo. Añadiríamos ahora que es a la luz del complejo propósito que delineamos que debe verse la sabiduría de Dios en su trato con los individuos.

EL TRATO DE DIOS CON SU PUEBLO

En esto nos ayudan las biografías bíblicas. No encontraremos ilustraciones más claras de la sabiduría de Dios para organizar la vida de los seres humanos que las que ofrecen algunos de los relatos de las Escrituras. Tomemos, por ejemplo, la vida de Abraham. Abraham fue capaz de repetidos engaños viles que, de hecho, pusieron en peligro la pureza de su esposa (Gn 12:10-20). Evidentemente, era por naturaleza un hombre de poca fortaleza moral y, al mismo tiempo, ansioso en exceso por proteger su seguridad personal (Gn 12:12-13; 20:11). Además resultó ser vulnerable a las presiones; ante la insistencia de su esposa, aceptó tener un hijo con su sierva Agar, y cuando Sarai reaccionó con recriminaciones histéricas ante el orgullo de su sierva al verse esta encinta, le permitió que echara a Agar de la casa (Gn 16:5-6).

Es evidente, por lo tanto, que Abraham no era un hombre de sólidos principios por naturaleza, y su sentido de responsabilidad era más bien deficiente. Pero Dios, en Su sabiduría, trató con esta figura modesta y poco heroica con tan buenos resultados que no solo cumplió fielmente el rol que se le asignó en el escenario de la historia de la iglesia, como pionero en la ocupación de Canaán, primer receptor del pacto de Dios (Gn 18:17) y padre de Isaac, el niño milagroso; también se convirtió en un hombre nuevo.

Lo que Abraham necesitaba más que nada era aprender la práctica de vivir *en la presencia de Dios*, entendiendo toda la vida en relación con Él, y aceptándolo como su único Comandante, Defensor y Galardonador. Esta fue la gran lección que Dios en Su sabiduría se propuso enseñarle. "No temas, Abram. Yo soy tu *escudo*, y muy grande será tu *recompensa*" (Gn 15:1). "Yo soy el Dios Todopoderoso. *Vive en Mi presencia* y sé *intachable* [honesto y sincero]" (Gn 17:1). Una y otra vez Dios hizo que Abraham se enfrentara con Él, y de este modo lo condujo hasta el punto en que su corazón pudo decir, con el salmista: "¿A quién tengo en el cielo sino a Ti? Si estoy contigo, ya nada quiero en la tierra… Dios fortalece mi corazón; Él es mi herencia eterna" (Sal 73:25-26). A medida que se desarrolla la historia, vemos en la vida de Abraham los resultados de la lección aprendida. Sus viejas debilidades salen a la superficie de vez en cuando, pero a la par surge una nueva nobleza y una firme independencia, productos del hábito desarrollado por Abraham de caminar con Dios, de descansar en

Su voluntad revelada, confiando en Él, esperando en Él, inclinándose ante Su providencia, y obedeciéndolo aun cuando le manda a hacer algo extraño y poco convencional. De haber sido un hombre del mundo, Abraham es transformado en un hombre de Dios.

Así, cuando responde al llamado de Dios, abandona su hogar y viaja por la tierra que poseerán sus descendientes (Gn 12:7) —pero no él mismo; nota: Abraham no llegó a poseer más que una tumba en Canaán (Gn 25:9-10)— observamos en él una nueva mansedumbre cuando renuncia a su derecho a elegir antes que su sobrino Lot (Gn 13:8-9). Vemos en él nueva valentía cuando sale con apenas trescientos hombres a rescatar a Lot de las fuerzas combinadas de cuatro reyes (Gn 14:14-15). Observamos una nueva paciencia cuando espera un cuarto de siglo, desde la edad de setenta y cinco hasta los cien, a que nazca el heredero prometido (Gn 12:4; 21:5). Lo vemos convertirse en un hombre de oración, un intercesor persistente cargado con un sentido de responsabilidad ante Dios por el bienestar de los demás (Gn 18:23-32). Hacia el final lo vemos dedicado por completo a la voluntad de Dios, y con tanta confianza en que el Señor sabe lo que hace que está dispuesto a matar a su propio hijo por orden de Dios, a ese heredero cuyo nacimiento había esperado tanto tiempo (Gn 22). ¡Con qué sabiduría le había enseñado Dios su lección! ¡Y qué bien la aprendió Abraham!

Jacob, nieto de Abraham, tuvo que someterse a otro trato: Jacob era un caprichoso hijo de mami, bendecido (o maldecido) con todos los instintos oportunistas y la crueldad amoral del comerciante ambicioso y egoísta. En Su sabiduría, Dios había resuelto que Jacob, si bien era el hijo menor, obtuviera la primogenitura y la bendición que correspondía al hijo mayor, y que de este modo fuera el portador de la promesa del pacto (Gn 28:13-15); además, había resuelto que Jacob se casaría con sus primas Lea y Raquel, y que sería padre de los doce patriarcas, a quienes debía pasar la promesa (Gn 48 – 49).

Pero Dios, en Su sabiduría, también había decidido inyectar en Jacob la verdadera religión. Toda su actitud hacia la vida era irreligiosa, y tenía que ser cambiada; Jacob debía ser convencido de que tenía que dejar de confiar en su propia habilidad y poner su confianza en Dios, y necesitaba también aprender a odiar esa doblez sin escrúpulos que se le daba tan natural. Por lo tanto, Jacob debía sentir su propia debilidad y necedad, debía ser llevado a una desconfianza tan completa en sí mismo que ya no intentara salir adelante explotando a los demás. La autosuficiencia de Jacob debía desaparecer, en forma total y definitiva. Con paciente sabiduría (porque Él siempre espera que llegue el momento apropiado) Dios condujo a Jacob al punto en que podía estampar en su alma el necesario sentido de impotencia en forma indeleble y decisiva. Resulta aleccionador trazar los pasos que siguió Dios para lograrlo.

Primero, durante un periodo de unos veinte años, Dios le permitió a Jacob tejer las complejas madejas del engaño, con las inevitables consecuencias: desconfianza mutua, amistades transformadas en enemistad, y el aislamiento del engañador. Las consecuencias de las astucias de Jacob constituyeron la maldición de Dios sobre ello. Cuando Jacob hubo usurpado la primogenitura y la bendición a Esaú (Gn 25:29-34; 27:1-40), este se le volvió en contra (¡naturalmente!) y Jacob tuvo que abandonar su hogar con urgencia. Se fue a la casa de su tío Labán, quien resultó ser un cliente tan tramposo como Jacob mismo. Labán explotó la situación de Jacob y con artimañas lo hizo contraer matrimonio no solo con la hija linda y hermosa, a la que quería Jacob, sino también con la menos agraciada, para la que le hubiera resultado difícil encontrar un buen esposo de otro modo (Gn 29:15-30).

La experiencia de Jacob con Labán es el caso del mordedor que sale mordido; Dios se valió del caso para mostrarle a Jacob lo que significa encontrarse en el extremo receptor de una estafa, algo que él debía aprender si fuera a desencantarse alguna vez de su anterior manera de vivir. Pero Jacob no había sido sanado todavía. Su reacción inmediata fue la de devolver mal por mal; manipuló la cría de las ovejas de Labán con tal astucia, con tal pérdida para el patrón y beneficio para sí mismo, que Labán se puso furioso, y a Jacob le pareció prudente irse con su familia a Canaán antes que comenzaran activamente las represalias (Gn 30:25 – 31:55). Y Dios, que hasta aquí había soportado la deshonestidad de Jacob sin reproche, lo alentó para que se fuera (Gn 31:3, 11-13; *cf.* Gn 32:1-2, 9-10); porque sabía lo que iba a ocurrir antes de que finalizara el viaje. Cuando Jacob se fue, Labán salió en su persecución y le dejó bien claro que no quería verlo de vuelta (Gn 31).

Cuando la caravana de Jacob llegó a los linderos de la tierra de Esaú, Jacob envió a su hermano un cortés mensaje para comunicarle su llegada. Pero las noticias que le llegaron le hicieron pensar que Esaú traía un ejército armado contra él, para vengar la bendición robada veinte años atrás. Jacob se hundió en una profunda desesperación.

Había llegado el momento de Dios. Esa noche, cuando Jacob estaba solo a la orilla del río Jaboc, Dios le salió al encuentro (Gn 32:24-30). Transcurrieron horas de agudo conflicto espiritual y, según le pareció a Jacob, físico también. Jacob se aferró a Dios; quería una bendición, seguridad del favor divino y protección ante la crisis que atravesaba, pero no conseguía lo que quería. En cambio, se volvía más y más consciente de su propia situación, indefenso por completo, y sin Dios, totalmente desesperanzado. Sintió que la gran amargura de sus caminos cínicos e inescrupulosos se volvían contra él. Hasta aquí había sido siempre autosuficiente, creyéndose amo de cualquier situación que pudiera presentársele, pero ahora se sentía completamente incapaz de manejar la situación, y comprendió con espeluznante certidumbre que jamás volvería a atreverse a confiar en sí mismo para resolver sus cosas y forjar su destino. Nunca más se atrevería a vivir de su ingenio.

Para que Jacob estuviera doblemente convencido, mientras luchaban, Dios le descoyuntó el muslo (Gn 32:25), dejándolo cojo como perpetuo recuerdo de su propia debilidad espiritual y de la necesidad de apoyarse en Dios, así como por el resto de su vida tendría que apoyarse en un bastón para caminar.

Jacob llegó a odiarse; con todo su corazón por primera vez en su vida sintió odio, verdadero odio, por esa astucia que tanto había apreciado en sí mismo. Por ella Esaú estaba en contra de él (¡justamente, por cierto!), sin mencionar a Labán, y ahora, por la misma razón, según le parecía a él, Dios se negaba a bendecirlo nuevamente. "Suéltame", dijo Aquel con quien luchaba; parecía como si Dios estuviera por abandonarlo. Pero Jacob se aferró a él y dijo: "¡No te soltaré hasta que me bendigas!" (Gn 32:26).

Entonces Dios pronunció Sus palabras de bendición: porque a esta altura Jacob se reconocía débil y desesperado, humillado y dependiente; fue ahora que podía ser bendecido. "Él debilitó mis fuerzas en el camino", dijo el salmista (Sal 102:23, NBLA); y eso es justamente lo que había hecho Dios con Jacob.

No quedaba ninguna partícula de autoconfianza en Jacob cuando Dios terminó con él. La naturaleza de la prevalencia de Jacob con Dios (Gn 32:28) era simplemente que se había aferrado a Dios mientras Dios lo debilitaba y forjaba en él el espíritu de sumisión y desconfianza en sí mismo; había deseado tanto la bendición de Dios que se aferró a Él a través de toda esta dolorosa humillación, hasta que cayó lo suficientemente bajo como para que Dios lo levantara hablándole de paz y asegurándole que no debía temer más por Esaú.

Es cierto que Jacob no se convirtió en un santo hecho y derecho de la noche a la mañana; no se portó del todo bien con Esaú al día siguiente (Gn 33:14-17); pero en principio Dios había ganado la batalla, y para siempre. Jacob no volvió a deslizarse jamás por sus viejos caminos. Jacob el cojo había aprendido la lección. La sabiduría de Dios había realizado su obra.

Un ejemplo más tomado de Génesis, distinto del anterior, es el de José. Los hermanos del joven José lo vendieron como esclavo en Egipto donde, calumniado por la maligna mujer de Potifar, fue encarcelado, aun cuando después escaló posiciones eminentes. ¿Con qué fin planeó esto Dios en Su sabiduría? Por lo que respecta a José personalmente, la respuesta la tenemos en el Salmo 105:19: "La palabra del SEÑOR lo *puso a prueba*".

José estaba siendo probado, refinado y madurado; se le estaba enseñando durante su periodo como esclavo, y en la prisión, a mantenerse en Dios, a permanecer con alegría y amabilidad en circunstancias frustrantes, y a esperar pacientemente al Señor. Con frecuencia, Dios emplea dificultades constantes para enseñar lecciones de esta clase. En lo que respecta a la vida del pueblo de Dios, el mismo José dio la respuesta a nuestra pregunta cuando reveló su identidad a sus hermanos que estaban perturbados por la situación. "Dios me envió delante de ustedes: para salvarles la vida de manera extraordinaria y de ese modo asegurarles descendencia sobre la tierra. Fue Dios quien me envió aquí, y no ustedes" (Gn 45:7-8).

La teología de José era tan sólida como su profundo amor. Una vez más tenemos aquí la sabiduría de Dios acomodando los acontecimientos de una vida humana para un doble propósito: la santificación personal del hombre en cuestión, y el cumplimiento del ministerio y el servicio que le estaba encomendado en relación con la vida del pueblo de Dios. En la vida de José, igual que en la de Abraham y Jacob, vemos que se cumple totalmente este propósito doble.

NUESTRAS DESCONCERTANTES PRUEBAS

Estas cosas fueron escritas para nuestra instrucción: porque la misma sabiduría que encaminó las sendas que siguieron los santos de Dios en la época bíblica encamina la vida del cristiano en el día de hoy. No deberíamos, por lo tanto, desalentarnos demasiado cuando nos ocurren cosas inesperadas y desconcertantes, cosas que nos desaniman. ¿Qué significan? Pues simplemente que Dios en Su sabiduría tiene la intención de hacer de nosotros algo que aún no hemos alcanzado, y que lo que atravesamos tiende a ese fin.

Tal vez tiene decidido fortalecernos en la paciencia, el buen humor, la compasión, la humildad o la mansedumbre, dándonos un poco de práctica adicional en el ejercicio de estas gracias bajo condiciones particularmente difíciles. Quizá tenga lecciones nuevas que enseñarnos en cuanto a la negación de uno mismo y la desconfianza en nosotros mismos. Quizás quiere eliminar nuestra tendencia a la autosatisfacción, o a nuestra negación de la realidad, o a formas de orgullo y engreimiento no percibidas por nosotros. Tal vez Su propósito sea simplemente acercarnos más a Él, en una comunión más consciente; porque ocurre a menudo, como lo saben todos los santos, que la comunión con el Padre y el Hijo resulta más real y dulce, y el gozo cristiano es mayor, cuanto más pesada sea la cruz. (¡Recordemos a Samuel Rutherford!). O tal vez Dios nos está preparando para formas de servicio de las que por el momento no tenemos ni idea.

Pablo descubrió parte de la razón de sus propias aflicciones en el hecho de que Dios "nos consuela en todas nuestras tribulaciones para que, con el mismo consuelo que de Dios hemos recibido, también nosotros podamos consolar a todos los que sufren" (2Co 1:4). Hasta el propio Señor Jesús "mediante el sufrimiento aprendió a obedecer", y de este modo fue "consumada Su perfección" para Su ministerio sacerdotal de compasión y ayuda hacia Sus atribulados discípulos (Heb 5:8-9): lo cual significa que como, por un lado, puede sostenernos y hacernos más que vencedores frente a todos nuestros problemas y preocupaciones, así también, por otro lado, no debemos sorprendernos si nos llama a seguir Sus pisadas y a dejarnos moldear para el servicio a los demás mediante dolorosas experiencias de las que no somos en realidad merecedores. "Él conoce Su camino", aun cuando por el momento nosotros no lo sepamos.

Podemos sentirnos francamente desconcertados ante las cosas que nos suceden, pero Dios sabe exactamente lo que hace y lo que persigue al ocuparse de nuestros asuntos. Siempre, y en todo, Dios obra con sabiduría: esto lo comprobaremos posteriormente, aun en los casos en que nosotros no lo veíamos antes. (Job conoce ahora en el cielo todas las razones de por qué fue afligido, aun cuando nunca llegó a saberlo durante su vida). Mientras tanto, no debemos poner en tela de juicio Su sabiduría, ni siquiera cuando nos deja a oscuras.

Pero ¿cómo debemos hacer frente a estas situaciones desconcertantes y difíciles, si de momento no podemos ver el propósito de Dios en ellas? Primero, tomándolas como de Dios, y preguntándonos cómo nos indica el evangelio de Cristo que debemos reaccionar frente a ellas y en medio de ellas; segundo, buscando el rostro de Dios específicamente acerca de estas situaciones.

Si procedemos de esta manera, nunca nos veremos completamente a oscuras en cuanto a los propósitos que tiene Dios en relación con nuestros problemas. Siempre podremos ver, por lo menos, tanto propósito en estas situaciones como el que Pablo descubrió con relación a su espina en la carne (lo que eso fuera). Le vino, nos dice, como "un mensajero de Satanás" tentándole a pensar mal de Dios. Resistió la tentación, y buscó el rostro de Cristo tres veces, pidiendo que la espina le fuera quitada. La única respuesta que obtuvo fue: "Te basta con mi gracia, pues mi poder se perfecciona en la debilidad". Luego de reflexionar percibió un motivo para tal aflicción: tenía como fin el que se mantuviera humilde "para evitar que me volviera presumido por estas sublimes revelaciones". Este pensamiento, y las palabras de Cristo, lo consolaron. No quería más. He aquí su actitud final: "Por lo tanto, gustosamente haré más bien alarde de mis debilidades, para que permanezca sobre mí el poder de Cristo" (2Co 12:7-9).

Esta actitud de Pablo es un modelo para nosotros. Cualquiera sea el propósito adicional que los problemas de un cristiano tenga para equiparlo para el servicio futuro, siempre tendrán al menos el propósito que tuvo la espina en la carne de Pablo: nos fueron enviados para hacernos humildes y mantenernos así, y para darnos una nueva oportunidad de mostrar el poder de Cristo en nuestra vida mortal. ¿Acaso necesitamos saber más que eso? ¿No es esto suficiente en sí mismo para convencernos de que la sabiduría de Dios obra por ellas? Cuando Pablo se dio cuenta de que su tribulación le había sido mandada para que por ella pudiera glorificar a Dios, la aceptó como una medida sabia, y se regocijó en ella. Que Dios nos dé gracia, en medio de nuestras propias tribulaciones, para hacer lo mismo.

CAPÍTULO DIEZ

LA SABIDURÍA DE DIOS Y LA NUESTRA

Cuando los antiguos teólogos reformados se referían a los atributos de Dios, solían clasificarlos en dos grupos: los *incomunicables* y los *comunicables*.

En el primer grupo, colocan aquellas cualidades que resaltan la trascendencia de Dios y muestran la enorme diferencia que existe entre Él y nosotros, Sus criaturas. Comúnmente la lista era la siguiente: la *independencia* de Dios (la existencia autónoma y la autosuficiencia); Su *inmutabilidad* (enteramente libre de cambio, lo cual conduce a un proceder completamente invariable); Su *infinitud* (libre de toda limitación de tiempo y espacio: es decir, Su eternidad y Su omnipresencia); y Su *simplicidad* (el hecho de que en Él no hay elementos que puedan entrar en conflicto, de manera que, a diferencia de nosotros, no puede verse en conflicto entre deseos y pensamientos divergentes). Los teólogos llamaban *incomunicables* a estas cualidades porque son características únicas de Dios; el hombre, justamente por ser hombre y no Dios, no comparte ni puede compartir ninguna de ellas.

En el segundo grupo los teólogos reunían cualidades tales como la espiritualidad de Dios, Su libertad y Su omnipotencia, junto con todos Sus atributos morales: bondad, veracidad, santidad, justicia, etc. ¿Qué principio se aplicaba para esta clasificación? El siguiente: que cuando Dios hizo al hombre, le *comunicó* cualidades que correspondían a todas ellas. Esto es lo que quiere decir la Biblia cuando afirma que Dios hizo al hombre a Su imagen (Gn 1:26-27), a saber, que Dios hizo al hombre como ser espiritual libre, como agente moral responsable con facultades de elección y acción, capaz de tener comunión con Él y de responder a Él, y por naturaleza bueno, veraz, santo y recto (Ec 7:29), en una palabra, *piadoso*.

Las cualidades morales que pertenecían a la imagen divina fueron perdidas en el momento de la caída; la imagen de Dios en el hombre ha sido desfigurada universalmente, por cuanto toda la humanidad, de un modo u otro, ha caído en la impiedad. Pero la Biblia nos dice que ahora, en cumplimiento de Su plan de redención, Dios obra en los creyentes con el fin de reparar esa imagen arruinada, renovando en ellos estas cualidades. Esto es lo que quiere decir la Escritura cuando afirma que los cristianos están siendo renovados a la imagen de Cristo (2Co 3:8) y de Dios (Col 3:10).

Entre estos atributos comunicables los teólogos ubican a la sabiduría. Además de ser Él mismo sabio, Dios también imparte sabiduría a Sus criaturas.

La Biblia tiene mucho que decir sobre el regalo divino de la sabiduría. Los primeros nueve capítulos de Proverbios son una sola y sostenida exhortación a buscar este regalo. "La sabiduría es lo primero. ¡Adquiere sabiduría! Por sobre todas las cosas, adquiere discernimiento… Aférrate a la instrucción, no la dejes escapar; cuídala bien, que ella es tu vida" (Pro 4:7, 13). Se personifica a la sabiduría y se la hace defender su propia causa: "Dichosos los que me escuchan y a mis puertas están atentos cada día, esperando a la entrada de mi casa. En verdad, quien me encuentra halla la vida y recibe el favor del SEÑOR. Quien me rechaza se perjudica a sí mismo; quien me aborrece, ama la muerte" (Pro 8:34-36).

Como anfitriona, la sabiduría convoca a los necesitados a su banquete: "¡Vengan conmigo los inexpertos! —dice a los faltos de juicio—" (Pro 9:4). El énfasis se coloca en la disposición de Dios que da la sabiduría (representada como la disposición de la sabiduría a darse a sí misma) a todos los que desean el regalo y dan los pasos necesarios para obtenerlo. En el Nuevo Testamento la sabiduría recibe un énfasis similar. Se requiere que los cristianos adquieran sabiduría: "tengan cuidado de su manera de vivir. No vivan como necios, sino como sabios… no sean insensatos, sino entiendan cuál es la voluntad del Señor" (Ef 5:15-17). "Compórtense sabiamente con los que no creen en Cristo" (Col 4:5). Se ofrece oración para que les sea suministrada sabiduría: "Pedimos que Dios les haga conocer plenamente Su voluntad con toda sabiduría" (Col 1:9). Santiago hace, en nombre de Dios, una promesa: "Si a alguno de ustedes le falta sabiduría, pídasela a Dios, y Él se la dará" (Stg 1:5).

¿Dónde podemos encontrar sabiduría? ¿Qué pasos debe dar una persona para obtener este don? Según la Escritura hay dos requisitos previos.

1. Debemos aprender a *reverenciar* a Dios. "El principio de la sabiduría es el temor del SEÑOR" (Sal 111:10; Pro 9:10; cf. Job 28:28; Pro 1:7; 15:33). No podemos hacer nuestra la sabiduría divina sin antes habernos hecho humildes, enseñables, en actitud de reverencia ante la santidad y la soberanía de Dios (el "SEÑOR, Dios del cielo, grande y temible", Neh 1:5; cf. Neh 4:14; 9:32; Dt 7:21; 10:17; Sal 99:3; Jer 20:11), reconociendo nuestra propia pequeñez, desconfiando de nuestros propios pensamientos, y dispuestos a que nuestra mente experimente un cambio completo.

Debemos temer que muchos cristianos viven con muy poca humildad y demasiado orgullo como para obtener alguna vez sabiduría de Dios. No es en vano que la Escritura dice: "la sabiduría está *con los humildes*" (Pro 11:2, NBLA).

2. Debemos aprender a *recibir la Palabra de Dios*. La sabiduría es forjada divinamente en quienes se dedican a estudiar la revelación de Dios, y solo en ellos. "*Tus mandamientos* me hacen más sabio que mis enemigos porque me pertenecen para siempre. Tengo más discernimiento que todos mis maestros" —¿Por qué?— "*porque medito en Tus estatutos*" (Sal 119:98-99).

Así también Pablo aconseja a los colosenses: "Que habite en ustedes *la palabra de Cristo*... con toda sabiduría" (Col 3:16). ¿Cómo podemos cumplir este requisito en el siglo veintiuno? Empapándonos en las Escrituras, las que, como le dijo Pablo a Timoteo (¡y estaba pensando en el Antiguo Testamento solamente!), "pueden [darnos] la *sabiduría* necesaria para la salvación" mediante la fe en Cristo, y hacernos "enteramente [capacitados] para toda buena obra" (2Ti 3:15-17).

PARTE DOS | *¡Contempla a Dios!*

Una vez más, debemos temer que muchos de los que hoy profesan ser de Cristo nunca aprendan a ser sabios, por no prestar suficiente atención a la Palabra escrita de Dios. El leccionario del Libro de Oración de Cranmer (que se supone que todos los anglicanos deben seguir) nos conduce por todo el Antiguo Testamento una vez por año, y por todo el Nuevo Testamento dos veces. William Gouge, el puritano, leía regularmente quince capítulos de la Biblia cada día. El fallecido archidiácono T.C. Hammond solía leer la Biblia entera cuatro veces al año. ¿Cuánto tiempo hace que hemos leído la Biblia de principio a fin? ¿Dedicamos tanto tiempo por día a la Biblia como el que dedicamos a consumir las noticias? ¡Qué necios somos algunos!, y seguimos siéndolo toda la vida, sencillamente porque no queremos molestarnos en hacer lo que debemos hacer para recibir esa sabiduría que es un regalo gratuito de Dios.

LO QUE LA SABIDURÍA NO ES
Pero ¿cuál es el don de la sabiduría que da Dios? ¿Qué efecto tiene sobre la vida de una persona?

Aquí es donde muchos se equivocan. Podemos aclarar la naturaleza de su error con una ilustración.

Si nos ubicamos en el extremo de una plataforma de la estación del tren de York, Inglaterra, podremos observar una sucesión constante de movimientos de máquinas y trenes, y si este tipo de escena nos entusiasma, el despliegue de actividad nos resultará fascinante. Obtendremos una idea muy vaga y general del plan total que determina todos los movimientos que vemos (es decir, el esquema operacional bosquejado en una planilla de horarios, y las modificaciones hechas minuto a minuto, si se da el caso, según se desarrolla el movimiento de los trenes en la práctica).

Sin embargo, si tienes el privilegio de que algún superior te lleve a la magnífica caja de señales eléctricas situada entre los andenes 7 y 8, podremos ver en la pared más larga un diagrama de la disposición de las vías en una extensión de siete kilómetros y medio a cada lado de la estación, con pequeñas luces como luciérnagas en movimiento o estacionarias en las diversas vías, que de un vistazo les indican a los señalizadores exactamente dónde se encuentra cada máquina o tren. De inmediato podremos ver la situación en su conjunto a través de los ojos de quienes tienen el control de la misma: podremos ver por el diagrama por qué hubo que indicarle a uno de los trenes que se detuviera, y a otro sacarlo de la vía que normalmente ocupa, y por qué a otro hubo que estacionarlo temporalmente en una vía muerta. El porqué y el para qué de todos estos movimientos se nos hace claro una vez que tenemos acceso a la situación total.

Ahora bien, el error que se comete diariamente es el de suponer que esto constituye una ilustración de lo que hace Dios cuando concede sabiduría: suponer, en otras palabras, que el regalo de la sabiduría consiste en una visión más profunda del significado y el propósito providencial de los acontecimientos que se desenvuelven alrededor de nosotros, en una capacidad para comprender por qué Dios hizo lo que hizo en algún caso particular, y en lo que hará a continuación. La gente piensa que si realmente anduviera cerca de Dios, de modo que Él pudiera impartirles sabiduría libremente, entonces podrían, por así decirlo, ver las cosas como si estuvieran en la cabina de señales; comprenderían los propósitos verdaderos de todo lo que les ocurre, y verían con claridad en todo momento la forma en que Dios hace que todas las cosas obren para bien. Tales personas dedican mucho tiempo estudiando detenidamente la providencia, preguntándose por qué Dios ha permitido que ocurra esto o aquello, si deben tomarlo como una señal para dejar de hacer una cosa y empezar a hacer otra, o qué deben deducir de eso. Si acaban desconcertados, lo atribuyen a su propia falta de espiritualidad.

Los cristianos que sufren de depresión, ya sea física, mental o espiritual (¡nota que se trata de tres cosas diferentes!) pueden llegar a perder la cordura, como se dice, con esta clase de investigación inútil. Porque realmente *es* inútil lo que hacen: de eso no tengamos la menor duda. Es cierto que cuando Dios nos ha orientado mediante la aplicación de principios, en ocasiones nos lo confirmará mediante providencias inusuales, que reconoceremos enseguida como señales de confirmación. Pero esto es algo muy diferente a tratar de leer un mensaje sobre los propósitos secretos de Dios en cada cosa inusual que nos sucede. Lejos de que el regalo de sabiduría consista en el poder de hacer eso, presupone en realidad nuestra incapacidad consciente para hacerlo, como veremos dentro de un momento.

SE NECESITA REALISMO

Volvemos a preguntar, entonces: ¿qué significa el regalo de la sabiduría que nos da Dios? ¿Qué clase de regalo es?

Si se permite otra ilustración de transporte, es como si te enseñaran a conducir. Lo que importa en la conducción es la velocidad, la capacidad de reacción ante una situación y la solidez de tu juicio sobre el alcance de la misma. No nos preguntamos por qué el camino se vuelve angosto o tiene curvas en un lugar determinado, ni por qué ese camión está estacionado precisamente donde está, ni por qué esa dama (o caballero) se queda en el centro de la calzada con tanta insistencia; lo que pensamos es sencillamente cómo obrar acertadamente en la situación concreta tal como se presenta. La sabiduría divina tiene como fin ayudarnos a hacer justamente esto en las situaciones concretas de la vida diaria.

Para conducir bien es preciso estar con los ojos atentos a fin de ver con claridad lo que hay por delante de nosotros. Para vivir sabiamente tenemos que poseer visión clara y ser realistas —implacablemente realistas— para ver la vida tal como es. La sabiduría nada tiene que ver con las ilusiones cómodas, el sentimentalismo falso, ni el uso de lentes color rosa. Muchos de nosotros vivimos en un mundo de ensueño, con la cabeza en las nubes; no ponemos nuestros pies en la tierra; nunca vemos el mundo, y nuestras vidas en él, como realmente son. Esta falta de realismo, tan profundamente arraigada y fomentada por el pecado, es una de las razones de que haya tan poca sabiduría entre nosotros, incluso en los más firmes y ortodoxos. La sana doctrina no basta para curarnos de la falta de realismo. Sin embargo, hay un libro en las Escrituras que está diseñado específicamente para convertirnos en personas realistas: este libro es Eclesiastés. Deberíamos prestarle más atención de la que comúnmente le prestamos. Consideremos su mensaje brevemente.

¿QUÉ NOS ENSEÑA ECLESIASTÉS?

"Eclesiastés" (el equivalente griego del título hebreo, *Qoheleth*) significa simplemente "el predicador"; y el libro mismo es un sermón, con un texto ("Vanidad de vanidades", Ec 1:2; 12:8, NBLA), una exposición de su tema (Ec 1 – 10), y una aplicación (Ec 11 – 12:7). Buena parte de la exposición tiene carácter autobiográfico. *Qoheleth* se identifica a sí mismo como: "hijo de David, rey en Jerusalén" (Ec 1:1). El que esto signifique que Salomón mismo era el predicador, o que el predicador puso su sermón en labios de Salomón como recurso didáctico, como lo han sostenido eruditos tan conservadores como Hengstenberg y E. J. Young, no tiene por qué preocuparnos. El sermón es, por cierto, salomónico; en el sentido de que enseña lecciones que Salomón tuvo oportunidades únicas de aprender.

"'Vanidad de vanidades', dice el Predicador, 'Vanidad de vanidades', todo es vanidad". ¿En qué espíritu, y con qué propósito, anuncia el predicador este texto? ¿Se trata acaso de la confesión de un cínico amargado, de "un viejo hombre de mundo egoísta e insensible, que al final de su vida encontró solo una horrible desilusión" (J. H. Elliot), y que ahora quiere compartir con nosotros su sentido de la miseria y el malestar de la vida? ¿O habla, más bien, como un evangelista, que trata de hacer ver al incrédulo la imposibilidad de encontrar la felicidad "bajo el cielo" lejos de Dios? La respuesta no es ninguna de las dos, si bien la segunda se acerca más a la realidad que la primera.

El autor habla como un experimentado maestro que le ofrece a su joven discípulo los frutos de su propia experiencia y reflexión (Ec 11:9; 12:1, 12). Quiere conducir a ese joven creyente hacia la verdadera sabiduría, y evitar que caiga en el error de la "cabina de señales". Al parecer, el joven (como muchos desde entonces) se inclinaba a considerar que la sabiduría es sinónimo de amplios conocimientos y a suponer que esta se adquiere simplemente estudiando libros con intensidad (Ec 12:12). Está claro que daba por sentado que la sabiduría, cuando la alcanzara, le explicaría el porqué de las diversas modificaciones de Dios en el curso ordinario de la providencia. Lo que el predicador le quiere mostrar es que la verdadera base de la sabiduría está en un franco reconocimiento de que el curso de este mundo es enigmático, que buena parte de lo que ocurre nos resulta a los humanos enteramente inexplicable, y que la mayor parte de las cosas que ocurren "bajo el cielo" no ofrecen evidencia externa de que haya un Dios racional y moral por detrás de todas ellas.

Como muestra el mismo sermón, el texto tiene la intención de ser una advertencia contra la búsqueda errónea del entendimiento, ya que afirma la conclusión sin esperanza a la que esta búsqueda, si se persigue de forma honesta y realista, debe finalmente conducir. Podemos formular el mensaje del sermón así:

Observa (dice el predicador) la clase de mundo en que vivimos. Quítate las gafas color rosa, limpia tus ojos y echa un vistazo fijo y prolongado. ¿Qué ves? Ves que el fondo de la vida lo establecen los ciclos que se repiten de manera aleatoria en la naturaleza (Ec 1:4-7). Ves que su régimen está determinado por tiempos y circunstancias sobre los que no tenemos ningún control (Ec 3:1-8; 9:11-12). Ves que la muerte le llega a todos, tarde o temprano, pero en forma fortuita; su llegada nada tiene que ver con méritos, buenos o malos (Ec 7:15; 8:8). Los seres humanos mueren como las bestias (Ec 3:19-20), buenos y malos, sabios y necios (Ec 2:14, 16; 9:2-3). Ves que el mal corre rampante (Ec 3:16; 4:1; 5:8; 8:11; 9:3); los malvados prosperan, y los buenos no (Ec 8:14). Al ver todo esto, nos damos cuenta de que Dios obra en formas inescrutables; por más que queramos entenderlo, no podemos (Ec 3:11; 7:13-14; 8:17; 11:5). Cuanto más nos dedicamos a procurar entender el propósito divino en el curso providencial ordinario de los acontecimientos, más obsesivos nos volvemos y más deprimidos nos sentimos ante la aparente vanidad de todo, y más nos sentimos tentados a llegar a la conclusión de que la vida, como pareciera serlo, realmente no tiene sentido.

Pero una vez que llegas a la conclusión de que realmente no hay lógica ni razón en las cosas, ¿qué "provecho" —valor, ganancia, sentido, propósito— puedes encontrar en cualquier esfuerzo constructivo? (Ec 1:3; 2:11, 22; 3:9; 5:16). Si la vida no tiene sentido, tampoco entonces tiene ningún valor; y, en ese caso, ¿qué valor puede haber en crear cosas, en emprender un negocio, en hacer dinero, incluso en buscar sabiduría, ya que nada de esto nos resulta provechoso evidentemente (Ec 2:15-16, 22-23; 5:11)?; lo único que lograremos es que nos envidien (Ec 4:4); no podemos llevarlo con nosotros (Ec 2:18-21; 4:8; 5:15-16); y lo que dejamos probablemente sea mal aprovechado cuando ya no estemos (Ec 2:19). ¿Qué sentido tiene, por lo tanto, luchar y esforzarse por algo? ¿Acaso no se debe juzgar "vanidad [vacío, frustración] y correr tras el viento" (Ec 1:14) todo lo que se hace, una actividad que no podemos justificar como significativa en sí misma ni de valor alguno para nosotros?

A esta conclusión pesimista, dice el predicador, nos llevará finalmente la expectativa optimista de descubrir el propósito divino en todas las cosas (Ec 1:17-18). Y, por supuesto, tiene razón. Porque el mundo en que vivimos es, de hecho, el tipo de lugar que ha descrito. El Dios que lo gobierna se esconde. Raras son las veces en que pareciera que hay un poder racional detrás de todo lo que ocurre. Con mucha frecuencia lo que no tiene valor sobrevive, mientras que lo que tiene algún valor perece. Sé realista, dice el predicador; hazle frente a los hechos; mira la vida como en realidad es. No serás realmente sabio hasta que lo hagas.

A muchos nos viene bien esta amonestación. Porque no solo nos dejamos atrapar por el concepto de la "cabina de señales", o por una falsa noción de lo que es la sabiduría; sino que pensamos también que, en honor a Dios (y también, aun cuando esto no lo digamos, en honor a nuestra propia reputación como cristianos espirituales), es necesario que afirmemos que ya estamos, por así decirlo, en la cabina de señales, disfrutando aquí y ahora de información confidencial sobre el porqué y el cómo del obrar de Dios. Esa cómoda actitud de fingimiento se hace parte de nosotros; estamos seguros de que Dios nos ha permitido comprender Sus caminos para nosotros y nuestro círculo, y damos por sentado que seremos capaces de ver de inmediato la razón de todo lo que nos ocurra en el futuro.

Y entonces ocurre algo muy doloroso e inexplicable, y nuestra alegre ilusión de estar al tanto de los consejos secretos de Dios se derrumba. Nos quedamos con el orgullo herido; nos parece que Dios nos ha despreciado; y a menos que a esta altura nos arrepintamos y nos humillemos sinceramente por la soberbia que hemos manifestado con anterioridad, toda nuestra vida espiritual siguiente puede quedar afectada.

Entre los siete pecados mortales de la tradición medieval se encontraba la pereza, un estado de tenaz y sombría apatía de espíritu. En los círculos cristianos de nuestros días hay mucho de esto; los síntomas son una inercia espiritual personal combinada con un cinismo crítico sobre la iglesia, y un resentimiento altanero ante el empuje y la iniciativa que evidencian otros cristianos.

Detrás de esta condición mórbida y letal yace el orgullo herido del que pensaba que conocía los caminos de Dios en la providencia y luego tuvo que aprender por amarga y desconcertante experiencia que en realidad no los conocía. Esto es lo que ocurre cuando hacemos caso omiso del mensaje de Eclesiastés. Porque la verdad es que Dios, en Su sabiduría, a fin de que seamos humildes y aprendamos a andar por fe, ha escondido de nosotros casi todo lo que nos agradaría saber acerca de los propósitos providenciales que está llevando a cabo en las iglesias y en nuestra propia vida. "Así como no sabes por dónde va el viento ni cómo se forma el niño en el vientre de la madre, tampoco entiendes la obra de Dios, creador de todas las cosas" (Ec 11:5).

Pero, ¿qué es, en ese caso, la sabiduría? El predicador nos ha ayudado a ver lo que no es; ¿nos da alguna indicación sobre lo que sí es?

De hecho sí lo hace, por lo menos a grandes rasgos. "Teme, pues, a Dios y cumple Sus mandamientos" (Ec 12:13); confía en Él y obedécele, reveréncialo, adóralo, sé humilde en Su presencia, y jamás digas más de lo que en realidad piensas y estás dispuesto a sostener cuando oras a Él (Ec 5:17); haz el bien (Ec 3:12); recuerda que algún día Dios te llamará a cuentas (Ec 11:9; 12:14); por tanto, evita, aun en secreto, las cosas de las cuales pudieras avergonzarte cuando salgan a la luz en el tribunal de Dios (12:14). Vive en el presente y disfrútalo plenamente (Ec 7:14; 9:7-10; 11:9-10); los placeres presentes son dones de Dios. Aun cuando Eclesiastés condena la ligereza (Ec 7:4-6), se ve claramente que no tolera en absoluto esa súper espiritualidad que se manifiesta en un orgullo tal que jamás sonríe o se divierte. Procura tener la gracia de trabajar arduamente en lo que la vida te pone en el camino (Ec 9:10), y disfruta de tu trabajo mientras lo haces (Ec 2:24; 3:12-13; 5:18-20; 8:15). Deja que Dios decida sobre los resultados; que sea Él quien mida su valor final; tu parte consiste en utilizar todo el sentido común y la iniciativa de que dispongas para aprovechar las oportunidades que se te presenten (Ec 11:1-6).

Este es el camino de la sabiduría. Claramente no es más que una faceta de la vida de fe. Porque, ¿qué es lo que la fundamenta y sostiene? La convicción de que el Dios inescrutable de la providencia es el mismo Dios de la creación y la redención, lleno de gracia y sabiduría. Podemos estar seguros de que el Dios que hizo este complejo orden mundial maravilloso, que obró la redención de Egipto, y que luego obró la redención mayor aun del pecado y de Satanás, sabe lo que hace, y lo hace todo bien, incluso cuando por el momento pueda esconder Su mano. Podemos confiar y regocijarnos en Él, aun cuando no podamos discernir Su camino. Así pues, el camino de la sabiduría se reduce a lo que expresó Richard Baxter:

Oh santos, que allí abajo se afanan,
adoren a su Rey del cielo,
y al seguir adelante
algún himno de gozo canten.
Reciban lo que Él les da, y alaben aún,
por el bien y por el mal,
al que vive por siempre jamás.

EL FRUTO DE LA SABIDURÍA

Tal es, pues, la sabiduría con la que Dios nos hace sabios. Y al analizarla conocemos mejor la sabiduría del Dios que la da. Hemos dicho que la sabiduría consiste en elegir los mejores medios para el mejor fin. La obra de Dios al darnos sabiduría es un medio para el fin elegido por Él de restaurar y perfeccionar la relación entre Sí y los seres humanos, para la cual los hizo en el principio. Porque, ¿qué es esta sabiduría que nos da? Como hemos visto, no consiste en compartir todo Su conocimiento sino en una disposición a confesar que Él es sabio, y en aferrarnos a Él a la luz de Su Palabra en las buenas y en las malas.

Así, el efecto del don de la sabiduría es hacernos más humildes, más gozosos, más piadosos, más atentos a Su voluntad, más resueltos a cumplirla y menos agobiados (no insensibles, sino menos turbados) de lo que estábamos ante las circunstancias oscuras y dolorosas de las que está llena nuestra vida en este mundo caído. El Nuevo Testamento nos dice que el fruto de la sabiduría es la semejanza a Cristo —paz, humildad y amor (Stg 3:17)— y que su raíz es la fe en Cristo (1Co 3:18; 2Ti 3:15) como manifestación de la sabiduría de Dios (1Co 1:24, 30).

Así, el tipo de sabiduría que Dios quiere dar a quienes se la piden es una sabiduría que nos unirá a Él, una sabiduría que se expresará en un espíritu de fe y una vida de fidelidad.

Procuremos, pues, que nuestra búsqueda de la sabiduría sea una búsqueda de estas cosas, y que no contradigamos el sabio propósito de Dios descuidando la fe y la fidelidad para buscar un tipo de conocimiento que en este mundo no nos es dado.

CAPÍTULO ONCE

TU PALABRA ES VERDAD

En cada pasaje bíblico se asumen dos hechos, o se afirman explícitamente, sobre el trino Yahvé. El primero es que Él es *Rey*, monarca absoluto del universo, que dirige todos sus asuntos, que obra Su propia voluntad en todo lo que ocurre. El segundo hecho es que Él *habla*, pronunciando palabras que expresan Su voluntad a fin de que ella se cumpla.

El primer tema, el del *gobierno* de Dios, ya fue tratado en capítulos anteriores. Es el segundo tema, el de la *palabra* de Dios, el que nos ocupa ahora. En efecto, del mismo modo que la relación de Dios con Su mundo debe entenderse en función de Su soberanía, Su soberanía se debe entender en función de lo que la Biblia nos dice sobre Su palabra.

Un gobernante absoluto, como lo eran todos los reyes en el mundo antiguo, comúnmente habla en dos niveles y con dos propósitos. Por un lado, promulga decretos y leyes que determinan directamente el entorno —jurídico, fiscal, cultural— en el que sus súbditos deben vivir. Por otro lado, debe dar discursos públicos con el fin de establecer, en lo posible, un lazo personal entre él y sus súbditos, y de despertar en ellos el máximo apoyo y cooperación para lo que hace. La Biblia describe la palabra de Dios con un doble carácter similar. Dios es el Rey; nosotros, Sus criaturas, somos Sus súbditos. Su palabra se dirige tanto a las cosas que nos rodean como a nosotros directamente: Dios habla tanto para determinar nuestro entorno como para atraer nuestra mente y corazón.

En relación con lo primero, es decir, la esfera de la creación y la providencia, la palabra de Dios consiste en un mandato soberano: "Que exista...". En el segundo aspecto, la esfera en la cual la palabra de Dios se dirige a nosotros personalmente, ella toma la forma de la *torá* real (*torá* es la palabra hebrea que se traduce "ley" en el Antiguo Testamento, que en realidad denota "instrucción" en sus variadas formas). La *torá* de Dios el Rey tiene un triple carácter: parte de ella es *ley* (en el sentido estrecho de mandamientos o prohibiciones, con las correspondientes sanciones); parte es *promesa* (favorable o desfavorable, condicional o incondicional); y parte es *testimonio* (información suministrada por Dios mismo o por la gente, y sus respectivos actos, propósitos, naturalezas y expectativas).

La palabra que Dios nos dirige directamente a nosotros es (como lo es un discurso real, solo que en mayor medida) un instrumento, no solo de gobierno, sino también de comunión. Porque por más que Dios sea un gran Rey, no es Su deseo vivir distanciado de Sus súbditos. Más bien todo lo contrario: nos hizo con la intención de que Él y nosotros pudiéramos andar juntos por siempre en una relación de amor. Pero una relación de este tipo solo puede existir cuando las partes se conocen mutuamente. Dios, nuestro Hacedor, conoce todo sobre nosotros antes que pronunciemos una palabra (Sal 139:1-4); pero nosotros no podemos conocerlo a Él a menos que se nos dé a conocer. Aquí, por lo tanto, tenemos una nueva razón de por qué Dios nos habla: no solo para movernos a hacer lo que Él quiere, sino para hacer posible que lo conozcamos a fin de que podamos amarlo. Por eso, Dios nos envía Su palabra en carácter tanto de información como de invitación. Nos llega con el doble fin de atraernos e instruirnos; no se limita a presentarnos lo que Dios ha hecho y está haciendo, sino que también nos llama a la comunión personal con el Señor amoroso.

EL DIOS QUE HABLA

La palabra de Dios nos sale al encuentro en sus diversas manifestaciones en los tres primeros capítulos de la Biblia. Miremos primeramente el relato de la creación en Génesis 1.

Parte del propósito de este capítulo es asegurarnos que todos los elementos de nuestro entorno natural han sido puestos allí por Dios. El primer versículo establece el tema que el resto del capítulo explicará:

"Dios, en el principio, creó los cielos y la tierra". El segundo versículo se refiere al estado de cosas en el que se desarrollará la obra de Dios en la tierra: es un estado en el que la tierra estaba vacía y desolada, sin vida, oscura, y completamente anegada en agua. Luego el versículo tres nos informa de cómo, en medio del caos y la esterilidad, Dios habló: "Y dijo Dios: '¡Que exista la luz!'". ¿Qué ocurrió? Inmediatamente "la luz llegó a existir". Siete veces más (Gn 1:6, 9, 11, 14, 20, 24, 26) se escuchó la palabra creadora de Dios: "Que exista", y paso a paso las cosas comenzaron a existir y organizarse. El día y la noche (v. 5), el cielo y el mar (v. 6), el mar y la tierra seca (v. 9) fueron separados; la vegetación verde (v. 12), los cuerpos celestiales (v. 14), los peces y las aves (v. 20), los insectos y los animales (v. 24), y finalmente el hombre mismo (v. 26) aparecieron. Todo fue creado por la palabra de Dios (*cf.* Sal 33:6, 9; Heb 11:3; 2P 3:5).

Pero luego la historia nos traslada a una etapa posterior. Dios habla al hombre y a la mujer que había creado. Dios "los bendijo con... palabras" (Gn 1:28). Aquí Dios se dirige a los seres humanos directamente; así se inaugura la comunión entre Él y ellos. Nota las categorías a las que corresponden las palabras dirigidas por Dios a los seres humanos en el resto del relato. La primera palabra de Dios a Adán y Eva consiste en un *mandato*, llamándolos a cumplir la vocación humana de dominar el orden creado: "Sean fructíferos... llenen la tierra y sométanla; dominen" (Gn 1:28). Luego viene la palabra de *testimonio*: "También les dijo: 'Yo les doy...'" (Gn 1:29). En esta palabra Dios explica que las legumbres, los cultivos y las frutas fueron hechos para que los seres humanos y animales los comieran. En seguida viene una *prohibición*, con la sanción correspondiente: "del árbol del conocimiento del bien y del mal no deberás comer. El día que de él comas, ciertamente morirás" (Gn 2:17). Finalmente, después de la caída, Dios se acerca a Adán y Eva y les habla de nuevo, y esta vez Sus palabras son palabras de *promesa*, tanto favorable como desfavorable, por cuanto si bien por una parte afirma que la simiente de la mujer aplastará la cabeza de la serpiente, por otra parte establece para Eva el dolor en el parto, para Adán el trabajo frustrante, y para ambos la muerte segura (Gn 3:15-19).

Aquí, en el marco de estos breves capítulos, vemos la palabra de Dios en todas las relaciones en que aparece hacia el mundo y hacia el hombre en él. Por un lado, fijando las circunstancias y el ambiente; por el otro demandando la obediencia del hombre, invitándolo a confiar y dándole a conocer la mente de su Hacedor. El resto de la Biblia nos ofrece muchos pronunciamientos posteriores de Dios, pero no aparecen otras categorías de relación entre las palabras de Dios y Sus criaturas. En cambio, la presentación de la palabra de Dios en Génesis 1 – 3 se reitera y se confirma.

Así, de principio a fin, la Biblia insiste por una parte en que todas las circunstancias y acontecimientos en el mundo están determinados por la palabra de Dios, la omnipotente declaración: "Que exista" del Creador. Las Escrituras describen todo lo que ocurre como cumplimiento de la palabra de Dios desde los cambios en el tiempo (Sal 147:15-18; 148:8) hasta el surgimiento y la caída de las naciones. El hecho de que la palabra de Dios realmente determine los acontecimientos del mundo es la primera lección que Dios le enseñó a Jeremías cuando lo llamó a la función profética: "Mira, hoy te doy autoridad sobre naciones y reinos, para arrancar y derribar, para destruir y demoler, para construir y plantar" (Jer 1:10).

Pero, ¿cómo podía ser? El llamado de Jeremías no era a ser un estadista o un potentado mundial sino a ser profeta, el portador de los mensajes de Dios (Jer 1:7). ¿Cómo podía un hombre sin cargo oficial alguno cuya única función era hablar ser descrito como alguien con autoridad sobre las naciones designado por Dios? Pues simplemente porque él tenía en su boca las palabras de Yahvé (Jer 1:9), y toda palabra que Dios le diera para que hablare en relación con el destino de las naciones se cumpliría inevitablemente. A fin de grabar esto en la mente de Jeremías, Dios le proporcionó su primera visión. "'¿Qué es lo que ves, Jeremías?'... una rama de almendro (*shaqued*)... 'Has visto bien —dijo el Señor—, porque Yo estoy alerta (*shoqued*) para que se cumpla Mi palabra'" (Jer 1:11-12).

Por medio de Isaías Dios proclama la misma verdad en estos términos: "Así como la lluvia y la nieve descienden del cielo, y no vuelven allá sin regar antes la tierra y hacerla fecundar y germinar... así es también la palabra que sale de Mi boca: No volverá a Mí vacía, sino que hará lo que Yo deseo" (Is 55:10-11). Toda la Biblia insiste invariablemente en que la palabra de Dios constituye un instrumento ejecutivo en todos los asuntos humanos. De Él puede decirse con verdad, como no puede decirse de ningún otro, que lo que dice *avanza*. Es rigurosamente cierto que la palabra de Dios gobierna al mundo, y es la que determina nuestro destino.

Y, por otra parte, la Biblia presenta sistemáticamente la palabra de Dios como si viniera directamente a nosotros en el triple carácter en que fue pronunciada en el huerto del Edén. En algunos casos nos llega como *ley*: como en el caso del Sinaí y de muchos sermones de los profetas, y en buena parte de la enseñanza de Cristo, así como en la exhortación evangélica a arrepentirnos (Hch 17:30) y creer en el Señor Jesucristo (1Jn 3:23). Otras veces nos llega en forma de *promesa*: como en la promesa de posteridad, y en la promesa del pacto, dadas a Abraham (Gn 15:5; 17:1-8), la promesa de redención de Egipto (Ex 3:7-10), las promesas del Mesías (Is 9:6-7; 11:1-2) y del reino de Dios (Dn 2:44; 7:14), y las promesas neotestamentarias de justificación, resurrección y glorificación para los creyentes.

Otras veces nos llega como *testimonio*: una instrucción divina relativa a los hechos de la fe y los principios de la piedad en forma de relatos históricos, argumentación teológica, salmodia y sabiduría. En todos los casos se deja constancia de que lo que la palabra de Dios nos exige tiene carácter absoluto: la palabra debe ser recibida y obedecida, y en ella se debe confiar porque se trata de la palabra de Dios el Rey. La esencia de la impiedad es el orgullo y la terquedad de "este pueblo malvado, que rehúsa escuchar Mis palabras" (Jer 13:10, NBLA). La marca de la verdadera humildad y santidad, por otra parte, está en "los que tiemblan ante Mi palabra" (Is 66:2).

VERDAD ABSOLUTA
Pero lo que la palabra de Dios exige de nosotros no depende meramente de nuestra relación con Él como criaturas y súbditos. Debemos creerla y obedecerla, no solo porque Él nos manda que lo hagamos sino también, y en primer lugar, porque se trata de palabras verdaderas. Su autor es el "Dios de la verdad" (Sal 31:5; Is 65:16), "abundante en... verdad" (Ex 34:6, NBLA). Su "verdad llega hasta el firmamento" (Sal 108:4; *cf.* Sal 57:10), es decir, es universal e ilimitada. Por lo tanto Su "palabra es la verdad" (Jn 17:17). "La suma de Tus palabras es la verdad" (Sal 119:160). "Tú eres Dios, Tus palabras son verdad" (2S 7:28, NBLA).

La verdad en la Biblia es una cualidad de las personas principalmente, y de las proposiciones solo en segundo término: significa estabilidad, fiabilidad, firmeza, veracidad; la cualidad de la persona que es enteramente consecuente, sincera, realista, no engañosa. Dios es una persona así: la verdad, en este sentido, es Su naturaleza, y no tiene en Él la capacidad de ser diferente. Por eso es que no puede mentir (Nm 23:19; 1S 15:29; Tit 1:2; Heb 6:18). Por eso, Sus palabras son verdad y no pueden ser otra cosa que verdad. Constituyen el índice de lo real: ellas nos muestran las cosas tal como son, y como lo serán para nosotros en el futuro, según acatemos o no las palabras de Dios para nosotros.

Consideremos esto un poco más, en dos sentidos.

1. *Los mandamientos de Dios son verdad.* "Todos Tus mandamientos son verdad" (Sal 119:151). ¿Por qué se les describe de este modo? Primero, porque tienen estabilidad y permanencia en cuanto establecen lo que Dios quiere ver en la vida de los seres humanos en todas las épocas; segundo, porque nos dicen la verdad inalterable acerca de nuestra propia naturaleza. Porque esto es parte del propósito de la ley de Dios: nos ofrece una definición práctica de lo que es la verdadera humanidad. Nos muestra qué es lo que debimos ser, nos enseña cómo ser verdaderamente humanos, y nos previene contra la autodestrucción moral. Esto es muy importante, es un asunto que requiere seria consideración en el momento actual.

Nos resulta familiar el concepto de que nuestro cuerpo es como una máquina, que requiere una rutina en cuanto a alimento, descanso y ejercicio si va a funcionar con eficiencia, y que puede, si se le llena de combustible incorrecto —alcohol, drogas, veneno— perder su capacidad de funcionar de forma saludable y acabar sucumbiendo a la muerte física. Lo que quizás no comprendamos tan fácilmente es que Dios desea que pensemos en el alma de manera similar. Como seres racionales fuimos creados para llevar la imagen moral de Dios, es decir, nuestra alma fue hecha para "funcionar" con la práctica de la adoración, de guardar la ley, de la verdad, de la honestidad, de la disciplina, del dominio propio, y del servicio a Dios y al prójimo. Si abandonamos estas prácticas, no solamente incurrimos en culpabilidad delante de Dios; de manera progresiva destruimos también nuestra propia alma. La conciencia se atrofia, el sentido de vergüenza se marchita, la capacidad para obrar con veracidad, leal y honestamente, se desvanece, el carácter se desintegra. No solo nos volvemos desesperadamente miserables; sino que gradualmente nos vamos deshumanizando. Richard Baxter tenía razón cuando formuló las alternativas de este modo: "Un santo, o un salvaje"; esta, en definitiva, es la única elección, y todos, tarde o temprano, en forma consciente o inconsciente, optamos por una u otra.

Hoy en día sostendrán algunos, en nombre del humanismo, que la moralidad sexual "puritana" de la Biblia es hostil a la consecución de la verdadera madurez humana, y que algo más de libertad abre el camino hacia un vivir más próspero. De esta ideología solo diremos que el nombre adecuado para ella no es humanismo sino salvajismo. La laxitud sexual no te hace más humano, sino menos; te hace salvaje y destroza tu alma. Lo mismo puede decirse de cualquier mandamiento de Dios que tienda a descuidarse. Solo vivimos verdaderas vidas humanas en la medida en que nos esforzamos en cumplir los mandamientos de Dios; nada más que eso.

2. Las promesas de Dios son verdad: porque Dios las cumple. "Fiel es el que hizo la promesa" (Heb 10:23). La Biblia proclama la fidelidad de Dios en términos superlativos. "Tu fidelidad alcanza las nubes" (Sal 36:5); "Tu fidelidad permanece por todas las generaciones" (Sal 119:90, NBLA); "¡muy grande es Su fidelidad!" (Lam 3:23). ¿Cómo se manifiesta la fidelidad de Dios? Mediante el fiel cumplimiento de Sus promesas. Él es un Dios que cumple Sus pactos; jamás les falla a los que confían en Su palabra. Abraham comprobó la fidelidad de Dios cuando esperó a lo largo de un cuarto de siglo, en su vejez, a que se produjera el nacimiento del heredero prometido; y millones de personas lo han comprobado posteriormente.

En los días en que la Biblia era universalmente reconocida en las iglesias como "la Palabra de Dios escrita", se entendía claramente que las promesas de Dios registradas en las Escrituras constituían la base adecuada, dada por Dios, para toda nuestra vida de fe, y que la manera de fortalecer nuestra fe era centrarla en promesas particulares que hablaran de nuestra condición. El puritano Samuel Clark, en la introducción a su obra *Scripture Promises; or, the Christian's Inheritance, A colection of the Promises of Scripture under their proper Heads* [*Promesas de las Escrituras; o, la herencia del cristiano, una colección de las promesas de las Escrituras bajo los encabezamientos correspondientes*], escribió lo siguiente:

> Una atención firme y constante a las promesas, y una firme creencia en ellas, resolvería el afán y la ansiedad acerca de los problemas

de esta vida. Haría que la mente estuviera tranquila y serena ante cualquier cambio, y mantendría en alto el espíritu, desfalleciente bajo las presiones diversas de la vida... Los cristianos se privan de los más sólidos consuelos a causa de su incredulidad y olvido de las promesas de Dios. Porque no hay necesidad tan grande, que no haya promesas adecuadas a ella, y abundantemente suficientes para nuestro alivio en ella.

Un conocimiento profundo de las promesas es una gran ventaja en la oración. ¡Con qué consuelo puede el cristiano dirigirse a Dios por medio de Cristo cuando considera las repetidas garantías de que sus oraciones serán escuchadas! ¡Con cuánta satisfacción puede presentar los deseos de su corazón cuando reflexiona sobre los versículos en los que se prometen esas misericordias. ¡Y con qué ánimo y fortaleza de fe puede afirmar sus oraciones, invocando las diversas promesas de gracia que se refieren explícitamente a su situación!

Estas cosas se entendieron una vez; pero la teología liberal, con su rechazo a identificar las Escrituras con la palabra de Dios, nos ha robado en gran medida el hábito de meditar en las promesas, y de basar nuestras oraciones en las promesas, y de aventurarnos en fe en nuestra vida diaria ordinaria tan lejos como las promesas nos lleven. Hoy la gente hace un gesto de desprecio ante las cajitas de promesas que solían usar nuestros abuelos, pero esta actitud no tiene nada de sabiduría; quizás se haya abusado de las cajitas de promesas, pero la actitud hacia las Escrituras y hacia la oración que evidenciaban era correcta. Es algo que nosotros hemos perdido y tenemos que recuperar.

CREER Y OBEDECER

¿Qué es un cristiano? Se puede describir a los cristianos desde muchos ángulos, pero por lo que hemos dicho está claro que podemos abarcarlo todo diciendo: *Los verdaderos cristianos son personas que reconocen y viven bajo la palabra de Dios.* Se someten sin reservas a la Palabra de Dios que está escrita "en el libro de la verdad" (Dn 10:21), creen su enseñanza, confían en sus promesas y siguen sus mandamientos. Sus ojos están puestos en el Dios de la Biblia como su Padre, y hacia el Cristo de la Biblia como su Salvador. Los cristianos dirán, si se les pregunta, que la Palabra de Dios no solamente les ha convencido de pecado sino que les ha asegurado el perdón. Sus conciencias, como la de Lutero, están sometidas a la Palabra de Dios, y aspiran, como el salmista, a que toda su vida se ajuste a ella. "¡Cuánto deseo afirmar mis caminos para cumplir Tus decretos!". "No dejes que me desvíe de Tus mandamientos". "¡Enséñame Tus decretos! Hazme entender el camino de Tus preceptos". "Inclina mi corazón hacia Tus estatutos". "Sea mi corazón íntegro hacia Tus decretos" (Sal 119:5, 10, 26-27, 36, 80). Tienen las promesas presentes mientras oran, y los mandamientos están en sus mentes mientras realizan sus tareas cotidianas.

Los cristianos saben que, además de la palabra de Dios dirigida especialmente a ellos en las Escrituras, la palabra de Dios también ha salido a crear, controlar y ordenar las cosas que les rodean; pero como las Escrituras les dicen que todas las cosas obran para su bien, la idea de que Dios ordene sus circunstancias solo les produce gozo. Los cristianos son personas independientes, ya que utilizan la Palabra de Dios como referencia para poner a prueba los diversos puntos de vista que se les presentan, y no tomarán en consideración nada que no estén seguros de que las Escrituras aprueban.

¿Por qué esta descripción nos describe a tan pocos de los que profesamos ser cristianos en estos días? Al lector le resultará provechoso consultar su propia conciencia, y que ella misma le responda.

CAPÍTULO DOCE

EL AMOR DE DIOS

La declaración que el apóstol Juan repite dos veces: "Dios es amor" (1Jn 4:8, 16), es una de las expresiones más formidables de la Biblia, y también una de las que más se han interpretado mal. Alrededor de ella se han tejido ideas falsas como una cerca de espinas, ocultando de la vista su verdadero significado, y no resulta nada fácil atravesar esta maraña de maleza mental. Sin embargo, la profunda reflexión se ve recompensada con creces cuando el verdadero sentido de estos textos llega al alma cristiana. ¡Los que escalan una montaña no se quejan del esfuerzo una vez que contemplan el panorama que se ve desde la cima!

Felices, por cierto, los que pueden decir, como dice Juan en las palabras que preceden al segundo "Dios es amor": "nosotros hemos llegado a saber y creer que Dios nos ama" (1Jn 4:16). Conocer el amor de Dios equivale en realidad a tener el cielo en la tierra. El Nuevo Testamento expone este conocimiento no como un privilegio para pocos favorecidos, sino como parte normal de la experiencia cristiana común, algo de lo cual únicamente el que no disfruta de buena salud espiritual o el que ostenta una mala formación espiritual carece. Cuando Pablo dice: "Dios ha derramado Su amor en nuestro corazón por el Espíritu Santo que nos ha dado" (Ro 5:5), no quiere decir el amor hacia Dios, como pensaba Agustín, sino el conocimiento del amor de Dios hacia nosotros. Y aun cuando no conocía a los cristianos de Roma a quienes escribía, daba por sentado que lo que les decía era tan real en ellos como en él.

UNA INUNDACIÓN DE AMOR

Tres puntos en las palabras de Pablo merecen ser comentados. Primero, notemos el verbo *derramado*. Es el término que se usa al hablar del derramamiento del Espíritu Santo en Hechos 2:17-18, 33; 10:45; Tito 3:6. Sugiere un fluir libre y una gran cantidad, es decir, una inundación. De allí la traducción que adopta la BLPH: "Dios nos ha *inundado* con Su amor el corazón". Pablo no se refiere a impresiones inciertas y caprichosas, sino a experiencias profundas y sobrecogedoras.

Luego, en segundo lugar, notemos el tiempo del verbo. Es el tiempo perfecto, lo cual indica un estado permanente resultado de una acción completada. La idea es esta: el conocimiento del amor de Dios, habiendo inundado nuestro corazón, los *llena ahora*, del mismo modo que un valle que ha sido inundado permanece lleno de agua. Pablo da por sentado que todos sus lectores, como él mismo, viven disfrutando de un sentido fuerte y perdurable del amor de Dios por ellos.

En tercer lugar, notemos que la transmisión de este conocimiento se describe como parte del *ministerio regular del Espíritu* a los que lo reciben, es decir, a todos los que han nacido de nuevo, a todos los que son verdaderos creyentes. Sería bueno que este aspecto de Su ministerio fuera más apreciado en la actualidad. Con una perversidad patética y que empobrece, hoy nos preocupan los ministerios extraordinarios, esporádicos y no universales del Espíritu, descuidando los ministerios ordinarios y generales. Por ejemplo, mostramos mucho más interés en los dones de sanidad y lenguas —dones que, como lo indicó Pablo, no son ciertamente para todos los cristianos (1Co 12:28-30)— que en la obra común del Espíritu de impartir paz, gozo, esperanza y amor mediante el derramamiento en nuestro corazón del conocimiento del amor de Dios. Sin embargo, lo segundo es mucho más importante que lo primero. A los corintios, que habían dado por sentado que cuanto más hablaran en lenguas tanto mejor, y tanta más piedad demostrarían también, Pablo tuvo que recalcarles con insistencia que sin amor —santificación, semejanza a Cristo— las lenguas no valían absolutamente nada (1Co 13:1-3).

Sin duda, Pablo tendría motivos para hacer una advertencia similar hoy en día. Resultaría trágico que el anhelo de avivamiento que se evidencia hoy en muchas partes se desvirtuara introduciéndose en el callejón sin salida de un nuevo brote de corintianismo. Lo mejor que les podía desear Pablo a los efesios en relación con el Espíritu era que pudiera continuar con ellos el ministerio descrito en Romanos 5:5 con creciente poder, llevándolos a un conocimiento cada vez más profundo del amor de Dios en Cristo. En Efesios 3:14-16 leemos: "Por esta razón me arrodillo delante del Padre... Le pido que, por medio del Espíritu y con el poder que procede de Sus gloriosas riquezas, los fortalezca a ustedes en lo íntimo de su ser... Y pido que, arraigados y cimentados en amor, puedan comprender, junto con todos los santos, cuán ancho y largo, alto y profundo es el amor de Cristo; en fin, que conozcan ese amor que sobrepasa nuestro conocimiento".

El avivamiento consiste en que Dios restaure en el seno de una iglesia moribunda, de un modo fuera de lo común, las normas de vida y experiencia cristianas que para el Nuevo Testamento son enteramente comunes; y la actitud adecuada del que desea el avivamiento se debe expresar, no en los anhelos por el don de lenguas (en última instancia no tiene importancia si hablamos en lenguas o no) sino más bien en un ferviente anhelo de que el Espíritu derrame el amor de Dios en nuestro corazón con más poder. Porque es con esto (a lo que con frecuencia precede un profundo arrepentimiento espiritual respecto al pecado) que el avivamiento personal comienza, y mediante esto el avivamiento en la iglesia, una vez comenzado, es sostenido.

Nuestro objetivo en este capítulo es mostrar la naturaleza del amor divino que el Espíritu derrama. Con este fin concentramos la atención en esa gran afirmación de Juan de que Dios *es* amor, en otras palabras, que el amor que Dios muestra a la humanidad, y que los cristianos conocen y en el que se regocijan, es una revelación de Su propio ser interior. Nuestro tema nos llevará a profundizar en el misterio de la naturaleza de Dios tanto como la mente humana es capaz de hacerlo, más de lo que nos han llevado nuestros estudios anteriores.

Cuando contemplamos la sabiduría de Dios, conocimos algo de Su mente; cuando pensamos en Su poder, vimos algo de Su mano y Su brazo; cuando consideramos Su palabra, aprendimos sobre Su boca; pero ahora, contemplando Su amor, miraremos Su corazón. Pisaremos tierra santa; necesitamos la gracia de la reverencia, para poder pisarla sin pecado.

AMOR, ESPÍRITU, LUZ

Dos comentarios generales sobre la declaración de Juan aclararán el camino que tenemos por delante.

1. La expresión "Dios es amor" no encierra la verdad total sobre Dios según lo enseña la Biblia. No se trata de una definición abstracta y aislada sino de un resumen, desde el punto de vista del creyente, de lo que toda la revelación que aparece en la Escritura nos dice acerca de su Autor. Esta afirmación presupone todo el resto del testimonio bíblico acerca de Dios.

El Dios del que habla Juan es el que hizo el mundo, el que lo juzgó con el diluvio, el que llamó a Abraham y lo hizo una nación, el que castigó al pueblo del Antiguo Testamento mediante su conquista, cautiverio y exilio, el que envió a Su Hijo a salvar al mundo, el que desechó al Israel incrédulo, el que poco antes de que Juan escribiera destruyó a Jerusalén, y el que algún día juzgará al mundo con justicia. Este es el Dios, dice Juan, que es amor.

Es perverso citar la declaración de Juan, como lo hacen algunos, como si con ella pusiera en tela de juicio el testimonio de la severidad de la justicia de Dios. No es posible argumentar que un Dios que es amor no puede ser al mismo tiempo un Dios que condena y castiga la desobediencia; porque es precisamente del Dios que hace estas cosas que habla Juan.

Si no queremos malinterpretar la afirmación de Juan, debemos tomarla junto con otras dos declaraciones importantes y de exactamente igual forma gramatical que encontramos en otras partes de sus escritos, y ambas, resulta interesante notarlo, tomadas directamente de Cristo. La primera procede del Evangelio de Juan. Se trata de las propias palabras de nuestro Señor dirigidas a la mujer samaritana, acerca de que "Dios es espíritu" (Jn 4:24, la traducción "Dios es *un* espíritu" es incorrecta). La segunda se encuentra en el comienzo de la epístola donde aparece la declaración de que "Dios es amor". Juan la ofrece como una síntesis del "mensaje que hemos oído de Él [Jesús] y que les anunciamos", y es esta: "Dios es luz" (1Jn 1:5). La afirmación de que Dios es amor tiene que ser interpretada a la luz de lo que estas otras dos afirmaciones nos enseñan, y nos convendrá analizarlas brevemente a continuación.

"*Dios es espíritu*". Cuando nuestro Señor dijo esto estaba queriendo hacer ver a la mujer samaritana lo erróneo de la idea de que solo puede haber un lugar verdadero para adorar, como si Dios estuviera de algún

El amor de Dios

modo reducido a algún lugar en particular. *Espíritu* contrasta con *carne*: el asunto que Cristo señala es que mientras nosotros, por ser "carne", solo podemos estar presentes en un solo lugar a la vez, Dios, por ser "espíritu", no está limitado de la misma manera. Dios es inmaterial, incorpóreo, y por lo tanto no está localizado en un solo lugar. Así, prosigue Cristo, la condición verdadera para la adoración aceptable no es la de tener los pies ya sea en Jerusalén o en Samaria, ni en ningún otro lugar, sino que el corazón sea receptivo y que responda a Su revelación. "Dios es espíritu, y quienes lo adoran deben hacerlo en espíritu y en verdad" (Jn 4:24).

El primero de los Treinta y Nueve Artículos de la Iglesia Anglicana aclara aun más el sentido de la "espiritualidad" de Dios (como le llaman en los libros de teología) mediante la aseveración algo extraña de que Él es "sin cuerpo, ni partes, ni pasiones". Mediante estas negaciones se está expresando algo sumamente positivo.

Dios no tiene *cuerpo*, por lo tanto, como acabamos de decir, está libre de todas las limitaciones de espacio y distancia, y es omnipresente. Dios no tiene *partes*, esto significa que Su personalidad, poderes y cualidades están perfectamente integrados, de tal modo que nada hay en Él que pueda sufrir alteraciones. Con Él "no hay cambio ni sombra de variación" (Stg 1:17, NBLA). Por esto está enteramente libre de todas las limitaciones de tiempo y de procesos naturales, y se mantiene eternamente el mismo. Dios no tiene pasiones, lo cual no significa que no siente nada o que sea insensible (impasible), o que no haya en Él nada que corresponda a nuestras emociones y afectos, sino que, en tanto que las pasiones humanas —especialmente las dolorosas, el temor, la pena, el remordimiento, la desesperación— son, en cierto sentido, pasivas e involuntarias, las cuales responden a circunstancias fuera de nuestro control, las actitudes correspondientes en Dios tienen el carácter de elecciones deliberadas y voluntarias, y por lo tanto no son en absoluto del mismo orden que las pasiones humanas.

Así que el amor del Dios que es espíritu no es algo caprichoso y fluctuante, como lo es el amor del hombre, ni es tampoco un mero anhelar impotente por cosas que pueden nunca ser. Es, más bien, una determinación espontánea del ser total de Dios manifestada en una actitud de benevolencia y favor, una actitud libremente elegida, y establecida firmemente. No hay inconsecuencias ni vicisitudes en el amor del todopoderoso Dios que es espíritu. Su amor "fuerte… como la muerte" (Cnt 8:6). "Las muchas aguas no podrán extinguir el amor, ni los ríos lo apagarán" (Cnt 8:7, NBLA). Nada puede separarlo de aquellos a quienes una vez ha abrazado (Ro 8:35-39). *"Dios es luz"*. Pero, se nos afirma, que el Dios que es espíritu es también *luz*. Juan hizo esta declaración contra ciertos cristianos profesantes que habían perdido contacto con las realidades morales y que afirmaban que nada de lo que pudieran hacer constituía pecado. La fuerza de las palabras de Juan surge de la siguiente frase: "y en Él no hay ninguna oscuridad" (1Jn 1:15). Luz significa santidad y pureza, medidas con la ley de Dios; oscuridad significa perversidad moral e iniquidad, medidas con la misma ley (ver 1Jn 2:7-11; 3:10). Lo que Juan quiere decir es que solamente los que andan "en luz", procurando ser como Dios en santidad y justicia de vida, y evitando todo lo que no sea consecuente con ello, disfrutan de comunión con el Padre y el Hijo; los que andan "en oscuridad", sin importar lo que afirman en cuanto a sí mismos, son extraños a esta relación (1Jn 1:6-7).

Así, el Dios que es amor es, primero y principalmente luz, y las ideas sentimentales de que Su amor sea debilidad indulgente y benevolente, divorciado de toda norma y consideración morales, deben quedar excluidas de entrada. El amor de Dios es un amor santo. El Dios a quien Jesús dio a conocer no es un Dios que sea indiferente a las distinciones morales, sino un Dios que ama la justicia y odia la iniquidad, un Dios cuyo ideal para Sus hijos es que "sean perfectos, así como su Padre celestial es perfecto" (Mt 5:48). Dios no recibe a ninguna persona, por ortodoxa que sea en su manera de pensar, que no siga el camino de la santidad en su vida.

Y a aquellos a quienes acepta los somete a una drástica disciplina con el fin de que alcancen lo que buscan. "El Señor disciplina a los que ama, y azota a todo el que recibe como hijo… Dios lo hace para nuestro bien, a fin de que participemos de Su santidad… [la disciplina] produce una cosecha de justicia y paz para quienes han sido entrenados por ella" (Heb 12:6-11). El amor de Dios es firme, porque expresa la santidad del que ama y procura la santidad del amado. Las Escrituras no nos permiten suponer que, porque Dios es amor, podemos esperar que conceda felicidad a personas que no buscan la santidad, o que proteja a sus amados de los problemas cuando sabe que los necesitan para avanzar en su santificación. Pero ahora debemos hacer un segundo comentario para equilibrar.

2. La expresión "Dios es amor" es toda la verdad acerca de Dios para el cristiano. Decir que "Dios *es* luz" equivale a decir que la santidad de Dios encuentra expresión en todo lo que dice y hace. De igual manera, la afirmación "Dios *es* amor" significa que Su amor encuentra expresión en todo cuanto hace y dice.

Saber que esto es así para nosotros de manera personal es el supremo consuelo para los cristianos. Como creyentes, encontramos en la cruz de Cristo seguridad de que nosotros, como individuos, somos amados por Dios; "el Hijo de Dios... me amó y dio Su vida por *mí*" (Ga 2:20). Sabiendo esto, podemos aplicarnos a nosotros mismo la promesa de que todas las cosas obran para bien de los que aman a Dios y que son llamados según Su propósito (Ro 8:28). ¡No se trata de *algunas* cosas, notemos, sino de *todas* las cosas! Cada una de las cosas que, sin excepción alguna, nos ocurren, expresa el amor de Dios hacia nosotros.

Por lo tanto, para nosotros, Dios es amor —amor santo y omnipotente— en todo momento y en todo acontecimiento de nuestra vida diaria. Incluso cuando no podemos ver el cómo ni el porqué del proceder de Dios, sabemos que el amor está en ello, de modo que podemos regocijarnos siempre, incluso cuando, hablando humanamente, las cosas andan mal. Sabemos que la verdadera historia de nuestra vida, cuando se conozca, será una vida, como lo dice el himno, de "misericordia de comienzo a fin", y esto nos satisface a completamente.

DEFINICIÓN DEL AMOR DE DIOS

Pero hasta ahora todo lo que hemos hecho es delimitar el amor de Dios, mostrando en términos generales cómo y cuándo funciona, y esto no basta. ¿Qué es, esencialmente?, nos preguntamos. ¿Cómo podemos definirlo y analizarlo? Para responder a esta pregunta la Biblia desarrolla un concepto del amor de Dios que podemos formular de la siguiente manera:

> *El amor de Dios es un ejercicio de Su bondad hacia los pecadores específicos, por el cual, tras identificarse con el bienestar de los mismos, ha dado a Su Hijo para que fuera Salvador de ellos, y ahora los trae a conocerlo y a gozarse en Él en una relación basada en un pacto.*

Expliquemos las partes que constituyen esta definición.

1. El amor de Dios es *un ejercicio de Su bondad*. La Biblia entiende por bondad de Dios Su generosidad cósmica. La bondad en Dios, escribe Berkhof, es "aquella perfección en Dios que le impulsa a tratar con generosidad y bondad a todas Sus criaturas. Es el afecto que el Creador siente hacia Sus criaturas conscientes como tales" (*Systematic Theology* [*Teología sistemática*], p. 70; citando Sal 145:9, 15-16; *cf.* Lc 6:35; Hch 14:17). De esta bondad, el amor de Dios es la manifestación suprema y más gloriosa.

"Generalmente, el amor" —escribió James Orr— "es ese principio que lleva a un ser moral a desear a otro y a deleitarse en él, y alcanza su forma más elevada en esa comunión personal en la que cada una de las partes vive en la vida del otro y encuentra su gozo en darse al otro, y en recibir de vuelta el afecto de ese otro." (*Hastings Dictionary of the Bible* [*Diccionario Hastings de la Biblia*], III, 153). Tal es el amor de Dios.

2. El amor de Dios es un ejercicio de Su bondad *hacia los pecadores*. Como tal, tiene el carácter de la *gracia* y la *misericordia*. Es una manifestación de la generosidad de Dios que no solo es inmerecida sino que es contraria a los méritos; porque los que son objeto del amor del Señor son seres racionales que han quebrantado la ley de Dios, cuya naturaleza está corrompida a Sus ojos, y que merecen solamente la condenación y la exclusión definitiva de Su presencia.

Es asombroso que Dios ame a los pecadores; sin embargo, es cierto. Dios ama a criaturas que se han vuelto detestables y (alguien pudiera pensar) imposibles de amar. No había nada en los objetos de Su amor capaz de atraerlo; nada en nosotros podía agradarlo o impulsarlo. El amor entre las personas es despertado por algo en el amado, pero el amor de Dios es libre, espontáneo, no provocado, no causado. Dios ama a las personas porque ha elegido amarlas —como dijo Charles Wesley, "nos ha amado, nos ha amado, porque quería amar" (un eco de Dt 7:7-8)— y no se puede dar ninguna razón para Su amor, excepto Su propio y soberano deseo.

El mundo griego y el mundo romano de la época neotestamentaria ni siquiera habían soñado con tal amor; a menudo se consideraba que sus dioses codiciaban a las mujeres, pero no que amaban a los pecadores; y los escritores del Nuevo Testamento tuvieron que introducir lo que prácticamente constituía un nuevo término griego, *agapē*, para expresar el amor de Dios como ellos lo conocían.

3. El amor de Dios es un ejercicio de Su bondad hacia los pecadores *específicos*. No se trata de buena voluntad difusa y vaga, manifestada con todos en general y con nadie en particular; más bien, por ser función de la omnisciente omnipotencia, Su carácter lo lleva a particularizar tanto el objeto como los efectos. Los propósitos de amor de Dios, que tuvieron su origen antes de la creación (Ef 1:4), involucraban, primero, la elección y selección de aquellos a quienes había de bendecir y, segundo, la designación de los beneficios que se les otorgarían y los medios por los cuales estos beneficios habrían de ser procurados y disfrutados. Todo esto quedó establecido desde el principio.

Así que Pablo escribe a los cristianos de Tesalónica: "siempre debemos dar gracias a Dios por ustedes, hermanos *amados por el Señor*, porque desde el principio [antes de la creación] Dios los escogió [selección] para ser salvos [el fin establecido], mediante la obra santificadora del Espíritu y la fe que tienen en la verdad [el medio establecido]" (2Ts 2:13). El ejercicio del amor de Dios hacia los pecadores específicos en el tiempo es la ejecución del propósito de bendecir a esos mismos pecadores específicos que ya había adoptado en la eternidad.

4. El amor de Dios hacia los pecadores implica *identificarse con su bienestar*. En toda expresión de amor está involucrada esta clase de identificación: es, de hecho, la prueba de si el amor es genuino o no. Si un padre sigue alegre y despreocupado mientras su hijo se está metiendo en problemas, o si un esposo permanece impasible cuando su esposa está angustiada, nos preguntamos de inmediato cuánto amor puede haber en su relación, porque sabemos que quienes realmente aman solo están felices cuando aquellos a quienes aman están de verdad felices también. Así es con Dios en Su amor por nosotros.

En capítulos anteriores demostramos que el fin último de Dios en todas las cosas es Su propia gloria: que Él sea manifestado, conocido, admirado y adorado. Esta afirmación es verdad, pero es incompleta. Tiene que ser equilibrada por el reconocimiento de que, al centrar Su amor en los seres humanos, Dios ha ligado voluntariamente Su propia felicidad definitiva con la de ellos. No es por nada que la Biblia habla habitualmente de Dios como el amante Padre y Esposo de Su pueblo. Se deduce de la misma naturaleza de estas relaciones que la felicidad de Dios no será completa hasta que todos Sus amados estén definitivamente libres de problemas y peligros:

Hasta que toda la iglesia redimida de Dios
sea salva para no pecar más.

Dios era feliz sin los seres humanos antes de que fueran creados; y hubiera seguido siendo feliz si se hubiera limitado simplemente a destruirlos después que pecó; pero, tal como son las cosas, ha derramado Su amor hacia pecadores específicos, y esto significa que, por Su propia y libre elección voluntaria, no conocerá otra vez la felicidad perfecta y sin mezcla hasta que los haya llevado al cielo a cada uno de ellos. En efecto, Dios ha resuelto que en adelante, y por toda la eternidad, Su felicidad estará condicionada por la nuestra.

Así Dios salva, no solo para Su gloria, sino también para Su felicidad. Esto sirve en buena medida para explicar por qué hay gozo (el gozo de Dios mismo) en la presencia de los ángeles cuando un pecador se arrepiente (Lc 15:10), y por qué habrá "gran alegría" cuando Dios nos presente sin culpa en el día final en Su propia santa presencia (Jud 24). La idea sobrepasa el entendimiento y casi no se puede creer, pero no hay duda de que, según las Escrituras, así es el amor de Dios.

5. El amor de Dios hacia los pecadores se expresó *cuando Él dio a Su Hijo para que fuera Salvador de ellos.* La medida del amor depende de cuánto da, y la medida del amor de Dios es el regalo de Su Hijo único para hacerse hombre, y para morir por los pecados, y de este modo hacerse el único mediador que puede llevarnos a Dios.

¡No debe sorprendernos que Pablo hable del amor de Dios como grande y que excede a todo conocimiento (Ef 2:4; 3:19)! ¿Hubo jamás generosidad tan costosa? Pablo argumenta que este regalo supremo es en sí mismo la garantía de todos los demás: "El que no escatimó ni a Su propio Hijo, sino que lo entregó por todos nosotros, ¿cómo no habrá de darnos generosamente, junto con Él, todas las cosas?" (Ro 8:32). Los escritores del Nuevo Testamento señalan constantemente a la cruz de Cristo como la prueba culminante de la realidad y el carácter ilimitado del amor de Dios.

Así, Juan pasa directamente de su primer "Dios es amor" a decir: "Así manifestó Dios Su amor entre nosotros: en que envió a Su Hijo unigénito al mundo para que vivamos por medio de Él. En esto consiste el amor: no en que nosotros hayamos amado a Dios, sino en que Él nos amó y envió a Su Hijo para que fuera ofrecido como sacrificio por el perdón de nuestros pecados" (1Jn 4:9-10). De igual modo, dice en su Evangelio que "tanto amó Dios al mundo que dio a Su Hijo unigénito, para que todo el que cree en Él... tenga vida eterna" (Jn 3:16). Así, también, Pablo escribe: "Dios demuestra Su amor por nosotros en esto: en que cuando todavía éramos pecadores, Cristo murió por nosotros" (Ro 5:8). Y encuentra la prueba de que "el Hijo de Dios... me amó" en el hecho de que "dio Su vida por mí" (Ga 2:20).

6. El amor de Dios a los pecadores alcanza su objetivo cuando *los trae a conocerlo y a gozarse en Él en una relación basada en un pacto.* Una relación de pacto es la unión permanente de dos partes en servicio y dependencia mutuos (por ejemplo, matrimonio). Una promesa de pacto es la que establece una relación de pacto (por ejemplo, votos matrimoniales). La religión bíblica tiene la forma de una relación pactada con Dios. La primera ocasión en que los términos de la relación fueron especificados fue cuando Dios se mostró a Abraham como *El Shaddai* (Dios Todopoderoso, Dios todo suficiente), y formalmente le entregó la promesa del pacto: "Yo seré tu Dios, y el Dios de tus descendientes" (Gn 17:1-7).

Todos los cristianos heredan esta promesa mediante la fe en Cristo, como insiste Pablo en Gálatas 3:15-29. ¿Qué significa? En realidad es una promesa panorámica: lo contiene todo. "Esta es la primera y fundamental promesa", declaró Sibbes, el puritano; "de hecho, es la vida y el alma de todas las promesas" (*Works* [*Obras*] VI, 8). Brooks, otro puritano, la expone de la siguiente manera:

"Es como si dijera: tendrás un interés tan real en todos Mis atributos para tu bien, como ellos son Míos para Mi propia gloria... Mi gracia, dice Dios, será tuya para perdonarte, Mi poder será tuyo para protegerte, Mi sabiduría será tuya para dirigirte, Mi bondad será tuya para socorrerte, Mi misericordia será tuya para suplirte, y Mi gloria será tuya para coronarte. Esta es una promesa amplia, para que Dios sea nuestro Dios: lo incluye todo. *Deus meus et omnia* [Dios es mío, y todo es mío], dijo Lutero" (*Works* [*Obras*] Y, 308).

"Esto es amor verdadero hacia cualquiera", dijo Tillotson, "que hagamos lo mejor que podamos para su bien". Esto es lo que hace Dios para los que ama: *lo mejor que puede hacer*. ¡Y la medida de lo mejor que puede hacer Dios es la omnipotencia! Así, la fe en Cristo nos introduce a una relación plena de incalculable bendición, tanto ahora como por la eternidad.

¡AMOR ASOMBROSO!
¿Es cierto que Dios es amor para conmigo como cristiano? ¿Y significa el amor de Dios todo lo que se ha dicho? Si es así, surgen ciertas preguntas.

¿Por qué me quejo y doy evidencias de descontento y resentimiento ante las circunstancias en que me ha colocado Dios?

¿Por qué soy desconfiado, o me siento temeroso o deprimido?

¿Por qué permito que mi servicio al Dios que tanto me ama se vuelva frío, formal y sin entusiasmo?

¿Por qué permito que mis lealtades estén divididas, de tal modo que Dios no tiene todo mi corazón?

Juan escribió: "ya que Dios nos ha amado así, también nosotros debemos amarnos los unos a los otros" (1Jn 4:11). ¿Podría un observador aprender de la calidad y el grado de amor que le muestro a otros —mi esposa, mi esposo, mi familia, mis vecinos, la gente de la iglesia, la gente en el trabajo— algo acerca de la grandeza del amor de Dios para conmigo?

Meditemos sobre estas cosas. Examinémonos a nosotros mismos.

CAPÍTULO TRECE

LA GRACIA DE DIOS

Es algo común en todas las iglesias caracterizar al cristianismo como la religión de la gracia. Es un principio común de los estudiosos cristianos que la gracia, lejos de ser una fuerza impersonal, una especie de electricidad celestial que se recibe como la carga de una batería al "enchufarse" a los sacramentos, es una actividad personal: Dios actúa en amor hacia las personas.

Se señala repetidamente, tanto en libros como en sermones, que la palabra gracia (*charis*) en el griego del Nuevo Testamento, como la que denota amor (*ágape*), tiene un uso específicamente cristiano, y que expresa la noción de una espontánea bondad, determinada por Sí mismo y que con anterioridad era por completo desconocida en la ética y la teología greco-romana. En la escuela dominical se nos enseña a menudo que la gracia puede ser definida como *las riquezas de Dios pagadas por Cristo*. Y, sin embargo, a pesar de estos factores, no parece que hubiera muchos en nuestras iglesias que en realidad crean en la gracia.

Sin duda, siempre ha habido algunos que han encontrado el pensamiento de la gracia tan maravilloso que nunca pudieron superarlo por la manera en que fueron sobrecogidos. La gracia se ha vuelto el tema constante de su conversación y sus oraciones. Han escrito himnos sobre ello, algunos de los mejores, y se necesita un sentimiento profundo para producir un buen himno. Han luchado por ella, aceptando el ridículo y la pérdida de privilegios, en caso necesario, como precio de su posición; así como Pablo combatió a los judaizantes, también Agustín combatió a los pelagianos, los reformadores combatieron el escolasticismo, y los descendientes espirituales de Pablo y Agustín y los reformadores vienen combatiendo desde entonces las doctrinas romanistas y pelagianas. Con Pablo, su testimonio es: "por la gracia de Dios soy lo que soy" (1Co 15:10), y su norma de vida es: "No desecho la gracia de Dios" (Ga 2:21).

Pero muchas personas de la iglesia no son así. Quizás se refieran de palabra a la idea de la gracia, pero ahí se detienen. Su concepto de la gracia es, más que degradado, inexistente. El concepto no significa nada para ellos; no entra en el campo de su experiencia en absoluto. Si se les habla de cuestiones como el edificio de la iglesia, o el balance financiero del año pasado, demuestran entusiasmo al instante; pero si se les habla acerca de las realidades que denota la palabra *gracia*, su actitud es de indiferencia respetuosa. No acusan al interlocutor de decir tonterías; no dudan de que sus palabras tengan sentido; pero sienten que, independientemente de lo que digas, no tiene nada que ver con ellos, y cuanto más tiempo han vivido sin ello, más seguros están de que en su etapa de la vida no lo necesitan.

SIN COMPRENSIÓN DE LA GRACIA

¿Qué impide a tantas personas que profesan creer en la gracia hacerlo realmente? ¿Por qué el tema significa tan poco, incluso para algunos de los que hablan mucho sobre el mismo? La raíz del problema parece ser la incredulidad sobre la relación básica entre una persona y Dios, una incredulidad arraigada no solo en la mente sino en el corazón, en el nivel más profundo de las cosas que nunca cuestionamos porque siempre las damos por sentado. La gracia presupone cuatro verdades cruciales en esta esfera, y si no se las acepta ni se las siente en el corazón, una fe pura en la gracia de Dios se hace imposible. Desafortunadamente, el espíritu de nuestra época está totalmente opuesto a ellas. No es de sorprender, por lo tanto, que la fe en la gracia sea algo raro hoy en día. Las cuatro verdades son estas:

1. El deterioro moral del hombre. El hombre y la mujer modernos, conscientes de sus grandes éxitos científicos en los últimos años, naturalmente tienden a tener un alto concepto de sí mismos. Consideran las riquezas materiales como más importantes, en cualquier caso, que el carácter moral; y en la esfera moral se tratan a sí mismos de forma decididamente amable, estimando que las pequeñas virtudes compensan los grandes vicios, y rehusando a tomar en serio la idea de que, moralmente hablando, haya algo de malo en su comportamiento. Tienden a descartar una conciencia culpable, tanto en sí mismos como en otros, como si fuera una rareza psicológica malsana, una señal de enfermedad o de aberración mental, más que un índice de la realidad moral. Porque el hombre y la mujer modernos están convencidos de que, a pesar de todos sus pecadillos —la bebida, los juegos de azar, conducir irresponsablemente, la pereza, las mentiras piadosas y las otras, la deshonestidad en el comercio, la pornografía, y todo lo demás—, en el fondo son excelentes personas. Luego, al igual que los paganos (y el corazón del hombre moderno es pagano, de eso no tengamos duda), imaginan a Dios como si fuera una imagen magnificada de ellos mismos, y suponen que Dios comparte su propia complacencia. La idea de que ellos pueden ser criaturas que han perdido la imagen de Dios, que son rebeldes contra la ley divina, culpables y sucios delante del Señor, y dignos de Su condenación, jamás se les ocurre.

2. La justicia retributiva de Dios. Los hombres y mujeres modernos suelen ignorar cualquier conducta indebida mientras puedan hacerlo sin peligro. Lo toleran en los demás, sintiendo que allí, de no ser por el accidente de las circunstancias, van ellos mismos. Los padres dudan en corregir a sus hijos, y los maestros en sancionar a sus alumnos, y el público tolera el vandalismo y el comportamiento antisocial de todo tipo con apenas un murmullo. La idea aceptada parece ser que mientras el mal pueda ser ignorado, debe serlo; se debe castigar solo como último recurso, y entonces solo en la medida necesaria para evitar que el mal tenga consecuencias sociales demasiado graves. La disposición a tolerar y consentir el mal hasta el límite se considera una virtud, mientras que vivir según principios fijos de lo correcto y lo incorrecto es censurado por algunos como algo dudosamente moral.

En nuestra actitud pagana, damos por sentado que Dios se siente como nosotros. La idea de que la retribución pueda ser la ley moral del mundo de Dios y una expresión de Su carácter santo nos parece bastante absurda. Los que la defienden son acusados de proyectar en Dios sus propios impulsos patológicos de ira y venganza. Sin embargo, la Biblia insiste en que este mundo que Dios ha hecho en Su bondad es un mundo moral, en el que la retribución es un hecho tan básico como la respiración.

Dios es el Juez de toda la tierra, y hará lo correcto, vindicando a los inocentes, si los hay, pero castigando (en la frase bíblica *visitando sus pecados*) a los infractores de la ley (ver Gn 18:25). Dios no es fiel a Sí mismo si no castiga el pecado. Y a menos que uno conozca y sienta la verdad de este hecho, de que los transgresores no tienen ninguna esperanza natural de nada de parte de Dios que no sea el juicio retributivo, uno nunca podrá compartir la fe bíblica en la gracia divina.

3. *La impotencia espiritual del hombre.* El libro de Dale Carnegie *Cómo ganar amigos e influir sobre las personas* es casi como una Biblia moderna, y toda una técnica de relaciones públicas se ha creado en los últimos años siguiendo el principio de colocar a la otra persona en una posición en la que no puede decentemente decir no. Esto ha confirmado al hombre y la mujer modernos en la esperanza que han alentado las religiones paganas desde que existen, a saber, la creencia de que podemos reparar nosotros mismos nuestra relación con Dios, mediante la técnica de colocar al Señor en una posición donde ya no pueda decir no.

Los paganos de la antigüedad pensaban que podrían lograr eso multiplicando dones y sacrificios; los paganos modernos procuran hacerlo mediante la moralidad y la actividad eclesiástica. Reconocen que no son perfectos, pero, aun así, no les cabe la menor duda de que su honorabilidad, de aquí en adelante, es garantía de que van a ser finalmente aceptados por Dios, cualquiera haya sido su vida pasada. Pero la posición de la Biblia es la que expresa Toplady:

> *No son las obras de mis manos*
> *las que pueden cumplir las demandas de Tu ley.*
> *Aunque mi celo no conociera el descanso,*
> *aunque mis lágrimas corrieran interminablemente,*
> *nada de esto podría expiar mi pecado...*

Lo cual conduce a la admisión de la propia impotencia y a la conclusión de que:

Tú tienes que salvar, y solo Tú.

"Nadie será justificado en presencia de Dios por hacer las obras que exige la ley [es decir, la moralidad y la actividad eclesiástica]", declara Pablo (Ro 3:20). Reparar nuestra propia relación con Dios, reconquistando Su favor luego de haberlo perdido, está más allá de lo que puede hacer alguno de nosotros. Y es preciso ver esto y aceptarlo humildemente antes de poder compartir la fe bíblica en la gracia de Dios.

4. La libertad soberana de Dios. El paganismo antiguo consideraba que cada dios estaba ligado a sus adoradores por lazos de interés propio, porque dependía de su servicio y de sus dones para su bienestar. El paganismo moderno tiene en el fondo de su mente un sentimiento similar de que Dios está de alguna manera obligado a amarnos y ayudarnos, por poco que lo merezcamos. Este fue el sentimiento expresado por el librepensador francés que murió murmurando: "Dios perdonará, ese es Su trabajo (*c'est son metier*)". Pero este sentimiento no está bien fundado. El Dios de la Biblia no depende de Sus criaturas humanas para Su bienestar (ver Sal 50:8-13; Hch 17:25), ni, ahora que hemos pecado, está obligado a mostrarnos Su favor.

Todo lo que podemos exigirle es justicia; y justicia, para nosotros, significa condenación segura. Dios no tiene por qué evitar que la justicia siga su curso. No está obligado a tener lástima ni a perdonar; si lo hace es, como se dice, un acto "por Su propia y libre voluntad", y nadie lo obliga a hacer lo que no quiere. "No depende del deseo ni del esfuerzo humano, sino de la misericordia de Dios" (Ro 9:16). La gracia es libre, por su origen y por proceder de Aquel que era libre de no otorgarla. Solo cuando se entiende que lo que determina el destino de cada individuo es si Dios decide o no salvarle de sus pecados, y que esta es una decisión que Dios no necesita tomar en ningún caso particular, se puede comenzar a comprender la visión bíblica de la gracia.

SIN HABERLA GANADO O MERECIDO

La gracia de Dios es el amor que se muestra libremente hacia los pecadores culpables, en contra de su mérito y, de hecho, en desafío a su demérito. Es

Dios manifestando Su bondad hacia personas que solo merecen severidad, y que no tenían razón alguna para esperar otra cosa que severidad. Hemos visto por qué el concepto de la gracia significa tan poco para muchas personas en la iglesia; a saber, que no comparten las creencias acerca de Dios y el hombre que la presuponen. Ahora tenemos que preguntar: ¿por qué este concepto significa tanto para otros? La respuesta no está lejos; de hecho, resulta evidente en lo que ya se ha dicho. Seguramente queda claro que, una vez que alguien entiende que su estado y su necesidad son así como los hemos descrito, el evangelio de la gracia que encontramos en el Nuevo Testamento no puede menos que infundirle gran asombro y gozo, porque nos cuenta cómo nuestro Juez se transformó en nuestro Salvador.

La *gracia* y la *salvación* son conceptos que van juntos como causa y efecto. "¡Por gracia ustedes han sido salvados!" (Ef 2:5, 8). "Dios ha manifestado a toda la humanidad Su gracia, la cual trae salvación" (Tit 2:11). El evangelio declara que "tanto amó Dios al mundo que dio a Su Hijo unigénito, para que todo el que cree en Él no se pierda, sino que tenga vida eterna" (Jn 3:16); que "Dios demuestra Su amor por nosotros en esto: en que cuando todavía éramos pecadores, Cristo murió por nosotros" (Ro 5:8); que un manantial ha sido abierto, según la profecía (Zac 13:1) para el pecado y la inmundicia, y que el Cristo viviente ahora llama a todos los que escuchan el evangelio diciendo: "Vengan a Mí... y Yo les daré descanso" (Mt 11:28). Como lo expresó Isaac Watts en su poesía más evangélica, si no la más exaltada, estamos por naturaleza en un estado de total extravío:

Pero hay una voz de gracia principesca
que resuena de la Santa Palabra de Dios;
¡ah! pobres pecadores cautivos, vengan,
y confíen en el Señor.

Mi alma obedece al soberano llamado,
y corre hacia este alivio;
quiero creer Tu promesa, Señor,
oh, ayuda mi incredulidad.

*A la bendita fuente de Tu sangre,
Dios encarnado, acudo,
para lavar mi alma de manchas escarlatas,
y pecados del tinte más profundo.*

*Como gusano vil, débil e impotente,
en Tus manos me entrego;
Tú eres el Señor, mi justicia,
mi Salvador, y mi todo.*

La persona que pueda repetir sinceramente con sus propios labios las palabras de Watts no se cansará fácilmente de cantar las alabanzas de la gracia.

El Nuevo Testamento declara la gracia de Dios en tres sentidos particulares, cada uno de los cuales constituye un motivo constante de asombro para el cristiano.

1. La gracia como fuente del perdón del pecado. El evangelio se centra en la justificación; es decir, en la remisión de pecados y en la consecuente aceptación de nuestra persona. La justificación es la dramática transición del estado del criminal condenado que espera una terrible sentencia, al de un heredero que espera una herencia fabulosa.

La justificación viene por fe; se produce en el momento en que una persona pone su confianza incondicional en el Señor Jesucristo como su Salvador. La justificación es gratuita para todos, pero a Dios le resultó costosa, por cuanto su precio fue la muerte expiatoria de Su Hijo. ¿Por qué Dios "no escatimó ni a Su propio Hijo, sino que lo entregó por todos nosotros" (Ro 8:32)? Por Su gracia. Su propia decisión de salvar, tomada libremente, dio como resultado la expiación. Pablo deja esto muy claro. Somos justificados, dice, "por Su gracia [como consecuencia de la misericordiosa decisión de Dios]... gratuitamente [sin pago alguno], mediante la redención que Cristo Jesús efectuó. Dios lo ofreció como un sacrificio de expiación [sacrificio que desvía la ira divina expiando los pecados] que se recibe por [haciéndose efectiva para los individuos] la fe en Su sangre" (Ro 3:24-25; *cf.* Tit 3:7).

Pablo también nos dice que en Cristo "tenemos la redención mediante Su sangre, el perdón de nuestros pecados, conforme a las riquezas de la gracia" (Ef 1:7). La reacción del corazón cristiano que contempla todo esto, que compara cómo eran las cosas con lo que son ahora como consecuencia de la presencia de la gracia en el mundo, fue descrita hermosamente por Samuel Davies, antiguo presidente de la Universidad de Princeton:

¡Gran Dios de maravillas! Todos Tus caminos
despliegan los atributos divinos;
pero innumerables actos de gracia perdonadora
brillan más allá de Tus otras maravillas;
¿quién es Dios perdonador como Tú?
¿O quién tiene gracia tan rica y gratuita?

Envueltos en el asombro con tembloroso gozo,
aceptamos el perdón de nuestro Dios;
perdón para los crímenes del más profundo tinte,
perdón comprado con la sangre de Jesús:
¿quién es Dios perdonador como Tú?
¿O quién tiene gracia tan rica y gratuita?

¡Oh, que esta extraña, esta incomparable gracia,
este divino milagro de amor,
llene este ancho mundo con agradecida alabanza,
como ya llena los coros celestiales!
¿Quién es Dios perdonador como Tú?
¿O quién tiene gracia tan rica y gratuita?

2. La gracia como el motivo del plan de salvación. El perdón es la médula del evangelio, pero no constituye toda la doctrina de la gracia. Porque el Nuevo Testamento coloca el regalo del perdón divino en el contexto de un plan de salvación que comenzó con la elección antes que el mundo existiera y se completará solo cuando la iglesia sea perfeccionada en gloria.

Pablo se refiere brevemente a este plan en varias partes (ver, por ejemplo, Ro 8:29-30; 2Ts 2:12-13), pero la versión más completa del mismo se encuentra en un largo párrafo —porque, a pesar de las subdivisiones, la continuidad del pensamiento hace que sea un solo párrafo— que comienza en Efesios 1:3 y sigue hasta 2:10. Como otras veces, Pablo comienza con un breve resumen y luego dedica el resto del párrafo a analizarlo y explicarlo. El resumen dice que "Dios... nos ha bendecido en las regiones celestiales con toda bendición espiritual [el reino de las realidades espirituales] en Cristo" (Ef 1:3).

El análisis comienza con la elección y predestinación eternas para ser hijos en Cristo (Ef 1:4-5), prosigue con la redención y remisión de pecados en Cristo (Ef 1:7), y continúa luego con la esperanza de glorificación en Cristo (Ef 1:11-12) y el don del Espíritu en Cristo para sellarnos como posesión de Dios para siempre (Ef 1:13-14).

De allí, Pablo concentra su atención en el acto poderoso mediante el cual Dios regenera en Cristo a los pecadores (Ef 1:19; 2:7), despertando en ellos la fe como parte del proceso (Ef 2:8). Pablo pinta todos estos elementos como partes de un solo y grande propósito de salvación (Ef 1:5, 9, 11), y nos dice que la gracia (la misericordia, el amor, la bondad, Ef 2:4, 7) es Su fuerza motivadora (ver Ef 2:4-8), que "las riquezas de la gracia" aparecen en el transcurso de Su administración (Ef 1:7; 2:7), y que Su meta suprema es la alabanza de Su gracia (Ef 1:6, *cf.* 1:12, 14; 2:7). Así que el creyente puede regocijarse en el conocimiento de que su conversión no fue ningún accidente, sino un acto de Dios que tuvo su lugar en un plan eterno para bendecirlo con el regalo gratuito de la salvación del pecado (Ef 2:8-10); Dios promete, y se propone cumplir Su plan hasta el final, y, en razón de que el mismo se ejecuta con Su soberano poder (Ef 1:19-20), nada puede obstaculizarlo. Bien podía Isaac Watts exclamar, en palabras que son tan magníficas como verdaderas:

Anunciemos Su maravillosa fidelidad.
Y proclamemos Su poder por doquier;
cantemos la dulce promesa de Su gracia,
y a nuestro Dios salvador.

Grabada como en bronce eterno
brilla la poderosa promesa;

*no pueden los poderes de las tinieblas borrar
esas líneas imperecederas.*

*Su misma palabra de gracia es fuerte
como aquella que hizo los cielos;
la voz que hace trasladarse a las estrellas
anuncia todas las promesas.*

Las estrellas, por cierto, podrán caer, pero las promesas de Dios permanecerán y se cumplirán. El plan de salvación se llevará a cabo en forma triunfante; y así se dejará ver que la gracia es soberana.

3. La gracia como garantía de la preservación de los santos. Si el plan de salvación va a cumplirse ineludiblemente, el futuro del cristiano está asegurado. "Mediante la fe ustedes son [y serán] protegidos por el poder de Dios, para la salvación" (1P 1:5, NBLA). No necesito atormentarme con el temor de que mi fe pueda fallar; así como la gracia me llevó a la fe en primer lugar, la gracia me mantendrá creyendo hasta el final. La fe, tanto en su origen como en su permanencia, es un regalo de la gracia (ver Fil 1:29). Así que el cristiano puede decir con Dodridge:

*La gracia primero inscribió mi nombre,
en el eterno libro de Dios:
fue la gracia la que me llevó al Cordero,
quien quitó todos mis pesares.*

*La gracia enseñó a mi alma a orar,
y a conocer el amor perdonador;
fue la gracia la que me guardó hasta este día,
y que no me dejará.*

UNA RESPUESTA APROPIADA

No necesitamos pedir disculpas por haber echado mano tan libremente a nuestra rica herencia de "himnos de la gracia gratuita" (representados de forma pobre, lamentablemente, en la mayoría de los himnarios comunes del siglo veinte), porque ellos destacan lo que queremos decir en forma más penetrante de lo que jamás se podría hacer con la prosa. Tampoco necesitamos pedir disculpas por citar otro en seguida, al volver a pensar un momento, a modo de conclusión, en la respuesta que el conocimiento de la gracia de Dios debiera extraer de nosotros.

Se ha dicho que en el Nuevo Testamento la doctrina es la gracia, y la ética es la gratitud; algo anda mal con cualquier forma de cristianismo en el que, de manera experimental y práctica, este dicho no se haga realidad. Quienes suponen que la doctrina de la gracia de Dios tiende a alentar el relajamiento moral ("la salvación final está asegurada de todos modos, hagamos lo que hagamos; por lo tanto nuestra conducta no importa") demuestran simplemente que, en el sentido más literal, no saben de lo que hablan.

Porque el amor despierta amor a su vez; y el amor, una vez que ha sido despertado, desea complacer; y la voluntad revelada de Dios es que los que han sido receptores de la gracia deben en adelante entregarse a las "buenas obras" (Ef 2:10; Tit 2:11-12); y la gratitud debe impulsar a todos los que en verdad han recibido la gracia a obrar como Dios desea, y a exclamar a diario de este modo:

¡Oh! ¡Qué gran deudor a la gracia
diariamente estoy obligado a ser!
¡Que esa gracia ahora como una cadena
ligue mi descarriado corazón a Ti!
Propenso a vagar, Señor, lo siento;
propenso a dejar al Dios que amo.
¡Toma mi corazón, oh, tómalo y séllalo,
séllalo para Tu morada celestial!

¿Afirmas conocer el amor y la gracia de Dios en tu propia vida? Demuestra tu afirmación, entonces, yendo y orando de la misma manera.

CAPÍTULO CATORCE

DIOS EL JUEZ

¿Creemos en el juicio divino? Con esto quiero decir, ¿creemos en un Dios que actúa como nuestro Juez?

Parece que muchos no lo creen. Cuando les hablas acerca de Dios como Padre, amigo, ayudador, quien nos ama a pesar de toda nuestra debilidad, necedad y pecado, sus rostros se iluminan; estás enseguida en su misma frecuencia. Pero cuando les hablas de Dios como Juez, fruncen el ceño y sacuden la cabeza. Se resisten a aceptar semejante idea. La encuentran repelente e indigna.

Pero pocas cosas en la Biblia se recalcan más enfáticamente que la realidad de la obra de Dios como Juez. La palabra *Juez* se aplica a Dios con frecuencia. Abraham, intercediendo por Sodoma, esa ciudad llena de pecado que Dios estaba a punto de destruir, exclamó diciendo: "*El Juez de toda la tierra, ¿no hará justicia?*" (Gn 18:25, NBLA). Jefté, concluyendo su ultimátum a los invasores amonitas, les declaró: "Yo no te he hecho ningún mal. Tú, en cambio, obras mal conmigo al librar una guerra contra mí. Que el Señor, *el gran Juez*, dicte hoy Su sentencia en esta contienda entre israelitas y amonitas" (Jue 11:27). "Es Dios el que *juzga*", declaró el salmista (Sal 75:7). "Levántate, oh Dios, y *juzga a la tierra*" (Sal 82:8). En el Nuevo Testamento el escritor de Hebreos habla de "Dios, *el Juez de todos*" (Heb 12:23).

Pero no es cuestión de palabras meramente; la realidad del juicio divino, como hecho, aparece página tras página en el relato de la Biblia.

Dios juzgó a Adán y Eva expulsándolos del huerto de Edén y pronunciando maldiciones sobre su futura vida terrenal (Gn 3). Dios juzgó al mundo corrompido de la época de Noé enviando un diluvio que destruyera a la humanidad (Gn 6 – 8). Dios juzgó a Sodoma y Gomorra, envolviéndolas en una catástrofe volcánica (Gn 18 – 19). Dios juzgó a los capataces egipcios de los israelitas, exactamente como había dicho que lo haría (Gn 15:14), desencadenando contra ellos los terrores de las diez plagas (Ex 7 – 12). Dios juzgó a los que adoraron al becerro de oro, usando a los levitas como ejecutores (Ex 32:26-35). Dios juzgó a Nadab y Abiú por ofrecer fuego extraño (Lv 10:1-3), como más tarde juzgó a Coré, Datán y Abiram, quienes fueron tragados por la tierra. Dios juzgó a Acán por un robo sacrílego; él y los suyos fueron exterminados (Jos 7). Dios juzgó a Israel por su infidelidad después de haber entrado en Canaán, haciendo que fueran subyugados por otras naciones (Jue 2:11-15; 3:5-8; 4:1-3). Mucho antes de que entraran en la tierra prometida, Dios amenazó a Su pueblo con la deportación como castigo por su impiedad, y, finalmente, luego de repetidas advertencias de parte de los profetas, los juzgó dando cumplimiento a Su amenaza: el reino del norte (Israel) fue víctima de los asirios y el pueblo fue llevado cautivo; el reino del sur (Judá) sufrió la cautividad babilónica (2R 17; 22:15-17; 23:26-27). En Babilonia, Dios juzgó tanto a Nabucodonosor como a Belsasar por su impiedad. Al primero se le dio tiempo para que enmendara su vida (Dn 4:5, 27, 34), al segundo no (Dn 5:5-6, 23-28, 30).

Los relatos de juicio divino no se limitan tampoco al Antiguo Testamento. En el relato del Nuevo Testamento los judíos reciben juicio por rechazar a Cristo (Mt 21:43-44; 1Ts 2:14-16), Ananías y Safira por mentirle a Dios (Hch 5:1-10), Herodes por su orgullo (Hch 12:21-23), Elimas por su oposición al evangelio (Hch 13:8-11), los cristianos en Corinto fueron afligidos con enfermedad (la que en algunos casos resultó fatal), debido a su grosera irreverencia en relación, particularmente, con la Cena del Señor (1Co 11:29-32). Y esto es solo una selección de los abundantes relatos de actos de juicio divino que contiene la Biblia.

Cuando pasamos de la historia bíblica a la enseñanza bíblica —la ley, los profetas, los libros sapienciales, las palabras de Cristo y Sus apóstoles— encontramos que el concepto del juicio de Dios domina todo lo demás. La legislación mosaica es promulgada en nombre de Dios, que es un Juez justo, y no titubeará en aplicar castigos mediante la acción providencial directa si Su pueblo quebranta la ley. Los profetas toman este tema; de hecho, la mayor parte de su enseñanza registrada consiste en la exposición y aplicación de la ley, en amenazas de juicio contra los que hacen caso omiso de la ley y contra los impenitentes. ¡Dedican mucho más tiempo a predicar juicio que a predecir la venida del Mesías y Su reino! En la literatura sapiencial encontramos el mismo punto de vista: la consideración básica, invariable y segura, que está en la raíz de todas las discusiones sobre los problemas de la vida en Job y Eclesiastés, y en todas las máximas prácticas de los Proverbios, es que "Dios te juzgará", "Dios juzgará toda obra, buena o mala, aun la realizada en secreto" (Ec 11:9; 12:14).

Las personas que en realidad no leen la Biblia nos aseguran con confianza que, cuando pasamos del Antiguo al Nuevo Testamento, el tema del juicio divino pasa a un segundo plano; pero si examinamos el Nuevo Testamento, aun del modo más superficial, encontramos de inmediato que el énfasis del Antiguo Testamento relativo a la acción de Dios como Juez, lejos de reducirse, se acentúa.

Todo el Nuevo Testamento está dominado por la certidumbre de que en un día venidero habrá un juicio universal, y por el problema que esto plantea: ¿cómo podemos nosotros los pecadores arreglar cuentas con Dios mientras todavía hay tiempo? El Nuevo Testamento contempla a la distancia "el día del juicio", "el día de la ira", "la ira venidera", y proclama a Jesús, el divino Salvador, como el Juez divinamente designado.

El Juez que está a la puerta (Stg 5:9), listo "para juzgar a los vivos y a los muertos" (1P 4:5), "el Juez justo" que le dará a Pablo su corona (2Ti 4:8), es el Señor Jesucristo, quien "ha sido nombrado por Dios como Juez de vivos y muertos" (Hch 10:42). Dios "ha fijado un día en que juzgará al mundo con justicia, por medio del Hombre que ha designado", les dijo Pablo a los atenienses (Hch 17:31); y a los romanos les escribió que "Dios juzgará los secretos de toda persona, como lo declara mi evangelio" (Ro 2:16).

Jesús mismo habla en esos términos. "El Padre... todo juicio lo ha delegado en el Hijo... y le ha dado autoridad para juzgar... viene la hora en que todos los que están en los sepulcros oirán Su voz, y saldrán de allí. Los que han hecho el bien resucitarán para tener vida, pero los que han practicado el mal resucitarán para ser juzgados" [otra versión traduce:

"resucitarán para escuchar su condenación" NEB en inglés] (Jn 5:22, 27-29). El Jesús del Nuevo Testamento, que es el Salvador del mundo, es también su Juez.

CARACTERÍSTICAS DEL JUEZ
Pero, ¿qué significa esto? ¿Qué involucra la idea de que el Padre, o Jesús, sea *juez*? Comprende por lo menos cuatro cosas.

1. *El juez es una persona con autoridad*. En el mundo bíblico el rey era siempre el juez supremo, porque era la autoridad suprema. Es sobre esta base, según la Biblia, que Dios es juez de este mundo. Como nuestro Hacedor, somos Su propiedad, y como nuestro Propietario, tiene derecho a disponer de nosotros; tiene, por lo tanto, derecho a dictar leyes y a recompensarnos según las guardemos o no. En la mayoría de los estados modernos la legislatura y la jurisprudencia están separadas a fin de que el juez no haga las leyes que tiene que aplicar; pero en el mundo antiguo no era así, y tampoco lo es con Dios. Él es tanto el Legislador como el Juez.

2. *El juez es la persona que se identifica con lo que es bueno y justo*. La idea moderna de que el juez tiene que ser frío y desapasionado no tiene cabida en la Biblia. El juez bíblico tiene que amar la justicia y el juego limpio, y tiene que detestar todo maltrato de una persona contra otra. Un juez injusto, que no tiene interés en asegurarse de que el bien triunfe sobre el mal constituye, según las normas bíblicas, una monstruosidad. La Biblia no nos deja dudas acerca de que Dios ama la justicia y odia la iniquidad, y de que el ideal del juez totalmente identificado con todo lo bueno y justo se cumple a la perfección en Él.

3. *El juez es una persona con sabiduría, para discernir la verdad*. En el mundo bíblico la primera tarea del juez es la de constatar los hechos del caso que se le presenta. No hay jurado; es responsabilidad de él, y exclusivamente de él, interrogar, volver a interrogar en caso de ser necesario, y descubrir las mentiras, ver a través de las evasivas, y establecer cómo son las cosas realmente. Cuando la Biblia muestra a Dios como juez, destaca Su omnisciencia y Su sabiduría, como el que escudriña los corazones y el que descubre los hechos. Nada se le escapa; podremos engañar a los hombres, pero no podemos engañar a Dios. Él nos conoce, y nos juzga, tal como realmente somos.

Cuando Abraham se encontró con el Señor en forma humana en el encinar de Mamre, el Señor le dio a entender que estaba en camino a Sodoma para establecer la verdad acerca de la situación moral imperante allí. "Entonces el Señor le dijo a Abraham: 'El clamor contra Sodoma y Gomorra resulta ya insoportable, y su pecado es gravísimo. Por eso bajaré, a ver si realmente sus acciones son tan malas como el clamor contra ellas me lo indica; y, si no, he de saberlo'" (Gn 18:20-21). Así es siempre. *Dios lo sabrá*. Su juicio es según la verdad: la verdad factual, tanto como la verdad moral. Él juzga "los secretos de los hombres", no solamente la apariencia exterior. No en vano dice Pablo que "es necesario que todos *comparezcamos* ante el tribunal de Cristo" (2Co 5:10).

4. El juez es la persona con poder para ejecutar sentencia. El juez moderno no hace más que pronunciar la sentencia; otro departamento del tribunal judicial se encarga luego de cumplirla. Así era también en el mundo antiguo. Pero Dios es Su propio ejecutor. Así como legisla y sentencia, también castiga. Todas las funciones judiciales se fusionan en Él.

RETRIBUCIÓN

De lo que hemos dicho queda claro que la proclamación bíblica de la obra de Dios como Juez es parte de su testimonio de Su carácter. Confirma lo que se dice en otra parte acerca de Su perfección moral, justicia, sabiduría, omnisciencia y omnipotencia. Nos muestra, igualmente, que el corazón de la justicia que expresa el carácter de Dios es la *retribución*, dar a las personas lo que se merecen; porque esta es en esencia la tarea del juez. Otorgar bien por bien y mal por mal es natural en Dios.

Así que cuando el Nuevo Testamento habla del juicio final, lo representa siempre en términos de retribución. Dios juzgará a todas las personas, dice, conforme a sus obras (Mt 16:27; Ap 20:12-13). Pablo amplía: "Porque Dios 'pagará a cada uno según lo que merezcan sus obras'. Él dará vida eterna a los que, perseverando en las buenas obras, buscan gloria, honor e inmortalidad. Pero los que por egoísmo rechazan la verdad para aferrarse a la maldad recibirán el gran castigo de Dios. Habrá sufrimiento y angustia para todos los que hacen el mal... pero gloria, honor y paz para todos los que hacen el bien... Porque con Dios no hay favoritismos" (Ro 2:6-11). El principio de la retribución se aplica a todos: los cristianos, tanto como los no cristianos, recibirán según sus obras. Los cristianos están incluidos explícitamente en la referencia cuando Pablo dice que "es necesario que todos comparezcamos ante el tribunal de Cristo, para que cada uno reciba lo que le corresponda, según lo bueno o malo que haya hecho mientras vivió en el cuerpo" (2Co 5:10).

Así que la retribución aparece como la expresión natural y predeterminada de la naturaleza divina. Dios ha resuelto ser el Juez de todos, para recompensar a cada cual según sus obras. La retribución es la ineludible ley moral de la creación; Dios se asegurará de que cada persona reciba tarde o temprano lo que se merece; si no aquí, en el más allá. Este es uno de los hechos básicos de la vida. Además, habiendo sido hechos a la imagen de Dios, todos sabemos en el fondo que es *correcto*. Así es como tiene que ser.

Con frecuencia nos quejamos de que, como dijo cierto malhechor (en su caso, sin razón): "No hay justicia". El problema del salmista, que veía cómo gente inocente era víctima y que los impíos "no tienen ningún problema", sino que prosperan y tienen paz (Sal 73), se hace eco una y otra vez en la experiencia humana. Pero el carácter de Dios es la garantía de que todos los males serán rectificados algún día; cuando llegue "el día de la ira, cuando Dios revelará Su justo juicio " (Ro 2:5), la retribución será exacta, y no habrá problemas de injusticia cósmica que nos atormenten. Dios es el Juez, de modo que se hará justicia.

¿Por qué, entonces, esquivamos el pensamiento de Dios como Juez? ¿Por qué sentimos que se trata de un concepto indigno de Dios? La verdad está en que parte de la perfección moral de Dios es Su perfección para juzgar. ¿Acaso un Dios a quien no le interesara la diferencia entre el bien y el mal sería un ser bueno y admirable? ¿Acaso un Dios que no hiciera distinción entre las bestias de la historia, los Hitler y los Stalin (si nos atrevemos a mencionar nombres) y los santos, sería moralmente digno de alabanza y perfecto? La indiferencia moral sería una imperfección en Dios, no una perfección. Pero no juzgar al mundo sería mostrar indiferencia moral. La prueba definitiva de que Dios es un ser moral perfecto, a quien preocupan cuestiones sobre el bien y mal, es el hecho de que se ha comprometido a juzgar al mundo.

Resulta claro que la realidad del juicio divino debe tener un efecto directo sobre nuestra perspectiva de la vida. Si sabemos que el juicio retributivo nos espera al final del camino no viviremos como de otro modo lo haríamos. Pero no debemos olvidar que la doctrina del juicio divino, y particularmente la del juicio final, no debe entenderse como un fantasma con el cual asustar a los hombres para obligarlos a adoptar una apariencia exterior de "justicia" convencional. Indudablemente tiene aterradoras derivaciones para los impíos; pero su función principal consiste en revelar el carácter moral de Dios, y en impartir significado moral a la vida humana. Leon Morris escribió:

> La doctrina del juicio final... destaca la responsabilidad del hombre y la seguridad de que la justicia triunfará al final sobre todos los males que son parte de la vida aquí y ahora. Lo primero asocia dignidad a la acción más humilde, lo segundo otorga paz y seguridad a quienes se encuentran en lo más intenso de la batalla. Esta doctrina le da sentido a la vida... El punto de vista cristiano del juicio significa que la historia se mueve hacia una meta... El juicio protege la idea del triunfo de Dios y del bien. Resulta inconcebible que el conflicto actual entre el bien y el mal haya de ser resuelto de forma autoritaria, decisiva y definitiva. El juicio significa que, al final, la voluntad de Dios se hará en forma perfecta (*The Biblical Doctrine of Judgment* [La doctrina bíblica del juicio], p. 72).

JESÚS COMO EL AGENTE DEL PADRE

No siempre se comprende que la autoridad principal, en cuanto al juicio final en el Nuevo Testamento, es el propio Señor Jesucristo. Con toda razón el ceremonial fúnebre anglicano se dirige a Jesús en una misma frase con las palabras "santo y misericordioso Salvador, dignísimo Juez eterno". Porque Jesús afirmaba constantemente que en aquel día cuando todos comparezcan ante el trono de Dios para recibir las consecuencias permanentes y eternas de la vida que han vivido, Él mismo será el agente judicial del Padre, y Su palabra de aceptación o rechazo será definitiva. Pasajes que debemos considerar en relación con esto son, entre otros: Mateo 7:13-27; 10:26-33; 12:36-37; 13:24-50; 22:1-14; 24:36 – 25:46; Lucas 13:23-30; 16:19-31; Juan 5:22-30.

La prefiguración más clara de Jesús como juez se encuentra en Mateo 25:31-34, 41: "el Hijo del hombre... se sentará en Su trono glorioso. Todas las naciones [todas las personas] se reunirán delante de Él, y Él separará a unos de otros... Entonces dirá el Rey a los que estén a Su derecha: 'Vengan ustedes, a quienes Mi Padre ha bendecido; reciban Su herencia'... Luego dirá a los que estén a su izquierda: 'Apártense de Mí, malditos, al fuego eterno".

El relato más claro de la prerrogativa de Jesús como juez se encuentra en Juan 5:22-23, 26-29: "el Padre no juzga a nadie, sino que todo juicio lo ha delegado en el Hijo, para que todos honren al Hijo como lo honran a Él... el Padre... le ha dado autoridad para juzgar, puesto que es el Hijo del hombre [a quien le fue prometido dominio, incluyendo funciones judiciales: Dn 7:13-14]... viene la hora en que todos los que están en los sepulcros oirán Su voz, y saldrán de allí. Los que han hecho el bien resucitarán para tener vida, pero los que han practicado el mal resucitarán para ser juzgados". La designación misma de Dios ha hecho que Jesucristo sea ineludible. Se encuentra al final del camino de la vida para todos sin excepción. "¡Prepárate, Israel, para encontrarte con tu Dios!" fue el mensaje de Amós (Am 4:12); "prepárate para venir al encuentro del Cristo resucitado" es el mensaje de Dios al mundo en la actualidad (ver Hch 17:31). Podemos estar seguros de que Aquel que es verdadero Dios y perfecto Hombre obrará como juez perfecto.

UN INDICADOR DEL CORAZÓN

El juicio final, como vimos, será según nuestras *obras*, es decir, nuestras *acciones*, todo el curso de nuestra vida. La relevancia de nuestras "obras" no está en que jamás merezcan un premio del tribunal —son demasiado imperfectos para que así sea— sino en que proporcionan un indicador de lo que hay en el corazón, lo que, en otras palabras, constituye la verdadera naturaleza de cada agente. Jesús dijo en cierta ocasión que "en el día del juicio todos tendrán que dar cuenta de toda palabra ociosa que hayan pronunciado. Porque por tus palabras se te absolverá, y por tus palabras se te condenará" (Mt 12:36-37). ¿Qué importancia tienen las palabras que emitimos (emisión que constituye, desde luego, una "obra" en el sentido que aquí corresponde)? Solamente este: las palabras demuestran lo que uno es por dentro. Jesús acababa de decir esto mismo. "Al árbol se le reconoce por su fruto... ¿cómo pueden ustedes que son malos decir algo bueno? De la abundancia del corazón habla la boca" (Mt 12:33-34). De igual modo, en el pasaje de las ovejas y los cabritos, se apela al hecho de si alguien había o no aliviado las necesidades de los cristianos. ¿Qué importancia tiene esto? No se trata de que un modo de obrar fuera meritorio y el otro no, sino de que estas acciones pueden determinar si hubo amor a Cristo, el amor que surge de la fe, en el corazón (ver Mt 25:34-46).

Una vez que comprendamos que la importancia de las obras en el juicio final es la de ofrecer un indicador del carácter espiritual, se hace posible contestar un interrogante que desconcierta a muchas personas. Lo podemos formular de este modo. Jesús dijo: "el que oye Mi palabra y cree al que me envió tiene vida eterna y no será juzgado, sino que ha pasado de la muerte a la vida" (Jn 5:24). Pablo dijo: "es necesario que todos comparezcamos ante el tribunal de Cristo, para que cada uno reciba lo que le corresponda, según lo bueno o malo que haya hecho mientras vivió en el cuerpo" (2Co 5:10). ¿Cómo podemos conciliar estas dos afirmaciones? ¿Pueden ser compatibles el perdón gratuito y la justificación por la fe con el juicio según las obras?

La respuesta parece ser la siguiente. Primero, el regalo de la justificación protege indudablemente a los creyentes de la condenación y de la expulsión de la presencia de Dios como pecadores. Esto surge de la visión del juicio en Apocalipsis 20:11-15, donde, a la par de "unos libros" que contienen las obras de cada persona, se abre también "el libro de la vida", y aquellos cuyos nombres están escritos en él no son lanzados "al lago de fuego" como el resto de la humanidad. Pero, segundo, el regalo de la justificación no impide en absoluto que el creyente sea juzgado como tal, ni lo protege contra la pérdida del bien que disfrutarán otros, si resulta que como cristiano ha sido negligente, malicioso y destructivo. Esto es lo que surge de la advertencia de Pablo a los corintios, en el sentido de que tuvieran cuidado en cuanto al estilo de vida que edificaban en Cristo, el único fundamento. "Si alguien construye sobre este fundamento, ya sea con oro, plata y piedras preciosas, o con madera, heno y paja, su obra se mostrará tal cual es, pues el día del juicio la dejará al descubierto. El fuego la dará a conocer, y pondrá a prueba la calidad del trabajo de cada uno. Si lo que alguien ha construido permanece, recibirá su recompensa, pero, si su obra es consumida por las llamas, él sufrirá pérdida. Será salvo, pero como quien pasa por el fuego" (1Co 3:12-15). La *recompensa* y la *pérdida* significan una relación enriquecida o empobrecida con Dios, aunque no nos es dado saber en el presente de qué manera eso sucederá. El juicio final se hará también según nuestro *conocimiento*. Todo el mundo tiene algún conocimiento de la voluntad de Dios a través de la revelación general, aun cuando no hayan sido instruidos en la ley o el evangelio, y todo el mundo es culpable ante Dios por no haber cumplido según su grado de conocimiento del bien. Pero el castigo merecido será graduado según haya sido ese conocimiento del bien; ver Romanos 2:12 y comparar con Lucas 12:47-48. El principio que está en juego aquí es: "A todo el que se le ha dado mucho, se le exigirá mucho" (v. 48). La justicia de esto resulta obvia. En cada caso el Juez de toda la tierra obrará con justicia.

NO ES NECESARIO HUIR

Pablo se refiere al hecho de que todos compareceremos ante el tribunal de Cristo denominándolo "el temor del Señor" (2Co 5:11, NBLA), y nada más justo. Jesús el Señor, igual que Su Padre, es santo y puro; nosotros no somos ninguna de las dos cosas. Vivimos bajo Su mirada, Él conoce nuestros secretos, y en el día del juicio, toda nuestra vida pasada se reproducirá, por así decirlo, ante Él, y será revisada. Si realmente nos conocemos, sabemos que no estamos en condiciones de aparecer delante de Él. ¿Qué debemos hacer, entonces? La respuesta del Nuevo Testamento es esta: *pide al Juez que vendrá que sea tu Salvador ahora*. Como Juez, Él es la ley, pero como Salvador, Él es el evangelio. Si nos escondemos de Él ahora, nos encontraremos con Él luego como Juez, y ya sin esperanza. Búscale ahora y lo encontrarás (porque "el que busca, encuentra"), y entonces descubriremos que podemos esperar ese futuro encuentro con alegría, sabiendo que "ya no hay ninguna condenación para los que están unidos a Cristo Jesús" (Ro 8:1). Por lo tanto:

> *Mientras deba aquí vivir,*
> *y al postrer suspiro al dar,*
> *cuando vaya a responder*
> *ante Tu alto tribunal,*
> *sé mi escondedero fiel,*
> *Roca de la eternidad.*

CAPÍTULO QUINCE

LA IRA DE DIOS

Ira se define en mi diccionario como "enojo e indignación intensa y profunda". *Enojo* se define como "el desagrado, el resentimiento y el profundo antagonismo que se experimenta ante la presencia de los daños ocasionados o los insultos". *Indignación* es "el enojo justo que producen la injusticia y la bajeza". Tal es la ira. Y la ira, nos dice la Biblia, es un atributo de Dios.

La costumbre moderna en toda la iglesia cristiana es la de restarle importancia a este tema. Los que todavía creen en la ira de Dios (porque no todos creen) hablan poco de ella; tal vez no le den mayor importancia. A un mundo que se ha vendido descaradamente a los dioses de la codicia, el orgullo, el sexo y la autodeterminación, la iglesia le sigue hablando con desgano acerca de la bondad de Dios, pero no le dice prácticamente nada sobre el juicio. ¿Cuántas veces en los doce meses transcurridos has escuchado un sermón sobre la ira de Dios? ¿O cuántas veces, si eres un ministro del evangelio, has predicado sobre el tema? Me pregunto hace cuánto tiempo que algún cristiano ha encarado el tema en programas de radio o televisión, o en alguno de esos breves sermones de media columna que aparecen en algunos periódicos y revistas. (Y si alguien lo hiciera, me pregunto cuánto tiempo pasaría antes de que le volvieran a pedir que hable o escriba). El hecho es que el tema de la ira divina se ha convertido en un tabú en la sociedad moderna; y en general los cristianos han aceptado el tabú y se han acomodado de tal modo que jamás mencionan el asunto.

Haremos bien en preguntarnos si está bien que sea así; porque la Biblia obra de modo muy diferente. Es fácil imaginar que el tema del juicio divino no deba haber sido nunca muy popular, y, sin embargo, los escritores bíblicos lo mencionan constantemente. Una de las cosas más notables sobre la Biblia es el vigor con que ambos Testamentos destacan la realidad y el terror de la ira de Dios. "Una mirada a la concordancia nos revelará que en las Escrituras hay más referencias al enojo, al furor y la ira de Dios, que a Su amor y Su benevolencia" (A. W. Pink, *Los atributos de Dios*, p. 75).

La Biblia insiste en que, así como Dios es bueno con los que confían en Él, también es terrible con los que no. "El Señor es un Dios celoso y vengador. ¡Señor de la venganza, Señor de la ira! El Señor se venga de Sus adversarios; es implacable con Sus enemigos. El Señor es lento para la ira, imponente en Su fuerza. El Señor no deja a nadie sin castigo... ¿Quién podrá enfrentarse a Su indignación? ¿Quién resistirá el ardor de Su ira? Su furor se derrama como fuego; ante Él se resquebrajan las rocas. Bueno es el Señor; es refugio en el día de la angustia, y protector de los que en Él confían. Pero... ¡aun en las tinieblas perseguirá a Sus enemigos!" (Nah 1:2-8).

La expectativa de Pablo de que el Señor Jesús aparecerá un día "entre llamas de fuego... para castigar a los que no reconocen a Dios ni obedecen el evangelio de nuestro Señor Jesús. Ellos sufrirán el castigo de la destrucción eterna, lejos de la presencia del Señor y de la majestad de Su poder, el día en que venga para ser glorificado por medio de Sus santos" (2Ts 1:7-10), es indicación suficiente de que lo que destacaba Nahúm no es peculiar al Antiguo Testamento. En efecto, en todo el Nuevo Testamento *la ira de Dios*, *la ira*, o simplemente *ira*, constituyen prácticamente términos técnicos para expresar la acometida de Dios con fines retributivos, por cualquier medio, contra quienes lo han desafiado (ver Lc 21:22-24; Ro 1:18; 2:5; 5:9; 12:19; 13:4-5; 1Ts 1:10; 2:16; 5:9; Ap 6:16-17; 16:19; etc.).

La Biblia tampoco se limita a dar a conocer la ira de Dios mediante afirmaciones generales como las que hemos citado. La historia bíblica, tal como la vimos en el capítulo anterior, proclama a gran voz tanto la severidad como la bondad de Dios. En el mismo sentido en que podría llamarse al *Progreso del peregrino* un libro sobre los caminos al infierno, la Biblia podría llamarse el libro de la ira de Dios, porque está llena de descripciones de castigo divino, desde la maldición y el destierro de Adán y Eva en Génesis 3 hasta la caída de Babilonia y los grandes juicios de Apocalipsis 17 – 18; 20.

Es evidente que los escritores bíblicos no sentían inhibición alguna al encarar el tema de la ira de Dios. ¿Por qué, entonces, tenerla nosotros? ¿Por qué sentirnos obligados a guardar silencio, si la Biblia la proclama? ¿Qué es lo que nos hace sentir incómodos y avergonzados cuando surge el tema, y qué nos lleva a suavizarlo e, incluso, a eludirlo, cuando se nos pregunta sobre el mismo? ¿Cuál es la causa de nuestros titubeos y dificultades? No estamos pensando ahora en aquellos que rechazan la idea de la ira divina simplemente porque no están preparados para tomar en serio ninguna parte de la fe bíblica. Estamos pensando, más bien, en los muchos que consideran que están "adentro", que tienen creencias firmes, que creen con firmeza en el amor y la misericordia de Dios, y en la obra redentora del Señor Jesucristo, y que siguen fielmente las enseñanzas de las Escrituras en otros aspectos, pero que vacilan cuando se trata del asunto que nos ocupa aquí. ¿Cuál es el problema real en este punto?

CÓMO ES LA IRA DE DIOS
La razón fundamental de nuestra infelicidad parece ser una inquietante sospecha de que el concepto de la ira es de una u otra manera *indigno de Dios*.

A algunos, por ejemplo, la palabra ira les sugiere una pérdida del dominio propio, una explosión que consiste en "ver todo rojo", lo cual es, en parte, si no totalmente, irracional. A otros les sugiere un ataque de impotencia (consciente), o de orgullo herido, o simplemente mal humor. Es indudable, argumentan, que está mal atribuir a Dios tales actitudes.

La respuesta es esta: claro que estaría mal, pero la Biblia no nos pide que lo hagamos. Parecería haber aquí una confusión en cuanto al lenguaje antropomórfico de las Escrituras: la costumbre bíblica de describir las actitudes y los afectos de Dios en términos que se emplean comúnmente para hablar sobre los seres humanos. La base de esta costumbre está en el hecho de que Dios nos hizo a Su imagen, de modo que nuestra personalidad y nuestro carácter se parecen al ser de Dios más que ninguna otra cosa creada. Pero cuando la Escritura se refiere a Dios de manera antropomórfica, no está queriendo decir que las limitaciones e imperfecciones que corresponden a las características personales de nosotros las criaturas pecadoras se correspondan también con las cualidades correspondientes de nuestro Santo Creador; más bien da por sentado que no es así.

Así que el amor de Dios, como se refleja en la Biblia, jamás lo conduce a cometer acciones necias, impulsivas o inmorales, como ocurre con el amor humano, que con mucha frecuencia nos lleva justo a eso. De igual manera, la ira de Dios en la Biblia jamás es algo caprichoso, desenfrenado, producto de la irritabilidad, moralmente indigno, como suele serlo con frecuencia la ira humana. Todo lo contrario, constituye una reacción objetiva y moral, correcta y necesaria hacia la maldad. Dios solo se enoja cuando corresponde enojarse. Incluso entre los seres humanos existe lo que se denomina indignación *justa*, aunque probablemente sea bastante rara. Pero toda la indignación que Dios manifiesta es justa. ¿Un Dios que se complaciera tanto en el mal como en el bien sería un Dios bueno? ¿Sería moralmente perfecto un Dios que no reaccionara negativamente ante el mal en Su mundo? Seguro que no. Pero es justamente esta reacción adversa al mal que constituye una parte necesaria de la perfección moral, la que contempla la Biblia cuando habla de la ira de Dios.

A otros, el pensamiento de la ira de Dios les sugiere crueldad. Piensan, quizás, en lo que se les ha contado sobre el famoso sermón evangélico de Jonathan Edwards, "Pecadores en las manos de un Dios airado", que fue utilizado por Dios para iniciar un avivamiento en el pueblo de Enfield, en Nueva Inglaterra, Estados Unidos, en 1741. En este sermón, Edwards, ampliando su tema de que "los hombres naturales están sostenidos en la mano de Dios sobre el abismo del infierno", utilizó algunas imágenes de horno muy vívidas para hacer sentir a su congregación el horror de su posición y así dar fuerza a su conclusión: "Por lo tanto, todo aquel que esté sin Cristo, debe despertarse y escapar de la ira que vendrá". Cualquiera que haya leído el sermón sabrá que A. H. Strong, el gran teólogo bautista, tenía razón cuando recalcó que las imágenes de Edwards, por agudas que fueran, no eran más que imágenes, que, en otras palabras, Edwards "no consideraba que el infierno consistiera en fuego y azufre, sino, más bien, en la infidelidad y la separación de Dios, producto de la conciencia culpable y acusadora, y de la que el fuego y el azufre constituyen símbolos" (*Systematic Theology* [*Teología sistemática*], p. 1035). Pero esto no resuelve por completo la crítica que se le hace a Edwards, esto es, la de que el Dios que puede infligir un castigo tal que requiera semejante lenguaje para describirlo tiene que ser un monstruo cruel y feroz.

¿Se deduce esto? Hay dos consideraciones bíblicas que nos demuestran que no es así.

En primer lugar, en la Biblia la ira de Dios siempre es *judicial*, es decir, es la ira del Juez, cuando administra justicia. La crueldad es siempre inmoral, pero el presupuesto explícito de todo lo que encontramos en la Biblia —y en el sermón de Edwards, para el caso— sobre los tormentos de quienes experimentan toda la ira de Dios, es que cada quien recibe precisamente lo que merece. "El día de la ira", nos dice Pablo, haciendo eco del Salmo 62:12 y Proverbios 24:12, es también el día "cuando Dios revelará su justo juicio" y "pagará a cada uno según lo que merezcan sus obras" (Ro 2:5-6). Jesús mismo —que tuvo más que decir sobre este tema que cualquier otra persona del Nuevo Testamento— dejó claro que la retribución sería en proporción con el merecimiento individual. "El siervo que conoce la voluntad de su señor, y no se prepara para cumplirla, recibirá muchos golpes. En cambio, el que no la conoce y hace algo que merezca castigo recibirá pocos golpes. A todo el que se le ha dado mucho, se le exigirá mucho; y al que se le ha confiado mucho, se le pedirá aún más" (Lc 12:47-48).

Dios se encargará, dice Edwards en el sermón a que hemos hecho referencia, "de que no sufran más de lo que la estricta justicia exige"; pero precisamente "lo que la estricta justicia exige", insiste, es lo que resultará tan penoso para quienes mueran en la incredulidad. Si se hace la pregunta: ¿es posible que la desobediencia a nuestro Creador realmente merezca un castigo tan grande y atroz?, la respuesta es que todo el que haya sido convencido de pecado alguna vez sabe, sin la menor sombra de duda, que sí, y sabe también que aquellos cuya conciencia no ha sido despertada aún para comprender, como lo expresó Anselmo, "qué pesado es el pecado" no tienen derecho a opinar.

En segundo lugar, la ira de Dios en la Biblia es algo que las personas eligen por sí mismas. Antes de ser una experiencia infligida por Dios, el infierno es un estado por el cual la persona misma opta, rechazando la luz que Dios hace brillar en su corazón para dirigirlo hacia Él mismo. Cuando Juan escribe: "el que no cree [en Jesús] ya está condenado [juzgado] por no haber creído en el nombre del Hijo unigénito de Dios", agrega en seguida la siguiente explicación: "*Esta es la causa de la condenación*: que la luz vino al mundo, pero la humanidad prefirió las tinieblas a la luz, porque sus hechos eran perversos" (Jn 3:18-19). Él quiere decir exactamente eso: la acción decisiva de juicio contra los perdidos es el juicio que ellos mismos se dictan cuando rechazan la luz que les llega en y mediante Jesucristo. En último análisis, todo lo que hace Dios a continuación como acción judicial hacia el incrédulo, ya sea en esta vida o más allá, es mostrarle, o guiarlo hacia, las consecuencias plenas de la elección que ha hecho.

La elección básica fue y sigue siendo simple: ya sea responder a la invitación: "Vengan a Mí... Carguen con Mi yugo y aprendan de Mí" (Mt 11:28-29), o no; ya sea "salvar" la vida, para lo cual es preciso evitar que Jesús pueda censurarla, y resistir su exigencia de hacerse cargo de ella, o "perderla", para lo cual es necesario negarse a sí mismo, tomar la cruz, hacerse discípulo, y permitir que Jesús cumpla Su voluntad quebrantadora en nosotros. En el primer caso, nos dice Jesús, podemos ganar el mundo, pero no nos hará ningún bien porque perderemos el alma; mientras que en el segundo caso, si perdemos nuestra vida por amor a Él, la encontraremos (Mt 16:24-26).

¿Qué significa, no obstante, perder el alma? Para responder a esta pregunta Jesús se vale de Sus propias y solemnes imágenes: *Gehena* ("infierno" en Mr 9:47 y una decena de versículos más en los Evangelios), es el valle fuera de Jerusalén donde se quemaba la basura; el *gusano* que *no muere* (Mr 9:48) es, aparentemente, una figura de la interminable disolución de la personalidad por efecto de la conciencia condenatoria; el *fuego* es símbolo de la agonía que resulta de tener conciencia del disgusto de Dios; las *tinieblas de afuera* son una imagen del conocimiento de la pérdida, no solo de Dios, sino de todo bien y de todo lo que hacía que la vida pareciera valer la pena; el *crujir de dientes* es una representación de la condenación y el desprecio hacia uno mismo.

Estas cosas son, sin duda, indescriptiblemente espantosas, aunque quienes han sido convencidos de pecado tienen algún conocimiento de lo que significan. Pero no se trata de castigos arbitrarios; representan, más bien, un desarrollo consciente del estado en que se ha elegido estar. La esencia del accionar de Dios en ira es la de *dar a los hombres lo que han elegido*, con todas sus consecuencias: nada más y, asimismo, nada menos. La disposición de ánimo de Dios de respetar la elección humana hasta este punto puede parecer desconcertante y hasta aterradora, pero está claro que en esto Su actitud es soberanamente justa, y que está lejos de ser un castigo caprichoso e irresponsable, que es lo que queremos decir cuando hablamos de crueldad.

Necesitamos, por lo tanto, recordar que la clave para interpretar los muchos pasajes bíblicos, a menudo altamente figurativos, que pintan al divino Rey y Juez en una actitud iracunda y vengativa es comprender que lo que Dios hace en ese caso no es sino *ratificar y confirmar* los juicios que aquellos a quienes "visita" *ya han emitido por sí mismos* en el curso que han elegido seguir. Esto se ve en el relato del primer acto de ira de Dios hacia la humanidad en Génesis 3, donde vemos que Adán ya había escogido esconderse de Dios, y eludir Su presencia, antes de que Dios lo echara del huerto del Edén; este mismo principio tiene aplicación en toda la Biblia.

ROMANOS Y LA IRA

El análisis clásico de la ira de Dios en el Nuevo Testamento se encuentra en la Epístola a los Romanos, que según Lutero y Calvino constituye la puerta de entrada a la Biblia, y que contiene más referencias explícitas a la ira de Dios que todas las otras cartas de Pablo juntas. Terminaremos este capítulo analizando lo que nos dice Romanos sobre el tema, lo cual nos servirá para clarificar algunas de las cosas que ya hemos mencionado.

1. El significado de la ira de Dios. La ira de Dios en Romanos denota la decidida acción de Dios de castigar el pecado. Es tanto una expresión de una actitud personal y emocional del Dios trino como lo es Su amor por los pecadores; es la manifestación activa de Su odio hacia la irreligiosidad y el pecado moral. La frase *la ira* (Ro 2:5; 5:9) puede referirse en específico a la manifestación culminante, en el futuro, de Su odio en "el día de la ira", pero puede también referirse a hechos y procesos providenciales actuales en los que se evidencia el castigo divino por el pecado. De este modo, el magistrado que sentencia a los criminales "está al servicio de Dios para impartir justicia y castigar al malhechor" (Ro 13:4; *cf.* 13:5). La ira de Dios es Su reacción ante nuestro pecado, y "la ley produce ira" (Ro 4:15, NBLA), porque ella hace surgir el pecado que está latente dentro de nosotros y hace que la trasgresión — el comportamiento que provoca la ira— abunde (Ro 5:20; 7:7-13). Como reacción contra el pecado, la ira de Dios es expresión de Su justicia, y Pablo rechaza indignado la sugerencia de que "Dios es injusto al descargar sobre nosotros Su ira" (Ro 3:5). A los que son "destinados a la destrucción" los describe como "vasos de ira" (NBLA) —es decir, objetos de ira— en un sentido similar al que en otro lugar llama a los esclavos del mundo, la carne y el mal, "hijos de ira" (Ef 2:3, NBLA). Tales personas, por el solo hecho de ser lo que son, acarrean sobre sí mismos la ira de Dios.

2. La revelación de la ira de Dios. "Ciertamente, la ira de Dios viene revelándose desde el cielo contra toda impiedad e injusticia de los seres humanos, que con su maldad obstruyen la verdad" (Ro 1:18). El tiempo presente, "viene revelándose", implica un revelar *constante*, que prosigue todo el tiempo. "Desde el cielo", que presenta un contraste con "en el evangelio", en el versículo anterior, implica una revelación *universal* que incluye a quienes no han sido alcanzados aún por el evangelio.

¿Cómo se efectúa esta revelación? Se imprime directamente en la conciencia de cada persona: aquellos a quienes Dios ha entregado a "una mente reprobada" (Ro 1:28, NBLA), a cometer lo malo sin restricciones, conocen, sin embargo, "que, según el justo decreto de Dios, quienes practican tales cosas merecen la muerte" (Ro 1:32). Nadie ignora totalmente que hay un juicio venidero. Esa revelación inmediata que tiene se confirma con la palabra revelada del evangelio, que nos prepara para sus buenas nuevas dándonos información acerca de las malas noticias de un futuro "día de la ira, cuando Dios revelará Su justo juicio" (Ro 2:5).

Pero esto no es todo. Para quienes tienen ojos para ver aparecen aquí y ahora pruebas de la ira activa de Dios en la situación actual de la humanidad. En todas partes el cristiano observa un esquema de degeneración, que se va desarrollando en forma constante, desde el conocimiento de Dios hasta la adoración de aquello que no es Dios, y desde la idolatría hasta la inmoralidad de un tipo todavía más grosero, de manera que cada generación prepara una nueva cosecha de "impiedad e injusticia de los seres humanos". En esta decadencia debemos reconocer la acción presente de la ira divina, en un proceso de endurecimiento judicial y de anulación de restricciones, por el cual las personas son entregadas a sus preferencias corruptas, y algunas llegan a poner en práctica en forma cada vez más desenfrenada los malos deseos de su corazón pecaminoso. Pablo describe el proceso, tal como lo conocía él por su Biblia y el mundo de su tiempo, en Romanos 1:19-31, donde las frases claves son: "Dios los entregó a los malos deseos de sus corazones", "Dios los entregó a pasiones vergonzosas", "Dios... los entregó a la depravación mental" (Ro 1:24, 26, 28).

Si quieres pruebas de que la ira de Dios, revelada como un hecho en nuestra conciencia, ya opera como una fuerza en el mundo, diría Pablo, basta con que mires el mundo a tu alrededor y veas a qué "los entregó" Dios. ¿Y quién hoy en día, veinte siglos después de que él escribiera, se atrevería a desafiar su tesis?

3. La salvación de la ira de Dios. En los tres primeros capítulos de Romanos, Pablo se propone llamar nuestra atención a este asunto. Si "la ira de Dios viene revelándose desde el cielo contra toda impiedad e injusticia de los seres humanos" y "el día de la ira" viene cuando Dios "pagará a cada uno según lo que merezcan sus obras", ¿cómo podremos escapar al desastre alguno de nosotros? La cuestión urge porque todos "están bajo el pecado", "No hay un solo justo, ni siquiera uno"; "todo el mundo" queda "convicto delante de Dios" (Ro 3:9-10, 19). La ley no puede salvarnos, por cuanto su efecto único es estimular el pecado y mostrarnos qué lejos estamos de ser justos. Los adornos externos de la religión no pueden salvarnos tampoco, como tampoco puede la mera circuncisión salvar al judío. ¿Existe por lo tanto algún medio de salvarnos de la ira que vendrá?

Lo hay, y Pablo lo conoce. "Habiendo sido ahora justificados por Su sangre", proclama Pablo, "seremos salvos de la ira de Dios por medio de Él" (Ro 5:9). ¿Por la sangre de quién? La sangre de Jesucristo, el Hijo encarnado de Dios. ¿Y qué significa estar *justificados*? Significa ser perdonados y aceptados como justos. ¿Y cómo podemos ser justificados? Mediante la fe, o sea, la confianza absoluta en la obra y la persona de Jesús. ¿Y cómo puede la sangre de Jesús — es decir, Su muerte expiatoria— constituir la base de nuestra justificación? Pablo lo explica en Romanos 3:24-25, donde habla de "la redención que Cristo Jesús efectuó. Dios lo ofreció como un sacrificio de propiciación que se recibe por la fe en Su sangre". ¿Qué significa *propiciación*? Es un sacrificio que evita la ira mediante la expiación del pecado y la cancelación de la culpa.

Esto, como veremos en mayor detalle más adelante, constituye la médula misma del evangelio: que Cristo Jesús, en virtud de Su muerte en la cruz, como nuestro sustituto y portador de nuestro pecado, "es el sacrificio por el perdón de nuestros pecados" (1Jn 2:2). Entre nosotros los pecadores y las tormentosas nubes de la ira divina está ubicada la cruz del Señor Jesucristo. Si somos de Cristo, por la fe, entonces somos justificados por Su cruz, y la ira no nos alcanzará jamás, ni aquí ni en el más allá. Jesús "nos libra de la ira venidera" (1Ts 1:10, NBLA).

UNA REALIDAD SOLEMNE

No cabe duda de que el tema de la ira divina ha sido considerado en el pasado en forma especulativa, irreverente, y hasta maliciosa. No cabe duda de que ha habido quienes han predicado la ira y la condenación sin lágrimas en los ojos ni dolor en el corazón. No cabe duda de que el espectáculo de algunas sectas que alegremente consignan a todo el mundo al infierno, aparte de ellos mismos, ha sido motivo de disgusto para muchos. Pero si queremos conocer a Dios, es imprescindible que nos enfrentemos con la verdad acerca de Su ira, por más que esté pasada de moda la idea, y por fuertes que sean nuestros prejuicios iniciales contra ella. De otro modo, no podremos entender el evangelio de la salvación de la ira, ni la propiciación lograda por la cruz, ni la maravilla del amor redentor de Dios. Tampoco entenderemos la mano de Dios en la historia, y el proceder actual de Dios con Su pueblo; no le veremos pie ni cabeza al libro de Apocalipsis; nuestro evangelismo no tendrá la urgencia que recomienda Judas: "a otros, sálvenlos arrebatándolos del fuego" (Jud 23). Ni nuestro conocimiento de Dios ni nuestro servicio para Él se conformarán a Su Palabra.

La ira de Dios [escribió A. W. Pink] es una perfección del carácter divino sobre el cual debemos meditar con frecuencia. Primero, para que nuestro corazón sea debidamente impresionado por el hecho de que Dios detesta el pecado. Siempre nos sentimos inclinados a considerar el pecado con ligereza, a disimular su fealdad, a excusarlo. Pero cuanto más estudiamos y meditamos sobre la forma en que Dios lo aborrece y Su terrible venganza sobre él, tanto más probable es que nos demos cuenta de su perversidad.

Segundo, para crear en nuestro corazón un verdadero temor de Dios. "Seamos agradecidos. Inspirados por esta gratitud, adoremos a Dios como a Él le agrada, con temor reverente, porque nuestro 'Dios es fuego consumidor'" (Heb 12:28-29). No podemos servir a Dios "como a Él le agrada" a menos que haya la debida "reverencia" ante Su abrumadora Majestad, y "temor" ante Su justa ira; y la mejor forma de promover entre nosotros estas actitudes es la de traer a la memoria frecuentemente el hecho de que "nuestro 'Dios es fuego consumidor'". Tercero, para que nuestra alma se proyecte en ferviente alabanza [a Jesucristo] por habernos librado de "la ira venidera" (1Ts 1:10, NBLA). El hecho de que estemos dispuestos o no a meditar sobre la ira de Dios constituye la prueba más segura de cómo está realmente nuestro corazón hacia Él (*Los atributos de Dios*, p. 77).

Pink tiene razón. Si en realidad queremos conocer a Dios y ser conocidos por Él, debemos pedirle que nos enseñe aquí y ahora a enfrentar la solemne realidad de Su ira.

CAPÍTULO DIECISÉIS

BONDAD Y SEVERIDAD

❝ Por tanto, considera la bondad y la severidad de Dios", escribe Pablo en Romanos 11:22. La palabra clave aquí es *y*. El apóstol está explicando la relación entre judíos y gentiles en el plan de Dios. Acaba de recordar a sus lectores gentiles que Dios rechazó la gran mayoría de sus contemporáneos judíos por incredulidad, mientras que al mismo tiempo llevó a muchos paganos como ellos a la fe salvadora. Ahora les invita a tomar nota de las dos caras del carácter de Dios que aparecieron en esta transacción. "Por tanto, considera la bondad y la severidad de Dios: severidad hacia los que cayeron y bondad hacia ti". Los cristianos de Roma no deben considerar solo la bondad de Dios, ni solo Su severidad, sino ambas. Ambas constituyen atributos de Dios, es decir, son aspectos del carácter revelado de Dios. Ambas aparecen a la par en la economía de la gracia. Ambas deben ser reconocidas juntas si deseamos conocer verdaderamente a Dios.

PAPÁ NOEL Y EL GIGANTE DESESPERACIÓN
Tal vez nunca, desde que escribió Pablo, haya sido tan necesario como lo es hoy explicar esta cuestión. El enredo y la confusión modernos en cuanto al significado de la fe en Dios son casi indescriptibles. Las personas dicen creer en Dios, pero no tienen idea de quién es Aquel en el cual creen, ni qué significa creer en Él.

Los cristianos que quieren ayudar a sus vecinos a conocer la seguridad, la certeza, y el deleite de una relación con Dios no tienen ni idea dónde comenzar: la fantástica mezcla de ideas sobre Dios los deja sin aliento. ¿Cómo se ha enredado tanto la gente? ¿Cuál es la raíz de su confusión? ¿Y cuál es el punto de partida para enderezarla?

Para estas preguntas existen varias respuestas complementarias. Una explica que la gente se ha acostumbrado a seguir sus propios presentimientos religiosos en lugar de aprender de Dios en Su propia Palabra. Tenemos que ayudarlas a anular el orgullo, y, en algunos casos, las concepciones equivocadas acerca de las Escrituras que dieron lugar a tal actitud, y animarles a basar sus convicciones, no en lo que sienten sino en lo que la Biblia dice. Una segunda respuesta es que las personas modernas consideran que todas las religiones son iguales y equivalentes, y adoptan un conjunto de ideas acerca de Dios, tomándolas tanto de fuentes paganas como cristianas; y tenemos que tratar de demostrarles el carácter único y definitivo del Señor Jesucristo, la última palabra de Dios al hombre.

Una tercera respuesta es que las personas han dejado de reconocer la realidad de su propio pecado, lo cual imparte un grado de perversidad y enemistad contra Dios a todo lo que piensan y hacen; y es tarea nuestra enfrentar a la gente con este hecho a fin de que dejen de confiar en sí mismos y se hagan accesibles a la corrección por medio de la palabra de Cristo. Una cuarta respuesta, no menos importante que las tres anteriores, es que las personas hoy en día tienen la costumbre de disociar el pensamiento de la bondad de Dios de Su severidad; y debemos tratar de erradicar esta costumbre, ya que lo único que cabe mientras persiste es la incredulidad.

La costumbre en cuestión, aprendida primeramente de ciertos teólogos alemanes del siglo pasado, ha invadido completamente al protestantismo occidental y moderno. En el hombre común hoy en día constituye una regla, no una excepción, rechazar toda idea de ira divina y juicio, y dar por sentado que el carácter de Dios, desfigurado (¡por cierto!) en muchas partes de la Biblia, es en realidad un carácter de indulgente benevolencia sin severidad alguna.

Cierto es que algunos teólogos recientes, como reacción, han procurado reafirmar la doctrina de la santidad de Dios, pero sus esfuerzos han resultado débiles y sus palabras, en general, han caído en oídos sordos.

Los protestantes modernos no abandonarán su adhesión "iluminada" a la doctrina de un Papá Noel celestial simplemente porque un Brunner o un Niebuhr sospechen que aquí no termina la historia. La certeza de que no hay más que decir de Dios (si es que Dios existe) que Él es infinitamente tolerante y bondadoso, es tan difícil de erradicar como una enredadera. Una vez que esa certeza ha echado raíces, el cristianismo, en el verdadero sentido de la palabra, simplemente se muere. Porque la sustancia del cristianismo es la fe en el perdón de pecados mediante la obra redentora de Cristo en la cruz.

Sin embargo, según la teología del Papá Noel, los pecados no ocasionan ningún problema y la expiación resulta innecesaria; el favor activo de Dios no se extiende menos a los que ignoran Sus mandatos que a los que los obedecen. La idea de que la actitud de Dios hacia mí es afectada por el hecho de que yo haga o no lo que Él me dice no tiene lugar en el pensamiento del hombre en la calle, y cualquier intento de indicar la necesidad de sentir temor ante la presencia de Dios, y de temblar ante Su palabra, se descarta como algo irremediablemente pasado de moda, como un concepto "victoriano", "puritano" o "menos que cristiano".

Sin embargo, la teología de Papá Noel lleva en sí la semilla de su propio colapso, porque no puede lidiar con la existencia del mal. No es accidental que cuando la creencia en el "buen Dios" del liberalismo alcanzó difusión, a principios de siglo, el así llamado "problema del mal" (que hasta entonces no había sido ningún problema) súbitamente adquirió prominencia como la cuestión prioritaria de la apologética cristiana. Esto era inevitable, porque no era posible ver la buena voluntad de un Papá Noel celestial en cosas tan desgarradoras y destructivas como la crueldad, la infidelidad matrimonial, la muerte en las calles o el cáncer de pulmón. La única forma de salvar la perspectiva liberal de Dios es disociarlo de estas cosas y negar que Él tenga relación directa con ellas o control sobre las mismas; en otras palabras, negar Su omnipotencia y Su señorío sobre el mundo. Los teólogos liberales adoptaron esta posición hace cincuenta años, y el hombre de la calle la acepta hoy. De este modo ha quedado con un Dios bueno que quiere hacer el bien, pero que no siempre puede aislar a Sus hijos del dolor y las dificultades. Cuando se presentan las dificultades, en consecuencia, no hay otra solución que sonreír y aguantar. De este

PARTE DOS | *¡Contempla a Dios!*

modo, mediante una irónica paradoja, la fe en Dios que es todo bondad y nada de severidad, tiende a afirmar a los hombres en su actitud fatalista y pesimista hacia la vida.

He aquí, por lo tanto, una de las veredas religiosas de nuestro día, que conducen (como lo hacen todas, de un modo u otro) al país del Castillo de la Duda y del Gigante Desesperación.* ¿Cómo pueden los que se han descarriado de este modo volver al camino verdadero? Solamente aprendiendo a relacionar la bondad de Dios con Su severidad, según las Escrituras. El propósito de este capítulo es bosquejar la sustancia de la enseñanza bíblica sobre este punto.

LA BONDAD DE DIOS

La bondad, tanto en Dios como en los seres humanos, significa algo admirable, atractivo, digno de alabanza. Cuando los escritores bíblicos llaman a Dios *bueno*, están pensando en general en todas aquellas cualidades morales que hacen que Su pueblo lo llame *perfecto*, y, en particular, en la generosidad que los lleva a llamarlo *misericordioso* y *lleno de gracia*, así como también a hablar de Su *amor*. Ampliemos esto un poco más.

La Biblia proclama constantemente el tema de la perfección moral de Dios, como la declaran Sus propias palabras y se verifica en la experiencia de Su pueblo. Cuando estaba con Moisés en el monte Sinaí "proclamando el nombre (es decir, el carácter revelado) de Yahvé (esto es, Dios como el Yahvé de Su pueblo, el soberano Salvador que dice de Sí mismo 'Yo soy el que soy' en el pacto de gracia)", lo que dijo fue esto: "El Señor, el Señor, Dios clemente y compasivo, lento para la ira y grande en amor y fidelidad, que mantiene su amor hasta mil generaciones después, y que perdona la iniquidad, la rebelión y el pecado; pero que no deja sin castigo al culpable" (Ex 34:5-7). Y este proclamar de la perfección moral de Dios se llevó a cabo como el cumplimiento de Su promesa de hacer pasar delante de Moisés todo Su bien, Su *bondad* (Ex 33:19). Todas las perfecciones particulares que se mencionan aquí, y todas las que van con ellas —toda la veracidad y absoluta honestidad de Dios, Su inagotable justicia y sabiduría, Su ternura, Su paciencia y Su total suficiencia para todos aquellos que

---

* Figuras tomadas de *El progreso del peregrino*, de Juan Bunyan.

buscan penitentemente Su auxilio, la nobleza de Su bondad al ofrecer a los creyentes el exaltado destino de la comunión con Él en santidad y amor—, todas estas cosas en conjunto constituyen la bondad de Dios, en el sentido pleno de la suma total de Sus excelencias reveladas.

Y cuando David declaró: "El camino de Dios es perfecto" (2S 22:31; Sal 18:30), lo que quiso decir fue que el pueblo de Dios encuentra en la experiencia, como lo había encontrado él mismo, que Dios jamás obra sino dentro del marco de la bondad que ha manifestado poseer. "El camino de Dios es perfecto; la palabra del Señor es intachable. Escudo es Dios a los que en Él se refugian". Este salmo en general constituye la declaración retrospectiva de David sobre la forma en que él mismo había comprobado que Dios es fiel a Sus promesas y del todo suficiente como escudo y defensor. Y todo hijo de Dios que no haya perdido su derecho de primogenitura por renunciar al camino disfruta de una experiencia paralela.

(Incidentalmente, si el lector no ha leído con atención todo este salmo, preguntándose en cada punto en qué medida su testimonio se compara con el de David, le sugeriría que lo hiciera de inmediato; y que luego lo siga haciendo con frecuencia. Descubrirá que se trata de una disciplina saludable, si bien demoledora).

Con todo, hay más todavía. Dentro del conjunto de perfecciones morales de Dios hay una en particular a la que apunta el término *bondad*: la cualidad que Dios destacó en forma específica dentro del total cuando proclamó "todo Su bien" a Moisés. Habló sobre Sí mismo con la expresión "abundante en *misericordia* y verdad" (Ex 34:6, NBLA). Esta es la cualidad de la *generosidad*. La generosidad significa una disposición a dar a los demás de una manera que no tiene motivos lucrativos y que no está limitada por lo que los destinatarios merecen, sino que va de manera coherente más allá. La generosidad expresa el simple deseo de que los demás tengan lo que necesitan para ser felices. La generosidad es, por así decirlo, el punto central de la perfección moral de Dios; es la cualidad que determina cómo se despliegan todas las restantes excelencias de Dios.

Dios es "abundante en misericordia"; *ultra bonus*, como solían expresarlo los teólogos latinos de otros tiempos, espontáneamente bueno, rebosante de generosidad. Los teólogos de la escuela reformada emplean la palabra neotestamentaria *gracia* (favor gratuito) para cubrir todo acto de generosidad divina, del tipo que sea, y por lo tanto distinguen entre la *gracia común* de la "creación, preservación, y todas las bendiciones de esta vida" y la *gracia especial* manifestada en la economía de la salvación. El sentido del contraste entre *común* y *especial* está en que todos se benefician de la gracia común, pero no todos alcanzan la gracia especial. El modo bíblico de trazar la diferencia sería decir que Dios es bueno con todos en algunas maneras y con algunos en todas las maneras.

La generosidad de Dios que consiste en conceder bendiciones naturales es aclamada en el Salmo 145. "El Señor es bueno con todos; Él se compadece de toda Su creación... Los ojos de todos se posan en Ti, y a su tiempo les das su alimento... Abres la mano y sacias con Tus favores a todo ser viviente" (Sal 145:9, 15-16; *cf.* Hch 14:17). El salmista quiere decir lo siguiente: puesto que Dios controla todo lo que ocurre en Su mundo, cada comida, cada placer, cada posesión, cada rayo de sol, cada noche de sueño, cada momento de salud y seguridad, todo lo que sostiene y enriquece la vida, es un regalo divino. ¡Y cuán abundantes son estos dones! "Cuenta tus bendiciones, nómbralas una por una", nos anima el coro infantil, y cualquiera que comience seriamente a enumerar solamente sus bendiciones naturales pronto sentirá la fuerza de la siguiente línea: "y te sorprenderá lo que el Señor ha hecho". Pero las misericordias de Dios en el plano natural, por muy abundantes que sean, se ven eclipsadas por las misericordias mayores de la redención espiritual.

Cuando los cantores de Israel llamaban al pueblo a dar gracias a Dios "porque Él es bueno; Su gran amor perdura para siempre" (Sal 106:1; 107:1; 118:1; 136:1; *cf.* 100:4-5; 2Cr 5:13; 7:13; Jer 33:11), generalmente estaban pensando en misericordias redentoras: misericordias tales como "las proezas" de Dios al salvar a Israel de Egipto (Sal 106:2; 136), Su disposición para ser paciente y perdonar cuando Sus siervos caen en pecado (Sal 86:5), y Su ánimo pronto para enseñar a Su pueblo Su camino (Sal 119:68). Y la bondad a que se refería Pablo en Romanos 11:22 era la misericordia de Dios de injertar gentiles "silvestres" en el olivo, es decir, la comunión del pueblo del pacto, la comunidad de los creyentes salvados.

La exposición clásica de la bondad de Dios es el Salmo 107. Allí, para reforzar su llamado a alabar al Señor "porque Él es bueno", el salmista generaliza basado en experiencias pasadas de Israel en la cautividad, y de israelitas con necesidades personales, para dar cuatro ejemplos de cómo "en su angustia clamaron al Señor, y Él los libró de su aflicción" (Sal 107:1, 6, 13, 19, 28). El primer ejemplo es el de Dios redimiendo a los impotentes de manos de sus enemigos y conduciéndolos por el desierto hasta encontrar un lugar donde vivir; el segundo es el de Dios librando de "las puertas mismas de la muerte" a quienes Él mismo había llevado a esa condición a causa de su rebeldía contra Él; el tercero es el de Dios sanando las enfermedades con las que había castigado a los rebeldes que no lo tuvieron en cuenta; el cuarto es el de Dios protegiendo a los que andaban en el mar cuando la tempestad amenazaba hundir el barco. Cada uno de los episodios termina con el estribillo: "¡Que den gracias al Señor por Su gran amor, por Sus maravillas en favor de los hombres!" (Sal 107:8, 15, 21, 31). Todo el salmo constituye un majestuoso panorama de las operaciones de la bondad divina al transformar vidas humanas.

LA SEVERIDAD DE DIOS

Veamos ahora lo que es la severidad de Dios. La palabra que emplea Pablo en Romanos 11:22 significa literalmente "cortar"; denota el retiro terminante por parte de Dios de Su bondad hacia los que la han despreciado. Nos recuerda un hecho en relación con Dios que Él mismo declaró cuando proclamó Su nombre ante Moisés; a saber, que si bien Él es "abundante en misericordia y verdad", "no deja sin castigo al culpable", es decir, los culpables obstinados e impenitentes (Ex 34:6-7). El acto de severidad al que se refería Pablo era el rechazo por parte de Dios de Israel como cuerpo —separándolos del olivo, del que ellos constituían ramas naturales— porque no creyeron el evangelio de Jesucristo. Israel calculaba que contaba con la misericordia de Dios, pero no tuvieron en cuenta la manifestación concreta de Su misericordia en el Hijo; y la reacción de Dios fue veloz: cortó a Israel. Pablo aprovecha la ocasión para advertir a los cristianos gentiles que si se alejaban como ocurrió con Israel, Dios los cortaría a ellos también. "Tú por la fe te mantienes firme. Así que no seas arrogante, sino temeroso; porque, si Dios no tuvo miramientos con las ramas originales, tampoco los tendrá contigo" (Ro 11:20-21).

El principio que Pablo aplica aquí es que, detrás de cada muestra de bondad divina, se esconde una amenaza de severidad en el juicio si se desprecia esa bondad. Si no permitimos que nos atraiga hacia Dios con gratitud y amor receptivo, solo podremos culparnos a nosotros mismos cuando Dios se vuelva contra nosotros.

En la misma carta a los Romanos, Pablo ya se había dirigido al crítico no cristiano y satisfecho de sí mismo en los siguientes términos: "Su bondad *quiere llevarte* al arrepentimiento" (Ro 2:4), es decir, como lo expresa correctamente J. B. Phillips en su paráfrasis, *"tiene como fin guiarte* al arrepentimiento". "Tú… cuando juzgas a los demás… te condenas a ti mismo, ya que practicas las mismas cosas", sin embargo, Dios ha cargado con tus faltas, las mismas faltas que en tu opinión merecen el juicio divino cuando las ves en otros, tendrías que sentirte muy humillado y muy agradecido. Pero si, mientras destrozas a otros, tú mismo no te vuelves a Dios, entonces "desprecias las riquezas de la bondad de Dios, de Su tolerancia y de Su paciencia", y, de este modo, "por tu obstinación y por tu corazón empedernido sigues acumulando castigo contra ti mismo para el día de la ira" (Ro 2:1-5).

De modo similar, Pablo les dice a los cristianos romanos que la misericordia de Dios sería su porción si se daba una condición: "si no te mantienes en Su bondad, tú también serás desgajado" (Ro 11:22). Es el mismo principio en cada caso. Quienes rehúsan responder a la bondad de Dios arrepintiéndose, y expresando fe, confianza y sumisión a Su voluntad, no pueden sorprenderse o quejarse si tarde o temprano las pruebas de Su bondad son quitadas, la oportunidad para beneficiarse de ella termina, y viene la retribución.

Pero Dios no es impaciente en Su severidad; todo lo contrario. Dios es "lento para la ira y grande en amor" (Neh 9:17; Sal 103:8; 145:8; Jl 2:13; Jon 4:2). La Biblia da gran importancia a la paciencia y la tolerancia de Dios, por cuanto pospone juicios merecidos con el fin de extender el día de la gracia y dar mayor oportunidad para el arrepentimiento. Pedro nos recuerda cómo, cuando la tierra estaba corrompida y clamaba pidiendo juicio, con todo, "Dios esperaba con paciencia mientras se construía el arca" (1P 3:20), referencia, probablemente, a los ciento veinte años de tregua (como parece haberlo sido) que se mencionan en Génesis 6:3.

De nuevo, en Romanos 9:22, Pablo nos dice que, a lo largo del curso de la historia, Dios "*soportó* con mucha paciencia a los que eran objeto de

Su castigo y estaban destinados a la destrucción". Además, Pedro explica a sus lectores del primer siglo que la razón de que el prometido regreso de Cristo para juzgar no ha ocurrido aún es que Dios "tiene paciencia con ustedes, porque no quiere que nadie perezca, sino que todos se arrepientan" (2P 3:9); y esa misma explicación aparentemente tiene vigencia hasta hoy. La paciencia que Dios manifiesta al dar "tiempo para que se arrepienta" (Ap 2:21), antes de que se produzca el juicio, constituye una de las maravillas de la historia bíblica. No es de sorprender que el Nuevo Testamento recalque el hecho de que la paciencia es una virtud y una obligación cristiana; es en verdad parte de la imagen de Dios (Ga 5:22; Ef 4:2; Col 3:12).

NUESTRA RESPUESTA

Siguiendo la línea de pensamiento expresada arriba podemos aprender por lo menos tres lecciones.

1. Apreciar la bondad de Dios. Enumera tus bendiciones. Aprende a no dar por sentado los beneficios naturales, capacidades y deleites; aprende a dar gracias a Dios por todo. No menosprecies la Biblia ni el evangelio de Jesucristo con una actitud ligera hacia cualquiera de los dos. La Biblia te muestra a un Salvador que sufrió y murió con el propósito de que nosotros los pecadores pudiéramos ser reconciliados con Dios; el Calvario es la medida de la bondad de Dios; tómalo en cuenta. Hazte la pregunta del salmista: "¿Cómo puedo pagarle al SEÑOR por tanta bondad que me ha mostrado?". Procura tener la gracia suficiente para dar su respuesta: ¡Tan solo brindando con la copa de salvación e invocando el nombre del Señor!… Yo, SEÑOR, soy Tu siervo… Cumpliré mis votos al SEÑOR" (Sal 116:12-18).

2. Apreciar la paciencia de Dios. Medita cómo te ha soportado, y cómo te sigue tolerando, cuando tantas cosas en tu vida son indignas de Él y has merecido tanto Su rechazo. Aprende a maravillarte de Su paciencia, y busca la gracia de imitarla en tu trato con los demás; y trata de no poner más a prueba Su paciencia.

3. Apreciar la disciplina de Dios. Es a la vez tu defensor y, en última instancia, tu entorno. Todas las cosas vienen de Él, y has probado Su bondad cada día de tu vida. ¿Te ha llevado esta experiencia al arrepentimiento y a la fe en Cristo? Si no es así, estás jugando con Dios y estás bajo la amenaza de Su severidad. Pero si ahora Él (en la frase de Whitefield) pone espinas en tu cama, es solo para despertarte del sueño de la muerte espiritual, y para que te levantes a buscar Su misericordia.

O si eres un verdadero creyente, y Él todavía pone espinas en tu cama, es solo para evitar que caigas en la somnolencia de la complacencia y para asegurar que te mantengas en esa bondad, dejando que tu sentido de necesidad te haga volver constantemente en la humillación de ti mismo y en la fe para buscar Su rostro. Esta disciplina bondadosa, en la que la severidad de Dios nos toca por un momento en el contexto de Su bondad, tiene por objetivo evitar que tengamos que soportar todo el peso de esa severidad fuera de ese contexto. Es una disciplina de amor, y debe ser recibida como tal. "Hijo mío, no tomes a la ligera la disciplina del Señor" (Heb 12:5). "Me hizo bien haber sido afligido, porque así llegué a conocer tus decretos" (Sal 119:71).

CAPÍTULO DIECISIETE

EL DIOS CELOSO

"El Dios celoso", ¿acaso no suena ofensivo? Porque conocemos los celos, el monstruo de ojos rojos, como un vicio, uno de los vicios más dañinos y destructores del alma que existen; mientras Dios, estamos seguros, es perfectamente bueno. ¿Cómo, entonces, podría alguien imaginar que los celos se encuentran en Él?

El primer paso para dar una respuesta a esta pregunta es aclarar que no se trata de *imaginar* nada. Si estuviéramos imaginando un dios, entonces, naturalmente, le asignaríamos solo características que admiramos, y el celo no entraría en escena. A nadie se le daría por *imaginar* un dios celoso. Pero no estamos fabricando una idea referente a Dios sobre la base de nuestra imaginación; más bien, estamos procurando escuchar la voz de las Sagradas Escrituras, en la que el propio Dios nos dice la verdad sobre Sí mismo. Porque Dios, nuestro Creador, a quien jamás hubiéramos podido descubrir mediante el ejercicio de la imaginación, se ha revelado a Sí mismo. Ha hablado. Se ha comunicado mediante muchos agentes humanos, y en forma suprema mediante Su Hijo, nuestro Señor Jesucristo. Y no ha dejado que Sus mensajes, y el recuerdo de Sus portentosos hechos, sean torcidos y perdidos por los procesos que distorsionan de la transmisión oral. En cambio, ha dispuesto que quedaran registrados en forma de escritos permanentes. Y allí en la Biblia, el "registro público" de Dios, como la llamaba Calvino, encontramos que Dios habla repetidas veces de Su celo.

Cuando Dios sacó a Israel de Egipto y lo llevó al Sinaí, para darle la ley y el pacto, Su celo fue uno de los primeros hechos que le enseñó en cuanto a Sí mismo. La sanción del segundo mandamiento, que le fue dado a Moisés en forma audible y escrita "por el dedo mismo de Dios" en tablas de piedra (Ex 31:18), se hizo con estas palabras: "Yo, el SEÑOR tu Dios, soy un Dios celoso" (Ex 20:5). Poco después, Dios le dio a Moisés el mismo concepto en forma más sorprendente: "el SEÑOR es muy celoso. Su nombre es Dios celoso" (Ex 34:14). Por encontrarse en el lugar que se encuentra, este texto resulta sumamente significativo. El hacer conocer el nombre de Dios —es decir, como siempre en la Escritura, Su naturaleza y carácter— constituye un tema básico de Éxodo. En el capítulo 3, Dios había declarado que Su nombre era "Yo SOY EL QUE SOY", o simplemente "Yo SOY", y en el capítulo 6, "Jehová (el SEÑOR)". Estos nombres hacían referencia a Su existencia propia, Su autodeterminación y Su soberanía. Luego, en el capítulo 34, Dios había proclamado a Moisés Su nombre diciéndole que "el SEÑOR es clemente y compasivo, lento para la ira y grande en amor y fidelidad, que mantiene Su amor... que perdona la iniquidad... que castiga la maldad" (Ex 34:6-7). He aquí un nombre que destacaba Su gloria moral.

Finalmente, siete versículos más adelante, como parte de la misma conversación con Moisés, Dios resumió y redondeó la revelación declarando que Su nombre era "Celoso". Está claro que esta palabra inesperada representaba una cualidad de Dios que, lejos de ser incompatible con la exposición anterior de Su nombre, era en un sentido su resumen. Y como esta cualidad era en un sentido verdadero acerca de Su "nombre", es evidente que era muy importante que Su pueblo la comprendiera.

Hay referencias a Su celo en otras partes del Pentateuco (Nm 25:11; Dt 4:24; 6:15; 29:20; 32:16, 21), en los libros de historia (Jos 24:19; 1R 14; 22), en los profetas (Ez 8:3-5; 16:38, 42; 23:25; 36:5-7; 38:19; 39:25; Jl 2:18; Nah 1:2; Sof 1:18; 3:8; Zac 1:14; 8:2), y en los Salmos (Sal 78:58; 79:5). Se presenta constantemente como un motivo para la acción, ya sea en la ira o la misericordia. "Celaré el prestigio de Mi santo nombre" (Ez 39:25); "Mi amor por Sión y por Jerusalén me hace sentir celos por ellas" (Zac 1:14); "El SEÑOR es un Dios celoso y vengador" (Nah 1:2).

En el Nuevo Testamento Pablo les pregunta a los insolentes corintios: "¿O vamos a provocar a celos al Señor?" (1Co 10:22); Santiago 4:5, versículo de difícil interpretación, dice así: "¿O creen que la Escritura dice en vano que Dios ama celosamente [literalmente, "a celos"] al espíritu que hizo morar en nosotros?".

LA NATURALEZA DEL DIOS CELOSO

Pero nos preguntamos: ¿cuál es la naturaleza de este celo divino? ¿Cómo puede ser una virtud en Dios cuando es un defecto en los seres humanos? Las perfecciones de Dios son asunto para la alabanza; pero, ¿cómo podemos alabar a Dios por ser celoso?

Las respuestas a estas interrogantes las encontraremos teniendo en cuenta dos factores.

1. Las afirmaciones bíblicas acerca del celo de Dios son antropomorfismos. Es decir, descripciones de Dios en lenguaje tomado de la vida humana. La Biblia está llena de antropomorfismos: el brazo, la mano, el dedo de Dios, Su facultad de oír, ver, oler; Su ternura, enojo, arrepentimiento, risa, gozo, etc. La razón de que Dios usa estos términos para hablarnos acerca de Sí mismo se debe a que el lenguaje tomado de nuestra propia vida personal constituye el medio más preciso que tenemos para comunicar pensamientos sobre Él. Dios es un ser *personal*, y también lo somos nosotros, de un modo que no lo comparte ninguna otra cosa creada. Solo el hombre, de toda la creación física, fue hecho a la imagen de Dios. Como nos parecemos más a Dios que ningún otro ser que conozcamos, resulta más instructivo y menos desconcertante que Dios se nos presente en términos humanos de lo que lo sería si se valiera de cualquier otro medio. Esto ya lo dejamos aclarado dos capítulos atrás.

Sin embargo, frente a los antropomorfismos de Dios, es fácil tomar el extremo equivocado de la vara. Debemos tener presente que el hombre no es la medida de su Hacedor, y que, cuando se emplea para Dios el lenguaje relacionado con la vida de los seres humanos, no debe suponerse que están incluidas las limitaciones de las criaturas humanas: de conocimiento, poder, visión, fuerza, lógica, o cualquiera otra similar. Y debemos recordar que aquellos elementos de las cualidades humanas que evidencian el efecto corruptor del pecado no tienen contrapartida en Dios. Así, por ejemplo, Su ira no es esa innoble erupción de furia humana tan frecuente en nosotros, señal de orgullo y debilidad, sino que es la santidad que reacciona ante el mal, de un modo que resulta moralmente justo y glorioso. "La ira humana no produce la vida justa que Dios quiere" (Stg 1:20), pero la ira de Dios es precisamente Su justicia manifestada en acción judicial.

Así, el celo de Dios no es un compuesto de frustración, envidia, despecho, como lo es tan a menudo el celo humano, sino que aparece en cambio como un fervor (literalmente) digno de alabanza para preservar algo en extremo precioso. Esto nos lleva al segundo punto.

2. Hay dos clases de celos entre las personas, y solo uno de ellos constituye un defecto. El celo vicioso (la envidia) es una expresión de la actitud que dice: "Yo quiero lo que tú tienes, y te odio porque no lo tengo". Se trata de un resentimiento infantil que brota como consecuencia de la codicia no reprimida, que se expresa en envidia, malicia y mezquindad de proceder. Es terriblemente potente, porque se nutre y a la vez es alimentado por el orgullo, la raíz principal de nuestra naturaleza caída. El celo puede volverse obsesivo y, si se le da rienda suelta, puede llegar a destrozar por completo una personalidad que antes era firme. "Cruel es el furor e inundación la ira; pero ¿quién se mantendrá ante los celos?", pregunta el sabio (Pro 27:4, NBLA). Lo que con frecuencia se denomina el celo sexual, la loca furia de un pretendiente rechazado o suplantado, es de este tipo.

Pero hay otra clase de celo: el celo por proteger una relación amorosa, o por vengarla cuando ha sido rota. Este celo opera igualmente en la esfera del sexo; allí, sin embargo, aparece no como la reacción ciega del orgullo herido, sino como fruto del afecto matrimonial. Como lo ha expresado el profesor Tasker, las personas casadas "que no sintieran celo ante la irrupción de un amante o un adúltero en el hogar carecerían por cierto de percepción moral; porque la exclusividad en el matrimonio es la esencia del mismo" (*The Epistle of James* [*La Epístola de Santiago*], p. 106). Este tipo de celo es una virtud positiva, por cuanto denota una real comprensión del verdadero significado de la relación entre marido y mujer, junto con el celo necesario para mantenerla intacta.

La ley del Antiguo Testamento reconocía la conveniencia de tales celos y prescribía una "ofrenda por los celos" y una prueba de maldición por la que un marido que temiera que su mujer le hubiera sido infiel, y que en consecuencia estuviera poseído por un "ataque de celos", pudiera tranquilizarse de un modo u otro (Nm 5:11-31). Ni aquí ni en la otra referencia al esposo ofendido, en Proverbios 6:34, sugieren las Escrituras que el "celo" sea cuestionable en este caso; más bien, trata su decisión de cuidar su matrimonio contra la invasión, y de tomar medidas contra cualquiera que se atreva a violarlo, como algo natural, normal y justo, y como prueba de que valora el matrimonio como corresponde.

Ahora bien, las Escrituras consideran de manera continua que los celos de Dios son de este último tipo: es decir, como un aspecto de Su amor de pacto por Su propio pueblo. El Antiguo Testamento considera el pacto de Dios como Su matrimonio con Israel, que lleva en sí la demanda de un amor y una lealtad incondicionales. La adoración de ídolos, y toda relación comprometedora con idólatras paganas, constituía una desobediencia e infidelidad, lo cual Dios veía como un adulterio espiritual que lo provocaba al celo y la venganza. Todas las referencias de Moisés al celo de Dios tienen que ver con la adoración de ídolos de un modo u otro, todas tienen su origen en la sanción del segundo mandamiento, que citamos anteriormente. Lo mismo se puede decir de Josué 24:19; 1 Reyes 14:22; Salmo 78:58, y en el Nuevo Testamento, 1 Corintios 10:22. En Ezequiel 8:3, a un ídolo que se adoraba en Jerusalén se le llama "ídolo que provoca los celos de Dios". En Ezequiel 16, Dios caracteriza a Israel como Su esposa adúltera, involucrada en impías alianzas con ídolos e idólatras de Canaán, Egipto y Asiria, y pronuncia sentencia con estas palabras: "Te juzgaré como a una adúltera y homicida, y derramaré sobre ti mi ira y mi celo" (Ez 16:38; cf. 16:42; 23:25).

Por estos pasajes podemos ver claramente lo que Dios quería decir cuando le dijo a Moisés que Su nombre era "celoso". Quiso decir que exige de aquellos a quienes ha amado y redimido total y absoluta lealtad, y que vindicará Su exigencia mediante una acción rigurosa contra ellos si traicionan Su amor con infidelidad. Calvino dio en el clavo cuando explicó la sanción del segundo mandamiento como sigue:

> El Señor con frecuencia se dirige a nosotros en carácter de esposo... Así como Él cumple todas las funciones de un esposo fiel y verdadero, requiere de nosotros amor y castidad; es decir, que no prostituyamos nuestra alma con Satanás... Así como cuanto más puro y casto sea un esposo, tanto más gravemente se siente ofendido cuando ve que su esposa se va hacia un rival; así también el Señor, que en verdad nos ha desposado consigo, declara que

arde con el celo más ardiente cada vez que, ignorando la pureza de Su santo matrimonio, nos contaminamos con concupiscencias abominables, y especialmente cuando la adoración de Su Deidad, que tendría que haber sido mantenida irreprochable con el mayor cuidado, se transfiere a otro, o se adultera con alguna superstición; por cuanto de este modo no solo violamos nuestro desposorio sino que contaminamos el lecho nupcial, permitiendo en él a los adúlteros (*Institución*, II, viii, 18).

No obstante, si queremos ver la cuestión en su verdadera dimensión, tendremos que aclarar algo más. Los celos de Dios por Su pueblo, como hemos visto, presuponen Su amor de pacto; y este amor no es un afecto transitorio, accidental y sin rumbo, sino que es la expresión de un propósito soberano. El objetivo del amor de Dios en el pacto es contar con un pueblo en la tierra mientras dure la historia, y posteriormente tener a todos los fieles de todas las épocas consigo en gloria. El amor pactado es el centro del plan de Dios para Su mundo.

Es a la luz del plan total de Dios para Su mundo que debemos, en último análisis, entender Su celo. Porque el objetivo supremo de Dios, como lo declara la Biblia, es triple: vindicar Su gobierno y Su justicia mostrando Su soberanía al juzgar el pecado; rescatar y redimir a Su pueblo elegido; y ser amado y alabado por ellos por Sus gloriosos actos de amor y vindicación propia. Dios busca lo que nosotros deberíamos buscar —Su gloria, en y a través de los hombres—, y Su celo tiene como fin asegurar al final este objetivo. Su celo es, precisamente, en todas sus manifestaciones, "el celo del Señor Todopoderoso" (Is 9:7; 37:32; *cf.* Ez 5:13) para lograr el cumplimiento de Su propósito de misericordia y justicia.

De manera que el celo de Dios lo lleva, por un lado, a juzgar y destruir a los que no tienen fe entre Su pueblo, los que caen en idolatría y pecado (Dt 6:14-15; Jos 24:19-20; Sof 1:18), y, más aun, a juzgar a los enemigos de la justicia y la misericordia en todas partes (Ez 36:5-7; Nah 1:2; Sof 3:8); también lo lleva, por otro lado, a restaurar a Su pueblo luego que el juicio nacional los ha castigado y humillado (el juicio de la cautividad, Zac 1:14-17; 8:2; el juicio de la plaga de langostas, Jl 2:18). ¿Y qué es lo que motiva estas acciones? Simplemente el hecho de que se muestra "celoso de [Su] santo nombre" (Ez 39:25, NBLA). Su *nombre* es Su naturaleza y carácter como Yahvé, el SEÑOR, gobernante de la historia, guardián de la justicia y salvador de los pecadores, y Dios quiere que Su nombre sea conocido, honrado y alabado. "Yo soy el Señor; ¡ese es Mi nombre! No entrego a otros Mi gloria, ni Mi alabanza a los ídolos". "Y lo he hecho por Mí, por Mí mismo. ¿Cómo puedo permitir que se me profane? ¡No cederé Mi gloria a ningún otro!" (Is 42:8; 48:11). En estos textos está la quintaesencia de los celos de Dios.

LA RESPUESTA CRISTIANA

¿Qué relación práctica tiene todo esto con los que profesan ser el pueblo del Señor? La respuesta se puede dar bajo dos encabezados.

1. El celo de Dios exige que seamos celosos hacia Dios. Como la respuesta apropiada al amor de Dios hacia nosotros es amor hacia Él, así también la respuesta apropiada a Su celo por nosotros es celo por Él. Su interés por nosotros es grande; el nuestro por Él debe serlo también. Lo que implica la prohibición de la idolatría en el segundo mandamiento es que el pueblo de Dios debe dedicarse en forma positiva y apasionada a Su persona, causa y honor. La palabra bíblica para tal devoción es justamente *celo*, a veces denominado de forma precisa *celo por Dios*. Dios mismo, como hemos visto, ostenta este celo, y los fieles deben manifestarlo también.

La descripción clásica del celo de Dios la hizo el obispo J. C. Ryle. Lo citamos con amplitud:

> El celo en lo religioso es un deseo ardiente de agradar a Dios, hacer Su voluntad, y proclamar Su gloria en el mundo en todas las maneras posibles. Es un deseo que ningún hombre siente naturalmente —el cual el Espíritu pone en el corazón de todo creyente cuando se convierte—, pero que algunos creyentes sienten en forma mucho más fuerte que otros, al punto de que solo ellos merecen ser considerados "celosos"...
>
> El hombre celoso en lo religioso es preeminentemente hombre de una sola cosa. No basta con decir que es diligente, sincero,

inflexible, íntegro, activo y ferviente en espíritu. Solo ve una cosa y está envuelto en una sola cosa, la cual es agradar a Dios. Sea que viva o que muera; sea que tenga salud o que padezca enfermedad; sea rico o sea pobre; sea que agrade a los hombres o que los ofenda; sea que se le considere sabio o se le considere necio; sea que reciba alabanza o que reciba censura; sea que reciba honra o pase vergüenza; al hombre que tiene celo nada de esto le importa. Siente fervor por una sola cosa, la cual es agradar a Dios y proclamar Su gloria. Si ese fervor ardiente lo consume, esto tampoco le importa; está contento. Siente que, como una lámpara, ha sido hecho para arder; y si se consume al arder, no ha hecho más que cumplir con la tarea para la que Dios lo ha designado. Tal persona siempre encontrará espacio para su celo. Si no puede predicar, trabajar, dar dinero, podrá llorar, suspirar, orar... Si no puede luchar en el valle con Josué, hará la obra de Moisés, Aarón, y Hur en el monte (Ex 17:9-13). Si se le impide trabajar, no le dará descanso al Señor hasta que la ayuda necesaria surja de alguna parte y la obra se realice. Esto es lo que quiero decir cuando hablo de "celo" en la religión (*Practical Religion* [*Cristianismo práctico*], ed. 1959, p. 130).

El celo, notamos, es un mandato en las Escrituras. Se le alaba. Los cristianos deben ser un pueblo "celoso de buenas obras" (Tit 2:14, NBLA). Por su "celo", luego de haber sido reprendidos, los corintios fueron aplaudidos (2Co 7:11). Elías sintió "mucho celo por el Señor" (1R 19:10, 14), y Dios honró su celo enviando un carro de fuego que lo llevara al cielo y eligiéndolo como el representante de la "compañía de los profetas" para estar con Moisés en el monte de la transfiguración y hablar con el Señor Jesús. Cuando Israel provocó la ira de Dios por su idolatría y su prostitución, y Moisés había sentenciado a los culpables a muerte y el pueblo lloraba, y un hombre eligió ese momento para aparecer con una mujer madianita del brazo, y Finees, prácticamente loco de desesperación, alanceó a ambos, Dios ensalzó a Finees por haber tenido "celo por Dios", "pues ha actuado con el mismo celo que yo habría tenido por Mi honor. Por eso no destruí a los israelitas con el furor de Mi celo" (Nm 25:11, 13).

Pablo era un hombre celoso, con la mente puesta en su Señor. Enfrentando la prisión y el dolor, declaró: "considero que mi vida carece de valor para mí mismo, con tal de que termine mi carrera y lleve a cabo el servicio que me ha encomendado el Señor Jesús, que es el de dar testimonio del evangelio de la gracia de Dios" (Hch 20:24). Y el propio Señor Jesús fue un ejemplo supremo de celo. Cuando lo vieron limpiar el templo "se acordaron de que está escrito: 'El celo por Tu casa me consumirá'" (Jn 2:17).

¿Y qué de nosotros? ¿El celo por la casa y la causa de Dios nos absorbe, nos posee, nos consume? ¿Podemos decir con el Maestro: "Mi alimento es hacer la voluntad del que me envió y terminar Su obra" (Jn 4:34)? ¿Qué tipo de discipulado es el nuestro? ¿No tenemos necesidad de orar, con aquel ardiente evangelista, George Whitefield —un hombre tan humilde como celoso —, "Señor, ayúdame a comenzar a comenzar"?

2. *El celo de Dios amenaza a las iglesias que no tienen celo por Dios.*
Amamos a nuestras iglesias; ellas tienen para nosotros recuerdos sagrados; no podemos imaginar que desagraden a Dios, por lo menos, no seriamente. Pero el Señor Jesús en cierta ocasión le mandó un mensaje a una iglesia muy parecida a algunas de las nuestras —la engreída iglesia de Laodicea— en el que le decía a la congregación que su falta de celo constituía fuente de supremas ofensas para Él. "Conozco tus obras; sé que no eres ni frío ni caliente. ¡Ojalá fueras lo uno o lo otro! Por tanto, como no eres ni frío ni caliente, sino tibio, *estoy por vomitarte de mi boca... Por lo tanto, sé fervoroso* y arrepiéntete" (Ap 3:15-16, 19).

Muchas de nuestras iglesias hoy en día son ortodoxas, respetables y... ¡tibias! ¿Cuál es entonces, la palabra de Cristo para ellas? ¿Qué esperanza podemos tener, a menos que, por la misericordia de ese Dios que en Su ira recuerda la misericordia, encontremos el celo necesario para el arrepentimiento? ¡Avívanos, Señor, antes de que caiga Tu juicio!

PARTE TRES

SI DIOS ESTÁ POR NOSOTROS

CAPÍTULO DIECIOCHO

LA ESENCIA DEL EVANGELIO

El príncipe Paris se había llevado a la princesa Elena a Troya. La fuerza expedicionaria griega se había embarcado con el fin de recuperarla, pero se vio detenida a mitad de camino por persistentes vientos contrarios. Agamenón, el general griego, mandó traer a su hija y ceremonialmente la mató en sacrificio a fin de apaciguar a los dioses, que evidentemente le eran hostiles. El recurso dio resultado; los vientos del occidente volvieron a soplar, y la flota llegó a Troya sin mayores dificultades.

Este incidente en la leyenda guerrera de Troya, que data del año 1000 a. C., refleja la idea de la propiciación en la que se basan las religiones paganas en todo el mundo y en todas las épocas. La idea es la siguiente. Hay diversos dioses, ninguno de los cuales disfruta del dominio absoluto, pero cada uno con cierta facultad de hacer que la vida sea más fácil o más difícil. Su humor es totalmente imprevisible; se ofenden ante las cosas más insignificantes, o se ponen celosos porque consideran que se le está prestando demasiada atención a otros dioses o personas en detrimento de ellos, por lo que se desquitan manipulando las circunstancias en contra del ofensor.

LA PROPICIACIÓN PAGANA

El único recurso a esa altura es seguirles la corriente y aplacarlos ofreciendo un sacrificio. La regla con las ofrendas es que cuanto más grandes, mejor, ya que los dioses tienden a esperar algo considerable. En esto son crueles e implacables; pero ellos tienen la ventaja, y, por lo tanto, ¿qué se puede hacer? La persona sabia se inclina ante lo inevitable, y se asegura de que ofrece algo con suficiente atractivo como para obtener el resultado deseado. Los sacrificios humanos, en particular, resultan costosos pero son efectivos. Así que la religión pagana parece un comercialismo insensible, una cuestión de manejar y manipular a los dioses mediante astutos sobornos; y, dentro del paganismo, la propiciación, el aplacamiento del mal humor celestial, tiene su lugar como parte normal de la vida, una de las muchas necesidades fastidiosas que no se pueden evitar.

Ahora bien; la Biblia nos saca por completo de ese mundo: la religión pagana. Condena al paganismo de entrada, tomándolo como una distorsión monstruosa de la verdad. En lugar de un núcleo de dioses hechos todos obviamente a la imagen del hombre, y que se comportan como muchas de las estrellas de cine de Hollywood, la Biblia coloca al único Dios todopoderoso, el único Dios real y verdadero, de quien provienen toda bondad y verdad, y al que toda perversión moral resulta aborrecible. En Él no hay mal humor, ni capricho, ni vanidad, ni mala voluntad. Podría suponerse, por tanto, que la noción de la propiciación no cabría en la religión bíblica.

Pero de ningún modo encontramos esto: todo lo contrario. La idea de la propiciación —es decir, de alejar la ira de Dios mediante una ofrenda— recorre toda la Biblia.

LA PROPICIACIÓN EN LA BIBLIA
En el Antiguo Testamento esta idea está en la base de los rituales establecidos para "el sacrificio expiatorio", el "sacrificio por la culpa", el día de la expiación (Lv 4:1 – 6:7; 16:1-34); además, encuentra expresión clara en relatos como Números 16:41-50, donde Dios amenaza con destruir al pueblo por difamar Su juicio sobre Coré, Datán y Abiram: "y Moisés le dijo a Aarón: Toma tu incensario y pon en él algunas brasas del altar; agrégale incienso, y vete corriendo adonde está la congregación, para hacer propiciación por ellos, porque la ira del Señor se ha desbordado y el azote divino ha caído sobre ellos. Aarón… hizo propiciación por el pueblo… y así detuvo la mortandad" (Nm 16:46-48).

En el Nuevo Testamento, las palabras relacionadas con la *propiciación* se encuentran en cuatro pasajes de importancia tan trascendental que conviene que nos detengamos a considerarlos a fondo.

El primero es la clásica declaración de Pablo sobre *el argumento de la justificación de los pecadores realizada por Dios*.

"Pero ahora, aparte de la ley, la justicia de Dios ha sido manifestada... Esta justicia de Dios por medio de la fe en Jesucristo es para todos los que creen. Porque no hay distinción, por cuanto todos pecaron y no alcanzan la gloria de Dios. Todos son justificados gratuitamente por Su gracia por medio de la redención que es en Cristo Jesús, a quien Dios exhibió públicamente como *propiciación* por Su sangre a través de la fe, como demostración de Su justicia, porque en Su tolerancia, Dios pasó por alto los pecados cometidos anteriormente, para demostrar en este tiempo Su justicia, a fin de que Él sea justo y sea el que justifica al que tiene fe en Jesús" (Ro 3:21-26, NBLA).

El segundo forma parte de la exposición en Hebreos del *argumento de la encarnación de Dios Hijo*.

"Por tanto, tenía que ser hecho semejante a Sus hermanos en todo, a fin de que llegara a ser un sumo sacerdote misericordioso y fiel en las cosas que a Dios atañen, para hacer *propiciación* por los pecados del pueblo" (Heb 2:17, NBLA).

El tercero es el testimonio de Juan sobre *el ministerio celestial de nuestro Señor*.

"Si alguien peca, tenemos Abogado para con el Padre, a Jesucristo el Justo. Él mismo es la *propiciación* por nuestros pecados, y no solo por los nuestros, sino también por los del mundo entero" (1Jn 2:1-2, NBLA).

El cuarto es *la definición del amor de Dios* que hace Juan.

"El que no ama no conoce a Dios, porque Dios es amor. En esto se manifestó el amor de Dios en nosotros: en que Dios ha enviado a Su Hijo unigénito al mundo para que vivamos por medio de Él. En esto consiste el amor: no en que nosotros hayamos amado a Dios, sino en que Él nos amó a nosotros y envió a Su Hijo como *propiciación* por nuestros pecados" (1Jn 4:8-10, NBLA).

¿Tiene la palabra *propiciación* algún lugar en nuestro cristianismo? En la fe del Nuevo Testamento ocupa un lugar central. El amor de Dios, el acto del Hijo de hacerse Hombre, el significado de la cruz, la intercesión celestial de Cristo y el camino de la salvación se explican todos por ella, como lo demuestran los pasajes citados; y toda explicación en la que falte la noción de la propiciación será incompleta y, de hecho, conducirá al error, según los estándares del Nuevo Testamento.

Al decir esto, nadamos en contra de la corriente de buena parte de la enseñanza moderna, y condenamos a una los puntos de vista de un gran número de distinguidos líderes eclesiásticos de hoy; pero esto no lo podemos evitar. Pablo escribió: "aun si alguno de nosotros o un ángel del cielo" —cuanto más un ministro, obispo, profesor o algún conocido escritor— "les predicara un evangelio distinto del que les hemos predicado, ¡que caiga bajo maldición!" ("sea anatema", NBLA; "caiga sobre él la maldición de Dios", DHH) (Ga 1:8). Y un evangelio sin propiciación en su centro es otro evangelio, diferente del que predicaba Pablo. Las implicaciones de esto no deben eludirse.

NO MERAMENTE EXPIACIÓN

En algunos casos las versiones en español han empleado la palabra *expiación* (o "sacrificio expiatorio", "expiar") en lugar de *propiciación*. ¿Dónde está la diferencia? La diferencia está en que la expiación tiene la mitad del significado de la propiciación. La expiación es una acción que tiene como objeto el pecado; denota el acto de esconder, cubrir, apartar, borrar el pecado, de modo que no constituya ya una barrera para una amistosa comunión entre el hombre y Dios. Sin embargo, en la Biblia, la propiciación denota todo lo que significa la expiación, *además de la pacificación de la ira de Dios*. Así lo han sostenido, por lo menos, los eruditos cristianos a partir de la Reforma, cuando estas cosas comenzaron a ser estudiados por primera vez con precisión; y lo mismo podemos sostener convincentemente hoy (ver Lean Morris, *The Apostolic Preaching of the Cross* [*La predicación apostólica de la cruz*], pp. 125-285, para un ejemplo de ello).

Pero este siglo una cantidad de investigadores, notablemente el Dr. C.H. Dodd, han redescubierto el punto de vista del unitario Socino del siglo dieciséis. Es una perspectiva que ya había sido adoptada hacia fines del siglo diecinueve por Albrecht Ritschl, uno de los fundadores del liberalismo alemán. Declaraba que no hay en Dios tal cosa como furor ocasionado por el pecado humano, y en consecuencia no hay necesidad alguna ni posibilidad de propiciación. Dodd se ha esforzado en demostrar que las palabras relacionadas con la *propiciación* en el Nuevo Testamento no llevan en sí el sentido de apaciguar el furor de Dios, sino que denota solamente el alejamiento del pecado, y que, por consiguiente, resulta más acertado traducir *expiación*.

¿Logra este autor lo que se propone? No podemos entrar aquí en los tecnicismos de una discusión entre eruditos; pero, por lo que pudiera valer, adelantamos aquí nuestro veredicto. Dodd, al parecer, ha demostrado que estas palabras no *necesitan* significar más que expiación si el contexto no requiere un significado más amplio, pero no ha demostrado que las palabras no *puedan* significar propiciación en contextos en los que se entiende este significado. Sin embargo, este es el punto crucial: en la epístola a los Romanos (para referirnos al pasaje más claro y obvio de entre los cuatro) el contexto sí requiere el significado de *propiciación* en Ro 3:25.

Porque en Romanos 1:18, Pablo prepara su escena para la declaración del evangelio afirmando que "la ira de Dios viene revelándose desde el cielo contra toda impiedad e injusticia de los seres humanos". "La ira de Dios es dinámica y efectivamente operativa en el mundo de los hombres, y por cuanto procede del cielo, el trono de Dios, es que resulta así de activa" (John Murray, *The Epistle to the Romans* [*La epístola a los Romanos*], vol. I, p. 34). En el resto de Romanos 1, Pablo traza la actividad presente de la ira de Dios en el endurecimiento judicial del apóstata, expresada en la triple repetición de la frase "Dios los entregó" (Ro 1:24, 26, 28).

Luego, en Romanos 2:1-16, Pablo nos confronta con la certeza del "día de la ira, cuando Dios revelará Su justo juicio. Porque Dios 'pagará a cada uno según lo que merezcan sus obras'... los que... rechazan la verdad para aferrarse a la maldad recibirán el gran castigo de Dios... el día en que, por medio de Jesucristo, Dios juzgará los secretos de toda persona, como lo declara mi evangelio" (Ro 2:5-6, 8, 16).

En la primera parte de Romanos 3, Pablo continúa con el argumento para probar que toda persona, tanto judía como gentil, por estar "bajo el pecado" (Ro 2:9), está expuesto a la ira de Dios, tanto en su manifestación presente como futura. Aquí tenemos, por tanto, a todos nosotros en su estado natural, sin el evangelio; la realidad controladora en nuestra vida, esté consciente de ello o no, es el enojo activo de Dios. Pero ahora, dice Pablo, a todos aquellos que antes eran "malvados" (Ro 4:5) y "enemigos de Dios" (Ro 5:10), pero ahora ponen su fe en Cristo Jesús, "a quien Dios exhibió públicamente como propiciación por Su sangre" (Ro 3:25, NBLA), les son dados gratuitamente aceptación, perdón y paz. Y los creyentes saben que "ahora que hemos sido justificados por Su sangre, ¡con cuánta más razón, por medio de Él, seremos salvados del castigo de Dios!" (Ro 5:9).

¿Qué ha ocurrido? La ira de Dios contra nosotros, tanto presente como venidera, ha sido satisfecha. ¿Cómo se operó esto? Mediante la muerte de Cristo. "Cuando éramos enemigos de Dios, fuimos reconciliados con Él mediante la muerte de Su Hijo" (Ro 5:10). La "sangre" —es decir, la muerte sacrificial de Jesucristo— anuló la ira de Dios contra nosotros, y aseguró que Su relación con nosotros será para siempre ya propicia y favorable. De aquí en adelante, en lugar de aparecer contra nosotros, debe manifestarse a favor de nosotros en nuestra vida y nuestra experiencia. ¿Qué es lo que expresa, en consecuencia, la frase "propiciación por Su sangre" (Ro 3:25, NBLA)? Expresa, en el contexto de la argumentación de Pablo, precisamente el siguiente pensamiento: que *por Su muerte expiatoria por nuestros pecados Cristo apaciguó la ira de Dios*.

Es verdad que en la generación anterior Dodd intentó eludir esta conclusión argumentando que la ira de Dios en Romanos es un principio cósmico e impersonal de retribución, en el que la mente y el corazón de Dios hacia los hombres no encuentra verdadera expresión; en otras palabras, la ira de Dios es un proceso externo a la voluntad de Dios mismo. Pero ahora se admite en forma creciente que este intento resultó ser un elegante fracaso. "Resulta inadecuado" —escribe T. V. G. Tasker— "considerar el término [ira] meramente como una descripción del 'inevitable proceso de causa y efecto en un universo moral', o como otra manera de hablar acerca de los resultados del pecado. Es una cualidad más bien personal, sin la cual Dios dejaría de ser plenamente justo y Su amor se degeneraría hasta transformarse en sentimentalismo" (*New Bible Dictionary* [*Nuevo Diccionario Bíblico*], ver "Ira"). La ira de Dios es tan personal y tan potente como Su Amor; y, solo como el derramamiento de sangre del Señor Jesús fue la manifestación directa del amor de Su Padre hacia nosotros, así fue la desviación directa de la ira de Su Padre contra nosotros.

LA IRA DE DIOS

¿Qué es la ira de Dios que fue propiciada en el Calvario? No es el enojo caprichoso, arbitrario, mal humorado y engreído que los paganos atribuyen a sus dioses. No es el furor pecaminoso, resentido, malicioso e infantil que encontramos entre los seres humanos. Es una función de esa santidad que se expresa en las demandas de la ley moral de Dios ("Sean santos, porque Yo soy santo", 1P 1:16) y de esa justicia que se expresa en los actos divinos de juicio y recompensa. "Conocemos al que dijo: 'Mía es la venganza; Yo pagaré'" (Heb 10:30).

La ira de Dios es "la santa revulsión del ser de Dios contra aquello que es la contradicción de Su santidad"; da como resultado "una positiva exteriorización del desagrado divino" (John Murray, *La epístola a los Romanos*). Y esta es una ira *justa*, la reacción *correcta* de la perfección moral en el Creador hacia la perversión moral en la criatura. Lejos de ser moralmente dudosa la manifestación de la ira de Dios al castigar el pecado, lo que sería en realidad dudoso desde el punto de vista moral es que Él no mostrara Su ira de este modo. Dios no sería justo —es decir, no obra del modo que es *correcto*, no hace lo que corresponde que haga el *juez*— a menos que castigue como se merece todo lo que sea pecado e infracción. Dentro de un momento veremos a Pablo mismo razonando sobre esta base.

DESCRIPCIÓN DE LA PROPICIACIÓN

Notemos, a continuación, tres hechos en relación con la propiciación, como la describe Pablo.

1. La propiciación es obra de Dios mismo. En el paganismo, el hombre propicia a sus dioses, y la religión se transforma en una especie de comercialización y, de hecho, de soborno. En el cristianismo, sin embargo, Dios propicia Su ira con Su propia acción. *Dios puso a Cristo Jesús*, dice Pablo, como propiciación; *envió a Su Hijo*, dice Juan, para ser la propiciación de nuestros pecados. No fue el hombre, a quien Dios era hostil, el que tomó la iniciativa para obtener la amistad de Dios, ni fue Cristo Jesús, el Hijo eterno, quien tomó la iniciativa para volver la ira del Padre en amor. La idea de que el bondadoso Hijo le hizo cambiar la actitud a Su despiadado Padre, ofreciéndose en lugar del pecador, no tiene parte en el mensaje evangélico, es un concepto ajeno al cristianismo, de hecho, anticristiano, porque niega la unidad de la voluntad en el Padre y el Hijo, y por ello pasa a ser en realidad politeísmo, con su creencia en dos dioses diferentes. Pero la Biblia elimina totalmente esta posibilidad al insistir en que fue Dios mismo quien tomó la iniciativa cuando satisfizo Su propia ira contra aquellos a quienes, a pesar de no merecerlo, amó y eligió para salvar.

La doctrina de la propiciación es precisamente esto: que Dios amó tanto a los objetos de Su ira que dio a Su propio Hijo para que Él, por Su sangre, hiciera provisión para la remoción de Su ira. Correspondía a Cristo resolver la cuestión de la ira de modo que quienes Dios amó no volvieran a ser objeto de Su ira, y que el amor lograra su objetivo, el cual era hacer de los hijos de ira hijos de la buena voluntad de Dios (John Murray, *The Atonement* [*La expiación*], p. 15).

Tanto Pablo como Juan afirman esto explícita y enfáticamente. Dios revela Su justicia, dice Pablo, no solamente por medio de la retribución y el juicio según la ley de Dios, sino también "sin la mediación de la ley", al declarar justos a los que ponen su fe en Jesucristo. Todos han pecado, pero todos son justificados (absueltos, aceptados, rehabilitados, puestos en la debida relación con Dios) libre y gratuitamente (Ro 3:21-24). ¿Cómo se lleva a cabo esto? "Por su gracia" (es decir, misericordia contraria al mérito; amor hacia los que no aman ni, podríamos decir, son dignos de ser amados). ¿En qué forma obra la gracia? "Mediante la redención [liberación por rescate] que Cristo Jesús efectuó". ¿Cómo es que, para quienes depositan su fe en Él, Cristo Jesús es la fuente, el medio y la sustancia de la redención? Porque, dice Pablo, Dios lo puso para ser propiciación. De esta iniciativa divina surgen la realidad y la disponibilidad de la redención.

El amor entre hermanos, dice Juan, es la semejanza familiar de los hijos de Dios; el que no ama a los cristianos evidentemente no forma parte de la familia, por cuanto "Dios es amor", y Él comunica amor como parte de Su naturaleza a todos los que lo conocen (1Jn 4:7-8). Pero "Dios es amor" es una fórmula vaga; ¿cómo podemos formarnos una idea completa del amor que el Señor quiere reproducir en nosotros? "Así manifestó Dios Su amor entre nosotros: en que envió a Su Hijo unigénito al mundo para

La esencia del evangelio

que vivamos por medio de Él" (1Jn 4:9). Y esto que Él hizo no fue, en lo absoluto, en reconocimiento de alguna devoción real de nuestra parte. "En esto consiste el amor: no en que nosotros hayamos amado a Dios, sino en que [en una situación en que nosotros no lo amábamos a Él, y no había en nosotros nada que lo moviera a hacer otra cosa que maldecirnos y desahuciarnos por nuestra arraigada religiosidad] él nos amó y envió a Su Hijo para que fuera ofrecido como sacrificio por el perdón de nuestros pecados". Mediante esta iniciativa divina, dice Juan, podemos conocer el sentido y la medida del amor que debemos reflejar.

El testimonio de ambos apóstoles a la iniciativa de Dios en la propiciación no podía ser más claro.

2. La propiciación fue efectuada por la muerte de Jesucristo. Sangre, como lo indicamos antes, se refiere a la muerte violenta que padecían los animales sacrificados según el antiguo pacto. Dios mismo instituyó estos sacrificios con mandamientos directos, y en Levítico 17:11 explica por qué. "Porque la vida de toda criatura está en la sangre. Yo mismo se la he dado a ustedes sobre el altar, para que hagan propiciación por ustedes mismos, ya que la propiciación se hace por medio de la sangre". Cuando Pablo nos dice que Dios puso a Jesús para ser la propiciación "por... Su sangre", lo que quiere decir es que lo que satisfizo la ira de Dios, y con ello nos redimió de la muerte, no fue la vida o las enseñanzas de Jesús, ni Su perfección moral, ni Su fidelidad al Padre, como tales, sino el derramamiento de Su sangre al morir. Con los otros escritores del Nuevo Testamento, Pablo señala la muerte de Jesús como el acto expiatorio, y explica la expiación en términos de *sustitución representativa*, en la que el inocente toma el lugar del culpable, en el nombre del culpable y por su bien, bajo el hacha del castigo judicial de Dios. Para ilustrar esto podemos citar dos pasajes.

"Cristo nos rescató de la maldición de la ley" —¿cómo?— "al hacerse maldición por nosotros" (Ga 3:13). Cristo llevó la maldición de la ley que era para nosotros, para que no tuviéramos que llevarla nosotros. Esto es sustitución representativa.

"Uno murió por todos", y en la muerte de Jesús, "Dios estaba reconciliando al mundo consigo mismo". ¿Qué envuelve esta reconciliación? "No tomándole en cuenta sus pecados", sino haciendo que en Cristo "recibiéramos la justicia de Dios", es decir, aceptados como justos por Dios. ¿Cómo se logra esto de que no se les tome en cuenta sus pecados? Imputando sus pecados a otro, quien soportó las consecuencias. "Al que no cometió pecado alguno, por nosotros Dios lo trató como pecador". Así, resulta que fue como sacrificio por los pecadores, soportando la pena de muerte en su lugar, que "uno murió por todos" (2Co 5:14, 18-21). Esto es sustitución representativa.

La sustitución representativa, como forma y medio de expiación, fue enseñada de manera típica por el sistema de sacrificios instituido por Dios en el Antiguo Testamento. Allí, al animal perfecto que sería ofrecido por el pecado se le constituía simbólicamente en *representante*, para lo cual el pecador ponía su mano sobre la cabeza del animal de este modo identificando al animal consigo y a sí mismo con el animal (Lv 4:4, 24, 29, 33); luego el animal fue sacrificado como *sustituto* del oferente y la sangre era rociada "en presencia del Señor" y aplicada a uno de los altares, o a los dos, en el santuario (Lv 4:6-7, 17-18, 25, 30), como señal de que se había cumplido la expiación, alejando la ira y restaurando la comunión.

En el día anual de expiación se utilizaban dos machos cabríos: uno era sacrificado por el pecado en la forma acostumbrada, y el otro, luego de que el sacerdote hubiera puesto sus manos sobre la cabeza del animal y colocado los pecados de Israel "sobre la cabeza" del animal al confesarlos allí, fue enviado al desierto para que llevara "a tierra árida todas las iniquidades" (Lv 16:21-22). Este doble ritual enseñaba una sola lección: que mediante el sacrificio de un sustituto representativo se aparta la ira de Dios y se trasladan los pecados a un lugar fuera de la vista, de modo que no vuelvan a perturbar la relación del individuo con Dios. El segundo macho cabrío (la víctima propiciatoria) ilustra lo que, según el prototipo, se lograba mediante la muerte del primer macho cabrío. Estos rituales constituyen el trasfondo inmediato de la enseñanza de Pablo sobre la propiciación; lo que él proclama es el cumplimiento del sistema de sacrificios del Antiguo Testamento.

3. La propiciación manifiesta la justicia de Dios. Lejos de poner en tela de juicio la moralidad de la forma en que Dios trata el pecado, dice Pablo, la verdad de la propiciación la establece y estaba explícitamente destinada a establecerla. Dios exhibió a Su Hijo como propiciación de Su propia ira "como demostración de Su *justicia*... a fin de que Él sea *justo* y sea el que justifica al que tiene fe en Jesús" (Ro 3:25-26, NBLA). La palabra *exhibió* implica una exposición pública. Lo que Pablo está diciendo es que el espectáculo público de la propiciación, en la cruz, fue una manifestación pública, no solo de misericordia justificante de parte de Dios, sino de justicia como base de esa misericordia justificante.

Tal manifestación se hacía necesaria, dice Pablo, "porque en Su tolerancia, Dios pasó por alto los pecados cometidos anteriormente". Lo que importa aquí es que aun cuando los seres humanos eran, y lo habían sido desde tiempos inmemorables, tan malos como los presenta Romanos 1, Dios no se había propuesto en ningún momento desde el diluvio darle públicamente a la raza lo que se merecía. Si bien las personas no habían sido en nada mejores desde el diluvio de lo que fueron sus padres antes del diluvio, Dios no había reaccionado ante su impenitencia, su irreligiosidad y desobediencia con actos públicos de providencia adversa. En cambio, había obrado "haciendo el bien, dándoles lluvias... y estaciones fructíferas, proporcionándoles comida y alegría de corazón" (Hch 14:17).

Este "pasar por alto" los pecados "en Su tolerancia" no era, desde luego, perdón, sino postergación del juicio solamente; no obstante, sugiere una pregunta. Si, como ocurre, los seres humanos hacen lo malo, y el Juez de toda la tierra sigue haciéndoles el bien, ¿puede Él seguir preocupándose de la moralidad y la santidad, la distinción entre el bien y el mal en la vida de Sus criaturas, como parecía preocuparse anteriormente, y como parecería requerirlo la justicia perfecta? De hecho, si permite que los pecadores sigan sin castigo, ¿no podría decirse acaso que está lejos de ser perfecto en el cumplimiento de Su oficio de Juez del mundo?

Pablo ya ha contestado la segunda parte de esta pregunta con su doctrina del "día de la ira, cuando Dios revelará Su justo juicio" en Romanos 2:1-6. Aquí responde a la primera parte, diciendo en efecto que, lejos de no importarle a Dios las cuestiones morales y la justa retribución de la maldad, a Dios le preocupan tanto estas cosas que no perdona —de hecho, nos parece que Pablo diría rotundamente que no puede perdonar— a los pecadores, ni justifica a los incrédulos, excepto sobre la base de la justicia que se manifiesta en la retribución. Nuestros pecados *ya han sido* castigados; la rueda de la retribución *ya ha* girado; el juicio *ya ha* sido desencadenado sobre nuestra impiedad, pero cayó sobre Jesús, el Cordero de Dios, que ocupó nuestro lugar.

De este modo, Dios es justo, y además el que justifica a los que depositan su fe en Jesús, quien "fue entregado a la muerte por nuestros pecados, y resucitó para nuestra justificación" (Ro 4:25).

Así que la justicia de Dios el Juez, que es expuesta tan vívidamente en la doctrina de la ira divina en la primera parte de la carta de Pablo, es expuesta de nuevo en la doctrina de Pablo de cómo la ira divina fue aplacada. Resulta vitalmente importante para su argumentación demostrar que las doctrinas de la salvación y de la condenación manifiestan ambas la esencial justicia retributiva inherente al carácter divino. En cada caso —la salvación de los que se salvan, y la condenación de los que se pierden— se hace retribución, se inflige castigo, Dios es justo, y la justicia se cumple.

LA MUERTE DE CRISTO

Lo que hemos dicho hasta aquí puede resumirse del siguiente modo. El evangelio nos dice que nuestro Creador es ahora nuestro Redentor. Anuncia que el Hijo de Dios se ha hecho hombre por nosotros y para nuestra salvación, y ha muerto en la cruz para salvarnos del juicio eterno. La descripción básica de la muerte salvadora de Cristo en la Biblia es que se trata de una *propiciación*, es decir, aquello que satisfizo la ira de Dios contra nosotros borrando nuestros pecados de Su vista. La ira de Dios es Su justicia reaccionando contra la injusticia y se muestra en la justicia retributiva. Pero Cristo Jesús nos ha protegido de la pesadilla de la justicia retributiva haciéndose nuestro sustituto representativo, en obediencia a la voluntad de Su Padre, y recibiendo el pago de nuestro pecado en nuestro lugar.

De este modo se ha hecho justicia, por cuanto los pecados de todos los que alguna vez serán perdonados fueron juzgados y perdonados en la persona de Dios Hijo, y es sobre esta base que ahora se nos ofrece perdón a nosotros los ofensores. El amor redentor y la justicia retributiva unieron sus manos, por así decirlo, en el Calvario, porque allí Dios se mostró "justo y, a la vez, el que justifica a los que tienen fe en Jesús" (Ro 3:26).

¿Entiendes esto? Si lo entiendes, estás llegando al corazón mismo del evangelio cristiano. Ninguna versión de ese mensaje es más profunda que la que declara que el problema fundamental del hombre ante Dios es su pecado, pecado que evoca la ira, y que la provisión básica de Dios para el hombre es la propiciación, propiciación que de la ira trae la paz.

En verdad, algunas versiones del evangelio merecen reproche porque jamás llegan a este nivel.

Todos habremos oído presentaciones del evangelio como si fuera la respuesta triunfante de Dios para los problemas humanos; problemas de relación con nosotros mismos, con nuestro prójimo y con nuestro medio ambiente. Bien es cierto que el evangelio aporta soluciones para estos problemas, pero lo hace resolviendo primero un problema más profundo, el más profundo de los problemas humanos, el problema de la relación del hombre con su Hacedor; y a menos que dejemos claro que la solución de esos problemas depende de que resolvamos primero el problema básico, falseamos el mensaje y somos testigos falsos de Dios; porque una media verdad presentada como si fuera toda la verdad se transforma por ese mismo hecho en una falsedad. Ningún lector del Nuevo Testamento puede dejar de ver que sus escritores conocen perfectamente todos nuestros problemas humanos —temor, cobardía moral, debilidad física y mental, soledad, inseguridad, desesperanza, desesperación, crueldad, abuso de poder y todo lo demás—, pero de la misma manera ningún lector del Nuevo Testamento puede perder de vista el hecho de que, de un modo u otro, todos esos problemas tienen su origen en el problema fundamental que es el pecado contra Dios.

El Nuevo Testamento no entiende, en primera instancia, que pecado son los errores sociales o los fracasos, sino la rebelión contra el Dios Creador, el desafío a Su soberanía, el alejamiento del Señor, y la consiguiente culpabilidad ante Él; y el pecado, dice el Nuevo Testamento, es el mal principal del cual necesitamos ser liberados. Justo para salvarnos de él murió Cristo. Todo lo que ha andado mal en la vida humana entre hombre y hombre es, en última instancia, debido al pecado; y nuestra situación actual, la de estar en malas relaciones con nosotros mismos y con nuestros semejantes, no puede ser remediada mientras no hayamos arreglado nuestra situación con Dios.

La falta de espacio nos impide embarcarnos aquí en una demostración de que el tema del pecado, el de la propiciación y el perdón, constituyen los aspectos estructurales básicos del evangelio del Nuevo Testamento; pero si repasas atentamente Romanos 1 – 5, Gálatas 3, Efesios 1 – 2, Hebreos 8 – 10, 1 Juan 1 – 3, y los sermones en Hechos, encontrarás que realmente no cabe duda alguna sobre este punto. Si surgiera un interrogante sobre la base de que la *palabra* "propiciación" solo aparece en el Nuevo Testamento cuatro veces, la respuesta es que el *concepto* de la propiciación aparece constantemente.

Algunas veces la muerte de Cristo se describe como *reconciliación*, o el establecimiento de la paz tras el odio y la guerra (Ro 5:10-11; 2Co 5:18-20; Col 1:20-22); a veces se la describe como *redención*, o liberación por rescate del peligro y la cautividad (Ro 3:24; Ga 3:13; 4:5; 1P 1:18, Ap 5:9); otras veces se la describe como un *sacrificio* (Ef 5:2; Heb 9:1 – 10:18), como un acto de *entrega voluntaria* (Ga 1:4; 2:20; 1Ti 2:6), de *cargar con el pecado* (Jn 1:29; Heb 9:28; 1P 2:24), y de *derramamiento de sangre* (Mr 14:24; Heb 9:14; Ap 1:5). Todos estos aspectos tienen que ver con la idea de quitar el pecado y la restauración de una comunión despejada entre el hombre y Dios, como lo demuestra la lectura de los versículos mencionados; y todos ellos tienen como trasfondo la amenaza del juicio divino, juicio que fue desviado por la muerte de Jesús. En otras palabras, son otras tantas figuras e ilustraciones de la realidad de la propiciación, vista desde distintos puntos de vista. Es superficial imaginar, como lamentablemente lo hacen muchos investigadores, que esa variedad de lenguaje deba implicar necesariamente variación de pensamiento.

Ahora es necesario hacer una observación más. No solo la verdad de la propiciación nos lleva al corazón del evangelio del Nuevo Testamento; también nos lleva a un punto de vista desde el cual podemos ver el corazón de muchas otras cosas también. Cuando uno está en la cima de una montaña, ve toda la región a su alrededor, y tiene una vista más amplia que la que puede obtener desde cualquier otro lugar de la zona. Así, cuando estás en la cima de la verdad de la propiciación, puedes ver toda la Biblia en perspectiva, y estás en condiciones para captar la medida de asuntos vitales que no se pueden captar adecuadamente de otra manera. A continuación se abordarán cinco de ellos: la fuerza impulsora de la vida de Jesús; el destino de los que rechazan a Dios; el regalo de la paz de Dios; las dimensiones del amor de Dios; y el significado de la gloria de Dios. Que estas cuestiones son vitales para el cristianismo no se discute. Que solo se pueden entender a la luz de la verdad de la propiciación no podemos negarlo.

LA FUERZA IMPULSORA EN LA VIDA DE JESÚS

Pensemos primero, entonces, en *la fuerza impulsora en la vida de Jesús*.

Si dedicamos una hora a leer por entero el Evangelio según Marcos (un ejercicio sumamente provechoso: ruego al lector que lo haga aquí y ahora), obtenemos una impresión de Jesús que incluye por lo menos cuatro aspectos.

La impresión básica será la de un Hombre de acción: un Hombre que está siempre en movimiento, invariablemente modificando situaciones y provocando cosas, obrando milagros; llamando y formando discípulos; desbaratando errores que pasaban por verdades, y la irreligiosidad que pasaba por piedad; y, finalmente, dirigiéndose directamente y con los ojos abiertos hacia la traición, la condenación y la crucifixión (una extraña secuencia de anomalías que, de la manera más insólita, le hace a uno sentir que Él mismo controló toda la línea).

La impresión siguiente será la de un Hombre que se sabía persona divina (Hijo de Dios), que cumplía un papel mesiánico (Hijo del Hombre). Marcos nos muestra con claridad que cuanto más se entregaba Jesús a Sus discípulos, más enigmático lo encontraban; cuanto más próximos estaban a Él, menos lo entendían. Esto suena paradójico, pero es estrictamente cierto, porque a medida que la intimidad con Él aumentaba se acercaban más a la comprensión que Él tenía de Sí mismo como Dios y Salvador, y esto es algo que no podían entender. Pero esa singular conciencia propia doble de Jesús, confirmada por la voz de Su Padre desde el cielo en el bautismo y la transfiguración (Mr 1:11; 9:7), surgía constantemente. Basta pensar, por una parte, en la pasmosa naturalidad con la que asumía autoridad absoluta en todo lo que decía y hacía (ver Mr 1:22, 27; 11:27-33); y por otra, Su respuesta a la doble pregunta del sumo sacerdote durante Su proceso judicial: "¿Eres el Cristo [el Mesías, el Rey-Salvador de Dios], el Hijo del Bendito [persona sobrenatural y divina]?", a la cual Jesús respondió categóricamente: "Sí, Yo soy" (Mr 14:61-62).

A continuación nuestra impresión será la de un Ser cuya misión mesiánica se centraba en el hecho de que sería entregado a la muerte; un ser que se estaba preparando conscientemente y sin distracciones de este modo mucho antes de que la idea de un Mesías sufriente fuera captada por alguien. Cuatro veces, por lo menos, después de que Pedro lo hubiera aclamado como el Cristo en Cesarea de Filipo, Jesús predijo que sería asesinado y que resucitaría, aunque sin que los discípulos pudieran comprender lo que les decía (Mr 8:31, cf. 8:34-35; 9:9, 31; 10:33-34). En otras ocasiones hablaba del hecho de Su muerte como algo seguro (Mr 12:8; 14:18, 24), algo predicho ya en las Escrituras (Mr 14:21, 49), y algo que habría de conquistar para muchos una trascendental relación con Dios. "El Hijo del hombre vino... para servir y para dar Su vida en rescate por muchos" (Mr 10:45). "Esto es Mi sangre del pacto, que es derramada por muchos" (Mr 14:24).

La impresión final será la de un Ser para el cual esta experiencia de la muerte fue la más tremenda prueba. En Getsemaní "comenzó a sentir temor y tristeza. 'Es tal la angustia que me invade que me siento morir' —les dijo—" (Mr 14:33-34). La gran ansiedad manifestada en Su oración (para la que "se postró en tierra" en lugar de arrodillarse o quedarse en pie) era indicador del rechazo y la desolación que sentía al contemplar lo que le esperaba. Jamás sabremos hasta qué punto se sintió tentado a decir "amén" después de la expresión: "No me hagas beber este trago amargo", en lugar de agregar: "Pero no sea lo que Yo quiero, sino lo que quieres Tú" (Mr 14:36). Luego, en la cruz, Jesús evidenció que se encontraba en oscuridad interior cuando exclamó ante Su soledad: "Dios mío, Dios mío, ¿por qué me has desamparado?" (Mr 15:34).

¿Cómo podemos explicar la creencia de Jesús en la necesidad de Su muerte? ¿Cómo explicar que lo que le impulsó a lo largo de su ministerio público, como atestiguan los cuatro Evangelios, fue la convicción de que debía morir? ¿Y cómo podemos explicar el hecho de que, mientras los mártires como Esteban afrontaban la muerte con gozo, y hasta Sócrates, el filósofo pagano, bebió la cicuta y murió sin estremecerse, Jesús el siervo perfecto de Dios, que jamás había demostrado anteriormente el menor temor al hombre, ni dolor, ni sentido de pérdida, en el Getsemaní parecería estar lleno de miedo, y en la cruz se declaró abandonado por Dios? "Jamás hombre alguno temió a la muerte como este Hombre", comentó Lutero. ¿Por qué? ¿Qué significa esto?

Quienes consideran que la muerte de Jesús no es más que un trágico accidente, que no difiere esencialmente de la muerte de cualquier otro hombre bueno falsamente condenado, no pueden sacar nada de estos hechos. El único camino que les queda, según sus principios, es suponer que Jesús tenía en Él algo de morboso, de tímido, que de vez en cuando le traicionaba; primero, induciendo en Su ánimo una especie de deseo de morir, y luego abrumándolo con el pánico y la desesperación cuando llegó el momento de la muerte. Pero como Jesús fue resucitado de la muerte, y en el poder de Su vida resucitada siguió enseñando a Sus discípulos que Su muerte había sido una necesidad (Lc 24:26-27), esta así llamada explicación pareciera ser tanto absurda como penosa. Sin embargo, quienes niegan la realidad de la expiación no tienen nada mejor que decir.

Pero si relacionamos los hechos en cuestión con la enseñanza apostólica acerca de la propiciación, las cosas se aclaran de inmediato. "¿Acaso no podemos argumentar", pregunta James Denney, "que estas experiencias de temor mortal y de desamparo están unidas al hecho de que, en Su muerte y en la agonía del Getsemaní, a través de las cuales aceptó esa muerte como la copa que Su Padre le había dado que bebiera, Jesús estaba cargando sobre Sí los pecados del mundo, aceptando que se le contara entre los transgresores, e incluso llegando a serlo?" (*The Death of Christ* [*La muerte de Cristo*], ed. 1911, p. 46).

Si a Pablo o a Juan se les hubiera hecho esta pregunta no cabe duda alguna de lo que hubieran contestado. Jesús tembló en el Getsemaní porque iba a ser hecho pecado y recibir el juicio de Dios por ese pecado; y fue porque en efecto sufrió el juicio que se declaró abandonado por Dios en la cruz. La fuerza impulsora en la vida de Jesús era Su decisión de hacerse "obediente hasta la muerte, ¡y muerte de cruz!" (Fil 2:8), y el singular pavor de Su muerte radica en el hecho de que gustó en el Calvario la ira de Dios que nos correspondía a nosotros; haciendo, de este modo, propiciación por nuestros pecados.

Siglos antes ya lo había declarado Isaías. "Nosotros lo consideramos herido, golpeado por Dios... sobre Él recayó el castigo, precio de nuestra paz... el Señor hizo recaer sobre Él la iniquidad de todos nosotros... Fue... golpeado por la transgresión de mi pueblo... Pero el Señor quiso quebrantarlo y hacerlo sufrir... Él ofreció Su vida en expiación" (Is 53:4-10).

¡Oh Cristo, qué cargas te hicieron inclinar la cabeza!
Nuestra carga fue depositada sobre Ti;

Tú ocupaste el lugar del pecador,
llevaste todas mis enfermedades por mí.
Llevado como víctima, Tu sangre fue derramada;
ahora ya no hay carga para mí.

El Santo escondió Su rostro,
oh Cristo, ese rostro fue escondido de Ti:
la muda oscuridad envolvió Tu alma por un momento,
esa oscuridad nacida de mi culpa.
Pero ahora ese rostro de gracia radiante
brilla y me da a mí su luz.

Nos hemos extendido en esto, debido a su importancia para la comprensión de los hechos cristianos básicos; las próximas secciones serán más breves.

¿Y QUÉ DE LAS PERSONAS QUE RECHAZAN A DIOS?

Pensemos, en segundo lugar, en *el destino de quienes rechazan a Dios.*

Los universalistas creen que, al final, nadie rechaza a Dios, pero la Biblia indica lo contrario. Las decisiones que se toman en esta vida tienen consecuencias eternas. "No se engañen [como ocurriría si hicieras caso a los universalistas]: de Dios nadie se burla. Cada uno cosecha lo que siembra" (Ga 6:7). Aquellos que en esta vida rechazan a Dios serán rechazados para siempre por Dios. El universalismo es la doctrina de que, entre otros, Judas será salvo. Pero Jesús no creyó eso. "A la verdad, el Hijo del hombre se irá tal como está escrito de Él, pero ¡ay de aquel que lo traiciona! Más le valdría a ese hombre no haber nacido" (Mr 14:21). ¿Cómo hubiera podido decir esas últimas palabras Jesús si pensaba que en última instancia Judas sería salvo?

Algunos, pues, se enfrentarán a una eternidad de rechazo. ¿Cómo podemos comprender lo que se acarrean para sí estas personas? Desde luego que no podemos formarnos ninguna idea acertada del infierno, como tampoco podemos hacerlo del cielo, y sin duda es mejor que no podamos; pero quizás la noción más clara que podamos formarnos es la que se deriva de la contemplación de la cruz.

En la cruz, Dios juzgó nuestros pecados en la persona de Su Hijo, y Jesús soportó las consecuencias de la acción retributiva correspondiente a nuestra maldad. Contemplemos la cruz, por lo tanto, y veremos cómo será en definitiva la reacción judicial de Dios contra el pecado de la humanidad. ¿Cómo será? En resumen, revocación del bien y privación de sus efectos. En la cruz Jesús perdió todo el bien que tuvo antes: todo sentido de la presencia y el amor de Dios, todo sentido de bienestar físico, mental y espiritual, todo disfrute de Dios y de las cosas creadas, todo lo agradable y reconfortante de las amistades, le fueron retirados, y en su lugar no quedó sino soledad, dolor, y un tremendo sentido de la malicia y la insensibilidad humanas, y el horror de una gran oscuridad espiritual.

El dolor físico, si bien grande (porque la crucifixión sigue siendo la forma más cruel de ejecución judicial que el mundo haya conocido), no obstante, era una parte pequeña de Su agonía; los sufrimientos principales de Jesús fueron mentales y espirituales, y lo que estaba contenido en un lapso de menos de cuatrocientos minutos era en sí mismo una eternidad, como bien lo saben los que sufren mentalmente.

Así, también, los que rechazan a Dios se enfrentan al riesgo de perder todo lo bueno, y la mejor forma de hacerse una idea de lo que será la muerte eterna es considerar este hecho. En la vida común, jamás notamos todo el bien que disfrutamos como consecuencia de la gracia común de Dios, hasta que nos vemos privados de ella. Jamás valoramos la salud, las condiciones seguras de vida o la amistad y el respeto de los demás como debiéramos hacerlo, hasta que los perdemos. El Calvario nos muestra que bajo el juicio final de Dios nada podremos retener de lo que hayamos valorado, o pudiéramos valorar; nada de lo que podamos llamar bueno. Es un pensamiento terrible, pero podemos estar seguros de que la realidad es más terrible aun. "Más le valdría a ese hombre no haber nacido". Que Dios nos ayude a aprender la lección que el testimonio de la propiciación a través de la sustitución penal en la cruz enseña tan claramente; y que cada uno de nosotros sea encontrado en Cristo, al final, con nuestros pecados cubiertos por Su sangre.

¿QUÉ SIGNIFICA LA PAZ?

Tercero, pensemos en *el regalo de la paz de Dios*.

¿Qué nos ofrece el evangelio de Dios? Si decimos "la paz de Dios" no habrá objeción, ¿pero entenderán todos? ¡El uso de las palabras adecuadas no garantiza que se entiendan bien! Con mucha frecuencia pensamos en la paz de Dios como si fuera en esencia un sentimiento de tranquilidad interior, alegre y despreocupado, que nace de la noción de que Dios nos protegerá de los golpes más duros de la vida. Pero esto es una tergiversación, porque, por una parte, Dios no proporciona a Sus hijos un lecho de rosas, y el que así piensa será decepcionado; y, por otra, lo que resulta básico y esencial para la paz de Dios no tiene nada que ver con ese sentimiento.

La verdad que abraza ese relato de la paz de Dios (aunque la tergiversa, como dijimos) es que la paz de Dios nos trae dos cosas: poder para enfrentarnos y vivir con nuestras propias maldades y defectos, y también contentamiento bajo "las hondas y flechas de la escandalosa fortuna" (para lo cual el nombre cristiano es la sabia providencia de Dios). La realidad que esta noción ignora es que el ingrediente básico de la paz de Dios, sin el cual lo demás no puede existir, es el perdón y la aceptación en el pacto, es decir, la adopción en la familia de Dios. Pero donde no se proclama este cambio de relación con Dios —de la hostilidad a la amistad, de la ira a la plenitud del amor, de la condenación a la justificación— tampoco se está proclamando verazmente el evangelio de la gracia.

La paz *de* Dios es, primero y principalmente, paz *con* Dios; es el estado de cosas en que Dios, en lugar de estar *contra* nosotros, está *a favor de* nosotros. Cualquier relato sobre la paz de Dios que no empiece por aquí no puede hacer otra cosa que engañar. Una de las miserables ironías de nuestro tiempo es que, mientras los teólogos liberales y "radicales" creen que están redescubriendo el evangelio para hoy, en su mayor parte han rechazado las categorías de ira, culpa, condenación y enemistad con Dios, y de este modo no pueden presentar jamás el evangelio, porque ya no pueden proclamar el problema básico que el evangelio de la paz resuelve.

La paz de Dios, por lo tanto, es primaria y fundamentalmente una nueva relación de perdón y aceptación, y su fuente es la propiciación. Cuando Jesús llegó a donde estaban Sus discípulos en el aposento alto, al atardecer del día de la resurrección, les dijo: "¡La paz sea con ustedes! Dicho esto, les mostró las manos y el costado. Al ver al Señor, los discípulos se alegraron" (Jn 20:19-20). ¿Por qué hizo eso? No solamente para establecer Su identidad, sino para recordarles Su muerte propiciatoria en la cruz mediante la cual había hecho la paz para ellos ante el Padre.

Habiendo sufrido en lugar de Sus discípulos, como su sustituto, para lograr la paz para ellos, ahora volvía en el poder de Su resurrección para traerles esa paz. "¡Aquí tienen al Cordero de Dios, que quita el pecado del mundo!" (Jn 1:29). Es aquí, o sea, en el reconocimiento de que —mientras nosotros por naturaleza estamos en conflicto con Dios, y Dios con nosotros— Jesús ha hecho "la paz mediante la sangre que derramó en la cruz" (Col 1:20), donde comienza el verdadero conocimiento de la paz de Dios.

LAS DIMENSIONES DEL AMOR DE DIOS

Pensemos, en cuarto lugar, en *las dimensiones del amor de Dios*.

Pablo ora pidiendo que los lectores de su carta a los Efesios "puedan comprender, junto con todos los santos, cuán ancho y largo, alto y profundo es el amor de Cristo; en fin, que conozcan ese amor que sobrepasa nuestro conocimiento" (Ef 3:18-19). El toque de incoherencia y de paradoja en su lenguaje refleja el sentido que tenía Pablo de que la realidad del amor divino es inefablemente grande. Sin embargo, piensa que alguna medida de comprensión del mismo lo alcanzaremos. ¿Cómo?

La respuesta en Efesios es esta: al considerar la propiciación en su contexto; es decir, teniendo en cuenta todo el plan de la gracia como aparece en los primeros dos capítulos de la carta (elección, redención, regeneración, preservación, glorificación), plan en el cual el sacrificio expiatorio de Cristo ocupa el lugar central. Observa las referencias clave a la redención y la remisión de pecados, y el acercamiento a Dios de los que estaban lejos, mediante la *sangre* (sacrificio de muerte) de Cristo (Ef 1:7; 2:13). Mira también la enseñanza del capítulo 5, que dos veces señala el sacrificio propiciatorio de Cristo como demostración y medida de Su amor por nosotros, ese amor que debemos imitar en nuestro trato con los demás. "Lleven una vida de amor, así como Cristo nos amó y se entregó por nosotros como ofrenda y sacrificio fragante para Dios" (Ef 5:2). "Esposos, amen a sus esposas, así como Cristo amó a la iglesia y se entregó por ella" (Ef 5:25). El amor de Cristo fue *gratuito*, no fue resultado de ninguna bondad en nosotros (Ef 2:1-5); fue *eterno*, siendo uno con la elección de los pecadores, para salvar a los cuales el Padre "escogió en Él antes de la creación del mundo" (Ef 1:4); fue *sin reservas*, porque condujo al Señor a las profundidades de la humillación, y, más todavía, a las profundidades del infierno mismo en el Calvario; y fue *soberano*, por cuanto ha logrado lo que se proponía: la gloria final de los redimidos, su perfecta santidad y felicidad en el disfrute de Su amor (Ef 5:25-27) están ya garantizadas y aseguradas (Ef 1:14; 2:7-10; 4:11-16; 4:30). Medita en estas cosas, exhorta Pablo, si quieres obtener una mirada; por borrosa que sea, de la grandeza y la gloria del amor divino. Son estas cosas las que conforman "Su gloriosa gracia" (Ef 1:6); solamente aquellos que las conocen pueden alabar el nombre del Dios trino como corresponde. Y esto nos lleva al último punto.

LA GLORIA DE DIOS
Pensemos, finalmente, en *el significado de la gloria de Dios.*

En el aposento alto, después de que Judas hubiera salido a la oscuridad de la noche para traicionarlo, Jesús dijo: "Ahora es glorificado el Hijo del hombre, y Dios es glorificado en Él" (Jn 13:31). ¿Qué quiso decir? "Hijo del hombre" era Su nombre en la función de Rey-Salvador que antes de ser entronizado debía cumplir lo que profetizó Isaías 53; y cuando habló de la glorificación del Hijo del hombre en ese momento, y de la glorificación de Dios en Él, estaba pensando en específico en la muerte expiatoria, en "ser levantado" en la cruz, lo cual Judas había ido a precipitar. ¿Alcanzamos a ver la gloria de Dios en Su sabiduría, poder, justicia, verdad y amor, exhibidos con supremacía en el Calvario, en el acto de hacer propiciación por nuestros pecados? La Biblia sí la ve; y nos atrevemos a agregar que si sintiéramos la carga y la presión de nuestros propios pecados en su real dimensión, nosotros también la veríamos.

En el cielo, donde estas cosas se comprenden mejor, los ángeles y los hombres se unen para alabar al "Cordero, que ha sido sacrificado" (Ap 5:12; *cf.* 7:9-12). Aquí en la tierra, los que por gracia se han convertido en realistas espirituales hacen lo mismo.

Soportando la vergüenza y la burla grosera
fue condenado en mi lugar;

selló mi perdón con Su sangre:
¡Aleluya! ¡Qué salvador!...

Dejó el trono de Su Padre en el cielo,
tan gratuita, tan infinita Su gracia;
se vació de todo menos el amor
y sangró por la impotente raza de Adán.
¡Asombroso amor! ¿Cómo puede ser?
¡Pues me encontró, oh Dios, a mí!...

Si Tú has procurado mi libertad,
y soportado gratuitamente en mi lugar
la plenitud de la ira divina,
Dios no puede exigir dos veces el pago,
primero de la mano de mi ensangrentado fiador,
y luego nuevamente de la mía.

Vuélvete luego, mi alma, a tu descanso
los méritos de tu gran Sumo Sacerdote
han comprado tu libertad.
Confía en Su sangre eficaz,
y no temas ser expulsado por Dios,
¡porque Jesús murió por ti!

Estas son las canciones de los herederos del cielo, aquellos que han visto "la gloria de Dios que resplandece en el rostro [es decir, la persona, el ministerio, la obra terminada] de Cristo" (2Co 4:6). Las buenas nuevas del amor redentor y de la misericordia propiciatoria, que es lo que constituye la médula del evangelio, los estimula a alabar incesantemente. ¿Estás entre ellos?

CAPÍTULO DIECINUEVE

HIJOS DE DIOS

¿Qué es un cristiano? Podríamos contestar esta pregunta de muchas maneras, pero la respuesta más idónea que conozco es que un cristiano es aquel que tiene a Dios por Padre.

Pero, ¿no podríamos decir esto de todos las personas, sean cristianas o no? ¡Enfáticamente no! La idea de que todas las personas son hijos de Dios no se encuentra en la Biblia en ninguna parte. El Antiguo Testamento muestra a Dios como el Padre, no de todas las personas, sino de Su pueblo, la simiente de Abraham. "Israel es Mi primogénito. Ya te he dicho que dejes ir a Mi hijo" (Ex 4:22-23). El Nuevo Testamento ofrece una visión mundial, pero también muestra a Dios como Padre, no de todas las personas, sino de aquellos que, sabiéndose pecadores, ponen su confianza en el Señor Jesucristo como el enviado divino que lleva sus pecados y como su Maestro, y son así contados como simiente espiritual de Abraham. "Todos ustedes son hijos de Dios mediante la fe en Cristo Jesús… todos ustedes son uno solo en Cristo Jesús. Y, si ustedes pertenecen a Cristo, son la descendencia de Abraham" (Ga 3:26-29). Ser hijo de Dios no es, por lo tanto, una condición que adquirimos todos por nacimiento natural, sino un regalo sobrenatural que recibimos al recibir a Jesús. "Nadie llega al Padre [en otras palabras, es reconocido por Dios como hijo] sino por Mí" (Jn 14:6).

El regalo de la relación filial con Dios se hace nuestro por el nuevo nacimiento y no por el nacimiento natural. "*A cuantos lo recibieron*, a los que creen en Su nombre, les dio el derecho de ser hijos de Dios. Estos no nacen de la sangre, ni por deseos naturales, ni por voluntad humana, sino que nacen de Dios" (Jn 1:12-13).

El derecho de ser Hijo de Dios es, por lo tanto, un regalo de gracia. No tiene carácter natural sino *adoptivo*, y así lo describe explícitamente el Nuevo Testamento. Según la ley romana, era una práctica reconocida que un adulto que quería un heredero, y alguien que llevara el nombre de la familia, adoptara a un varón como su hijo, generalmente al llegar a ser mayor de edad, y no en la infancia, como es habitual hoy en día. Los apóstoles proclaman que Dios ha amado tanto a los que redimió en la cruz que los ha adoptado a todos como herederos Suyos, para que vean y compartan la gloria a la que ya ha llegado Su Hijo unigénito. "Dios envió a Su Hijo... para rescatar a los que estaban bajo la ley, a fin de que fuéramos adoptados como hijos" (Ga 4:4-5); nosotros, es decir, quienes fuimos predestinados "para ser adoptados como hijos Suyos por medio de Jesucristo" (Ef 1:5). "¡Fíjense qué gran amor nos ha dado el Padre, que se nos llame hijos de Dios! ¡Y lo somos!... cuando Cristo venga seremos semejantes a Él, porque lo veremos tal como Él es" (1Jn 3:1-2).

Hace algunos años escribí lo siguiente:

Se resume toda la enseñanza del Nuevo Testamento en una sola frase cuando se habla de ella como una revelación de la paternidad del santo Creador. De la misma manera, se resume toda la religión del Nuevo Testamento si se describe como conocer a Dios como tu santo Padre. Si quieres juzgar lo bien que una persona entiende el cristianismo, averigua qué importancia le da al pensamiento de ser hijo de Dios, y de tener a Dios como su Padre. Si este no es el pensamiento que impulsa y controla su adoración y sus oraciones y toda su visión de la vida, significa que no entiende muy bien el cristianismo. Porque todo lo que Cristo enseñó, todo lo que hace que el Nuevo Testamento sea nuevo y mejor que el Antiguo, todo lo que es particularmente cristiano y no solo judío, se resume en el conocimiento de la paternidad de Dios. "Padre" es el nombre cristiano de Dios (*Evangelical Magazine* [*Revista evangélica*] 7, p. 19-20).

Esto me sigue pareciendo cierto por completo y sumamente importante. Nuestra comprensión del cristianismo no puede ser mejor que nuestra comprensión de lo que significa la adoración. Este capítulo tiene como fin ayudarnos a comprender mejor este hecho.

La revelación al creyente de que Dios es su Padre es, en cierto sentido, el clímax de la Biblia, así como fue un paso final del proceso revelador que registra la Biblia. En los tiempos del Antiguo Testamento, como hemos visto, Dios le dio a Su pueblo un nombre relacionado con el pacto, que debían usar para hablar de Él y dirigirse a Él: el nombre "Yahvé" ("el Señor"). Por este nombre Dios se anunció como "el gran Yo Soy", quien es de manera total Él mismo. Él *es*, y es porque Él es lo que es, que todo lo demás es como es.

Él es la realidad detrás de toda realidad, la causa que está en la base de todas las causas y todos los acontecimientos. El nombre lo proclama como existente por Sí mismo, soberano, y totalmente libre de limitaciones o dependencia de cualquier cosa fuera de Él. Si bien Yahvé era Su nombre conforme al pacto, a Israel le recordaba lo que su Dios era *en Sí mismo*, y no lo que sería en relación con ellos. Era el nombre oficial del Rey de Israel, y había en él cierta reserva real. Se trataba de un nombre enigmático, un nombre calculado para despertar humildad y admiración ante el misterio del Ser divino.

De acuerdo con esto, el aspecto de Su carácter que Dios enfatizó más en el Antiguo Testamento fue Su santidad. El canto de los ángeles que Isaías oyó en el templo, con sus repeticiones enfáticas —"*Santo, santo, santo* es el Señor Todopoderoso" (Is 6:3)—, podría usarse como texto lema para resumir el tema de la totalidad del Antiguo Testamento. La idea básica que expresa la palabra *santo* es separación. Cuando se declara que Dios es *santo*, el pensamiento se refiere a todo lo que lo separa y lo hace distinto de Sus criaturas: Su *grandeza* ("la *Majestad* en las alturas", Heb 1:3; 8:1) y Su *pureza* ("Son tan puros Tus ojos que no puedes ver el mal", Hab 1:13).

Todo el espíritu de la religión del Antiguo Testamento estaba determinado por el pensamiento de la santidad de Dios. El énfasis constante era que los seres humanos, a causa de su debilidad como criaturas y su corrupción como seres pecaminosos, debían aprender a humillarse y ser reverentes ante Dios. La religión era "el temor del Señor", lo que se manifestaba en conocer la propia pequeñez, confesar las propias faltas y humillarse en la presencia de Dios, en cobijarse agradecido al amparo de Sus promesas de misericordia, y en cuidarse sobre todo de no cometer pecados presuntuosos. Vez tras vez se recalcaba que debíamos guardar nuestro lugar, y nuestra distancia, ante la presencia de un Dios santo. Este énfasis eclipsa todo lo demás.

UNA NUEVA RELACIÓN

Sin embargo, en el Nuevo Testamento encontramos que las cosas han cambiado. Dios y la religión siguen siendo lo que fueron; la antigua revelación de la santidad de Dios, y su exigencia de la humildad del hombre, se presuponen en toda su extensión. Pero se ha agregado algo. Se ha incorporado un factor nuevo. Los creyentes del Nuevo Testamento tratan a Dios como Su Padre. El nombre por el que lo llaman es justamente *Padre*. *Padre* es ahora el nombre relacionado con el pacto, por cuanto el pacto que lo liga a Su pueblo aparece revelado ahora como referido a la familia. Los cristianos son Sus hijos e hijas, Sus herederos. Y el énfasis del Nuevo Testamento ya no es sobre las dificultades y los peligros de acercarse al santo Dios, sino sobre la confianza y la seguridad con las que el creyente puede acercarse a Su presencia: confianza que surge directamente de la fe en Cristo y del conocimiento de Su obra de salvación. *"En Él, mediante la fe,* disfrutamos de libertad y confianza para acercarnos a Dios" (Ef 3:12). "Así que, hermanos, *mediante la sangre de Jesús,* tenemos plena libertad para entrar en el Lugar Santísimo, por el camino nuevo y vivo que *Él nos ha abierto...* Acerquémonos, pues, a Dios con corazón sincero y con la plena seguridad que da la fe" (Heb 10:19-22). Para los que son de Cristo, el Dios santo es un Padre amoroso; pertenecen a Su familia; pueden acercarse a Él sin miedo y siempre estar seguros de Su amor y cuidado paternal. Este es el núcleo del mensaje del Nuevo Testamento.

¿Quién es capaz de captar esto? He oído argumentar con seriedad que el concepto de la paternidad divina no puede significar nada para quienes tienen padres humanos inadecuados, faltos de sabiduría, faltos de afecto o de ambas cosas, ni para los muchos que han tenido la desgracia de crecer sin padres. He oído una defensa de la reveladora omisión de toda referencia a la paternidad divina en la obra *Sincero hacia Dios* del obispo Robinson con el argumento de que es la actitud correcta para recomendar la fe cristiana a una generación para la cual la vida familiar se ha desmoronado en gran medida.

Pero esto es absurdo. Porque, en primer lugar, sencillamente no es verdad que en el campo de las relaciones personales los conceptos positivos no puedan formarse por contraste, que es la conclusión implícita en este caso. Muchas personas jóvenes se casan resueltas a no permitir que su matrimonio sea un fracaso como lo fue el de sus padres. ¿Acaso no es este un ideal positivo? Por supuesto que sí. De modo similar, la idea de que nuestro Hacedor pueda ser nuestro Padre perfecto —fiel en amor y cuidados, generoso y comprensivo, interesado en todo lo que hacemos, respetuoso de nuestra individualidad, capaz de educarnos, sabio para guiarnos, siempre a nuestra disposición, ayudándonos a desarrollarnos con madurez, integridad y rectitud— es una idea que puede tener sentido para todos, tanto si podemos decir: "Tuve un padre maravilloso, y veo que Dios es así solo que en mayor medida", o diríamos: "Mi padre me desilusionó en esto, y en esto, y en esto, pero Dios, alabado sea Su nombre, seguramente es diferente", o incluso: "Nunca he sabido lo que es tener un padre en la tierra, pero gracias a Dios ahora tengo uno en el cielo". La verdad es que todos tenemos un ideal positivo de la paternidad que nos sirve de base para juzgar a nuestros padres y a los de los demás. Así que no hay nadie para quien la idea de la paternidad perfecta de Dios no signifique nada o le resulte repulsiva.

Pero en todo caso (y este es el segundo punto), Dios no nos ha dejado con dudas en cuanto a lo que implica Su paternidad, y lo hace estableciendo analogías con la paternidad humana. Dios nos reveló su significado pleno de una vez y para siempre por medio de nuestro Señor Jesucristo, Su mismo Hijo encarnado. Así como de Dios "recibe nombre toda familia en el cielo y en la tierra" (Ef 3:15), así también, de Su actividad manifestada como "Dios, Padre de nuestro Señor Jesucristo" (Ef 1:3), aprendemos, en este caso que constituye también una norma universal, lo que realmente significa para nosotros los que somos de Cristo la revelación paternal de Dios. Porque Dios quiere que la vida de los creyentes sea un reflejo y una reproducción de la comunión entre Jesús y Su Padre celestial.

¿Dónde podemos aprender esto? Principalmente en el Evangelio de Juan y en su primera epístola. En el Evangelio de Juan la primera bendición del evangelio que se menciona es la adopción (Jn 1:12), y el punto culminante de la primera aparición después de la resurrección es la afirmación de Jesús de que subía "a Mi Padre, que es Padre de ustedes; a Mi Dios, que es Dios de ustedes" (Jn 20:17). En la primera epístola de Juan ocupan un lugar central los conceptos relativos a la posición de hijo como supremo regalo del amor de Dios (1Jn 3:1); de amor al Padre (1Jn 2:15; 5:1-3) y hacia los hermanos en la fe (1Jn 2:9-11; 3:10-17; 4:7, 21) como la ética de la relación filial; de comunión con Dios Padre como el privilegio de la misma relación (1Jn 2:13, 23-24); de justicia y negación del pecado como evidencia de la relación filial (1Jn 2:29; 3:9-10; 5:18); y de ver a Jesús, y ser semejantes a Él, como la esperanza de esa misma relación filial (1Jn 3:3). Estos dos libros, tomados en conjunto, nos enseñan muy claramente lo que significaba para Jesús la paternidad de Dios y lo que ahora significa para los cristianos.

Según el testimonio del propio Señor en el Evangelio de Juan, Su relación paternal con Dios hacia Él supone cuatro cosas.

Primero, la paternidad implica *autoridad*. El Padre manda y dispone; la iniciativa que Él espera de Su Hijo es la de una resuelta obediencia a la voluntad del Padre. "Porque he bajado del cielo no para hacer Mi voluntad, sino la del que me envió". "He llevado a cabo la obra que me encomendaste". "El Hijo no puede hacer nada por Su propia cuenta". "Mi alimento es hacer la voluntad del que me envió" (Jn 6:38; 17:4; 5:19; 4:34).

Segundo, la paternidad implicaba *afecto*. "El Padre ama al Hijo". "El Padre me ha amado a Mí... Yo he obedecido los mandamientos de Mi Padre y permanezco en Su amor" (Jn 5:20; 15:9-10).

Tercero, la paternidad implicaba *comunión*. "Solo no estoy, porque el Padre está conmigo". "El que me envió está conmigo; no me ha dejado solo, porque siempre hago lo que le agrada" (Jn 16:32; 8:29).

Cuarto, la paternidad implicaba *honor*. Dios desea exaltar a Su Hijo. "Padre... Glorifica a Tu Hijo". "El Padre... todo juicio lo ha delegado en el Hijo, para que todos honren al Hijo como lo honran a Él" (Jn 17:1; 5:22-23).

Todo esto se extiende a los hijos adoptivos de Dios. En Cristo Jesús su Señor, mediante Él, y bajo Él, son gobernados, amados, acompañados y honrados por su Padre Celestial. Como Jesús obedecía a Dios, también deben hacerlo ellos. "En esto consiste el amor a Dios [el Dios "que engendró"]: en que obedezcamos Sus mandamientos" (1Jn 5:1, 3). Dios ama a Sus hijos adoptivos como amó a Su Hijo Unigénito. "El Padre mismo los ama" (Jn 16:27). Como Dios tenía comunión con Su Hijo, así también la tiene con nosotros. "Nuestra comunión es con el Padre y con Su Hijo Jesucristo" (1Jn 1:3). De la manera que Dios exaltó a Jesús exalta también a los seguidores de Jesús, como hermanos de una misma familia. "A quien me sirva, Mi Padre lo honrará" (Jn 12:26). "Padre, quiero que los que me has dado estén conmigo donde Yo estoy", para que vean y compartan la gloria que disfruta Jesús (Jn 17:24). En tales términos la Biblia nos enseña a comprender la forma y la sustancia de la relación padre-hijo que conecta al Padre de Jesús con el siervo de Jesús.

En este punto se requiere una definición y análisis formal de lo que significa la adopción. Aquí hay una excelente definición tomada de la *Confesión de fe de Westminster* (Capítulo XII):

> A todos los justificados, Dios les concede, en y por Su Hijo unigénito Jesucristo, hacerlos partícipes de la gracia de la adopción: por la cual son tomados como hijos de Dios y gozan de sus libertades y privilegios; se les aplica Su nombre, reciben el Espíritu de adopción, tienen acceso al trono de la gracia con confianza, pueden clamar: "¡Abba, Padre!", son protegidos, ayudados y disciplinados por Él, como por un padre; pero nunca son desechados, sino sellados para el día de la redención, y heredan las promesas, como herederos de la salvación eterna.

Este es el carácter de la divina relación filial que se ofrece a los creyentes, relación que pasamos a estudiar.

LA ADOPCIÓN: EL MÁS ALTO PRIVILEGIO

Nuestra primera consideración acerca de la adopción es que se trata del *privilegio más grande que ofrece el evangelio*: más grande aun que la justificación. Esto puede parecer extraño, por cuanto la justificación es el regalo de Dios al que, desde Lutero, han prestado los evangélicos la mayor atención; estamos acostumbrados a decir, casi sin pensarlo, que la justificación gratuita es la bendición suprema de Dios para nosotros los pecadores.

No obstante, una reflexión concienzuda mostrará que la afirmación que acabamos de hacer es verdad.

No se discute que la justificación —por la cual queremos decir el perdón de Dios de nuestro pasado, junto con su aceptación para el futuro— sea la bendición *primaria* y *fundamental* del evangelio. La justificación es la bendición primaria porque resuelve nuestra necesidad espiritual primaria. Por naturaleza todos estamos bajo el juicio de Dios; Su ley nos condena; la conciencia de culpa nos carcome, haciéndonos sentir inquietos, miserables, y, en los momentos de lucidez, atemorizados; no tenemos paz en nosotros mismos porque no tenemos paz con nuestro Hacedor. Por lo tanto, necesitamos el perdón de nuestros pecados y la seguridad de una relación restaurada con Dios más que ninguna otra cosa en el mundo; y esto es lo que el evangelio nos ofrece antes de ofrecernos otra cosa.

Los primeros sermones evangélicos que se predicaron, los que aparecen en Hechos, terminan con la promesa del perdón de pecados para todos los que se arrepientan y reciban a Jesús como Salvador y Señor (Lc 24:47; Hch 2:38; 3:19; 10:43; 13:38-39; *cf.* 5:31; 17:30-31; 20:21; 22:16; 26:18).

En Romanos, la exposición paulina más completa del evangelio —"el evangelio más claro de todos", en la opinión de Lutero—, se expone en primer lugar la justificación mediante la cruz de Cristo (Ro 1 – 5), y se la considera como la base para todo lo demás. A menudo, Pablo habla acerca de la justicia, la remisión de pecados y la justificación como la consecuencia inmediata de la muerte de Jesús para nosotros (Ro 3:22-26; 2Co 5:18-21; Ga 3:13-14; Ef 1:7; etc.). Y así como la justificación constituye la bendición *primaria*, también es la bendición *fundamental*, en el sentido de que todo lo demás que se relaciona con nuestra salvación la supone y descansa sobre ella, incluida la adopción.

Pero esto no es lo mismo que decir que la justificación es la bendición *más grande* del evangelio. La adopción es más grande, por razón de la relación más rica con Dios que envuelve. Algunos libros de texto sobre la doctrina cristiana —el de Berkhof, por ejemplo— consideran la adopción como si fuera solo una subsección de la justificación; pero esto no resulta satisfactorio. Las dos ideas son distintas, y la adopción es la más sublime de las dos. La justificación es una idea *forense*, concebida en términos de la ley, y que ve a Dios como *juez*. En la justificación Dios declara que los creyentes penitentes no están, ni estarán jamás, sujetos a la muerte que merecen sus pecados, porque Cristo Jesús, su sustituto y sacrificio, gustó la muerte en su lugar en la cruz.

De hecho, este regalo gratuito de absolución y paz, obtenido para nosotros al costo del Calvario, es por cierto maravilloso; pero la justificación no implica en sí misma ninguna relación íntima ni profunda con Dios el juez. Como concepto, por lo menos, se podría gozar de la realidad de la justificación sin que surja ninguna comunión muy cercana con Dios.

Pero comparemos ahora esto con la adopción. La adopción es un concepto relacionado con la *familia*, concebida en términos de *amor*, y que ve a Dios como *Padre*. En la adopción Dios nos recibe en Su familia y a Su comunión, y nos coloca en posición de hijos y herederos Suyos. La intimidad, el afecto y la generosidad están en la base de esta relación. Estar en la debida relación con Dios el Juez es algo realmente grande, pero es mucho más grande sentirse amado y cuidado por el Dios Padre.

Este concepto no se ha expresado mejor que en el siguiente extracto de *The Doctrine of Justification* [*La doctrina de la justificación*], de James Buchanan:

> Según las Escrituras, el perdón, la aceptación y la adopción, son, en ese mismo orden, privilegios independientes, siendo cada uno de ellos mayor que el anterior… mientras que los dos primeros pertenecen propiamente a la justificación (del pecador), ya que ambos se fundan en la misma relación —la de un Gobernante y su Súbdito—, el tercero es radicalmente diferente a ellos, ya que tiene su fundamento en una relación más cercana, más tierna y más cariñosa: la que existe entre un Padre y su hijo… Hay una diferencia manifiesta entre la posición del siervo y el amigo, y también entre el siervo y el hijo… Se afirma que existe entre Cristo y Su pueblo una intimidad más cercana y amorosa que la que existe entre un amo y su siervo: "Ya no los llamo siervos, porque el siervo no está al tanto de lo que hace su amo; los he llamado amigos" (Jn 15:15); y se afirma que existe una relación aun más cercana y preciosa como consecuencia de la adopción, pues "ya no eres esclavo, sino hijo; y, como eres hijo, Dios te ha hecho también

heredero" (Ga 4:7). El privilegio de la adopción presupone el perdón y la aceptación, pero es mayor que ambos, pues "a cuantos lo recibieron, a los que creen en Su nombre, les dio el derecho [no en el sentido de fuerza interior, sino "autoridad" o "privilegio"] de ser hijos de Dios" (Jn 1:12). Este es un privilegio mayor que el de la justificación, ya que tiene como fundamento una relación más íntima y más cariñosa: "¡Fíjense qué gran amor nos ha dado el Padre, que se nos llame hijos de Dios!" (1Jn 3:1) (p. 276-277).

No sentimos plenamente la maravilla del paso de la muerte a la vida que se opera en el nuevo nacimiento hasta que la vemos como una transición, ya no simplemente como un rescate de la condenación hacia la aceptación, sino de la esclavitud y la destitución hacia la "seguridad, la certidumbre, y el gozo" de la familia de Dios. Así considera Pablo ese gran cambio en Gálatas 4:1-7, donde contrasta la vida anterior de sus lectores, sujeta al legalismo esclavizante y a la superstición religiosa (vv. 3, 5, 8), con el conocimiento presente que tienen de su Creador como Padre (v. 6) y benefactor (v. 7). Este, dice Pablo, es el lugar al que la fe en Cristo los ha llevado; han recibido la adopción "como hijos" (v. 5); "ya no eres esclavo, sino hijo; y, como eres hijo, Dios te ha hecho también heredero" (v. 7).

Cuando Charles Wesley encontró a Cristo el domingo de Pentecostés en 1738, su experiencia quedó plasmada en unos versos maravillosos ("The Wesleys' Conversion Hymn" ["El Himno de la Conversión de los Wesley"], *Methodist Hymn Book* [*Himnario metodista*], 361), en los que la transición de la esclavitud a la relación filial constituye el tema principal.

¿Dónde comienza mi alma maravillada?
¿Cómo anhela mi todo al cielo?
Siendo un esclavo redimido de la muerte y del pecado,
un tizón arrancado del fuego eterno,
¿cómo alcanzo triunfos similares,
o canto la alabanza de mi gran Libertador?

¿Cómo expreso la bondad,
Padre, que Tú me has mostrado?

*¡Que yo, hijo de la ira y del infierno,
sea llamado hijo de Dios,
sepa que mis pecados son perdonados,
sea bendecido con este anticipo del cielo!*

Tres días más tarde, nos dice Wesley en su diario, su hermano Juan entró precipitadamente con un grupo de amigos para anunciar que él también se había hecho creyente, y "cantamos el himno con gran gozo". ¿Hubiéramos podido unirnos sinceramente al canto si hubiéramos estado allí? ¿Podemos hacer nuestras las palabras de Wesley? Si en realidad somos hijos de Dios y "el Espíritu de Su Hijo" está en nosotros, las palabras de Wesley ya habrán provocado un eco en nuestro corazón; pero si nos han dejado fríos, no veo cómo podemos imaginarnos que somos cristianos.

Para mostrar cuán grande es la bendición de la adopción tenemos que agregar algo más, a saber: que es una bendición que *permanece*. Los expertos sociales insisten en la actualidad en que la unidad familiar debe ser estable y segura, y que toda falta de estabilidad en la relación padre-hijo se resuelve en tensión, neurosis y retraso en el desarrollo del niño. Las depresiones, las irregularidades del comportamiento, las faltas de madurez que señalan al hijo del hogar quebrantado son conocidas por todos. Pero en la familia de Dios las cosas no son así. Allí hay estabilidad y seguridad absolutas; el padre es enteramente sabio y bueno, y la posición del hijo está permanentemente asegurada. El concepto mismo de la adopción es en sí mismo prueba y garantía de la preservación de los santos, porque solo los padres malos echan a los hijos de la familia, aun cuando exista provocación; y Dios no es un padre malo, sino bueno. Cuando se detecta depresión, irregularidad e inmadurez en el cristiano, cabe preguntar si ha aprendido realmente el hábito saludable de considerar la perdurable seguridad de los hijos de Dios.

LA ADOPCIÓN: LA BASE PARA NUESTRA VIDA

Nuestra segunda consideración en relación con la adopción es que *por ella debe entenderse toda la vida cristiana*. La relación filial tiene que ser el factor regulador —la categoría normativa, si quieres— en cada etapa. Esto se deduce de la naturaleza del caso, y recibe confirmación sorprendente en el hecho de que toda la enseñanza de nuestro Señor relativa al discipulado cristiano está explicada en estos términos.

Resulta claro que, así como Jesús siempre se consideró Hijo de Dios en un sentido único, también consideró a Sus seguidores como hijos de Su Padre celestial, miembros de la misma familia divina a la que Él también pertenecía. Al comienzo de Su ministerio vemos que dice: "Cualquiera que hace la voluntad de Dios es Mi hermano, Mi hermana y Mi madre" (Mr 3:35). Y dos de los evangelistas indican que después de Su resurrección llamó hermanos a Sus discípulos. Mientras las mujeres iban "a dar la noticia a los *discípulos*... Jesús les salió al encuentro... —No tengan miedo —les dijo Jesús—. Vayan a decirles a Mis *hermanos* que se dirijan a Galilea, y allí me verán" (Mt 28:8-10). "Ve más bien a Mis *hermanos* y diles: 'Vuelvo a Mi Padre, que es Padre de ustedes; a Mi Dios, que es Dios de ustedes'. María Magdalena fue a darles la noticia a los *discípulos*... y les contaba lo que Él le había dicho" (Jn 20:17-18). El escritor de Hebreos nos asegura que el Señor Jesús considera a todos aquellos por quienes murió, y que son Sus discípulos, como hermanos. El Hijo "no se avergüenza de llamarlos hermanos cuando dice: 'Proclamaré Tu nombre a Mis hermanos'... Y añade: 'Aquí me tienen, con los hijos que Dios me ha dado'" (Heb 2:11-13). Así como nuestro Hacedor es nuestro Padre, así también nuestro Salvador es nuestro hermano cuando entramos en la familia de Dios.

Ahora bien, de la misma manera que el conocimiento de ser el unigénito Hijo del Padre controló la vida de Jesús en la tierra, Él insiste en que nuestro conocimiento de nuestra adopción como hijos también debe controlar nuestras vidas. Esto surge repetidamente en Su enseñanza, pero en ninguna parte con mayor claridad que en el Sermón del Monte. Llamado con frecuencia la carta magna del reino de Dios, este sermón podría con igual exactitud describirse como el código de la familia real, pues la idea de la relación filial entre el discípulo y Dios es fundamental para todos los asuntos de obediencia cristiana tratados en el sermón. Vale la pena analizar este punto detalladamente, en especial porque no recibe la atención que debería en la predicación.

LA CONDUCTA CRISTIANA

Primero, pues, la adopción aparece en el Sermón del Monte como la base de la *conducta cristiana*. Se comenta con frecuencia que el Sermón enseña la conducta cristiana, no ofreciendo un código completo de reglas y una casuística detallada para seguirse con precisión mecánica, sino indicando en forma amplia y general el espíritu, la dirección, los objetivos, los principios directrices e ideales, por los cuales el cristiano debe regir su vida.

A menudo se destaca el hecho de que se trata de una ética de libertad responsable, por completo diferente del tipo de instrucción precisa y rígida a que echaban mano los escribas y abogados judíos en la época del Señor Jesús. Lo que no se percibe con tanta frecuencia es que se trata precisamente del tipo de instrucción moral que los padres procuran inculcar a sus hijos constantemente, de la enseñanza de principios generales imaginativos y concretos fundados en casos particulares, procurando al mismo tiempo que los hijos aprecien el valor de los puntos de vista de los padres y los compartan, como también su actitud ante la vida. La razón que hace que el Sermón del Monte tenga esta cualidad no es difícil de descubrir, se debe a que se trata justamente de la instrucción para los hijos de una familia: la familia de Dios. La orientación básica se deja ver en tres principios de conducta de muy amplio alcance que proclama nuestro Señor.

El principio número uno es *imitar al Padre*. "Yo les digo: Amen a sus enemigos... para que sean hijos de su Padre que está en el cielo... sean perfectos, así como su Padre celestial es perfecto" (Mt 5:44-45, 48). Los hijos deben mostrar en su conducta el parentesco familiar. Aquí Jesús está indicando que deben "ser santos porque Yo soy santo", y lo hace expresándolo en términos de familia.

El principio número dos es *glorificar al Padre*. "Hagan brillar su luz delante de todos, para que ellos puedan ver las buenas obras de ustedes y alaben al Padre que está en el cielo" (Mt 5:16). Es bueno que los hijos estén orgullosos de su padre, que deseen que los demás vean lo maravilloso que es, y que procuren comportarse en público en forma que le honre; de igual modo, dice Jesús, los cristianos deben procurar comportarse en público de manera que traiga alabanza al Padre que está en el cielo. Su preocupación constante tiene que ser la que se les ha enseñado a articular al comienzo de sus oraciones: "Padre nuestro... santificado sea Tu nombre" (Mt 6:9).

El principio número tres es *agradar al Padre*. En Mateo 6:1-18, Jesús se refiere a la necesidad de agradar sinceramente a Dios con nuestra religión, y proclama el principio en los siguientes términos: "Cuídense de no hacer sus obras de justicia delante de la gente para llamar la atención. Si actúan así, su Padre que está en el cielo no les dará ninguna recompensa" (Mt 6:1). Dicha "recompensa", no es, desde luego, algo materialista; será una recompensa en el seno de la familia, una muestra adicional de amor, como la que les encanta dar a los padres cuando sus hijos han hecho un verdadero esfuerzo por agradar o cumplir. El propósito que tiene la promesa de recompensa que hace nuestro Señor (Mt 6:4, 6, 18) no es el de hacernos pensar en términos de salario y de un *quid pro quo*, sino simplemente de recordarnos que nuestro Padre celestial tiene en cuenta, y demuestra gran placer, cuando hacemos esfuerzos por agradarle a Él, y solo a Él.

LA ORACIÓN CRISTIANA
Segundo, la adopción aparece en el Sermón del Monte como la base de la *oración cristiana*. "Ustedes deben orar así: Padre nuestro..." (Mt 6:9). Jesús siempre oraba a Su Dios como Padre (*Abba* en arameo, palabra íntima, usada en el seno de la familia), y así deben hacerlo también Sus seguidores. Jesús podía decir a Su Padre: "siempre me escuchas" (Jn 11:42), y quiere que Sus discípulos sepan que, como hijos adoptados por Dios, también aplica para ellos. El Padre está siempre accesible a Sus hijos, y nunca está demasiado ocupado para escuchar lo que tienen que decirle. Esta es la base de la oración cristiana.

Se deducen dos cosas según el Sermón. Primero, la oración no debe concebirse en términos impersonales ni mecánicos, como una técnica para ejercer presión sobre alguien que de otro modo no te respondería. "Y al orar, no hablen solo por hablar como hacen los gentiles, porque ellos se imaginan que serán escuchados por sus muchas palabras. No sean como ellos, porque su Padre sabe lo que ustedes necesitan antes de que se lo pidan" (Mt 6:7-8). Segundo, la oración debe ser libre y con confianza. No tenemos por qué dudar en imitar el sublime "descaro" del niño que no teme pedir cualquier cosa a sus padres, porque sabe que puede contar plenamente con su amor. "Pidan, y se les dará… todo el que pide, recibe… Pues si ustedes, aun siendo malos, saben dar cosas buenas a sus hijos,

¡cuánto más su Padre que está en el cielo dará cosas buenas a los que le pidan!" (Mt 7:7-11). No se trata, por cierto, de que nuestro Padre celestial conteste siempre las oraciones de sus hijos en la forma en que las ofrecemos. ¡A veces hacemos peticiones equivocadas! Es prerrogativa de Dios dar cosas *buenas*, cosas que *necesitamos*, y si, en nuestra falta de sabiduría, pedimos cosas que no caben bajo estos encabezamientos, Dios, como cualquier padre bueno, se reserva el derecho de decir: "No, eso no; no te hará bien; en cambio te doy esto otro". Los buenos padres jamás se limitan a decir lo que dicen sus hijos, ni ignoran sencillamente sus sentimientos de necesidad, como tampoco lo hace Dios; pero a menudo nos da lo que tendríamos que haber pedido, en vez de lo que realmente hayamos solicitado. Pablo le pidió al Señor Jesús que en Su gracia le quitara la espina de la carne, pero el Señor le contestó dejándole, en Su gracia, la espina, y fortaleciéndolo para que pudiera vivir con ella (2Co 12:7-9). ¡El Señor sabía lo que hacía! Sería una gran equivocación sugerir que, debido a que la oración de Pablo fue contestada de esta manera, en realidad no fue contestada. He aquí una fuente de mucha luz sobre lo que a veces se llama erróneamente "el problema de la oración sin respuesta".

LA VIDA DE FE

Tercero, la adopción aparece en el Sermón del Monte como la base de *la vida de fe*, es decir, la vida que consiste en confiar en Dios para la satisfacción de las necesidades materiales mientras buscamos Su reino y Su justicia. No es necesario, espero, señalar que se puede vivir la vida de fe sin renunciar a un empleo remunerado; algunos están llamados a hacerlo, sin duda, pero intentarlo sin una orientación específica no sería fe sino temeridad, y ¡hay una gran diferencia! En realidad, todos los cristianos son llamados a vivir una vida de fe, en el sentido de hacer la voluntad de Dios cualquiera sea el costo y confiando en Él hasta las últimas consecuencias. Pero todos somos tentados, tarde o temprano, a considerar el estatus y la seguridad, en términos humanos, antes que la lealtad al llamado de Dios; y luego, si resistimos a la tentación, nos sentimos impulsados de inmediato a preocuparnos sobre el posible efecto de la posición que hemos adoptado, en particular cuando, como les pasó a los discípulos a quienes fue predicado el Sermón primeramente, y como les ha ocurrido a muchas personas desde entonces, la resolución de seguir a Jesús los ha obligado a abandonar una cierta medida de seguridad y prosperidad que de otro modo probablemente habrían podido disfrutar. Para quienes son tentados de esta manera en su vida de fe, Jesús proclama el concepto de adopción.

"No se preocupen por su vida, qué comerán o beberán; ni por su cuerpo, cómo se vestirán" (Mt 6:25). Pero, nos dice alguien, esto no es ser realista; ¿cómo puedo dejar de preocuparme cuando me veo en tal o cual situación? A esto Jesús contesta: tu fe es demasiado pequeña; ¿has olvidado que Dios es tu Padre? "Fíjense en las aves del cielo... el Padre celestial las alimenta. ¿No valen ustedes mucho más que ellas?" (Mt 6:26). Si Dios cuida de las aves sin ser Padre de ellas, ¿no está claro que indudablemente los cuidará a ustedes, que son Sus hijos? En Mateo 6:31-33, el asunto aparece en términos positivos. "Así que no se preocupen diciendo: "¿Qué comeremos?" o "¿Qué beberemos?" o "¿Con qué nos vestiremos?"... el Padre celestial sabe que ustedes las necesitan. [estas cosas] Más bien, busquen primeramente el reino de Dios [su Padre] y su justicia, y todas estas cosas les serán añadidas".

"Podríamos tener un accidente", dijo la niña preocupada mientras la familia se desplazaba entre el tránsito en su automóvil. "Confía en papá; es un buen conductor", dijo la madre. La niña se sintió segura y se relajó inmediatamente. ¿Confiamos nosotros en nuestro Padre celestial de esta manera? Y si no, ¿por qué? Esa confianza es vital; es en verdad la fuente principal de la vida de fe, que sin ella se convierte en una vida de incredulidad al menos parcial.

LO QUE NOS MUESTRA NUESTRA ADOPCIÓN

En un capítulo anterior vimos que el concepto de *propiciación*, que solo aparece verbalmente cuatro veces en el Nuevo Testamento, es no obstante de importancia vital, ya que es el núcleo y el punto central de toda la perspectiva en el Nuevo Testamento de la obra redentora de Cristo. Aquí ocurre algo similar. La palabra *adopción* (el griego significa "instituir como hijo") aparece solo cinco veces, y de ellas solamente tres se refieren a la relación del cristiano con Dios en Cristo (Ro 8:14; Ga 4:5; Ef 1:5); y, sin embargo, el concepto mismo constituye el núcleo y el punto central de toda la enseñanza del Nuevo Testamento sobre la vida cristiana.

Ciertamente, los dos conceptos van juntos; si se me pidiera enfocar el mensaje del Nuevo Testamento en tres palabras, yo propondría *adopción mediante propiciación*, y creo que no encontraré jamás una síntesis más rica ni más fecunda del evangelio.

No es solo en los cuatro Evangelios que el pensamiento de nuestra filiación dada por Dios, "nuestro privilegio inicial", como lo llama John Owen, se presenta como el elemento que dirige el pensamiento y la vida. Las epístolas también están llenas de ello. Nos basaremos principalmente en las epístolas para mostrar que la verdad de nuestra adopción nos da la visión más profunda que ofrece el Nuevo Testamento sobre cinco asuntos más: primero, la grandeza del amor de Dios; segundo, la gloria de la esperanza cristiana; tercero, el ministerio del Espíritu Santo; cuarto, el significado y los motivos de lo que los puritanos llamaron "santidad en el evangelio"; quinto, el problema de la seguridad cristiana.

EL AMOR DE DIOS

Primero, entonces, *nuestra adopción muestra la grandeza del amor de Dios*.

El Nuevo Testamento nos ofrece dos criterios para calcular el amor de Dios. El primero es la cruz (ver Ro 5:8; 1Jn 4:8-10); el segundo es el regalo de la relación filial. "¡Fíjense qué gran amor nos ha dado el Padre, que se nos llame hijos de Dios!" (1Jn 3:1). De todos los regalos de la gracia, la adopción es el mayor. El regalo del perdón por el pasado es grande: saber que

Sufriendo la vergüenza y despreciando lo desagradable
ocupó mi lugar de condenación,
y selló mi perdón con Su sangre

constituye una fuente eterna de asombro y gozo.

Rescatado, sanado, restaurado, perdonado,
¿quién como yo cantaría Sus alabanzas?

También es grande el regalo de la inocencia y la aceptación ahora y para el futuro: cuando una vez la síntesis extática de Charles Wesley de Romanos 8 se convierte en tuya

> *Ninguna condenación temo ahora;*
> *Jesús, y todo lo que Él es, es mío;*
> *vivo en Él, mi Señor viviente,*
> *y arropado en justicia divina*
> *me acerco al trono eterno con confianza*
> *y reclamo la corona, en los méritos de Cristo, mi todo.*

Nuestro espíritu adquiere alas y vuela, como ya lo sabrán seguramente algunos de los que lean este capítulo. Pero al tener conciencia de que Dios nos ha levantado de la calle, por así decirlo, y nos ha hecho hijos en Su propia casa —a nosotros, pecadores perdonados milagrosamente, culpables, desagradecidos, desafiantes, perversos en gran manera— nuestro sentido del inmenso amor de Dios adquiere proporciones que no podemos expresar en palabras. Nos hacemos eco de la pregunta de Charles Wesley:

> *¿Cómo he de expresar, Padre,*
> *la bondad que Tú me has mostrado?*
> *¡Que yo, un hijo de la ira y del infierno,*
> *sea llamado hijo de Dios!*

Como él, nosotros también debemos sentir que no sabemos cómo dar una respuesta adecuada.

En el mundo antiguo la adopción la practicaban comúnmente solo los de buena posición que no tenían hijos. Los favorecidos, como lo señalamos antes, normalmente no eran niños, como suele ser el caso hoy, sino jóvenes que habían demostrado tener la capacidad necesaria para llevar el nombre de la familia de manera digna. En este caso, no obstante, Dios nos adopta por puro y gratuito amor, no porque nuestro carácter y nuestros antecedentes nos señalen como dignos de ocupar un lugar en la familia de Dios. La idea de que Él nos ame y nos exalte siendo nosotros pecadores, de la misma manera en que amó y exaltó al Señor Jesús, parecería ridícula y disparatada; pero eso, y nada menos que eso, es lo que significa la adopción.

La adopción, por su misma naturaleza, es un acto libre y bondadoso manifestado hacia la persona adoptada. Si al adoptar a alguien nos hacemos padres es porque hemos elegido hacerlo, no porque estemos obligados. De manera similar, Dios adopta porque eligió hacerlo. No tiene ninguna obligación de hacer tal cosa. Podría no haber hecho nada por nuestros pecados, excepto castigarnos como correspondía. Mas nos amó de esta manera; nos redimió, nos perdonó, nos tomó como hijos, y se dio Él mismo como nuestro Padre.

Pero Su gracia no se detiene en ese acto inicial, como tampoco el amor de los padres humanos que adoptan se detiene una vez que se ha completado el proceso legal que les confiere el niño. El hecho de determinar la posición del niño como miembro de la familia es solo el comienzo. La verdadera tarea está por delante: la de establecer una relación filial entre el niño adoptado y sus nuevos padres. Este es el aspecto que en realidad interesa. En consecuencia, los nuevos padres se dedican a conquistar el amor del niño tratándolo con amor. Así hace Dios. A lo largo de nuestra vida en este mundo, y hasta la eternidad, nos dará constantemente, de una manera u otra, más y más de Su amor, con lo cual aumenta de continuo nuestro amor por Él también. Lo que el futuro ofrece a los hijos que adopta Dios es una eternidad de amor.

Una vez conocí a una familia cuyo hijo mayor había sido adoptado porque entonces los padres pensaban que no podían tener hijos. Cuando más tarde llegaron los hijos nacidos del matrimonio, todo el afecto de los padres se dirigió hacia ellos, y el hijo adoptivo quedó relegado en forma muy evidente. Era doloroso verlo y, a juzgar por la mirada del mayor, era doloroso experimentarlo. Se trataba, por supuesto, de un miserable fracaso de la función paternal. Pero en la familia de Dios no ocurren cosas así. Como el hijo pródigo de la parábola, tal vez no podamos hacer otra cosa que decir: "he pecado... ya no merezco que se me llame tu hijo; trátame como si fuera uno de tus jornaleros" (Lc 15:18-19). Pero Dios nos recibe como a hijos y nos ama con el mismo amor inmutable con el que ama eternamente a Su amado unigénito. En la familia divina no hay grados de afecto. Todos somos amados tan plenamente como lo es Jesús. Es como un cuento de hadas —el monarca reinante adopta vagabundos y descarriados para convertirlos en príncipes—; pero, alabado sea Dios, este no es un cuento de hadas: es un hecho real y verdadero que se apoya en el fundamento de la gracia libre y soberana. Esto es lo que significa la adopción. Con razón Juan exclama: ""¡Fíjense qué gran amor!". Una vez que comprendamos lo que es la adopción haremos esta misma exclamación nosotros mismos.

Pero esto no es todo.

ESPERANZA

Segundo, *nuestra adopción nos muestra la gloria de la esperanza cristiana*. El cristianismo del Nuevo Testamento es una religión de esperanza, una fe que mira hacia adelante. Para el cristiano lo mejor está siempre por venir. ¿Pero cómo podemos formarnos una idea adecuada de lo que nos espera al final del camino? Aquí, también, la doctrina de la adopción nos sale al encuentro. Para comenzar, nos enseña a pensar en nuestra esperanza no como una posibilidad o incluso algo probable, sino como una certeza garantizada, porque se trata de una *herencia prometida*. La razón para adoptar a alguien en el mundo del primer siglo era en específico la de contar con un heredero al que se le pudieran dejar las posesiones. Así, también, la adopción por parte de Dios nos convierte en herederos, y nos garantiza, por derecho (podríamos decir), la herencia que tiene preparada para nosotros. "Somos hijos de Dios. Y, si somos hijos, somos herederos; herederos de Dios y coherederos con Cristo" (Ro 8:16-17). "Así que ya no eres esclavo, sino hijo; y, como eres hijo, Dios te ha hecho también heredero" (Ga 4:7). La riqueza de nuestro Padre es inconmensurable y heredaremos todo el patrimonio.

Luego, la doctrina de la adopción nos dice que la suma y sustancia de la herencia prometida es la *participación en la gloria de Cristo*. Seremos hechos semejantes a nuestro Hermano Mayor en todos los sentidos, y el pecado y la mortalidad, esa doble corrupción de la buena obra de Dios en las esferas moral y espiritual respectivamente, serán cosas del pasado. "Coherederos con Cristo... también tendremos parte con Él en Su gloria" (Ro 8:17). "Queridos hermanos, ahora somos hijos de Dios, pero todavía no se ha manifestado lo que habremos de ser. Sabemos, sin embargo, que cuando Cristo venga seremos semejantes a Él, porque lo veremos tal como Él es" (1Jn 3:2).

Esta semejanza se extenderá al cuerpo físico tanto como a la mente y al carácter; de hecho, Romanos 8:23 habla de la concesión de la misma en el lado físico como nuestra adopción, usando claramente la palabra para referirse a la transmisión de la herencia que fuimos adoptados para recibir: "nosotros mismos, que tenemos las primicias del Espíritu, gemimos interiormente, mientras aguardamos nuestra adopción como hijos, es decir, la redención de nuestro cuerpo". Esta, la bendición del día de la resurrección, hará real y efectivo para nosotros todo lo que estaba implícito en la relación de adopción, porque nos introducirá a la plena experiencia de la vida celestial que ahora disfruta nuestro Hermano Mayor.

Pablo se refiere al esplendor de este acontecimiento, y nos asegura que toda la creación, en forma real, si bien inarticulada, anhela "la revelación de los hijos de Dios, porque… la creación misma será liberada de la corrupción que la esclaviza, para así alcanzar la gloriosa libertad de los hijos de Dios" (Ro 8:19-21). Independientemente de lo que pueda implicar este pasaje (y no fue escrito, recordémoslo, para satisfacer la curiosidad de los científicos naturales), resalta claramente la sobrecogedora grandeza de lo que nos espera en el buen plan de Dios.

Cuando pensamos en Jesús exaltado en la gloria, en la plenitud del gozo por el que soportó la cruz (hecho sobre el que los cristianos debieran meditar con frecuencia), debiéramos tener siempre presente que todo lo que Él tiene algún día será compartido con nosotros, por cuanto es nuestra herencia tanto como lo es Suya. Nosotros nos contamos entre los "muchos hijos" que Dios está llevando a la gloria (Heb 2:10), y la promesa que nos ha hecho Dios, tanto como Su obra en nosotros, no fallarán.

Finalmente, la doctrina de la adopción nos dice que la experiencia del cielo será la de una *reunión familiar*, cuando la gran hueste de los redimidos se reúna en comunión cara a cara con su Dios-Padre y Jesús, su Hermano Mayor. Este es el cuadro más profundo y más claro del cielo que nos ofrece la Biblia. Muchas partes de las Escrituras lo contemplan. "Padre, quiero que los que me has dado estén conmigo donde Yo estoy. Que vean Mi gloria" (Jn 17:24). "Dichosos los de corazón limpio, porque ellos verán a Dios" (Mt 5:8). "Lo veremos tal como Él es" (1Jn 3:2). "Lo verán cara a cara" (Ap 22:4). "Veremos cara a cara" (1Co 13:12). "Así estaremos con el Señor para siempre" (1Ts 4:17).

Será como el día en que el niño sale por fin del hospital, y encuentra al padre y a toda la familia afuera para recibirlo; un gran evento para toda la familia. "Me veo ahora al final de mi viaje, mis días penosos han terminado", dijo Perseverante, el personaje de Bunyan, cuando estaba a mitad de camino en el agua del Jordán, "el pensamiento de lo que haré, y de la conducta que me espera al otro lado, yace como un carbón ardiente en mi corazón... Antes he vivido de oídas, y por fe, pero ahora voy donde viviré por vista, y estaré con Él, en cuya compañía me deleito".

Lo que hará que el cielo sea cielo es la presencia de Jesús, y la de un Padre divino reconciliado que por amor a Su Hijo nos ama a nosotros no menos de lo que ama al propio Jesús. El ver, conocer, amar al Padre y al Hijo y ser amado por ellos, en compañía del resto de la vasta familia de Dios, es la esencia misma de la esperanza cristiana. Como lo expresó Richard Baxter en su versión poética del pacto con Dios que su prometida "suscribió de buena gana" el 10 de abril de 1660:

Mi conocimiento de esa vida es pequeño;
El ojo de la fe opaco:
Pero basta que Cristo lo sepa todo;
Porque yo estaré con Él.

Si eres creyente, y entonces un hijo adoptado, la expectativa de estar con Él te satisface completamente; si no es así, parecería que todavía no eres ninguna de las dos cosas.

EL ESPÍRITU

Tercero, *nuestra adopción nos da la clave para entender el ministerio del Espíritu Santo.*

Abundan peligros y confusiones entre los cristianos hoy en día en torno al tema del ministerio del Espíritu Santo. El problema no está en encontrar etiquetas adecuadas sino en saber en la práctica qué es lo que corresponde a la obra de Dios en relación con lo que designan estas etiquetas. Así, todos sabemos que el Espíritu nos hace conocer la mente de Dios y que glorifica al Hijo de Dios. Las Escritura nos lo dicen. Además, nos informan que el Espíritu es el agente del nuevo nacimiento y que obra dándonos entendimiento a fin de que podamos conocer a Dios y dándonos un corazón nuevo para que podamos obedecerle. También, que el

Espíritu mora en nosotros, nos santifica y nos capacita para el peregrinaje diario; asimismo, que la seguridad, el gozo, la paz y el poder son Sus dones especiales para nosotros. Pero muchas personas se quejan de que estas afirmaciones no son más que fórmulas para ellos, que no corresponden a nada que puedan reconocer en su propia vida.

Naturalmente, estos cristianos sienten que están perdiendo algo vital, y preguntan con ansiedad cómo pueden hacer para achicar la distancia entre el cuadro del Nuevo Testamento de la actividad del Espíritu y la propia sensación de aridez en la experiencia diaria. Luego, quizás, se lanzan desesperados a buscar un evento psíquico único que los transforme, de tal manera que lo que para ellos es la "barrera no espiritual" personal pueda ser eliminada totalmente. El acontecimiento de referencia puede ser "una experiencia Keswick", "una entrega total", "el bautismo del Espíritu Santo", "la satisfacción completa", "el sello del espíritu", el don de lenguas, o (si navegamos orientados por estrellas de la órbita católica más que de la protestante) "una segunda conversión", la oración quieta o la oración de unión. Pero, aun cuando ocurra algo que piensan que pueden identificar con lo que están buscando, no tardan en darse cuenta de que la "barrera no espiritual" no ha sido eliminada en absoluto; de modo que comienzan nuevamente a buscar algo nuevo.

Muchas personas se ven envueltas en este tipo de esfuerzo en el día de hoy. ¿Qué puede ayudar en estos casos?, nos preguntamos. La luz que emana de la doctrina de la adopción acerca del ministerio del Espíritu da la respuesta.

La causa de los problemas que describimos está en un sobrenaturalismo falso de tipo mágico, que lleva a la gente a desear un toque transformador como el de una potencia eléctrica impersonal que les haga sentirse libres de las cargas y esclavitudes de tener que vivir consigo mismos y con los demás. Creen que esto constituye la esencia de la genuina experiencia espiritual. Piensan que la obra del Espíritu consiste en proporcionarles experiencias similares a lo que producen las drogas alucinógenas. (¡Qué daño hacen los evangelistas que llegan a prometer justamente esto, o los drogadictos que equiparan sus fantasías con la verdadera experiencia religiosa! ¿Cuándo aprenderá este mundo a distinguir entre cosas que difieren?) Sin embargo, esta búsqueda de una explosión interior, antes que de una comunión interior, es evidencia de una profunda equivocación de lo que es el ministerio del Espíritu.

Porque lo que es esencial entender aquí es que el Espíritu le es dado a los creyentes como "el Espíritu de *adopción*", y en todo ministerio hacia los cristianos obra justamente como Espíritu de adopción. Como tal, Su función y propósito en todo momento consisten en hacer comprender a los cristianos, con creciente claridad, el significado de su relación filial con Dios en Cristo, y llevarlos a responder en forma cada vez más profunda a Dios en base de esta relación. Pablo señala esta verdad cuando escribe que los creyentes hemos recibido "el Espíritu que los adopta como hijos y les permite clamar: '¡Abba! ¡Padre!'" (Ro 8:15). "Dios ha enviado a nuestros corazones el Espíritu de Su Hijo, que clama [lo cual significa que Él nos hace clamar]: '¡Abba! ¡Padre!'" (Ga 4:6).

La adopción es el pensamiento clave para descubrir la perspectiva del Nuevo Testamento de la vida cristiana y el pensamiento central para unificarla. Así, el reconocimiento de que el Espíritu llega a nosotros como Espíritu de adopción constituye el pensamiento clave para descubrir todo lo que el Nuevo Testamento nos explica en cuanto a Su ministerio hacia el cristiano.

Desde el punto de vista que nos proporciona este pensamiento central, vemos que la obra del Espíritu tiene tres aspectos. En primer lugar, nos hace y nos mantiene conscientes —a veces de manera vívidamente consciente, y siempre en alguna medida, aun cuando la parte perversa de nosotros nos incita a negarlo— de que somos hijos de Dios por pura gracia mediante Cristo Jesús. Esta es la obra que consiste en darnos fe, seguridad y gozo.

En segundo lugar, nos ayuda a ver a Dios como un padre y a mostrar hacia Él esa confianza respetuosa e ilimitada que es natural en hijos que se sienten seguros en el amor de un padre al que adoran. Esta es la obra que consiste en hacernos exclamar "Abba, Padre"; la actitud descrita es la que expresa el clamor.

En tercer lugar, nos impulsa a actuar a la altura de nuestra posición como hijos reales manifestando la semejanza familiar (conformidad con Cristo), fomentando el bienestar familiar (amar a los hermanos) y manteniendo el honor familiar (buscar la gloria de Dios). Esta es Su obra de santificación. A través de esta progresiva profundización de la conciencia y el carácter filiales, con su resultado en la búsqueda de lo que Dios ama y el rechazo de lo que odia, "somos transformados a Su semejanza con más y más gloria por la acción del Señor, que es el Espíritu" (2Co 3:18).

Así que no es cuando nos esforzamos por sentir cosas o tener experiencias, de cualquier tipo, que la realidad del ministerio del Espíritu se hace visible en nuestra vida, sino cuando buscamos a Dios mismo, buscándolo como nuestro Padre, atesorando Su comunión, y descubriendo en nosotros mismos un creciente deseo de conocerlo y serle agradables. Esta es la verdad necesaria que puede sacarnos del pantano de los puntos de vista no espirituales del Espíritu en los que tantos se hunden hoy en día.

SANTIDAD

Cuarto, partiendo de lo que acabamos de decir, *nuestra adopción nos muestra el significado y los motivos de la "santidad evangélica"*.

La "santidad evangélica" es una frase que sin duda a algunos les resultará conocida. Era una especie de abreviación puritana para hacer referencia a la vida cristiana auténtica, que surge del amor y la gratitud hacia Dios, en contraste con la "santidad legal" espuria que consistía meramente en fórmulas, rutinas y apariencia exterior, mantenidas por motivos egoístas. Aquí solo queremos referirnos brevemente a dos asuntos en relación con la "santidad evangélica".

Primero, lo que ya se ha dicho nos muestra lo esencial de su carácter. Se trata de vivir en armonía con nuestra relación filial con Dios, en la que nos ha colocado el evangelio. Consiste sencillamente en que el hijo de Dios sea fiel al modelo, fiel a su Padre, a su Salvador, y a sí mismo. Consiste en expresar la adopción en la vida. Consiste en ser un buen hijo, a diferencia del pródigo o de la oveja negra de la familia real.

Segundo, la relación adoptiva, que pone de manifiesto tan íntimamente la gracia de Dios, proporciona ella misma la motivación para este auténtico vivir en santidad. Los cristianos saben que Dios los "predestinó para ser adoptados como hijos suyos por medio de Jesucristo", y que esto comprende Su intención eterna de que "seamos santos y sin mancha delante de Él. En amor" (Ef 1:4-5). Saben que se acercan a un día en que este destino se materializará plena y finalmente. "Sabemos, sin embargo, que cuando Cristo venga seremos semejantes a Él, porque lo veremos tal como Él es" (1Jn 3:2).

¿Qué fluye de ese conocimiento? Esto: "Todo el que tiene esta esperanza en Cristo se purifica a sí mismo, así como Él es puro" (1Jn 3:3). Los hijos saben que la santidad es la voluntad del Padre para ellos, y que es tanto un medio como una condición, además de un componente de su felicidad, aquí y en el más allá; y porque aman a su Padre se dedican activamente a cumplir ese propósito benéfico. La disciplina paternal ejercida mediante presiones y pruebas exteriores contribuye al proceso: el cristiano que se encuentra hundido hasta el cuello en problemas puede consolarse en el conocimiento de que en el misericordioso plan de Dios todo tiene un propósito positivo, para el progreso de su santificación.

En este mundo, los hijos de la realeza, a diferencia de los demás, tienen que someterse a una disciplina y educación adicionales con el fin de estar preparados para cumplir su elevado destino. Así es también con los hijos del Rey de reyes. La clave para entender la forma en que los trata es recordar que, en el transcurso de la vida, Dios los está preparando para lo que les espera, y modelándolos y cincelándonos para que se asemejen a la imagen de Cristo. Algunas veces el proceso de cincelado resulta penoso, y la disciplina difícil; pero el Espíritu nos recuerda que "el Señor disciplina a *los que ama*, y azota a *todo el que recibe como hijo*. *Lo que soportan es para su disciplina, pues Dios los está tratando como a hijos*... Ciertamente, ninguna disciplina, en el momento de recibirla, parece agradable, sino más bien penosa; sin embargo, después produce una cosecha de justicia y paz para quienes han sido entrenados por ella (Heb 12:6-7, 11).

Únicamente la persona que ha comprendido esto puede entender Romanos 8:28: "Dios dispone todas las cosas para el bien de quienes lo aman"; igualmente, solo esa persona puede retener la seguridad de su relación filial frente a los ataques satánicos cuando las cosas andan mal. Pero quien ha hecho suya la doctrina de la adopción disfruta de seguridad y recibe bendición en tiempos difíciles: este es uno de los aspectos de la victoria de la fe sobre el mundo. No obstante, el punto es que la motivación principal del cristiano para vivir en santidad no es negativa, la esperanza (¡vana!) de que por este medio pueda evitar el castigo, sino positiva, el impulso de mostrar su amor y gratitud a su Dios que lo adopta, identificándose con la voluntad del Padre para él.

Esto de inmediato arroja luz sobre la cuestión del lugar de la ley de Dios en la vida cristiana. A muchas personas les ha resultado difícil ver en qué sentido la ley puede tener vigencia para el cristiano. Estamos libres de la ley, dicen; nuestra salvación no depende de que guardemos la ley; somos justificados por la sangre y la justicia de Cristo. ¿Cómo, entonces, puede importar, o hacer alguna diferencia, si guardamos la ley de ahora en adelante o no? Y puesto que la justificación significa el perdón de todo pecado, pasado, presente y futuro, y la completa aceptación por toda la eternidad, ¿por qué preocuparnos, sea que pequemos o no? ¿Por qué pensar que a Dios le preocupa esto? ¿Acaso no es una indicación de una comprensión imperfecta de la justificación el que el cristiano se preocupe por sus pecados diarios y se dedique a lamentarse por ellos y a buscar perdón por los mismos? ¿No forma parte de la verdadera audacia de la fe justificadora el negarse a buscar instrucción en la ley o a preocuparse por los defectos cotidianos?

Los puritanos tuvieron que enfrentarse con estas ideas "antinómicas" y a veces les resultaba bastante difícil responder a ellas. Si aceptamos la suposición de que la justificación constituye el todo y el fin del regalo de la salvación, siempre resultará difícil contrarrestar tales argumentos. La verdad es que estas ideas deben ser contestadas en términos de adopción y no de justificación: realidad que los puritanos no llegaron a destacar lo suficiente. Una vez que se traza la diferencia entre estos dos elementos del regalo de la salvación, la respuesta correcta se hace evidente.

¿Cuál es esa respuesta? Es esta: que, si bien es cierto que la justificación libra a la persona para siempre de la necesidad de guardar la ley, o de intentarlo, *como medio de obtener vida*, es igualmente cierto que la adopción obliga a guardar la ley, *como medio de agradar al nuevo Padre que hemos encontrado*. Guardar la ley es un aspecto de la semejanza familiar de los hijos de Dios; Jesús cumplió toda justicia, y Dios nos pide que nosotros hagamos lo mismo. La adopción coloca la obligación de guardar la ley sobre una nueva base: como hijos de Dios reconocemos la autoridad de la ley como regla para nuestra vida, porque sabemos que esto es lo que nuestro Padre desea. Si pecamos, confesamos nuestra falta y pedimos perdón a nuestro Padre sobre la base de la relación familiar, como nos enseñó Jesús: "Padre... Perdónanos nuestros pecados" (Lc 11:2, 4). Los pecados de los hijos de Dios no destruyen su justificación ni anulan su adopción, pero dañan la comunión entre ellos y su Padre. "Sean santos, porque Yo soy santo" es la voz que oímos de nuestro Padre, y no constituye parte de la fe justificadora perder de vista el hecho de que Dios, el Rey, quiere que Sus hijos reales vivan vidas dignas de su paternidad y posición.

SEGURIDAD

Quinto, *nuestra adopción aporta la clave que necesitamos para guiarnos a través del problema de la seguridad*.

¡Aquí hay una enredadera como no habrá otra! Este tema ha sido motivo de discusión permanente en la iglesia a partir de la Reforma. Los reformadores, y Lutero en particular, solían distinguir entre "fe histórica" —lo que Tyndale llamaba "fe de la historia", es decir, la creencia en los hechos cristianos sin respuesta o compromiso— y la verdadera fe salvadora. Esto último, afirmaban, era esencialmente seguridad. La llamaban *fiducia*, "confianza" (confianza, es decir, primero en el concepto de la promesa de Dios de perdonar y otorgar vida a los pecadores que creían, y, segundo, en su aplicación a uno mismo como creyente). "La fe" —declaró Lutero— "es una confianza viviente y deliberada en la gracia de Dios, tan segura que por ella uno podría morir mil veces, y tal confianza... nos hace gozosos, intrépidos y alegres hacia Dios y toda la creación". Y atacó "esa perniciosa doctrina de los papistas que enseñaba que ningún hombre sabe con seguridad si está en el favor de Dios o no; con lo cual mutilaban completamente la doctrina de la fe, atormentaban la conciencia de los hombres, echaban a Cristo de la iglesia, y negaban todos los beneficios del Espíritu Santo".

Al mismo tiempo, los reformadores reconocían que la *fiducia*, la seguridad de la fe, podía existir en una persona que, bajo la tentación, se sintiera segura de que no la tenía, y que no tenía esperanza en Dios. (Si esto te parece paradójico, da gracias por no haber estado nunca expuesto al tipo de tentación que hace que este sea el estado real de tu alma, como lo fue en ocasiones el estado real de la de Lutero, y de muchos más en su época).

Los católicos romanos no pudieron entender esto. En respuesta a los reformadores, reafirmaron la opinión medieval estándar de que, aunque la fe tiene la esperanza del cielo, no puede tener la certeza de llegar allí, y que pretender tal certeza es una presunción.

Los puritanos del siglo siguiente se propusieron enseñar que lo que es esencial en la fe no es la seguridad de la salvación, sea presente o futura, sino el arrepentimiento y la entrega verdadera a Cristo Jesús. Con frecuencia hablaban de la seguridad como si fuera algo distinto de la fe, algo que el creyente no habría de experimentar ordinariamente a menos que lo buscara específicamente.

En el siglo dieciocho, Wesley se hizo eco de la insistencia de Lutero de que el testimonio del Espíritu, y la seguridad resultante, es la esencia de la fe, si bien más tarde cualificó la afirmación al distinguir entre la fe del *siervo*, en la que la seguridad no tiene parte, y la fe del *hijo*, en la que sí tiene parte. Parece haber llegado a la conclusión de que su experiencia previa a Aldesgate Street era como la fe del siervo, una fe que está al borde de la experiencia cristiana plena, que busca la salvación y conoce al Señor, pero que no está segura todavía de estar al amparo de la gracia. Como todos los luteranos posteriores, sin embargo — ¡aunque no como Lutero mismo!—, Wesley sostenía que la seguridad se relaciona solamente con la aceptación presente por Dios, pero que no puede haber seguridad presente de perseverar.

Entre los evangélicos, el debate continúa, y sigue confundiendo. ¿Qué es la seguridad? ¿Y a quiénes la da Dios? ¿A todos los creyentes, a algunos, a ninguno? Cuando concede seguridad, ¿de qué nos da seguridad? ¿De qué manera se manifiesta la seguridad? El enredo es enorme, pero la verdad de la adopción puede ayudarnos a desenredarlo.

Si Dios, en Su amor ha convertido a los cristianos en Sus hijos, y si como Padre Él es perfecto, dos cosas parecen deducirse de esto, dada la naturaleza del caso.

Primero, la relación familiar tiene que ser de carácter perdurable, para siempre. Los padres perfectos no abandonan a sus hijos. El cristiano puede convertirse en el pródigo, pero Dios no dejará de actuar como el padre del pródigo.

Segundo, Dios hará lo inimaginable para lograr que Sus hijos perciban el amor que les tiene, y que tomen conciencia de sus privilegios y de la seguridad que pueden disfrutar como miembros de Su familia. Los hijos adoptivos necesitan sentirse seguros de que son aceptados, y un padre perfecto hará que así se sientan.

En Romanos 8, el pasaje clásico del Nuevo Testamento sobre la seguridad, Pablo confirma las dos inferencias mencionadas. Primero, nos dice que los que predestinó para que fueran hechos conforme a la imagen de Su Hijo, para que Él sea el primogénito entre muchos hermanos —a los que, en otras palabras, resolvió que aceptaría como hijos en Su familia, al lado de Su Hijo unigénito—, los "llamó... justificó... glorificó" (Ro 8:29-30). *Glorificó*, notamos, está en tiempo pasado, aun cuando el hecho mismo sigue siendo futuro; esto demuestra que en el parecer de Pablo la cuestión vale como si ya hubiera sido cumplida, ya que ha sido establecida por el decreto de Dios. Por ello, Pablo puede declarar con toda confianza: "Pues estoy convencido de que ni la muerte ni la vida, ni los ángeles ni los demonios, ni lo presente ni lo por venir, ni los poderes, ni lo alto ni lo profundo, ni cosa alguna en toda la creación podrá apartarnos del amor que Dios" —del amor redentor, paternal y electivo de Dios— "nos ha manifestado en Cristo Jesús nuestro Señor" (Ro 8:38-39).

Segundo, Pablo nos dice que aquí y ahora "El Espíritu mismo le asegura a nuestro espíritu que somos hijos de Dios" (Ro 8:16). Más aún, que "si somos hijos, somos herederos" (Ro 8:17). Esta afirmación es inclusiva: si bien Pablo dice que no había visto nunca a los romanos, pensaba que podía con seguridad suponer que eran cristianos, que por lo tanto conocerían este testimonio interior del Espíritu de que eran hijos y herederos de Dios. Bien observó James Denney una vez que mientras que la seguridad es un pecado en el romanismo, y un deber en gran parte del protestantismo, en el Nuevo Testamento es simplemente un hecho.

Notamos que en este versículo el testimonio sobre la adopción proviene de dos fuentes diferentes: de nuestro espíritu (es decir, nuestro ser consciente), y del Espíritu de Dios, que da testimonio juntamente *con* nuestro espíritu, y, de este modo, *a* nuestro espíritu. (Este punto no queda invalidado si modificamos la puntuación y traducimos: "Cuando clamamos ¡Abba! ¡Padre!, es el Espíritu mismo el que da testimonio con nuestro espíritu". Lo que quiere decir, pues, es que la exclamación filial, y la actitud filial que la misma expresa, es evidencia de que el testimonio doble es una realidad en el corazón).

¿De qué naturaleza es este doble testimonio? El análisis que hace Robert Haldane, análisis que destila la esencia de más de dos siglos de exposición evangélica, prácticamente no puede ser superado. El testimonio de nuestro espíritu, escribe, se hace realidad "en la medida en que el Espíritu Santo nos capacita para determinar nuestra relación filial, al ser conscientes de las verdaderas marcas de un estado renovado y al descubrirlas en nosotros mismos". Esta es la seguridad *por inferencia*, siendo una conclusión basada en el hecho de que uno conoce el evangelio, confía en Cristo, hace obras dignas de arrepentimiento, y pone de manifiesto los instintos de un hombre regenerado.

Pero [sigue diciendo Haldane] decir que esto es todo lo que significa el testimonio del Espíritu Santo sería falsear lo que se afirma en este texto; porque en ese caso el Espíritu Santo únicamente ayudaría a la conciencia a ser un testigo, pero no podría decirse que el Espíritu mismo fuera un testigo... El Espíritu Santo testifica a nuestro espíritu con un testimonio claro e inmediato, y también con nuestro espíritu, en un testimonio concurrente. Este testimonio, si bien no se puede explicar, lo siente no obstante el creyente; lo siente también, en sus variaciones, como algo más fuerte y palpable unas veces, y otras veces como algo más débil, menos discernible... Su realidad está indicada en la Escritura por expresiones tales como las que se refieren a que el Padre y el Hijo vienen a nosotros, y hacen Su *morada* con nosotros —Cristo se *manifiesta* a nosotros, y *cena* con nosotros— en el acto de darnos el *maná escondido*, y la *piedrecita blanca*, denotando la comunicación del conocimiento de la absolución de la culpa, y un *nombre nuevo*, que nadie conoce sino el que lo recibe. "Dios ha derramado Su amor en nuestro corazón por el Espíritu Santo que nos ha dado" (*Romans* [*Romanos*], p. 363).

Esta es la seguridad *inmediata*, la obra directa del Espíritu en el corazón regenerado, que viene a complementar el testimonio generado por Dios de nuestro propio espíritu (es decir, el de nuestra propia conciencia y conocimiento de nosotros mismos como creyentes). Aunque este doble testimonio puede quedar temporalmente nublado por una retirada divina o ataques satánicos, todo cristiano verdadero que no entristece ni apaga al Espíritu con infidelidad comúnmente disfruta de ambos aspectos del testimonio en mayor o menor medida como su experiencia viva, como lo indica el tiempo presente empleado por Pablo ("le asegura a nuestro espíritu").

Así que la doctrina de la seguridad viene a ser esto: nuestro Padre celestial quiere que Sus hijos conozcan Su amor por ellos, y la seguridad de que disfrutan como miembros de Su familia. No sería un Padre perfecto si no anhelara esto y si no obrara a fin de concretarlo. Su acción va dirigida a hacer que el doble testimonio que describimos sea parte de la experiencia regular de Sus hijos. Así los lleva a regocijarse en Su amor. El mismo doble testimonio es también un regalo: la culminación del complejo regalo de la fe; los creyentes adquieren un "conocimiento palpable" de que su fe y adopción, su esperanza del cielo, y el infinito y soberano amor de Dios hacia ellos, son "realmente reales". Sobre esta dimensión de la experiencia de la fe solo podemos decir, como dijo alguien con respecto a la naturaleza, que es "más fácil apreciarla que describirla"; o, como dijo una señora escocesa, es "más fácilmente sentida que contada". Pero todos los cristianos disfrutan de la seguridad en alguna medida, ya que es en verdad parte de sus derechos de nacimiento.

Ya que somos propensos al autoengaño, haremos bien en poner a prueba nuestra seguridad aplicando los criterios doctrinales y éticos que proporciona 1 Juan (ver 1Jn 2:3, 29; 3:6-10, 14, 18-21; 4:7-8, 15-16; 5:1-4, 18), y de esta manera, el elemento de inferencia de nuestra seguridad se verá fortalecido y la vivacidad de la seguridad general podrá aumentar enormemente. La fuente de la seguridad, sin embargo, no son nuestras inferencias como tales, sino la obra del Espíritu, aparte de nuestras inferencias y a través de ellas, convenciéndonos de que somos hijos de Dios, y de que el amor y las promesas redentoras del Señor se aplican directamente a nosotros.

¿Qué hay, entonces, en cuanto a las disputas históricas? Los romanistas estaban equivocados: vista a la luz de la adopción y la paternidad de Dios, su negación tanto de la preservación como de la seguridad se vuelve una ridícula monstruosidad. ¿Qué clase de padre es el que jamás les dice a sus hijos individualmente que los ama, pero que se propone echarlos de la casa a menos que se porten bien? La negación wesleyana y luterana de la preservación es igualmente errónea. Dios es mejor padre de lo que esta negación admite: Él *guarda* a Sus hijos en la fe y la gracia, y no permite que se deslicen de Su mano. Los reformadores y Wesley tenían razón cuando decían que la seguridad es parte integral de la fe; los puritanos, sin embargo, también tenían razón cuando daban mayor importancia que los anteriores al hecho de que los cristianos que entristecen al Espíritu pecando, y que no buscan a Dios de todo corazón, habrán de perder la plena alegría de este regalo culminante del doble testimonio, de igual modo que los hijos malos y descuidados detienen la sonrisa de los padres y, en cambio, provocan su gesto de desagrado. Algunos regalos son demasiado preciosos para darse a hijos malos y perezosos, y este es un regalo que nuestro Padre celestial, en cierta medida por lo menos, debe retener si ve que estamos en un estado en el que nos haría daño hacernos pensar que a Dios no le interesa que vivamos vidas santas o no.

EL GRAN SECRETO

Resulta extraño que la doctrina de la adopción haya recibido tan poca atención en la historia cristiana. Aparte de dos libros del siglo pasado, ahora apenas conocidos (*The Fatherhood of God* [*La paternidad de Dios*], de R.S. Candlish, y *The Reformed Doctrine of Adoption* [*La doctrina reformada de la adopción*] de R.A. Webb), no existen obras evangélicas sobre el tema, y no las ha habido en ningún momento desde la Reforma, como tampoco antes. La comprensión que tuvo Lutero de la adopción fue tan definida y clara como su comprensión de la justificación, pero sus discípulos se aferraron a esta última e hicieron caso omiso de la primera. La enseñanza puritana sobre la vida cristiana, tan fuerte en otros sentidos, fue notablemente deficiente aquí, lo cual es la razón de por qué surgen malentendidos legalistas sobre ella con tanta facilidad. Tal vez los metodistas primitivos, y los santos metodistas posteriores como Billy Bray, "el Hijo del Rey", con su inolvidable actitud hacia la oración —"Tengo que hablar con mi Padre sobre esto"— son los que llegaron más cerca que nadie a la vida que refleja la relación filial como la pinta el Nuevo Testamento. En la enseñanza cristiana de hoy ciertamente cabe darle más lugar a la adopción.

Mientras tanto, el mensaje inmediato para nuestros corazones de lo que hemos estudiado en el presente capítulo es seguramente este: ¿Como cristiano, me entiendo a mí mismo? ¿Tengo conciencia de mi verdadera identidad, de mi verdadero destino? Soy hijo de Dios. Dios es mi Padre; el cielo es mi hogar; cada día que pasa es un día más cerca. Mi Salvador es mi hermano; todo cristiano es mi hermano también. Repítelo una y otra vez a primera hora de la mañana, a última hora de la noche, mientras esperas el autobús, en cualquier momento en que tu mente esté libre, y pide que se te permita vivir como alguien que sabe que todo esto es total y completamente cierto. Porque este es el secreto del cristiano de —¿una vida feliz?—; sí, ciertamente, pero tenemos algo más elevado y más profundo que decir. Este es el secreto del cristiano de una vida *cristiana*, y de una vida que *honra a Dios*, y estos son los aspectos de la situación que realmente importan. Que este secreto llegue a ser plenamente tuyo, y plenamente mío.

Para hacernos comprender de forma más adecuada qué somos y quiénes somos como hijos de Dios, y lo que somos llamados a ser, aquí hay unas preguntas que nos sirven de base para examinarnos bien una y otra vez.

¿Entiendo la adopción que he recibido? ¿Le doy su valor? ¿Me recuerdo a mí mismo diariamente el privilegio que es mío como hijo de Dios?

¿He procurado obtener plena seguridad en cuanto a mi adopción? ¿Pienso a diario acerca del amor de Dios hacia mí?

¿Trato a Dios como mi Padre que está en los cielos, amándolo, honrándolo y obedeciéndolo, buscando y deseando Su comunión, y tratando de agradarle en todo, como querría cualquier padre humano que hiciera su hijo?

¿Pienso en Jesucristo, mi Salvador y mi Señor, como mi hermano también, que extiende hacia mí no solo autoridad divina sino también simpatía humana? ¿Pienso todos los días cuán cerca está Él de mí, cuán totalmente me entiende, y cuánto, como pariente-redentor, se preocupa por mí?

¿He aprendido a odiar las cosas que desagradan a mi Padre? ¿Soy sensible a las cosas malas a las que Él es sensible? ¿Me propongo evitarlas para no entristecerlo?

¿Pongo diariamente mi esperanza en esa gran ocasión familiar en que los hijos de Dios se reunirán por fin en el cielo ante el trono de Dios, su

Padre, y el Cordero, su hermano y Señor? ¿He sentido la emoción de esta esperanza?

¿Amo a mis hermanos cristianos, con los cuales vivo día a día, de una manera que no me avergonzará cuando la recuerdo en el cielo?

¿Estoy orgulloso de mi Padre y de Su familia, a la que por Su gracia pertenezco?

¿Aparece en mí la semejanza familiar? Y si no, ¿por qué?

Dios nos humille; Dios nos instruya; Dios nos haga hijos Suyos de verdad.

CAPÍTULO VEINTE

TÚ ERES NUESTRO GUÍA

Para muchos cristianos, es un problema crónico encontrar dirección para su vida. ¿Por qué? No porque duden de que la dirección divina sea un hecho, sino precisamente porque están seguros de que lo es. Saben que Dios puede guiar, y ha prometido guiar, a cada creyente. Libros, amigos y oradores, les informan sobre la forma en que la dirección divina ha obrado en las vidas de otros. Su temor, por lo tanto, no es que no haya guía disponible para ellos sino que puedan perder la guía que Dios les provee por alguna falta en ellos mismos. Cuando cantan:

> *Guíame, oh Tú gran Yahvé,*
> *Peregrino por esta tierra árida;*
> *Soy débil, pero Tú eres poderoso,*
> *Tenme con Tu mano fuerte:*
> *Pan del cielo dame*
> *Ahora y por siempre,*

no les cabe la menor duda de que Dios puede guiarlos y alimentarlos, tal como piden. Pero la ansiedad los acosa porque no están seguros de su propia receptividad a la dirección que Dios les ofrece.

No todos, sin embargo, han llegado a ese punto. En nuestros días, como ya lo hemos indicado con frecuencia, el conocimiento de Dios ha sido oscurecido —transformado, en efecto, en ignorancia de Dios— porque nuestros pensamientos acerca de Él han sido desviados. Así, por ejemplo, la realidad del gobierno de Dios, de la independencia de Dios, de la bondad moral de Dios, de que Dios habla, hasta de la personalidad de Dios, ha sido cuestionada no solo fuera sino también dentro de la iglesia. Esto ha hecho que resulte difícil para muchos creer que pueda existir siquiera la dirección divina. ¿Cómo puede existir, si Dios no es la clase de ser que puede, o desea darla?; y esto es lo que, de un modo u otro, implican todas estas inquietudes. Por esto, vale la pena recordar en este punto algunos de los conceptos básicos que presupone la dirección divina.

DIOS TIENE UN PLAN
La creencia de que la dirección divina es real descansa sobre dos hechos fundamentales: primero, la realidad del *plan* de Dios para nosotros; segundo, la habilidad de Dios para *comunicarse* con nosotros. Sobre estos dos hechos la Biblia tiene mucho que decirnos.

¿Tiene Dios un plan individual para cada uno? Por supuesto que sí. Dios tiene un "propósito eterno" (literalmente un "plan para las edades"), "una buena administración en el cumplimiento de los tiempos" de acuerdo con el cual Él "obra todas las cosas conforme al consejo de Su voluntad" (Ef 3:11; 1:10-11). Tuvo un plan para la redención de Su pueblo de la esclavitud egipcia cuando los guio a través del mar y el desierto mediante una columna de nube de día y una de fuego de noche. Tuvo un plan para hacer volver a Su pueblo del exilio babilónico, donde Él guio colocando a Ciro en el trono y "despertando" su espíritu (Esd 1:1) para que mandara a los judíos de vuelta a edificar su templo. Tuvo un plan para Jesús (ver Lc 18:31; 22:22, etc.); toda la misión de Jesús en la tierra consistió en hacer la voluntad de Su Padre (Jn 4:34; Heb 10:7, 9). Dios tuvo un plan para Pablo (ver Hch 21:14; 22:14; 26:16-19; 1Ti 1:16); en cinco de sus cartas Pablo se anuncia como apóstol "por la voluntad de Dios". Dios tiene un plan para cada uno de Sus hijos.

Pero, ¿puede Dios comunicarnos Su plan? Claro que sí. Así como el hombre es un ser comunicativo, también su Hacedor es un Dios comunicativo. Hizo conocer Su voluntad a los profetas del Antiguo Testamento, y mediante ellos al pueblo. Guio a Jesús y a Pablo. El libro de los Hechos registra varios casos de dirección detallada (cuando Felipe fue enviado al desierto para encontrarse con el etíope eunuco, Hch 8:26, 29; cuando Pedro recibió instrucciones de visitar a Cornelio, Hch 10:19-20; cuando la iglesia de Antioquía fue encargada de enviar a Pablo y Bernabé como misioneros, Hch 13:2; cuando Pablo y Silas fueron llamados a Europa, Hch 16:6-10; cuando Pablo fue instruido para que siguiera adelante con su ministerio en Corinto, Hch 18:9-10). Y, si bien la dirección divina mediante sueños y mensajes verbales directos debe ser considerada excepcional y no normal, incluso para los apóstoles y sus contemporáneos, con todo, estos eventos por lo menos muestran que Dios no tiene ninguna dificultad para hacer conocer Su voluntad a Sus siervos.

Además, la Escritura contiene promesas explícitas de dirección divina por las que podemos conocer el plan de Dios para nosotros. "Yo te instruiré, Yo te mostraré el camino que debes seguir", dice Dios a David (Sal 32:8). Isaías 58:11 asegura que si el pueblo se arrepiente y obedece "El SEÑOR te guiará siempre". La dirección de Dios es tema principal en el Salmo 25, donde leemos que "Bueno y justo es el SEÑOR; por eso les muestra a los pecadores el camino. Él dirige en la justicia a los humildes, y les enseña su camino... ¿Quién es el hombre que teme al SEÑOR? Será instruido en el mejor de los caminos" (Sal 25:8, 9, 12). Así también se señala en Proverbios 3:6: "Reconócelo en todos tus caminos, y Él allanará tus sendas".

En el Nuevo Testamento surge la misma esperanza en cuanto a la guía divina. La oración de Pablo por los colosenses pidiendo "que Dios les haga conocer plenamente Su voluntad con toda sabiduría y comprensión espiritual", y la oración de Epafras "para que, plenamente convencidos, se mantengan firmes, cumpliendo en todo la voluntad de Dios" (Col 1:9; 4:12), suponen claramente que Dios está listo y dispuesto a dar a conocer Su voluntad. En las Escrituras la "sabiduría" significa siempre conocimiento del curso de la acción que agrada a Dios y asegura la vida, de manera que la promesa de Santiago 1:5 —"Si a alguno de ustedes le falta sabiduría, pídasela a Dios, y Él se la dará, pues Dios da a todos generosamente sin menospreciar a nadie"— es, en efecto, una promesa de dirección. Pablo aconseja: "No se amolden al mundo actual, sino sean transformados mediante la renovación de su mente. Así podrán comprobar cuál es la voluntad de Dios, buena, agradable y perfecta" (Ro 12:2).

Otras líneas de verdad bíblica entran aquí para confirmar esta confianza en que Dios guiará. Primero, los cristianos son hijos de Dios; y si los padres humanos tienen responsabilidad de guiar a sus hijos en asuntos en los que la ignorancia y la incapacidad pueden significar peligro, no tenemos por qué dudar de que en la familia de Dios ocurra lo mismo. "Pues si ustedes, aun siendo malos, saben dar cosas buenas a sus hijos, ¡cuánto más su Padre que está en el cielo dará cosas buenas a los que le pidan!" (Mt 7:11).

Además, la Escritura es la Palabra de Dios, "útil", leemos, "para enseñar, para reprender, para corregir y para instruir en la justicia, a fin de que el siervo de Dios esté enteramente capacitado para toda buena obra" (2Ti 3:16-17). "Enseñar" significa instruir de forma amplia en doctrina y ética, en la obra y la voluntad de Dios; "reprender", "corregir" e "instruir en la justicia" significan la aplicación de esta enseñanza a nuestra vida desordenada; estar "capacitado para toda buena obra" —es decir, llevar una vida dedicada a seguir el camino de Dios— es el resultado prometido.

Asimismo, los cristianos tienen un Instructor que mora en ellos, el Espíritu Santo. "Todos ustedes… han recibido unción del Santo… la unción que de Él recibieron permanece en ustedes… Esa unción es auténtica —no es falsa— y les enseña todas las cosas" (1Jn 2:20, 27). Las dudas en cuanto a la disponibilidad de la dirección divina constituirían una mancha en la fidelidad del Espíritu Santo hacia Su ministerio. Es notable que en Hechos 8:29; 10:19; 13:2; 16:6, y más marcadamente en el decreto del concilio de Jerusalén —"Nos pareció bien al Espíritu Santo y a nosotros…" (Hch 15:28)—, la tarea de ofrecer guía se le asigna específicamente al Espíritu.

De igual forma, Dios busca Su propia gloria en nuestra vida, y Él es glorificado en nosotros únicamente cuando acatamos Su voluntad. Se deduce que, como medio para Sus propios fines, tiene que estar dispuesto a enseñarnos el camino, para que podamos andar en él. La confianza en la buena disposición de Dios para enseñar a quienes desean obedecer está es la base de todo el Salmo 119. En el Salmo 23:3, David proclama la realidad de la dirección divina para la propia gloria de Dios: "Me guía por sendas de justicia *por amor a Su nombre*".

Y así podríamos seguir, pero la cuestión está suficientemente demostrada. Es imposible dudar de que la dirección divina sea una realidad destinada y prometida a cada hijo de Dios. Los cristianos que no la conocen evidencian por esto mismo que no la buscaron como debían. Es razonable, por lo tanto, que nos preocupemos por saber si somos receptivos a la dirección de Dios, y que procuremos aprender cómo obtenerla.

¿CÓMO RECIBIMOS GUÍA?

Hay cristianos sinceros que con frecuencia se equivocan cuando empiezan a buscar la dirección divina. ¿Por qué ocurre esto? Frecuentemente es porque tienen una idea errónea sobre la naturaleza y el método que Dios usa para guiar. Buscan fuegos fatuos; pasan por alto la guía que está al alcance de la mano, y se exponen a toda clase de engaños. El error básico está en pensar en la dirección divina como si fuera especialmente *un impulso interno que da el Espíritu Santo, desligado de la Palabra escrita*. Esta idea, que es tan vieja como los profetas falsos del Antiguo Testamento y tan nueva como el Grupo de Oxford y el Armamento Moral, es un semillero en el que pueden brotar toda clase de fanatismos y necedades.

¿Cómo puede haber cristianos serios y conscientes que cometan este error? Al parecer, ocurre lo que se describe a continuación. Oyen la palabra *guía* y enseguida piensan en una clase particular de "problemas" que surgen en relación con la dirección divina; problemas que quizás los libros que han leído, y los testimonios que han oído, tendían a enfocar exclusivamente. Es la clase de problemas relativos a lo que podríamos llamar "decisiones vocacionales"; decisiones, es decir, entre opciones contrarias, todas las cuales aparecen buenas y aceptables en sí mismas. ¿Debo considerar el matrimonio o no? ¿Me conviene casarme con tal persona o no? ¿Conviene que intentemos tener otro hijo? ¿Conviene que me haga miembro de esta iglesia, o de esta otra? ¿Debo servir al Señor en mi país natal o en otra parte? ¿Cuál de las profesiones que me son disponibles debo elegir? ¿Cuál de los cargos que me han ofrecido debo aceptar? ¿Será mi esfera actual donde debo seguir trabajando? ¿Qué derechos tiene esta persona, o causa, sobre mí, sobre mis energías y mi generosidad? ¿Cuáles deben ser las prioridades respecto a mi tiempo y mi servicio voluntario? Naturalmente, debido a que determinan nuestra vida de manera decisiva, y tienen tanto que ver con nuestra futura alegría o tristeza, dedicamos mucho tiempo a pensar en las "decisiones vocacionales", y es justo que sea así. Pero lo que no está bien es que nos hagamos la idea de que, en último análisis, todos los problemas relacionados con la dirección divina son de este único tipo. Aquí, al parecer, está la raíz del error. Dos aspectos de la dirección divina se destacan en el caso de las "decisiones vocacionales". Ambos surgen de la naturaleza de la situación misma. Primero, estos problemas no pueden ser resueltos mediante la aplicación directa de enseñanzas bíblicas. Todo lo que se puede hacer con la Escritura es circunscribir las posibilidades aceptables entre las que hay que hacer la elección. (Ningún texto bíblico, por ejemplo, le indicó al escritor de estas páginas que debía proponer matrimonio a la dama que ahora es su esposa, o que fuera ordenado como ministro, o que comenzara su ministerio en Inglaterra, o que comprara ese enorme automóvil viejo que tiene).

Segundo, por el hecho mismo de que la Escritura no puede determinar directamente las elecciones que uno tiene que hacer, el factor del impulso y la inclinación provenientes de Dios se vuelve decisivo. Ese factor hace que uno se incline hacia un conjunto de responsabilidades antes que a otro, y que logre la paz mental al contemplar el resultado de la elección. La base del error que estamos tratando de detectar es suponer, primero, que todos los problemas de dirección divina tienen estas dos características, y, segundo, que toda la vida debería ser tratada como un campo en que se debe buscar este tipo de dirección.

Las consecuencias de este error entre cristianos sinceros han sido tanto cómicas como trágicas. La idea de una vida en la que la voz interior decide y dirige todo suena muy atractiva, por cuanto parecería exaltar el ministerio del Espíritu Santo y prometer la mayor intimidad con Dios; pero en la práctica esta búsqueda de la súper espiritualidad lleva sencillamente a la confusión o a la locura.

Hannah Whitall Smith, una mujer cuáquera de gran inteligencia y sentido común, tuvo ocasión de ver mucho de esto y escribió sobre el tema en forma muy ilustrativa en sus "obras sobre el fanatismo" (publicados póstumamente por Ray Strachey, primero como *Religious Fanaticism* [*Fanatismo religioso*], en 1928, luego como *Group Movements of the Past and Experiments in Guidance* [*Movimientos de grupos del pasado y experiencias en la dirección divina*], en 1934). Cuenta allí de la mujer que todas las mañanas, luego de haber consagrado el día al Señor en el momento de despertarse, "le preguntaba entonces si debía levantarse o no", y no se movía hasta que la "voz" le decía que se vistiera. "A medida que se ponía cada prenda le preguntaba al Señor si debía ponérsela, y con mucha frecuencia el Señor le decía que se calzara el zapato derecho pero no el otro; algunas veces debía ponerse ambas medias pero no los zapatos; otras veces los dos zapatos pero no las medias; y lo mismo ocurría con las demás prendas de vestir".

También se cuenta sobre la inválida que, en una ocasión en que la dueña de casa la visitó y sin querer dejó dinero en el tocador, le vino "una impresión... de que el Señor quería que tomara este dinero con el fin de ejemplificar la verdad del texto que dice 'todo es vuestro'", lo cual hizo, escondiéndolo bajo la almohada, y mintió cuando la dueña volvió a buscarlo; pero al final fue echada de la casa por ladrona.

También leemos allí de una "dama refinada y sencilla de edad madura" que explicaba que "ha habido ocasiones en que, con el fin de ayudar a algunos amigos a recibir el bautismo del Espíritu Santo, me he sentido claramente guiada por el Señor a hacer que se metieran en la cama conmigo y nos acostáramos de espaldas sin ninguna prenda que nos separara" (*Group Movements*, pp. 184, 198, 245). Estos relatos patéticos son tristemente típicos de lo que ocurre cuando se ha cometido el error básico en relación con la dirección divina.

Lo que demuestra esta conducta es la incapacidad de comprender que el modo fundamental por el que nuestro Creador racional guía a Sus criaturas racionales es mediante la comprensión y aplicación racional de Su Palabra escrita. Esta manera de guiar es fundamental, tanto porque limita el área dentro de la cual se requiere y se da la guía "vocacional", como porque solo los que se han hecho receptivos a ella, de modo que sus actitudes básicas sean las correctas, pueden estar en condiciones de reconocer esta guía "vocacional" cuando aparece. En su aceptación acrítica de los impulsos no racionales y amorales como provenientes del Espíritu Santo, los amigos de la Sra. Smith olvidaban que la vestimenta modesta y decente, el respeto a la propiedad y el reconocimiento de que la sensualidad no es espiritual ya eran asuntos de obligación bíblica (1Ti 2:9; 1P 4:15; Ef 4:19-22).

Pero la forma verdadera de honrar al Espíritu Santo como nuestro guía es honrar las Sagradas Escrituras de las que se vale para guiarnos. La guía fundamental que nos da Dios para moldear nuestra vida —es decir, el

PARTE TRES | *Si Dios está por nosotros*

inculcar las convicciones, actitudes, ideales y valoraciones básicas, en términos de las cuales debemos vivir— no es cuestión de impulsos internos aparte de la Palabra, sino de la presión que sobre la conciencia ejerce la representación del carácter y la voluntad de Dios en la Palabra, para cuya comprensión y aplicación ilumina el Espíritu.

La forma básica que toma la guía divina, por lo tanto, es la presentación a nuestra consideración de ideales positivos como líneas de conducta para todos los aspectos de la vida. "Sean la clase de persona que era Jesús". "Busquen esa virtud, y aquella, y la siguiente, y practíquenlas hasta sus últimas consecuencias". "Conozcan sus posibilidades, los esposos hacia sus esposas, las esposas hacia sus esposos; los padres hacia sus hijos; y todos hacia todos los hermanos en la fe de Jesucristo y hacia todas las personas; conózcanlas, y procuren constantemente tener las fuerzas necesarias para cumplirlas". Así es como Dios nos guía por medio de la Biblia, los proverbios, los profetas, el Sermón del Monte y las porciones éticas de las epístolas. "Que se aparte del mal y haga el bien" (Sal 34:14; 37:27), este es el camino real por el que la Biblia quiere guiarnos, y todas sus amonestaciones están encaminadas a lograr que permanezcamos en él. Nota que la referencia a ser "guiados por el Espíritu de Dios" en Romanos 8:14 se refiere a la mortificación del pecado conocido y a no vivir según la carne, y no a cuestiones de "voces interiores" o experiencias similares.

Solo dentro de los límites de *esta* dirección nos impulsará Dios interiormente en asuntos de decisión "vocacional". Así que no corresponde esperar jamás que hayamos de ser guiados a casarnos con un incrédulo, o a escaparnos con una persona casada, mientras existan 1 Corintios 7:39 y el séptimo mandamiento. El que escribe ha conocido casos en que se ha invocado la dirección divina para ambos cursos de acción. No cabe duda de que existían inclinaciones internas, pero con toda seguridad no provenían del Espíritu de Dios, porque iban contra la Palabra. El Espíritu guía dentro de los límites que fija la Palabra, y no más allá. "Me guía por *sendas de justicia*" (Sal 23:3), y solo por ellas.

SEIS PELIGROS COMUNES

No obstante, incluso teniendo generalmente ideas acertadas acerca de esa guía, sigue siendo fácil equivocarse, particularmente cuando se trata de decisiones "vocacionales". Ninguna esfera de la vida ofrece un testimonio más claro de la fragilidad de la naturaleza humana, incluyendo aquí la naturaleza humana regenerada. La obra de Dios en estos casos consiste en inclinar primero nuestra capacidad de juzgar, y luego todo nuestro ser, hacia el curso que, de todas las alternativas posibles, ha marcado como la más conveniente para nosotros, y para Su gloria y el bien de otros a través de nosotros. Pero es posible apagar el Espíritu, y es sumamente fácil proceder de un modo que impida que nos llegue Su influencia. Vale la pena enumerar algunos de los peligros principales.

En primer lugar, *la falta de disposición para pensar*. Tal cosa constituye una falsa piedad, un sobrenaturalismo malsano y pernicioso, el exigir impresiones internas que no tienen base racional, y negarse a aceptar la invariable admonición bíblica a *"comprender"*. Dios nos hizo seres pensantes, y Él guía nuestra mente cuando en Su presencia procuramos resolver las cosas; no de otro modo. "¡Si tan solo fueran *sabios... y comprendieran* cuál será su fin!" (Dt 32:29).

Segundo, *la falta de disposición para pensar con anticipación*, y comparar las consecuencias a largo plazo de los diversos cursos de acción. El "pensar con anticipación" constituye parte de la regla divina para la vida, tanto como forma parte de la regla humana para emprender un viaje. A menudo solo podemos ver lo que es sabio y acertado (y lo que es disparatado y desacertado) cuando consideramos el resultado a largo plazo. "¡Si tan solo fueran *sabios... y comprendieran cuál será su fin!*" (Dt 32:29).

Tercero, *la falta de disposición para recibir consejo*. La Escritura recalca esta necesidad. "Al necio le parece bien lo que emprende, pero el sabio escucha el consejo" (Pro 12:15). Es señal de arrogancia e inmadurez rechazar el consejo ante las grandes decisiones. Siempre hay personas que conocen la Biblia, la naturaleza humana y nuestros propios dones y limitaciones mejor que nosotros, y aunque finalmente no podamos aceptar sus consejos, solo nos vendrá bien sopesar cuidadosamente lo que dicen.

Cuarto, *la falta de disposición para sospechar de uno mismo*. No nos gusta ser realistas con nosotros mismos, y no nos conocemos del todo bien; podemos reconocer las racionalizaciones en los demás y las pasamos bastante por alto en nosotros. Cuando decimos que "sentimos" o "presentimos" que debemos hacer algo tenemos que estar seguros de que no estamos confundiendo la dirección divina con lo que en realidad es un sentimiento basado en los reclamos del ego, en la falta de sobriedad, en el deseo de engrandecimiento personal, o en una tendencia de evasión. Esto resulta cierto en particular cuando se trata de asuntos sexuales o condicionadas por lo sexual. Como lo ha expresado un teólogo y biólogo:

> La alegría y la sensación general de bienestar que con frecuencia (pero no siempre) acompaña al que está "enamorado" puede fácilmente silenciar la conciencia e inhibir el pensamiento crítico. Con cuánta frecuencia oímos decir que alguien "se siente guiado" a contraer matrimonio (y probablemente diga: "El Señor ha guiado con mucha claridad"), cuando todo lo que está describiendo en realidad es un estado particularmente novedoso para él de equilibrio endocrino que le hace sentirse en extremo confiado y feliz (O. R. Barclay, *Guidance* [*Dirección*], p. 29-30).

Debemos preguntarnos siempre *por qué* "sentimos" que un curso de acción particular es el que nos conviene, y obligarnos a enumerar razones. Y es aconsejable hacer partícipe a otra persona en cuyo consejo podemos confiar, a fin de que nos dé su veredicto sobre las razones que enumeramos. También debemos orar siempre así: "Examíname, oh Dios, y sondea mi corazón; ponme a prueba y sondea mis pensamientos. Fíjate si voy por mal camino, y guíame por el camino eterno" (Sal 139:23-24). Jamás podremos ser demasiado desconfiados de nosotros mismos.

Quinto, *la falta de disposición para deducir el magnetismo personal.* Los que no se han hecho profundamente conscientes del orgullo y el autoengaño en sí mismos no siempre pueden detectar estas cosas en los demás, y esto ha hecho posible que, de vez en cuando, personas bien intencionadas pero engañadas, con un regalo para el dramatismo, obtengan un dominio alarmante sobre las mentes y las conciencias de los demás, que caen bajo su hechizo y se niegan a juzgarlas según los criterios ordinarios. Y aun cuando una persona capacitada y dotada de magnetismo esté consciente del peligro y procure evitarlo, no siempre logra impedir que algunos cristianos la traten como a un ángel, o un profeta, interpretando sus planes como dirección adecuada para ellos, y siguiendo ciegamente su guía. Pero esta no es la forma de ser guiados por Dios. Por supuesto, no es que las personas brillantes estén necesariamente equivocadas, pero tampoco están forzosamente en lo cierto. Tanto ellos, como sus opiniones, deben ser respetadas, pero no idolatradas. "Sométanlo todo a prueba, aférrense a lo bueno" (1Ts 5:21).

Sexto, *la falta de disposición para esperar*. "Espera en el SEÑOR" es un estribillo constante en los Salmos, un consejo necesario porque con frecuencia Dios nos hace esperar. Él no tiene tanto apuro como nosotros, no nos da más luz sobre el futuro de lo que necesitamos para el tiempo presente, ni nos guía más de un paso a la vez. Cuando tengamos dudas, no hagamos sino esperar en el Señor. Cuando sea necesario, la luz vendrá.

NO HAY RESPUESTAS SIMPLES

Pero no debemos deducir que la dirección correcta sea reconocida como tal por una trayectoria sin problemas en el futuro. He aquí otro motivo de grandes conflictos para muchos cristianos. Han buscado dirección y creen haberla encontrado. Se han encaminado siguiendo el curso que Dios parecía indicarles. Y ahora, como consecuencia directa, se han visto enfrentados a una serie de nuevos problemas que de otro modo no hubieran surgido: aislamiento, críticas, abandono de parte de amigos, frustraciones prácticas de todo tipo. De inmediato comienza la ansiedad. Les viene a la mente el caso del profeta Jonás, quien, cuando se le dijo que fuera al este y predicara en Nínive, tomó un barco hacia el norte, a Tarsis, "para huir del SEÑOR" (Jon 1:3); pero sobrevino una tormenta, el profeta fue humillado delante de personas incrédulas, arrojado al mar, y tragado por un gran pez, a fin de que entrara en razón. ¿No será su propia experiencia del lado duro de la vida (se preguntan) una señal de parte de Dios de que ellos también están actuando como Jonás, siguiendo, despistados, la senda de la voluntad propia en lugar de la voluntad de Dios?

Pudiera ser así, y la persona sabia aprovechará la ocasión para analizar la situación con todo cuidado frente a los nuevos problemas. Pero los problemas no son necesariamente una señal de estar desviado del camino en absoluto; porque así como la Biblia declara en términos generales que "Muchas son las angustias del justo" (Sal 34:19), también enseña en particular que seguir con regularidad la dirección de Dios puede llevar a contratiempos y angustias que de otro modo se habrían evitado. Los ejemplos abundan. Dios guio a Israel con una columna de fuego y de nube que iba delante de ellos (Ex 13:21-22); sin embargo, el camino por el que los condujo implicó el angustioso peligro de cruzar el Mar Rojo, largos días sin agua y sin carne en "aquel inmenso y terrible desierto" (Dt 1:19), y batallas sangrientas con Amalec, Sijón y Og (Ex 17:8; Nm 21:21-23); podemos entender, si no excusar, la constante murmuración de Israel (ver Ex 14:10-12; 16:3; Nm 11:4-6; 14:2-3; 20:2-5; 21:4-5).

Por otra parte, dos veces los discípulos de Jesús se encontraron con mal tiempo en el mar de Galilea de noche (Mr 4:37; 6:48), y en ambas oportunidades se encontraban allí por mandato de Jesús mismo (ver Mr 4:35; 6:45).

También el apóstol Pablo atravesó Grecia "convencidos", debido al hombre de Macedonia que se le apareció en sueños, "de que Dios nos había llamado a anunciar el evangelio" (Hch 16:10), pero al poco tiempo se encontró en la cárcel de Filipos. Más tarde "tomó la determinación [en el Espíritu] de ir a Jerusalén" (Hch 19:21), y les dijo a los ancianos de Éfeso con los que se encontró en el camino: "tengan en cuenta que voy a Jerusalén obligado por el Espíritu, sin saber lo que allí me espera. Lo único que sé es que en todas las ciudades el Espíritu Santo me asegura que me esperan prisiones y sufrimientos" (Hch 20:22-23). Así resultó ser: Pablo encontró problemas de gran magnitud al seguir la dirección divina.

Sin embargo, esto no es todo. Para un ejemplo final y una prueba de la verdad de que seguir la guía de Dios acarrea dificultades, contemplemos la vida del Señor Jesús mismo. Ningún ser humano ha sido guiado jamás tan completamente por Dios, y con todo, ningún ser humano ha merecido en mayor medida la descripción de "varón de dolores". La dirección divina distanció a Jesús de Su familia y Sus conciudadanos, lo puso en conflicto con todos los dirigentes nacionales, religiosos y civiles, y lo condujo finalmente a la traición, el arresto y la cruz. ¿Qué más pueden esperar los cristianos cuando permanecen en la voluntad de Dios? "El discípulo no es superior a su maestro, ni el siervo superior a su amo... Si al jefe de la casa lo han llamado Beelzebú, ¡cuánto más a los de su familia!" (Mt 10:24-25).

Según todas las reglas humanas de cálculo, la cruz fue una *pérdida*: la pérdida de una vida joven, de la influencia de un profeta, del potencial de un líder. Conocemos el secreto de su significado y triunfo solo gracias a las propias declaraciones de Dios. De igual modo, la vida dirigida del cristiano puede parecer como pérdida, como en el caso de Pablo, que pasó años en prisión porque siguió la dirección de Dios que lo llevó a Jerusalén cuando podía haber estado evangelizando Europa todo ese tiempo. Dios no nos cuenta siempre el porqué ni el para qué de las frustraciones y pérdidas que son parte de la vida dirigida por Él.

Una experiencia de Elizabeth Elliot, viuda y biógrafa del misionero martirizado que fuera su esposo, ejemplifica esto en forma notable. Confiando en la dirección de Dios se dirigió a una tribu ecuatoriana para reducir su lengua a la forma escrita a fin de que se pudiera traducir la Biblia a este dialecto. La única persona que podía o quería ayudarla era un creyente de habla hispana que vivía en la tribu, pero antes de que hubiera transcurrido un mes el hombre murió al recibir un disparo en una discusión. Durante ocho meses ella siguió luchando con el idioma prácticamente sin ayuda. Luego se mudó a otro campo de trabajo, dejando todo su archivo con el material lingüístico en manos de sus colegas a fin de que ellos pudieran continuar la tarea. En menos de quince días supo que el archivo había sido robado. No existían copias; todo el trabajo había sido perdido. Humanamente hablando, este era el fin de la historia. Ella dice:

> Solo pude inclinar la cabeza ante el reconocimiento de que Dios es Su propio intérprete... Debemos permitir que Dios haga lo que quiere hacer. Y si piensas que conoces la voluntad de Dios para tu vida y estás ansioso por cumplirla, probablemente te espera un duro despertar, porque nadie conoce la voluntad de Dios para toda su vida (tomado de la revista *Eternity* [*Eternidad*], enero de 1969, p. 18).

Así es. Tarde o temprano la dirección divina, que nos saca de las tinieblas para trasladarnos a la luz, también nos llevará en sentido inverso, de la luz a las tinieblas. Es parte del camino de la cruz.

CUANDO ERRAMOS EL CAMINO

Si veo que he metido el automóvil en un pantano, debo darme cuenta de que he errado el camino. Pero este conocimiento no sería un gran consuelo si tuviera que quedarme allí y ver que el vehículo se hunde y desaparece: el daño ya estaría hecho, y ahí terminaría la cosa. ¿Es lo mismo cuando el cristiano se despierta a la realidad de que ha interpretado mal la dirección divina y se ha equivocado? ¿Es irreparable el daño? ¿Tendría que quedarse así toda la vida? Gracias a Dios que eso no es así. Nuestro Dios es un Dios que no solo restaura, sino que recoge nuestros errores y necedades en Su plan para nosotros y saca bien de ellos.

Esto constituye parte de la maravilla de Su misericordiosa soberanía. "Yo les compensaré a ustedes por los años en que todo lo devoró... Ustedes comerán en abundancia, hasta saciarse, y alabarán el nombre del Señor su Dios, que hará maravillas por ustedes" (Jl 2:25-26). El Jesús que restauró a Pedro después de su negación, y corrigió su curso más de una vez después de aquella ocasión (ver Hch 10, Ga 2:11-14), es nuestro Salvador hoy, y no ha cambiado. Dios no solo hace que la ira del hombre se convierta en Su alabanza, sino también las desventuras de los cristianos.

Recientemente me llegó una carta de un ministro del evangelio que se ha sentido obligado a dejar su congregación y su denominación, y que ahora, como Abraham, sale sin saber a dónde va. En su carta cita parte de un himno de Charles Wesley sobre la soberanía y la seguridad de la dirección divina. Esa es la nota con la que quiero concluir.

La dirección divina, como todos los actos de bendición de Dios bajo el pacto de la gracia, es un acto soberano. Dios no solo quiere guiarnos en el sentido de mostrarnos Sus caminos, a fin de que andemos por ellos, sino también guiarnos en el sentido más fundamental de asegurar que, pase lo que pase, cualquiera sean los errores que cometamos, llegaremos a nuestro hogar sanos y salvos. Habrá caídas y distracciones, no cabe duda, pero los eternos brazos nos sostendrán; seremos rescatados y restaurados. Esta es la promesa de Dios; así es Su bondad.

Parece, pues, que el contexto adecuado para discutir la cuestión de la dirección divina es la confianza en el Dios que no permitirá que nuestra alma se arruine. Por lo tanto, nuestra preocupación en esta discusión debiera estar centrada más en Su gloria que en nuestra seguridad, pues esto último está ya resuelto. Y la desconfianza en nosotros mismos, si bien nos mantiene humildes, no debe nublar el gozo de apoyarnos en nuestro Señor y Protector, ese Dios nuestro que se mantiene fiel a Su pacto. He aquí las líneas de Wesley:

*Capitán de las huestes de Israel y Guía
de todos los que buscan el país celestial,
bajo Tu sombra nos cobijamos,
la nube de Tu amor protector;
nuestra fuerza es Tu gracia; nuestra regla Tu Palabra;
nuestro fin la gloria del Señor.*

Y aquí tenermos la conclusión del asunto, en palabras de Joseph Hart:

*Es Jesús, el primero y el último,
cuyo Espíritu nos guiará salvos a nuestro hogar;
lo alabaremos por todo lo pasado,
y confiaremos en Él para todo lo venidero.*

CAPÍTULO VEINTIUNO

ESTAS PRUEBAS INTERIORES

Existe cierto tipo de ministerio del evangelio que es *cruel*. No lo es intencionalmente, pero esto no lo hace menos cierto. Se propone magnificar la gracia, pero en realidad lo que hace es todo lo contrario. Minimiza el problema del pecado, y pierde contacto con el propósito de Dios.

El efecto es doble: primero, pintar la obra de la gracia como si fuera menos de lo que en realidad es; y segundo, dejar a la gente con un evangelio que no es lo suficientemente grande para cubrir toda el área de su necesidad. En cierta ocasión Isaías describió la miseria de los recursos inadecuados en términos de camas estrechas y mantas cortas (Is 28:20), receta segura para el descontento y la incomodidad a largo plazo, y con la posibilidad de contraer una seria enfermedad. En el reino espiritual, ese tipo de ministerio expone a tal infelicidad a todos los que lo toman con seriedad. Su prevalencia es un gran obstáculo para el conocimiento de Dios y el crecimiento en la gracia en los tiempos actuales. Esperamos poder servir a alguna persona, denunciándola, y procurando mostrar dónde están sus fallas.

¿Qué clase de ministerio es este? Lo primero que tenemos que decir es que, por triste que parezca, es un ministerio *evangélico*. Su base es la aceptación de la Biblia como la Palabra de Dios y de Sus promesas como las seguridades que Dios nos da. Temas comunes son la justificación por la fe mediante la cruz, el nuevo nacimiento por obra del Espíritu, y una nueva vida en el poder de la resurrección de Cristo. Su objetivo es lograr que se produzca el nuevo nacimiento en la gente y de allí conducirles a la experiencia más plena que pueda lograrse en la vida de resurrección. En todo sentido se trata de un ministerio evangélico. Sus errores no son los de aquellos que se alejan del mensaje evangélico central. Son errores a los cuales únicamente un ministerio evangélico puede verse expuesto. Esto debe quedar claro desde el comienzo.

Pero si en realidad se trata de un ministerio evangélico y doctrinalmente sano, ¿qué puede tener de malo? ¿Cómo puede estar seriamente equivocado cuando su mensaje y sus fines son tan bíblicos? La respuesta es que el ministerio que se concentra por completo en las verdades evangélicas puede no obstante malograrse si da a estas verdades *una aplicación errónea*. La Escritura está llena de verdades que pueden curar las almas, del mismo modo que la farmacia está llena de medicamentos para curar desórdenes corporales; pero en ambos casos una aplicación desacertada de lo que, usado adecuadamente, sana, tendrá un efecto desastroso. Si, en lugar de aplicar yodo, lo ingieres, ¡el efecto será contrario a la sanidad! Y las doctrinas del nuevo nacimiento y de la nueva vida pueden desvirtuarse también, con resultados infelices. Esto es lo que ocurre, aparentemente, con el caso que estamos considerando, como veremos.

DOCTRINAS MAL APLICADAS

El tipo de ministerio que está aquí en mente comienza destacando, en un contexto evangelístico, la diferencia que supondrá hacerse cristiano. No solo nos traerá el perdón de los pecados, la paz de la conciencia y la comunión con Dios como nuestro Padre; también significará que, mediante el poder del Espíritu que mora en nosotros, podremos superar los pecados que antes nos dominaban, y la luz y la guía que Dios nos dará nos permitirán encontrar un camino a través de los problemas de dirección, realización personal, relaciones personales, deseos del corazón y otros similares, que hasta ahora nos habían derrotado por completo.

Ahora bien: dicho así, en términos generales, estas grandes posibilidades son escriturales y verdaderas. ¡Y gracias a Dios que sea así! Pero es posible enfatizarlas de tal modo, y como consecuencia minimizar el lado más duro de la vida cristiana — la disciplina diaria, la guerra interminable con Satanás y el pecado, el vagar ocasionalmente en la oscuridad—, que se cree la impresión de que la vida cristiana normal es un perfecto lecho de rosas, un estado de cosas en que todo lo que hay en el jardín es invariablemente hermoso, y que ya no existen problemas, o, si vienen, no hay más que presentarlos ante el trono de la gracia y de inmediato desaparecen. Esto es sugerir que el mundo, la carne, y el diablo, no constituirán un problema serio una vez que uno se hace cristiano; que tampoco traerán problemas las circunstancias ni las relaciones personales; y que se acabarán también los problemas que uno tiene consigo mismo. Tales sugerencias son perjudiciales por la sencilla razón de que son falsas.

Por supuesto, también puede darse una impresión igualmente desequilibrada desde el otro extremo. Es posible enfatizar el lado duro de la vida cristiana, y minimizar de tal forma lo radiante que se dé la impresión de que la vida cristiana es en gran medida penosa y sombría, ¡como un infierno en la tierra, con la sola esperanza del cielo en el más allá! No cabe duda de que, de vez en cuando, esta es la impresión que se ha dado, como es indudable que el ministerio que estamos examinando aquí es, en parte, una reacción contra ella. Pero se hace necesario manifestar que, de estos dos extremos equivocados, el primero es el peor, de la misma manera que las esperanzas falsas constituyen un mal peor que los falsos temores. El segundo error llevará, en la misericordia de Dios, a la sorpresa agradable de descubrir que los cristianos tienen también momentos de alegría, no solo de tristeza. Pero el primero, que describe la vida cristiana normal como si estuviera enteramente libre de dificultades y problemas, no puede menos que conducir, tarde o temprano, a una amarga desilusión.

Nuestra afirmación es que, con el fin de apelar al deseo humano, el tipo de ministerio que estamos examinando se permite prometer en este punto más de lo que Dios se ha comprometido realizar en este mundo. Esta, sostenemos, es la primera característica que lo marca como cruel. Compra resultados con falsas esperanzas. Sin duda, la crueldad no es fruto de la malicia. Está motivada más bien por una bondad irresponsable. El predicador quiere ganar a sus oyentes para Cristo; por lo tanto, glorifica la vida cristiana, haciéndola sonar tan feliz y despreocupada como puede, con el fin de atraerlos. Pero la ausencia de una mala motivación y la presencia de una buena no reducen en absoluto el daño que hacen sus exageraciones.

Porque, como muy bien lo sabe todo pastor, esto es lo que sucede. Mientras los oyentes más equilibrados que han oído este tipo de cosas antes escuchan las promesas del predicador con cierta reserva, es seguro que habrá otros seriamente interesados que le creerán por completo. Sobre esta base se convierten; experimentan el nuevo nacimiento; inician la nueva vida gozosos y seguros de que han dejado atrás todos los antiguos dolores de cabeza y todas las angustias; y luego descubren que no es así en ningún sentido. Los viejos problemas temperamentales, los problemas ocasionados por las relaciones personales, las necesidades no satisfechas, las tentaciones persistentes, siguen siendo reales; en algunos casos, hasta se han intensificado. Dios no les ha hecho más fáciles las circunstancias en que viven; más bien sucede todo lo contrario. El descontento en relación con la esposa, el esposo, los padres, los parientes políticos, los hijos, los colegas, los vecinos, se hacen presentes de nuevo. Las tentaciones y los malos hábitos, que la experiencia de la conversión parecía haber eliminado para siempre, reaparecen. Cuando las grandes olas de alegría los cubrieron durante las semanas iniciales de su experiencia cristiana, realmente sentían que todos los problemas se habían solucionado; pero ahora ven que no es así, y que la vida libre de problemas y dificultades no se ha producido. Las cosas que los desalentaban antes de hacerse cristianos amenazan con volver a desalentarlos. ¿Qué pueden pensar ahora?

Aquí la verdad está en que el Dios del que se dijo que "como un pastor que cuida su rebaño, recoge los corderos en sus brazos; los lleva junto a su pecho" (Is 40:11), cuida con mucha ternura a los jóvenes cristianos, igual que la madre a su bebé. Con frecuencia el comienzo de su carrera cristiana se caracteriza por un gran gozo emocional, notables acontecimientos providenciales, sorprendentes respuestas a la oración, y resultados inmediatos en sus primeros intentos de dar testimonio; así Dios los anima, y los fundamenta en la nueva vida. Pero cuando se hacen más fuertes y están en condiciones de soportar más, los somete a una disciplina más rigurosa. Los expone al grado de pruebas que sean capaces de tolerar, mediante la presión de influencias opuestas y desconcertantes; no a más (ver la promesa en 1Co 10:13), pero tampoco a menos (ver la amonestación en Hch 14:22). Así va edificando nuestro carácter, fortaleciendo nuestra fe y preparándonos para ayudar a otros. De este modo cristaliza nuestro sentido de los valores. Así también se glorifica en nuestras vidas, porque Su poder se perfecciona en nuestra debilidad.

No hay nada antinatural, por lo tanto, en el aumento de las tentaciones, los conflictos y las presiones cuando el cristiano aprende a andar con Dios; todo lo contrario, algo estaría mal si así no ocurriera. Pero el cristiano al que se le ha dicho que la vida cristiana normal está libre de sombras y dificultades no puede menos que llegar a la conclusión (cuando en su experiencia comienzan a amontonarse nuevamente las imperfecciones y los desaciertos) que debe haberse alejado de lo que es normal. "Algo ha fallado" —dirá—, "¡esto ya no funciona!", y la pregunta que se hará será: "¿Cómo puedo hacer que vuelva a 'funcionar'?".

EL REMEDIO EQUIVOCADO

Aquí es donde aparece el segundo aspecto cruel del ministerio que estamos considerando. Habiendo creado la esclavitud —porque es exactamente eso—, haciéndoles creer a los creyentes nuevos que deben considerar todas las experiencias de frustración y perplejidad como señales de un cristiano subnormal, proceden a crear un mayor grado de esclavitud al imponer un remedio que es una especie de chaleco de fuerza con el cual deben eliminar estas experiencias. Dicho remedio consiste en insistir en diagnosticar esa "lucha", que equivale a "derrota", como un retroceso ocasionado por falta de "consagración" y "fe". Al comienzo (así se sugiere), el convertido se había entregado totalmente a ese Salvador que acababa de encontrar; entonces tenía su gozo. Pero luego se ha enfriado o se ha descuidado, ha limitado su obediencia en alguna forma, o ha dejado de confiar en el Señor Jesús paso a paso, y es por ello que se encuentra en ese estado.

El remedio, por lo tanto, es que descubra su error, se arrepienta y lo confiera; que se vuelva a consagrar a Cristo y que mantenga la consagración a diario; que aprenda el hábito, cuando le vienen las tentaciones y surjan los problemas, de pasarlos a Cristo para que Él se los resuelva. Si así obra (según se afirma), andará, en el sentido teológico tanto como el metafórico, en la cima del mundo.

Ahora bien, es cierto que si los cristianos se vuelven descuidados hacia Dios y vuelven a caer en caminos de pecado deliberado, su gozo interior y el descanso de su corazón disminuirán, y cada vez más serán marcados por el descontento espiritual. Los que por su unión con Cristo están muertos al pecado (Ro 6:2) —es decir, han roto con el pecado como el principio que gobierna sus vidas — ya no pueden encontrar en él ni siquiera ese grado limitado de placer que les daba antes que nacieron de nuevo. Tampoco pueden entregarse a caminos equivocados sin poner en peligro su disfrute del favor de Dios. De eso se encargará Dios mismo. "La codicia de mi pueblo es irritable, por perversa, en mi enojo, lo he castigado; le he dado la espalda, pero él prefirió seguir sus obstinados caminos" (Is 57:17). Así es como reacciona Dios con los hijos que se descarrían. Los apóstatas no regenerados pueden ser a veces almas alegres, pero invariablemente el cristiano que se descarrila se siente miserable. Así que si te preguntas:

¿Dónde está esa bendición que conocí
cuando por primera vez al Señor vi?

harías bien en preguntarte, antes de continuar, si no ha habido en tu vida pecados particularmente voluntarios,

Pecados que te hicieron lamentar
y te ahuyentaron de mi lado.

Si así fuera, entonces el remedio que se receta arriba, es, por lo menos en líneas generales, el más adecuado.

Pero es posible que no sea así; y tarde o temprano habrá un momento en la vida de todo cristiano en que no lo será. Tarde o temprano la realidad será que es Dios quien está ejercitando a un hijo —un hijo consagrado— por la senda de la piedad adulta, como fue el caso de Job, de algunos de los salmistas, y de los destinatarios de la epístola a los Hebreos. Para ellos, Dios emplea el método de exponerlos a fuertes ataques del mundo, la carne y el diablo, a fin de que su poder de resistencia aumente y su carácter como hijos de Dios se haga más firme. Como hemos dicho antes, todos los hijos de Dios son sometidos a este tratamiento; es parte de la "disciplina del Señor" (Heb 12:5, que hace eco de Job 5:17; Pro 3:11) a la que somete a todo hijo que ama. Y si es *esto* lo que le ocurre al cristiano desconcertado, entonces el remedio propuesto resultará desastroso.

Porque, ¿qué hace ese remedio? Condena a los cristianos a una vida de búsqueda diaria de fallos inexistentes en la consagración, creyendo de que si solo pudieran encontrar algunos fallos que confesar y abandonar, podrían recuperar una experiencia de infancia espiritual que Dios quiere que dejen atrás. Por lo tanto, no solo produce regresión e irrealidad, sino que los coloca involuntariamente en pugna con el Dios que les ha sustraído el inocente brillo de la infancia espiritual, con su enorme dosis de alegría y complaciente pasividad, precisamente con el fin de conducirlos a una experiencia más madura y adulta. Para los padres terrenales los niños pequeños constituyen un motivo de alegría; pero no les gusta, por no decir otra cosa, que cuando los hijos crecen quieran volver a ser niños, y se sienten tristes o alarmados si sus hijos muestran actitudes infantiles. Así es, exactamente, con nuestro Padre celestial. Dios quiere que crezcamos en Cristo Jesús, que no nos quedemos como niños. Pero la orientación que estamos considerando aquí nos pone en situación antagónica con Dios en este caso, y nos coloca frente a un retorno a la etapa infantil, como si esto fuera el bien supremo.

Repetimos que esto constituye una *crueldad*, igual que la costumbre china de vendar los pies de las niñas de modo que quedan deformados permanentemente; el hecho de que la motivación sea buena no cuenta para nada, no modifica la situación. El efecto *menos* pernicioso de aceptar el remedio propuesto será impedir el desarrollo espiritual: dará como resultado una clase de evangélicos adultos pero infantiles; sonrientes, pero irresponsables y centrados en sí mismos. El efecto *más* pernicioso, entre creyentes sinceros y honestos, será la introspección morbosa, la histeria, los trastornos mentales y pérdida de fe, por lo menos en su forma evangélica.

PERDER DE VISTA LA GRACIA

¿Qué tiene de malo, en el fondo, esta enseñanza? Es digna de crítica desde muchos ángulos. Demuestra incomprensión de la enseñanza bíblica sobre la santificación y la lucha del cristiano. No entiende el significado del crecimiento en la gracia. No entiende lo que significa el obrar del pecado que mora en el creyente. Confunde la vida cristiana aquí en la tierra con la vida cristiana como ella será en el cielo. Concibe incorrectamente la psicología de la obediencia cristiana (actividad impulsada por el Espíritu y *no* pasividad inculcada por el Espíritu). Pero la crítica fundamental es, sin duda, que pierde de vista *el método y el propósito de la gracia*. Tratemos de explicar esto más.

¿Qué es la *gracia*? En el Nuevo Testamento, la gracia significa el amor de Dios en acción hacia personas que merecían lo opuesto del amor. La gracia significa que Dios mueve los cielos y la tierra para salvar a los pecadores, que no podían mover un dedo para salvarse a sí mismos. La gracia significa que Dios envía a Su Hijo unigénito a descender al infierno en la cruz para que nosotros los culpables pudiéramos ser reconciliados con Dios y recibidos en el cielo. "Al que no cometió pecado alguno, por nosotros Dios lo trató como pecador, para que en Él recibiéramos la justicia de Dios" (2Co 5:21).

El Nuevo Testamento conoce una *voluntad* de gracia y una *obra* de gracia. La primera es el plan eterno de Dios para salvar; la segunda es la "buena obra" de Dios "en ustedes" (Fil 1:6), mediante la cual los induce a entrar en una comunión viviente con Cristo (1Co 1:9), los levanta de la muerte a la vida (Ef 2:1-6), los sella como Su propiedad mediante el regalo del Espíritu (Ef 1:13-14), los transforma a la imagen de Cristo (2Co 3:18), y finalmente resucitará sus cuerpos en gloria (Ro 8:30; 1Co 15:47-54).

Entre los eruditos protestantes estaba de moda hace algunos años decir que la gracia significa la actitud de amor de Dios a diferencia de Su obra de amor, pero se trata de una distinción que no tiene base en las Escrituras. Por ejemplo, en 1 Corintios 15:10: "Por la *gracia* de Dios soy lo que soy, y la *gracia* que Él me concedió no fue infructuosa. Al contrario, he trabajado con más tesón que todos ellos, aunque no yo, sino la *gracia* de Dios que está conmigo". La palabra *gracia* denota claramente la obra de amor de Dios en Pablo, por la que hizo de él primero un cristiano y luego un ministro del evangelio.

¿Cuál es el *propósito* de la gracia? Principalmente restaurar nuestra relación con Dios. Cuando Dios pone el fundamento de esta relación restaurada, al perdonar nuestros pecados cuando confiamos en Su Hijo, lo hace con el fin de que, de allí en adelante, podamos vivir en comunión con Él, y lo que hace al renovar nuestra naturaleza, lo hace para hacernos capaces de (y realmente impulsarnos a) ejercer el amor, la confianza, el deleite, la esperanza y la obediencia a Dios —lo que desde nuestra experiencia conforman la realidad de la comunion con Dios—, quien constantemente se da a conocer a nosotros. Toda la obra de la gracia apunta a esto: a un conocimiento cada vez más profundo de Dios, y a una comunión cada vez más profunda con Él. La gracia es Dios acercando a los pecadores cada vez más a Sí mismo.

¿Cómo realiza Dios en gracia este propósito? No protegiéndonos de los ataques del mundo, de la carne y del diablo, ni protegiéndonos de las circunstancias gravosas y frustrantes, ni tampoco protegiéndonos de los problemas creados por nuestro propio temperamento y psicología; sino más bien exponiéndonos a todas estas cosas, para abrumarnos con un sentido de nuestra propia insuficiencia, y para impulsarnos a aferrarnos más a Él. Esta es la razón última, desde nuestro punto de vista, por la que Dios llena nuestras vidas de problemas y perplejidades de un tipo y otro: es *para asegurar que aprendamos a aferrarnos a Él*. La razón por la que la Biblia pasa tanto tiempo reiterando que Dios es una roca fuerte, una defensa firme y un refugio y ayuda seguros para los débiles, es que Dios pasa tanto tiempo haciéndonos ver que somos débiles, tanto mental como moralmente, y que no nos atrevamos a confiar en nosotros mismos para encontrar, o seguir, el camino correcto.

Cuando caminamos por un sendero despejado sintiéndonos bien, y alguien nos toma del brazo para ayudarnos, lo más probable es que nos lo quitemos de encima con impaciencia; pero cuando estamos atrapados en un terreno accidentado en la oscuridad, con una tormenta en aumento y nuestras fuerzas agotadas, y alguien nos toma del brazo para ayudarnos, nos apoyaremos en él con gratitud. Y Dios quiere que sintamos que nuestro camino por la vida es áspero y desconcertante, para que aprendamos a apoyarnos agradecidos en Él. Por eso toma medidas para que abandonemos la confianza en nosotros mismos y nos apoyemos en Él, en la clásica frase de las Escrituras sobre el secreto de la vida piadosa: "espera en el Señor".

EL DIOS RESTAURADOR

Esta verdad tiene muchas aplicaciones. Una de las más sorprendentes es que Dios realmente utiliza nuestros pecados y errores para este fin. Él emplea la disciplina formativa de los fracasos y los errores con mucha frecuencia. Es sorprendente ver cómo gran parte de la Biblia trata de personas piadosas cometiendo errores y Dios castigándolos por ello.

Abraham, al que fue prometido un hijo pero a quien se le hizo esperar antes que la promesa se cumpliera, perdió la paciencia, cometió el error de pretender hacer de protagonista de la providencia, engendra a Ismael; y tiene que esperar trece años más antes de que Dios vuelva a hablarle (Gn 6:16 – 17:1). Moisés cometió el error de tratar de salvar al pueblo intentando hacer valer sus derechos con actos de agresividad, matando a un egipcio y tratando de resolver los problemas individuales de los israelitas entre sí. Como resultado, fue desterrado por muchas décadas, viviendo en el desierto, para tratar con su mente vanagloriosa. David cometió una serie de pecados —seduce a Betsabé y hace matar a Urías, descuida a su familia, hace censar al pueblo con fines de prestigio— y en cada caso es castigado amargamente. Jonás cometió el error de huir ante el llamado de Dios; y despertó a la realidad en el vientre de un gran pez.

Y así podríamos seguir. Pero el punto a destacar es que el error humano, y el inmediato disgusto divino, no fueron en ningún caso el final de la historia. Abraham aprendió a esperar el tiempo de Dios. Moisés fue curado de su confianza en sí mismo (de hecho, ¡su posterior desconfianza en sí mismo fue casi pecaminosa!; ver Ex 4:10-14). David encontró el arrepentimiento después de cada uno de sus tropiezos y estuvo más cerca de Dios al final que al principio. Jonás oró desde el vientre del pez y vivió para cumplir su misión en Nínive.

Dios puede obrar para el bien hasta de nuestro comportamiento más necio; el Señor restablece los años que se ha llevado la langosta. Dicen que los que jamás cometen errores nunca hacen nada; por cierto, los hombres mencionados arriba cometieron fallas, pero a través de sus errores Dios les enseñó a conocer Su gracia, y a aferrarse a Él de un modo que nunca se hubiera logrado de otra forma. ¿Es tu problema una sensación de fracaso? ¿La conciencia de haber cometido algún error espantoso? Vuelve a Dios; Su gracia restauradora te espera.

La irrealidad en la religión es una cosa maldita. La irrealidad es la maldición del tipo de enseñanza que desafiamos en este capítulo. La irrealidad con respecto a Dios es la enfermedad que consume gran parte del cristianismo moderno. Necesitamos que Dios nos haga realistas, tanto con nosotros mismos como con Él. Tal vez haya una palabra para nosotros en el famoso himno en el que John Newton describe su paso al tipo de realismo que hemos estado tratando de promover.

*Le pedí al Señor que pudiera crecer
en fe, en amor, y en toda gracia;
que pudiera conocer de Su salvación,
y buscar más intensamente Su rostro.*

*Tenía la esperanza de que en alguna hora feliz
habría de contestar al instante mi súplica,
y mediante el poder compulsivo de Su amor
dominar mis pecados, y brindarme descanso.*

*En lugar de esto, me hizo sentir
el mal escondido en mi corazón;
y permitió que iracundos poderes del infierno
asaltaran mi alma por todas partes.*

*No solo eso; con Su propia mano parecía
decidido a agravar mi dolor;
contrariaba todos los planes honestos que me trazaba,
marchitaba mis huertas, y me dejaba tendido.*

*"Señor, ¿por qué es esto?", gemí tembloroso,
"¿perseguirás a tu gusano hasta la muerte?".
"Es de este modo", contestó el Señor,
"que Yo contesto la oración que pide gracia y fe".*

*"Utilizo estas pruebas interiores
para liberarte de ti mismo y de tu orgullo
y para deshacer tus proyectos de gozo terrenal
para que busques en Mí el todo para ti".*

CAPÍTULO VEINTIDÓS

LA SUFICIENCIA DE DIOS

La carta de Pablo a los Romanos constituye el punto culminante de las Escrituras, como quiera que se la considere. Lutero la llamó "el evangelio más claro". "El hombre que la entienda" —escribió Calvino— "tiene abierto para sí un camino seguro para entender toda la Escritura". Tyndale, en su prefacio a los Romanos, ligó ambos pensamientos, designando a Romanos como "la parte principal y más excelente del Nuevo Testamento, y el más puro *Euangelion*, es decir, las buenas nuevas que llamamos evangelio, además de una luz y un camino hacia toda la Escritura". Todos los caminos en la Biblia llevan a Romanos, y todas las direcciones que ofrece la Biblia aparecen más claramente desde este libro, y cuando el mensaje de Romanos invade el corazón humano no es posible predecir lo que pueda ocurrir.

ROMANOS: UN LIBRO LLENO DE RIQUEZAS
¿Qué buscas en la Biblia? Si somos sabios, estaremos atentos a multiples detalles, y Romanos los trata todos en forma suprema.

¿Es *doctrina* —la verdad acerca de Dios, impartida por Dios— lo que buscas? En caso afirmativo, encontrarás que Romanos te ofrece todos los temas principales en forma integral: Dios, el pecado, la ley, el juicio, la fe, las obras, la gracia, la creación, la redención, la justificación, la santificación, el plan de salvación, la elección, la reprobación, la persona y la obra de Cristo, la obra del Espíritu, la esperanza cristiana, la naturaleza de la iglesia, el lugar del judío y del gentil en los propósitos de Dios, la filosofía de la iglesia y de la historia del mundo, el significado y el mensaje del Antiguo Testamento, la importancia del bautismo, los principios de la piedad y la ética personales, los deberes de la ciudadanía cristiana, ¡etcétera!

Pero la persona sabia lee la Biblia también como el libro de la *vida*, que muestra mediante exposición y ejemplo lo que quiere decir servir a Dios o no servirle, encontrar a Dios o perderlo en la experiencia humana real. ¿Que puede ofrecernos Romanos en cuanto a esto? La respuesta es: la gama más completa de la vida de pecado y de la vida de gracia, y el análisis más profundo del camino de la fe que pueda encontrarse en toda la Biblia. (Sobre el pecado, ver los capítulos 1 – 3, 5 – 7, 9; sobre la gracia ver los capítulos 3 – 15; sobre la fe ver los capítulos 4, 10, 14).

Otra manera de leer la Biblia, método que recomiendan algunos eruditos modernos, es como libro de la *iglesia*, donde está expresada la fe y la comprensión que la comunidad creyente tiene de sí misma. Desde este punto de vista, Romanos, justamente por tratarse de la declaración clásica del evangelio por el cual vive la iglesia, es también el relato clásico de la identidad de la iglesia. ¿Qué es la iglesia? Es la verdadera simiente del fiel Abraham, simiente tanto judía como no judía, elegida por Dios, justificada mediante la fe, y libre del pecado para una nueva vida de justicia personal y mutuo ministerio. Es la familia de un amoroso Padre celestial, y vive en la esperanza de heredar toda Su fortuna. Es la comunidad de la resurrección, en que los poderes de la muerte histórica de Cristo, y Su presente vida celestial, ya están obrando. En ninguna parte se presentan estos aspectos de manera más completa que en Romanos.

La persona sabia lee también la Biblia como la *carta personal de Dios* a cada uno de Sus hijos espirituales, y por lo tanto dirigida a sí misma tanto como a cualquier otro cristiano. Lee Romanos de esta manera y descubrirás que tiene un poder singular para buscar y tratar cosas que son tan integrales en tu vida que generalmente ni piensas en ellas. Tus hábitos y actitudes pecaminosos; tu instinto de hipocresía; tu tendencia natural a justificarte y a confiar en ti mismo; tu continua incredulidad; tu frivolidad moral y la superficialidad de tu arrepentimiento; tu ánimo dividido, mundanalidad, espíritu de temor, pesimismo; tu orgullo y insensibilidad espiritual.

Encontrarás también que esta demoledora carta tiene un poder singular de generar gozo, seguridad, confianza, libertad y ardor de espíritu, cosas que Dios no solo requiere de quienes lo aman sino que les proporciona. Se decía de Jonathan Edwards que su doctrina era todo aplicación, y que su aplicación era todo doctrina. Romanos es así de manera suprema.

Nadie puede agotar su lectura ni llegar a abarcar todo lo que contiene [escribió Tyndale], porque cuanto más se la estudia más fácil resulta, y cuanto más profundamente se la escudriña tanto más preciosas son las cosas que se encuentran en ella, así de grandes son los tesoros de cosas espirituales que yacen escondidos en ella... Por lo cual todo hombre sin excepción debe ejercitarse en ella diligentemente, y recordarla de noche y de día de continuo, hasta que esté perfectamente familiarizado con ella.

No todos los cristianos, sin embargo, aprecian la magnificencia de Romanos, y esto tiene una razón. La persona que descienda de la cumbre del Everest con un helicóptero (en caso de que esto fuera factible) no sentiría en ese momento nada parecido a lo que sintieron Hillary y Tensing cuando llegaron a esa misma cumbre *después de haberla escalado*.

De manera similar, el impacto que Romanos pueda hacer sobre nosotros dependerá de lo que haya habido antes. La ley que se cumple aquí es esta: cuanto más hayas escudriñado el resto de la Biblia, tanto más estarás ejercitado con respecto a los problemas morales e intelectuales de la vida cristiana, y cuanto más hayas sentido la carga de las debilidades y la lucha por mantener la fidelidad en la vida cristiana, tanto más descubrirás que Romanos te habla. Juan Crisóstomo pedía que se la leyeran en voz alta una vez por semana; a nosotros nos convendría hacer lo mismo.

Ahora bien; como Romanos constituye el punto culminante de la Biblia, así también el capítulo 8 es el punto máximo del libro de Romanos. Es, en las palabras del comentarista puritano Edward Elton:

> como el panal de miel, repleto de dulzura y consuelo celestiales para el alma... nuestros motivos de orgullo y nuestra aprehensión del consuelo no son más que sueños, hasta que adquirimos

algún sentido real del amor de Dios hacia nosotros en Cristo Jesús, derramado y vertido en nuestros corazones por el Espíritu Santo que nos ha sido dado: el que, una vez obtenido, llena nuestros corazones con gozo indecible y glorioso, y nos hace más que vencedores... ¿Y dónde encontraremos nosotros este motivo de consuelo interpretado más clara y precisamente que en este capítulo? (Dedicatoria que precede a *The Triumph of a True Christian Described* [*Descripción del triunfo de un verdadero cristiano*], exposición de Romanos 8 por Elton).

La palabra *consuelo* se usa aquí en el antiguo sentido de lo que da valor y fuerza, no en el moderno de lo que tranquiliza y enerva. La búsqueda del "consuelo" en el sentido moderno es sentimental e irreal y busca la satisfacción propia, y el concepto religioso de que va a la iglesia para sentir consuelo en este sentido no es cristianismo; pero Elton está hablando de la seguridad cristiana, lo cual es muy diferente.

Sin embargo, aquí entra en juego el principio del monte Everest. No comprenderás los secretos de Romanos 8 estudiando el capítulo de forma aislada. Para entender Romanos 8 es necesario estudiar previamente Romanos 1 – 7, y el impacto que te hará Romanos 8 reflejará lo que nos haya costado internalizar lo que dicen esos capítulos. Solo si has llegado a conocerte como un pecador perdido y sin esperanza (capítulos 1 – 3), y con Abraham, al punto de confiar en la promesa divina que parece demasiado buena para ser verdad en tu caso, la promesa de aceptación porque Jesús, tu cabeza de pacto, murió y resucitó (capítulos 4 – 5); solo si, como nueva criatura en Cristo, te has entregado a una vida de total santidad y luego has descubierto que la carne está en lucha contra el espíritu, de modo que vives en contradicción, sin llegar jamás plenamente al bien que te propones, ni evitando el mal al que has renunciado (capítulos 6 – 7); solo si, además de todo esto, sufres pérdida (enfermedad, fatiga, accidentes, sorpresas desagradables, desilusión, trato injusto; ver Ro 8:18-23, 35-39); solo entonces Romanos 8 te brindará todas sus riquezas y te manifestará todo su poder.

En Romanos 8 encontramos que Pablo reafirma en forma muy detallada lo que ya había dicho en Romanos 5:1-11. Pablo no suele ser un hombre repetitivo: ¿por qué volvió sobre el camino andado en este caso?

¿Por qué escribió Romanos 8? La breve respuesta —que no es tan tonta como parece— es esta: ¡porque justo había escrito Romanos 7! En Romanos 7:7 había hecho la siguiente pregunta: ¿Es pecado la ley? Tenía que responder que no, pero la ley es fuente de pecado, por cuanto fomenta lo que prohíbe, y despierta de tal modo el impulso a desobedecer que cuanto más una persona se propone guardar la ley tanto más se encuentra transgrediéndola.

A fin de mostrar este hecho del modo más expedito y evidente describió su propia experiencia al respecto. Relató cómo, antes de ser cristiano, "el pecado se aprovechó del mandamiento, me engañó, y por medio de él me mató" (Ro 7:11); y luego pasó revista al presente, en el cual, a pesar de ser ahora cristiano y apóstol, "aunque deseo hacer lo bueno, no soy capaz de hacerlo... Porque en lo íntimo de mi ser me deleito en la ley de Dios; pero me doy cuenta de que en los miembros de mi cuerpo hay otra ley, que es la ley del pecado. Esta ley lucha contra la ley de mi mente, y me tiene cautivo" (Ro 7:18, 22-23).

Al describir esto, su reacción espontánea fue decir: "¡Soy un pobre miserable! ¿Quién me librará de este cuerpo mortal?" (Ro 7:24). La pregunta era retórica, porque él sabía que la liberación total de las garras del pecado mediante Cristo habría de ser una realidad para él algún día, por "la redención de nuestro cuerpo" (Ro 8:23); pero por el momento, como siguió diciendo, tenía que cargar con la amarga experiencia de verse imposibilitado de llegar a la perfección que anhelaba, porque la ley que se lo exigía —esa ley en la que, como hombre regenerado, se deleitaba, Romanos 7:22— era incapaz de producirla. "En conclusión, con la mente yo mismo [es decir, en mi ser íntimo, el verdadero "yo"] me someto a la ley [el mandamiento] de Dios, pero mi naturaleza pecaminosa está sujeta a la ley [el principio] del pecado" (Ro 7:25).

Pablo ha terminado lo que quería decir; ahora hace una pausa. ¿Qué ha hecho? Ha compartido con sus lectores lo que dice la ley en cuanto a sí mismo, y de esta manera les ha recordado lo que dice la ley acerca de ellos. La ley no habla de privilegios y logros, sino de fracaso y culpa. Entonces, para el cristiano sensible que sabe cómo Dios odia el pecado, el ser diagnosticado por la ley resulta una experiencia miserable y deprimente. El hecho de tener que escribir estos versículos había opacado el gozo de Pablo mismo, y, como buen pastor, sabía también que su lectura habría de tener un efecto parecido en otros. Pero no le parece bien dejar a los cristianos de Roma en esa situación, contemplando el lado triste de su experiencia y pensando como si estuvieran nuevamente bajo la ley. Por el contrario, ve la necesidad de recordarles de inmediato que lo que resulta decisivo no es lo que dice la *ley* acerca de ellos, sino lo que dice el *evangelio*. Por lo tanto, amparado en una lógica que es tanto evangélica como pastoral —evangélica porque el evangelio demanda la última palabra; y pastoral porque los pastores siempre tienen que "contribuir a la alegría de ustedes" (2Co 1:24), Pablo reanuda ahora el tema de la seguridad cristiana y lo desarrolla con toda la energía de que es capaz, desde la "no hay ninguna condenación" al comienzo hasta la "ni cosa alguna... podrá apartarnos" al final.

Romanos 8 no libra a los cristianos de Romanos 7 en el sentido de indicar la posibilidad presente de no tener imperfecciones que la ley pueda detectar en nosotros; esto es lo que quería decir Alexander White cuando le dijo a su congregación: "No saldrán de Romanos 7 mientras yo sea su ministro"; y su punto era muy válido. Pero en el sentido de encaminar a los cristianos hacia la seguridad que Dios da en el evangelio, y de enseñarles a regocijarse en esa gracia soberana que es superior al pecado, como un antídoto a la miseria que experimentan al ser medidos por la ley, Romanos 8 cumple la función de librarlos de Romanos 7 en forma sumamente efectiva.

¿Qué contiene Romanos 8? Se divide en dos partes de igual longitud. Los primeros treinta versículos destacan *la suficiencia de la gracia de Dios* para resolver toda una serie de dificultades: la culpa y el poder del pecado (vv. 1-9); el hecho de la muerte (vv. 6-13); el terror de enfrentar la santidad de Dios (v. 15); la debilidad y la desesperación frente al sufrimiento (vv. 17-25); la parálisis en la oración (vv. 26-27); el sentir que la vida no tiene sentido y que no hay esperanza (vv. 28-30). Pablo demuestra su posición refiriéndose a cuatro regalos de Dios que se dan a todos los que por la fe "están unidos a Cristo Jesús". El primero es la *justificación*: "ninguna condenación" (v. 1). El segundo es el *Espíritu Santo* (vv. 4-27). El tercero es la *condición de hijo*: la adopción como miembro de la familia en la que el Señor Jesús es el primogénito (vv. 14-17, 29). El cuarto es la *seguridad*, ahora y para siempre (vv. 28-30). Esta dotación compuesta —posición, más una dinámica, más una identidad, más un salvoconducto— es más que suficiente para sostener al cristiano, sea cual sea su problema.

Luego, en los versículos 31-39, Pablo hace una pregunta retórica con relación a lo que acaba de escribirles. "¿Qué diremos frente a esto?" (v. 31). A continuación describe su propia reacción, que debiera ser también la nuestra, y al hacerlo, el tema toma un giro ligeramente distinto y se convierte en *la suficiencia del Dios de la gracia*. El interés se transfiere del regalo a su Dador, del pensamiento de la liberación del mal al pensamiento de que Dios es para todo cristiano lo que dijo que sería para Abraham: "tu escudo... tu recompensa" (Gn 15:1). Si los versículos 1-20 están diciendo: "Me guías con Tu consejo, y más tarde me acogerás en gloria", los versículos 31-39 dicen: "¿A quién tengo en el cielo sino a Ti? Si estoy contigo, ya nada quiero en la tierra. Podrán desfallecer mi cuerpo y mi espíritu, pero Dios fortalece mi corazón; Él es mi herencia eterna" (Sal 73:24-26). Es esta reacción la que exploraremos a continuación.

LA APLICACIÓN DE LAS DOCTRINAS

"¿Qué diremos frente a esto?". La primera persona del plural de *diremos* no es aquí el plural de majestad o el plural literario; para el Nuevo Testamento estos recursos son desconocidos. Más bien, se trata del plural incluyente y exhortativo de la predicación cristiana, que tiene el siguiente sentido: "Yo, y espero que tú también, y todos los creyentes juntamente con nosotros". El pensamiento que está por detrás del "¿Qué diremos?" es este: "Yo sé lo que tengo que decir; ¿lo dirás tú conmigo?".

Al pedirles a sus lectores que se manifiesten, Pablo quiere que primero piensen. Quiere que junto con él ellos tengan claro cómo el "esto" tiene que ver con sus circunstancias actuales; en otras palabras, que apliquen el hecho a sí mismos. Si bien no los conoce personalmente (ni a nosotros que lo leemos siglos después), sabe que lo que determina sus circunstancias son dos factores comunes a todos los verdaderos cristianos en todas partes y en todas las épocas. El primer factor es *el compromiso con la justicia integral*. Romanos 8:31-39 da por sentado que sus lectores están sometidos a Dios como "esclavos de la justicia" (Ro 6:13, 18), y que procuran cumplir la voluntad de Dios en su totalidad.

El segundo factor es que están sometidos a *presiones por todos lados*. Romanos 8:31-39 considera las dificultades materiales y la hostilidad humana como cosas a las que todos los cristianos deben estar expuestos; a nosotros, y no solo a Pablo, nos esperan "la tribulación, o la angustia, la persecución, el hambre, la indigencia [la privación extrema], el peligro, o la violencia" (v. 35). Como les enseñó Pablo a los convertidos de su primer viaje misionero, "Es necesario pasar por muchas dificultades para entrar en el reino de Dios" (Hch 14:22). Algunos problemas (no todos) pueden ser esquivados por el momento (no para siempre) adaptándose a las circunstancias espirituales, pero Pablo sabe que los que se empeñan en lo que los puritanos llamaban "obediencia total" tienen que nadar contra la corriente del mundo todo el tiempo y lo sienten constantemente.

Así imagina Pablo a sus lectores; y nos vemos reflejados en su espejo. Aquí encontramos a cristianos atormentados por el recuerdo de una caída moral; a cristianos cuya integridad ha hecho que perdiera un amigo o su trabajo; a padres cristianos cuyos hijos son motivo de desilusión; a cristianos que enfrentan serios problemas de salud o limitaciones físicas; a cristianos que se sienten como extraños en su casa o trabajo a causa de su fe; a cristianos cargados por la muerte de alguien que creen que debe haber sobrevivido, o cargados por la vida prolongada de un pariente senil o de un hijo que sufre que creen que ya debe haber muerto; el cristiano que piensa que a Dios no le interesa lo que les pasa, porque de otro modo su vida no sería tan dura; y muchos más. Pero es justo a gente de este tipo —es decir, gente como nosotros— a los que Pablo desafía. "¿Qué diremos frente a esto?" ¡Pensemos, pensemos, *pensemos*!

¿Qué quiere Pablo que nos suceda? Quiere que hagamos nuestras las posesiones que son nuestras, aunque esto parezca una redundancia. Las posesiones que no hemos hecho nuestras no son, como a veces se piensa, técnicas para no pecar más, sino la paz, la esperanza y el gozo en el amor de Dios que son derechos de nacimiento de los cristianos. Pablo sabe que si nos dejamos llevar por las emociones ante las presiones de la vida —tratando de justificar nuestras reacciones—, perderemos estas posesiones. Así que Pablo demanda una respuesta, no ya a *esas* cosas sino a *"esto"* que se expone en Romanos 8:1-30.

La suficiencia de Dios

Piensa en lo que sabes acerca de Dios por el evangelio, dice Pablo, y aplícalo. Piensa, en contra de tus emociones; si tus emociones te han sumido en la depresión, sal de ese estado con argumentos apropiados; desenmascara la incredulidad que has alimentado; tómate de la mano y háblate a ti mismo; oblígate a alzar la vista, no te enfoques en tus problemas, mira al Dios del evangelio; haz que el pensamiento *evangélico* corrija tu pensamiento *emocional*. De este modo (piensa Pablo), el Espíritu Santo que mora en nosotros, cuyo ministerio consiste en aseguramos que somos hijos y herederos de Dios (vv. 15-16), nos conducirá al punto en que la conclusión triunfante de Pablo —"estoy convencido de que ni la muerte ni la vida... ni cosa alguna en toda la creación podrá apartarnos del amor que Dios nos ha manifestado en Cristo Jesús nuestro Señor" (vv. 38-39)— generará en nosotros la siguiente exclamación: "¡Yo también estoy seguro! ¡Aleluya!". En esta respuesta (como bien lo sabe Pablo) radica el secreto de la victoria que vence al mundo, experimentar ser "más que vencedor", que es para el cristiano el cielo aquí en la tierra.

"¿Qué diremos frente a esto?". La respuesta que Pablo nos modela consiste en cuatro pensamientos, cada uno enfocado en una pregunta adicional. (¡Después de todo, las preguntas hacen pensar!). "Si Dios está por nosotros, ¿quién estará contra nosotros?... ¿cómo no nos dará también junto con Él [Cristo] todas las cosas? ¿Quién acusará a los escogidos de Dios?... ¿Quién nos separará del amor de Cristo?" (vv. 31-35, NBLA). La palabra clave que aparece en relación con los tres primeros pensamientos es "por" (griego *huper*, "de parte de"): "Dios está por nosotros... entregó [a Su Hijo] por todos nosotros... Cristo intercede por nosotros". El cuarto pensamiento es una conclusión basada en los tres primeros tomados en conjunto: nada podrá apartarnos del amor de Dios que viene a nosotros en Cristo Jesús nuestro Señor. Analicemos estos pensamientos individualmente.

SI DIOS ES POR NOSOTROS

Primero: "Si Dios está por nosotros, ¿quién estará contra nosotros?".

El pensamiento aquí es que *ningún grado de oposición podrá destruirnos finalmente*. Para transmitir este pensamiento, Pablo despliega la suficiencia de Dios como *protector soberano*, y el carácter decisivo *del compromiso de Dios con nosotros según el pacto*.

"Si *Dios* está por nosotros...". ¿Quién es Dios? Pablo se refiere al Dios de la Biblia y del evangelio, el Señor, "clemente y compasivo, lento para la ira y grande en amor y fidelidad" (Ex 34:6). Un Dios a quien "el Hijo unigénito, que es Dios y que vive en unión íntima con el Padre, nos lo ha dado a conocer" (Jn 1:18). Este es el Dios que ha hablado para anunciar Su soberanía: "yo soy Dios, y no hay ningún otro, yo soy Dios, y no hay nadie igual a mí. Yo anuncio el fin desde el principio; desde los tiempos antiguos, lo que está por venir. Yo digo: Mi propósito se cumplirá, y haré todo lo que deseo" (Is 46:9-10).

Este es el Dios que demostró Su soberanía cuando sacó a Israel de la cautividad en Egipto y más tarde de Babilonia, y cuando sacó a Jesús de la tumba; y que todavía evidencia esa misma soberanía cada vez que levanta a un pecador que se encuentra muerto espiritualmente y le da vida espiritual. Este es el Dios de Romanos, el Dios cuya ira "viene revelándose desde el cielo contra toda impiedad e injusticia de los seres humanos" (Ro 1:18), y que, sin embargo, "demuestra Su amor por nosotros en esto: en que cuando todavía éramos pecadores, Cristo murió por nosotros" (Ro 5:8).

Este es el Dios que llama, justifica y glorifica a los que desde la eternidad "predestinó a ser transformados según la imagen de Su Hijo" (Ro 8:29). Este es el Dios del primer artículo anglicano: "El único Dios vivo y verdadero, eterno... de infinito poder, sabiduría, y bondad; el Hacedor y Sustentador de todas las cosas, tanto visibles como invisibles". Este es (agreguemos también) el Dios cuyos caminos venimos estudiando en este libro.

"Si Dios" —este Dios— "está *por nosotros*", ¿qué significa esto? Las palabras *por nosotros* declaran *el compromiso de Dios según el pacto*. El objetivo de la gracia, como hemos visto, es crear una relación de amor entre Dios y nosotros, los creyentes, el tipo de relación para el que fuimos creados inicialmente. Y el vínculo de comunión por el que Dios se une a nosotros es Su pacto. Lo impone unilateralmente, por promesa y mandato. Lo vemos hacer esto cuando le habla a Abraham en Génesis 17: "Yo soy el Dios Todopoderoso... Estableceré Mi pacto contigo... Yo seré tu Dios, y el Dios de tus descendientes... Yo seré su Dios... Cumple con Mi pacto" (Gn 17:1, 7-9).

Gálatas 3 y 4 demuestran que todos los que ponen su fe en Cristo, tanto gentiles como judíos, son incorporados a través de Cristo en la simiente de Abraham, la comunidad del pacto. Una vez establecido, el pacto permanece, porque Dios lo mantiene. Como Padre, Esposo y Rey (estos son los modelos humanos usados en el pacto para describir la relación), Dios permanece fiel a Su promesa y propósito. Y la promesa misma —la de ser "tu Dios"— es una promesa amplia que, cuando se la examina, contiene dentro de sí todas las "preciosas y magníficas promesas" con las que Dios se ha comprometido a satisfacer nuestras necesidades. Esta relación de pacto constituye la base de toda la religión bíblica: cuando los adoradores dicen "*mi* Dios", y cuando Dios dice "*Mi* pueblo", se está empleando un lenguaje de pacto.

"Dios está por nosotros" también es lenguaje de pacto; lo que se está proclamando allí es el hecho de que Dios se compromete a sostenernos y protegernos cuando las personas y las cosas nos amenazan, a suplir nuestras necesidades mientras dure nuestro peregrinaje terrenal, y a conducirnos finalmente hacia el pleno disfrute de Sí mismo, cualquiera sean los obstáculos que al presente parecieran interponerse entre nosotros y ese destino. La sencilla afirmación de que "Dios está por nosotros" realmente es una de las más ricas y valiosas frases en toda la Biblia.

¿Qué significa que pueda decir "Dios está por mí"? La respuesta la vemos en el Salmo 56, donde la declaración de que "Dios está por mí" (v. 9, RV60) es el eje en torno al cual gira todo lo demás. El salmista se encuentra con la espalda contra la pared ("todo el día me persiguen mis adversarios; son muchos los arrogantes que me atacan" [v. 2; comparar con vv. 5-6]). Pero el conocimiento de que Dios está de su lado pone una nota de triunfo a su oración. Primero, le da seguridad de que Dios no lo ha olvidado ni ha pasado por alto su necesidad. "Pon mis lágrimas en Tu frasco [¡para preservarlas!]; ¿acaso no están en Tu libro? [registradas en forma permanente]?" (v. 8). Segundo, le da confianza de que "Cuando yo te pida ayuda, huirán mis enemigos" (v. 9). Tercero, ofrece base para la confianza que apacigua el pánico. "Cuando siento miedo, pongo en Ti mi confianza... confío en Dios y no siento miedo. ¿Qué puede hacerme un simple mortal?" (vv. 3-4). Sea lo que sea que "un simple mortal" pueda hacerle al salmista desde afuera, por así decirlo, en el sentido más profundo no puede

PARTE TRES | *Si Dios está por nosotros*

tocarlo, porque su verdadera vida es la vida interior de la comunión con un Dios amoroso, y el Dios que lo ama preservará esa vida pase lo que pase.

Por cierto, el Salmo 56 responde también a la cuestión de quiénes son los "nosotros" por los que Dios está. El salmista menciona tres cualidades que señalan al verdadero creyente. Primero, *alaba*, y lo que alaba es la *palabra* de Dios (vv. 4, 10); es decir, atiende a la revelación de Dios y honra a Dios por ella y conforme a ella, en vez de dar rienda suelta a sus propias fantasías teológicas. Segundo, *ora*, y lo que lo impulsa a orar es el deseo de tener comunión con Dios como meta y fin de la vida; "para que siempre, en Tu presencia, camine en la luz de la vida" (v. 13). Tercero, *paga*, paga sus votos, es decir, de fidelidad y agradecimiento (vv. 12-13). La persona que alaba, ora, agradece y es fiel lleva en sí mismo las marcas del hijo de Dios.

Ahora bien: ¿cuál era el propósito de Pablo al hacer esa pregunta? Estaba (y está) combatiendo el *temor*, el temor que siente el cristiano tímido a las fuerzas que cree que se han confabulado contra él, las fuerzas, podríamos decir, de *él*, *ella* o *ellos*. Pablo sabe que siempre hay alguna persona, o grupo de personas, cuya burla, desagrado u hostilidad el cristiano siente que no puede enfrentar. Pablo sabe que tarde o temprano esto se vuelve un problema para cada cristiano, incluyendo a los que, antes de su conversión, no les importaba lo que dijeran o pensaran de ellos; sabe, también, en qué grado tales temores pueden inhibir o desalentar. Pero también sabe cómo responder ante esta situación.

En efecto, Pablo nos dice que ¡pensemos! Dios está por nosotros, sabemos lo que esto significa. Considera, entonces, quién está en contra, y pregúntate qué resulta cuando comparamos ambos bandos. (Nota que la traducción "¿quién *puede estar* en contra nuestra?" no es correcta, porque desvirtúa el pensamiento de Pablo; lo que él pide es un examen realista de la oposición, humana y demoníaca, y no una romántica pretensión de que no existe tal oposición. La oposición es un hecho: el cristiano que está conciente de que tiene oposición debe cuidarse porque está en peligro. Esa falta de realismo no es un requisito del discipulado cristiano sino más bien una señal de fracaso).

¿Les tienes miedo a "ellos"?, pregunta Pablo. No hay por qué tener temor, como tampoco Moisés tenía por qué temer al Faraón después que Dios le dijo: "Yo estaré contigo" (Ex 3:12). Pablo llama a sus lectores a hacer el mismo cálculo que hizo Ezequías: "No se asusten ni se acobarden ante el rey de Asiria y su numeroso ejército, porque nosotros contamos con alguien que es más poderoso... nosotros contamos con el Señor nuestro Dios, quien nos brinda Su ayuda y pelea nuestras batallas" (2Cr 32:7-8). Augustus Toplady, poeta de la seguridad cristiana, así como Isaac Watts es el poeta de la soberanía de Dios y Charles Wesley el poeta de la nueva creación, interpreta el concepto al que Pablo quiere llevarnos en estas palabras:

Tengo un protector soberano
invisible, pero siempre presente;
inmutablemente fiel para salvar,
todopoderoso para gobernar y mandar.
Sonríe, y mi consuelo sobreabunda;
Su gracia descenderá como el rocío,
y murallas de salvación rodearán
al alma que Él se deleita en defender.

Entiende esto, dice Pablo, abrázalo, aplica la certeza de esta verdad a lo que estás enfrentando en este preciso momento, y al conocer a Dios como tu protector soberano, irrevocablemente comprometido contigo en el pacto de gracia, encontrarás libertad del temor y nuevas fuerzas para la batalla.

NINGUNA COSA BUENA NOS SERÁ NEGADA

Segundo: "El que no escatimó ni a Su propio Hijo, sino que lo entregó por todos nosotros, ¿cómo no habrá de darnos generosamente, junto con Él, todas las cosas?".

El pensamiento que expresa la segunda pregunta de Pablo es que *ninguna cosa buena nos será negada finalmente*. Él transmite dicho pensamiento señalando la suficiencia de Dios como nuestro *benefactor soberano*, y el carácter decisivo de la *obra redentora* de Dios hacia nosotros.

Tres comentarios destacarán la fuerza del argumento de Pablo.

Nota, primero, lo que Pablo implica sobre el *costo* de nuestra redención. Dios "no escatimó ni a Su propio Hijo". Para salvarnos Dios llegó hasta el límite. ¿Qué más podría haber dado por nosotros? ¿Qué más tenía para dar? No podemos saber lo que le costó al Padre el Calvario, como tampoco podemos saber lo que sintió Jesús cuando probó el castigo debido a nuestros pecados. "No podemos saber, no podemos decir qué dolores tuvo que soportar". Sin embargo, podemos decir esto: que si la medida del amor es lo que se da, entonces nunca hubo tal amor como el que Dios mostró a los pecadores en el Calvario, ni ningún otro regalo de amor posterior a nosotros le costará tanto a Dios. Así que si Dios ya nos ha mostrado Su amor hacia nosotros en que siendo aún pecadores Cristo murió por nosotros (Ro 5:8), resulta aceptable, cuando menos, que también nos dará con Él "todas las cosas". La mayoría de cristianos conocen el temeroso sentimiento de que Dios no tenga nada más para ellos más allá de lo que ya han recibido; una mirada atenta al Calvario debería erradicar ese estado de ánimo.

Sin embargo, esto no es todo. Nota, en segundo lugar, lo que quiere decir Pablo en cuanto a la *efectividad* de tu redención. Dice que Dios "lo entregó *por todos nosotros*", y este hecho es en sí mismo la garantía de que nos dará "todas las cosas", porque vienen como fruto directo de la muerte de Cristo. Acabamos de decir que la grandeza de lo que Dios nos da en la cruz hace que lo que nos da después resulte (si se nos permiten estas palabras) natural y posible, pero lo que tenemos que notar ahora es que la unidad del propósito salvador de Dios hace que esta entrega por añadidura resulte necesaria, y por lo tanto segura.

En este punto, la visión del Nuevo Testamento sobre la cruz implica más de lo que a veces se cree. No discutiremos el hecho de que los escritores apostólicos presenten la muerte de Cristo como el fundamento y la garantía del ofrecimiento de perdón por parte de Dios, y de que obtenemos el perdón mediante el arrepentimiento y la fe en Cristo. Pero ¿significa esto que, al igual que una pistola cargada es solo potencialmente explosiva, y se necesita un acto de apretar el gatillo para hacerla disparar, la muerte de Cristo logró solo una posibilidad de salvación, necesitando un ejercicio de fe por nuestra parte para desencadenarla y hacerla efectiva?

Si es así, entonces no es estrictamente la muerte de Cristo lo que nos salva en absoluto, como tampoco es cargar la pistola lo que la hace disparar: estrictamente hablando, nos salvamos por nuestra fe, e incluso la muerte de Cristo podría no haber salvado a nadie, ya que podría haber sido el caso de que nadie creyera en el evangelio. Pero no es así como lo describe el Nuevo Testamento. Según el Nuevo Testamento, la muerte de Cristo efectivamente nos ha salvado a "todos", es decir, a todos los que Dios conoció de antemano, llamó y justificó, y a Su debido tiempo glorificará. Porque nuestra fe, que desde el punto de vista humano es el medio de salvación, es desde el punto de vista de Dios parte de la salvación, y es tan directa y completamente un regalo de Dios para nosotros como lo es el perdón y la paz que vienen por fe.

Psicológicamente la fe es algo que parte de nosotros, pero la realidad teológica es que se trata de la obra de Dios en nosotros: tanto nuestra fe, como nuestra nueva relación con Dios como creyentes, y todos los dones divinos que se disfrutan dentro de esta relación, nos fueron todos asegurados por la muerte de Cristo en la cruz. Porque la cruz no constituye un hecho aislado; fue, más bien, el asunto central en el eterno plan de Dios de salvar a los elegidos, y ella aseguró y garantizó primero el llamado (es decir, el provocar la fe, a través del evangelio en la mente, y el Espíritu Santo en el corazón), luego la justificación, y, finalmente, la glorificación de todos aquellos por los que, en forma específica y personal, murió Cristo.

Ahora podemos ver por qué en griego este versículo dice literalmente (y así también en la NBLA): *¿Cómo no* nos dará también junto con Él todas las cosas? Es que sencillamente le resulta imposible no hacerlo, porque Cristo y "todas las cosas" van juntas como ingredientes en el singular regalo que es la vida y la gloria eterna, y el hecho de que se nos haya dado a Cristo para que removiera "la barrera del pecado" mediante Su muerte expiatoria en nuestro lugar, en efecto, nos ha abierto la puerta para que nos sea dado todo lo demás. El propósito salvador de Dios, desde la elección eterna hasta la glorificación final, es uno solo, y resulta vital para nuestro entendimiento y nuestra seguridad que no perdamos de vista los lazos que unen las diversas partes, lo cual nos lleva al próximo punto.

Nota, en tercer lugar, lo que Pablo implica cuando habla sobre *las consecuencias* de nuestra redención. Nos dice que Dios nos dará con Cristo "todas las cosas". ¿Qué incluye esto? El llamado, la justificación y la glorificación (lo cual en Ro 8:30 incluye todo, desde el nuevo nacimiento hasta la resurrección) ya han sido mencionados, como también lo ha sido a lo largo del capítulo el multiforme ministerio del Espíritu Santo. He aquí una riqueza incalculable; y basados en otras Escrituras podríamos agregar más.

Podríamos, por ejemplo, considerar la seguridad que nos da el Señor de que cuando los discípulos buscan primeramente "el reino de Dios y Su justicia", entonces "todas estas cosas" (sus necesidades materiales) les serán provistas providencialmente (Mt 6:33), un hecho que volvió a mencionar, aunque parezca extraño, cuando dijo: "todo el que por Mi causa y la del evangelio haya dejado casa, hermanos, hermanas, madre, padre, hijos o terrenos recibirá cien veces más ahora en este tiempo (casas, hermanos, hermanas, madres, hijos y terrenos, aunque con [¡]persecuciones[!]); y en la edad venidera, la vida eterna" (Mr 10:29-30).

O podríamos considerar el hecho de que "todas las cosas" significa todo lo bueno, no en lo que podamos pensar *nosotros*, sino en lo que puede pensar *Dios*, ya que Su infinita sabiduría y poder dirigen Su generosidad.

Pero estaremos más cerca del pensamiento de Pablo si entendemos que esta frase ha sido provocada, como el "Por lo tanto" de Romanos 8:1, por el tipo especial de lógica pastoral de Pablo, que combate por anticipado las conclusiones equivocadas a que de otro modo habrían de arribar sus lectores. La conclusión errónea que estaba combatiendo en 8:1 (y que lo veremos combatir nuevamente en 8:33) era que los pecados de debilidad del cristiano pueden poner en peligro su aceptación continua por parte de Dios; la conclusión equivocada que está combatiendo aquí es que seguir a Cristo debe significar la pérdida de cosas que valdría la pena tener, y que no tienen compensación con nada de lo que se adquiere, lo cual, de ser cierto, haría que el discipulado cristiano fuera algo detestable. La seguridad que nos da Pablo de que, con Cristo, Dios nos dará "todas las cosas" rectifica o corrige esta conclusión por anticipado, pues proclama la suficiencia de Dios como nuestro soberano benefactor, cuya forma de tratar a Sus siervos no deja lugar para que tengan temor de un verdadero empobrecimiento personal en ninguna etapa. Analicemos esto.

El cristiano, como Israel en Sinaí, se enfrenta a la demanda excluyente del primer mandamiento. Dios le dijo a Israel: "Yo soy el Señor tu Dios. Yo te saqué de Egipto, del país donde eras esclavo. *No tengas otros dioses además de Mí*" (Ex 20:2-3).

Este mandamiento, como todo el Decálogo, estaba concebido en términos negativos porque tenía como fin urgir a los israelitas a dejar de vivir como acostumbraban y a comenzar de nuevo. El trasfondo lo constituía el politeísmo de Egipto, que ya conocían los israelitas, y el de Canaán, que encontrarían en poco tiempo. El politeísmo, es decir, la adoración de muchos dioses, se había extendido universalmente por todo el antiguo cercano oriente. La idea básica era que el poder de cada uno de los dioses estaba limitado por el de los demás. El dios del trigo, o el dios de la fertilidad, por ejemplo, no podría jamás cumplir las funciones del dios de la tormenta, o del dios de los mares. El dios que hacía su morada en algún santuario, bosquecillo sagrado o árbol en particular, solo podía actuar o auxiliar a los hombres cuando se encontraba en su propio lugar de habitación; en otras partes, otros dioses lo superaban.

Por lo tanto no bastaba con adorar a un solo dios; era necesario, hasta donde fuera posible, estar en buenas relaciones con todos los dioses; de otro modo se corría el riesgo de verse constantemente expuesto al capricho de los dioses cuya propiciación se había descuidado, con la consiguiente pérdida de las cosas buenas que constituían la prerrogativa de estas deidades. Fue la presión de tales ideas lo que en años posteriores hizo que fuera tan grande la tentación de los israelitas a adorar a "otros dioses". Indudablemente, en Egipto habían llegado a aceptar el politeísmo sin discusión, independientemente de qué tanto participaron en la adoración de los dioses de los egipcios. Pero el primer mandamiento prohibió absolutamente este modo de pensar y de comportarse. "No tengas otros dioses además de Mí".

Nota ahora cómo resuelve Dios la cuestión de la lealtad entre Él y los "otros dioses". Le plantea la cuestión a Israel no como un problema de teología sino de lealtad; un asunto no solo de la mente, sino del corazón. En otras partes de la Escritura, principalmente en los Salmos y en Isaías, lo vemos diciéndole al pueblo de forma explícita que adorar dioses paganos es locura, porque en realidad no son dioses; pero aquí no se trata de eso. Por el momento deja abierta la cuestión de si existen otros dioses o no. Compone el primer mandamiento, no para resolver esa cuestión, sino la de la lealtad. Dios no dice: "No existen otros dioses además de Mí"; dice simplemente: "No tengas otros dioses además de Mí". Y fundamenta esta declaración en el hecho de que Él es el Dios de ellos, que los sacó de Egipto. Es como si dijera: "Al haberlos salvado del Faraón y sus huestes 'con mano poderosa y con brazo extendido', con señales y maravillas, con la Pascua y el cruce del Mar Rojo, les di una demostración de lo que puedo hacer por ustedes, y les mostré muy claramente que en cualquier parte, en cualquier momento, frente a cualquier enemigo, en cualquier circunstancia, puedo protegerlos, proveer para sus necesidades, y darles todo lo que constituye la verdadera vida. No necesitan ningún otro Dios sino a Mí; por lo tanto no deben dejarse arrastrar por la idea de buscar a ningún otro Dios sino a Mí; deben servirme a Mí y solo a Mí".

En otras palabras, en el primer mandamiento Dios le dijo al pueblo de Israel que debía servirle únicamente a Él, no solo porque estaban en deuda con Él, sino también porque Él era digno de su confianza total y exclusiva. Debían inclinarse ante Su autoridad absoluta sobre la base de la confianza en Su total suficiencia para ellos. Está claro que estos dos requisitos debían ir juntos; porque no podían haberle servido de todo corazón con exclusión de otros dioses si dudaban de Su total suficiencia para proveer para todas sus eventuales necesidades.

Ahora bien, si eres cristiano, sabes que a ti también te ha reclamado de la misma manera. Dios no escatimó a Su Hijo, sino que lo entregó por ti; Cristo te amó, y se dio a Sí mismo por ti para librarte del Egipto espiritual de la esclavitud al pecado y a Satanás. El primer mandamiento, en su forma positiva, te es impuesto por Cristo mismo: "Ama al Señor tu Dios con todo tu corazón, con todo tu ser y con toda tu mente... Este es el primero y el más importante de los mandamientos" (Mt 22:37-38). Esta exigencia descansa en el derecho de la creación y la redención, y no puede ser evadida.

Tú sabes qué tipo de vida es la que Cristo te llama a vivir como Su discípulo. Su propio ejemplo y Sus enseñanzas en los Evangelios (sin buscar más allá en el libro de Dios) lo dejan muy claro. Estás llamado a pasar por este mundo como un peregrino, un mero residente temporal, viajando ligero, y dispuesto, como Cristo indica, a hacer lo que el joven gobernante rico se negó a hacer: renunciar a la riqueza material y a la seguridad que proporciona y vivir de una manera que te involucre en la pobreza y la pérdida de posesiones. Al tener tu tesoro en el cielo, no debes presupuestar un tesoro en la tierra, ni un alto nivel de vida; es posible que tengas que renunciar a ambos. Estás llamado a seguir a Cristo, llevando tu cruz.

¿Qué significa esto? Pues bien, las únicas personas que en el mundo antiguo llevaban cruces eran los criminales condenados a morir crucificados; estos, igual que nuestro Señor mismo, eran obligados a llevar la cruz en que iban a ser crucificados. Así pues, lo que Cristo quiere decir es que debes aceptar por ti mismo la posición de tal persona, en el sentido de que renuncies a todas las expectativas futuras de la sociedad y aprendas a tomar como algo natural si la gente que te rodea te da la espalda y te ve con desprecio y disgusto, como un ser extraño. Es posible que a menudo te encuentres con que te tratan así si eres leal al Señor Jesucristo.

Una vez más: estás llamado a ser una persona mansa, no siempre defendiendo tus derechos, ni preocupado por recuperar lo tuyo, ni preocupado en tu corazón por los malos tratos y los desprecios personales (aunque, si eres normalmente sensible, estas cosas te herirán en el nivel más profundo de la conciencia); sino que simplemente debes encomendar tu causa a Dios y dejar que Él te reivindique si y cuando lo considere oportuno. Tu actitud hacia los demás, buenos y malos, agradables y desagradables, tanto cristianos como incrédulos, debe ser la del buen samaritano hacia el judío de el camino; es decir, tus ojos deben estar abiertos para ver las necesidades de los demás, tanto espirituales como materiales; tu corazón debe estar dispuesto a atender a las almas necesitadas cuando las encuentres; tu mente debe estar alerta para planear la mejor manera de ayudarlos; y tu voluntad debe estar en contra del truco que a todos se nos da tan bien: "pasar la pelota", pasar por el otro lado y desconectarte de las situaciones de necesidad en las que se requiere una ayuda sacrificada.

Por supuesto que a nadie le resulta extraño nada de esto. Sabemos muy bien la clase de vida a la que Cristo nos llama; a menudo predicamos y conversamos sobre el tema entre nosotros. Pero, ¿vivimos así? Mira a las iglesias. Observa la escasez de pastores y misioneros, en especial de hombres; el lujo en los hogares cristianos; los problemas que tienen las entidades cristianas para reunir fondos; la facilidad que tienen los cristianos en todas las esferas de actividad para quejarse sobre el salario que reciben; la falta de verdadera preocupación por los ancianos y las personas solitarias, o por cualquiera que esté fuera del círculo de los "buenos cristianos".

Somos muy distintos de los cristianos del Nuevo Testamento. Nuestra perspectiva sobre la vida es convencional y estática; la de ellos no lo era. El concepto de "primero la seguridad" no constituía para ellos un obstáculo para sus iniciativas como lo es para nosotros. Al ser exuberantes, poco convencionales y desinhibidos al vivir según el evangelio, pusieron su mundo al revés, pero no se nos podría acusar a los cristianos modernos de hacer nada parecido. ¿Por qué somos tan diferentes? ¿Por qué, comparados con ellos, solo nos parecemos como cristianos a medias? ¿De dónde viene el sentimiento nervioso, dudoso y cobarde que mancha gran parte de nuestro discipulado? ¿Por qué no nos liberamos lo suficiente del miedo y la ansiedad como para poder darlo todo en pos de Cristo?

Una razón parece ser que en lo más profundo de nuestro corazón tememos las consecuencias de ir con todo en la vida cristiana. No nos atrevemos a aceptar responsabilidades porque pensamos que no vamos a tener las fuerzas necesarias para llevarlas a cabo. No nos atrevemos a iniciar un modo de vida que renuncie a la seguridad material porque tenemos miedo de quedarnos desamparados. No nos atrevemos a ser mansos porque tememos que si no nos defendemos nos van a pisotear y a victimizar, y que terminaremos en el fracaso. No nos atrevemos a romper las convenciones sociales a fin de servir a Cristo porque tememos que si lo hacemos la estructura firme de nuestra vida se vendrá abajo, dejándonos sin apoyo en ninguna parte.

Son estos temores de los cuales somos poco conscientes, este miedo a la inseguridad, más que un rechazo deliberado a afrontar el costo de seguir a Cristo, lo que nos detiene. Nos parece que los riesgos de un discipulado incondicional son demasiado grandes. En otras palabras, no estamos persuadidos de la suficiencia de Dios para suplir todas las necesidades de quienes se lanzan de lleno al profundo mar de la vida no convencional en obediencia al llamado de Cristo. Por lo tanto, nos sentimos obligados a quebrantar el primer mandamiento solo un poquito, reservándonos una proporción de nuestro tiempo y energías para servir al dinero en lugar de a Dios. En el fondo parece que esto es lo que anda mal con nosotros. Tenemos miedo de aceptar completamente la *autoridad* de Dios por la *incertidumbre* secreta que nos asalta en cuanto a Su suficiencia para cuidarnos si lo hacemos.

Llamemos a las cosas como son. El nombre del juego en que participamos es *incredulidad*, y la frase de Pablo: "Habrá de darnos generosamente, junto con él, *todas las cosas*", constituye un reproche permanente a nuestra actitud. Pablo nos está diciendo que no hay ninguna pérdida definitiva ni empobrecimiento irreparable que temer; si Dios nos niega algo, es solo con el fin de hacer lugar para una u otra de las cosas que tiene pensadas para nosotros. ¿Quizás seguimos suponiendo que la vida de una persona consiste, por lo menos en parte, en las cosas que posee?

Pero eso sería presuponer el descontento futuro y perder la bendición; ya que el "todas las cosas" de Pablo no se refiere a las posesiones materiales, y la pasión por las posesiones tiene que ser sacada a fin de que puedan ingresar "todas las cosas". Porque esta frase tiene que ver con conocer y disfrutar a Dios, y nada más. El significado de la frase "habrá de darnos generosamente, junto con él, todas las cosas" puede expresarse así: Algún día descubriremos que nada —literalmente nada— de lo que hubiera podido aumentar nuestra dicha eterna nos ha sido negado, y que nada —literalmente nada— de lo que hubiera podido limitar esa dicha ha quedado con nosotros. ¿Qué seguridad mayor que esta podemos querer?

No obstante, cuando se trata de abandonarnos libre y alegremente al servicio de Cristo titubeamos. ¿Por qué? Por nuestra incredulidad, pura y sencillamente.

¿Acaso tememos que a Dios le falten *fuerzas* y *sabiduría* para cumplir los propósitos que ha anunciado? Se trata justamente de Aquel que hizo los planetas, los dirige, y ordena cuanto acontece, desde la carrera de Faraón y Nabucodonosor hasta la caída de un gorrión.

¿O pensamos que no tiene *firmeza de propósitos*, y que así como algunas personas bien intencionadas les fallan a sus amigos, así también Dios nos puede fallar a nosotros a pesar de Sus buenas intenciones? Pablo da por sentado que "Dios dispone *todas las cosas* para el bien de quienes lo aman" (Ro 8:28), ¿y quién eres tú para suponer que serás la excepción, la primera persona en descubrir que Dios no es capaz de cumplir Su palabra? ¿No vemos acaso que al manifestar tales temores estamos deshonrando a Dios?

¿O es que dudamos de Su *constancia*, y sospechamos que ha "emergido" o se ha "desarrollado" o ha "muerto" en el lapso entre los tiempos bíblicos y los nuestros (todas estas ideas se han explorado en tiempos recientes), y que ya no es más ese Dios con el que tuvieron que ver los santos de las Escrituras? Pero "Yo, el Señor, no cambio", y "Jesucristo es el mismo ayer y hoy y por los siglos" (Mal 3:6; Heb 13:8).

¿Has estado evitando un curso arriesgado y costoso al que sabes en tu corazón que Dios te ha llamado? No te detengas más. Tu Dios es fiel a ti, y es suficiente para ti. Nunca necesitarás más de lo que Él puede suministrar, y lo que Él suministra, tanto material como espiritualmente, siempre será suficiente para el presente. "Nada bueno niega a los que andan en integridad" (Sal 84:11, NBLA). "Dios es fiel, y no permitirá que ustedes sean tentados más allá de lo que puedan aguantar. Más bien, cuando llegue la tentación, Él les dará también una salida a fin de que puedan resistir" (1Co 10:13). "Te basta con Mi gracia, pues Mi poder se perfecciona en la debilidad" (2Co 12:9). ¡Piensa en estas cosas!, y deja que tus pensamientos expulsen tus inhibiciones para servir a tu Maestro.

¿QUIÉN NOS ACUSARÁ?

Tercero: "¿Quién acusará a los que Dios ha escogido? Dios es el que justifica. ¿Quién condenará?".

El pensamiento que expresa la tercera pregunta de Pablo es que *ninguna acusación podrá jamás privarnos de nuestra herencia*. Nos transmite esta idea al señalar la suficiencia de Dios como *defensor soberano*; y el carácter decisivo de Su *veredicto justificador* sobre nosotros.

Pablo escribió los dos versículos anteriores para combatir el temor del cristiano en cuanto a la *oposición* y la *pobreza* entre los hombres; este otro versículo lo escribe para combatir el temor del *rechazo* de parte de Dios. Existen dos tipos de conciencia enferma, la de quienes no tienen plena conciencia del pecado y la de los que no tienen plena conciencia del perdón. Pablo se dirige aquí a los del segundo tipo. Sabe muy bien con cuánta facilidad la conciencia del cristiano sometido a presiones puede volverse morbosa, en particular cuando le restriegan en la cara, como lo haría Romanos 7:14-25, con la realidad del pecado y el fracaso incesantes. Pablo sabe también lo imposible que es lograr que la esperanza cristiana sea motivo de gozo para el corazón humano cuando tiene aún dudas en cuanto a su seguridad como creyente que ha sido justificado. Así que, como próximo paso en su bosquejo en cuanto a lo que los cristianos deben decir ante "esto", Pablo hace referencia directa al temor (al que ningún cristiano es totalmente ajeno) de que la justificación presente pueda no ser más que provisional, y pueda algún día perderse debido a las imperfecciones de su vida cristiana.

Pablo no niega ni por un momento que los cristianos fallan y caen, algunas veces gravemente, ni niega tampoco que (como lo saben todos los cristianos, y como lo revelan sus propias palabras en Romanos 7) el recuerdo de los pecados cometidos después de habernos hecho cristianos resulta mucho más penoso que cualquier cosa que pensemos acerca de las caídas morales, por grandes que fueran, anteriores a ese momento. Pero Pablo niega categóricamente que alguna caída presente pueda poner en peligro nuestra justificación ante Dios. La razón, dice, en efecto es muy simple: nadie está en condiciones de hacer que el veredicto dado por Dios sea modificado. Nuestra versión de la Biblia expresa con claridad del punto de Pablo: "¿Quién acusará a los que Dios ha escogido?". Sus palabras destacan el punto de varias maneras.

Primero, Pablo nos recuerda *la gracia de Dios en la elección*. "¿Quién acusará a los que Dios *ha escogido*?" Recuerden, dice Pablo, que los que Dios justifica ahora ya fueron escogidos desde la eternidad para ser salvos, y si la justificación de los mismos fuera revocada en algún momento, los planes de Dios hacia ellos no se cumplirían. Por eso, entonces, perder la justificación resulta inconcebible.

Segundo, Pablo nos recuerda *la soberanía de Dios en el juicio*. "Dios es el que justifica. ¿Quién condenará?". Si Dios, Hacedor y Juez de todos, es quien pronuncia la sentencia de justificación —es decir, el que te declara que justo ante Su ley y en paz con Él, y que ya no estás sujeto a muerte por tus pecados, sino que eres aceptado en Cristo—, y si Dios ha pronunciado esta sentencia a plena vista de todos tus fracasos, justificándote sobre la base y el entendimiento explícitos de que no eras justo, sino impío (Ro 4:5), entonces nadie puede jamás desafiar el veredicto, ni siquiera el mismo "acusador de los hermanos". No hay nadie por encima de Dios que pueda modificar Su decisión —¡hay un solo Juez!—, y nadie puede proporcionar nuevas pruebas de tu depravación que puedan cambiar la decisión de Dios. Porque Dios te justificó con (por así decirlo) los ojos abiertos. Sabía lo peor de ti cuando te aceptó por amor de Jesús; y el veredicto que declaró entonces fue, y sigue siendo, definitivo.

PARTE TRES | *Si Dios está por nosotros*

En el mundo de la Biblia, el juicio era una decisión del rey. El juez real en quien residían los poderes legislativo, judicial y ejecutivo, debía, una vez que estaban decididos cuáles eran los derechos de la persona, proceder a tomar las medidas necesarias para que estos derechos fueran respetados. Así que el rey se convertía en adalid y defensor de aquellos a quienes justificaba con su juicio. Este es el trasfondo del pensamiento de Pablo aquí: el Señor soberano que te justificó tomará las medidas activas necesarias para garantizar que la posición que te ha dado se mantiene y disfruta completamente. Entonces perder la justificación resulta inconcebible por este lado también.

Tercero, Pablo nos recuerda *la efectividad de Cristo como mediador*. Es mejor leer la referencia a Cristo en forma de pregunta: "¿Quién condenará? ¿Es Cristo Jesús, que murió, sí, que resucitó de entre los muertos, que está a la derecha de Dios, que sí intercede por nosotros?". Todo lo que Pablo menciona sirve para demostrar que la idea de Cristo condenándonos resulta absurda. Cristo *murió* para salvarnos de la condenación, cargando la culpa de nuestros pecados como nuestro sustituto. *Él Resucitó* y además fue *exaltado* "como Príncipe y Salvador, para que diera a Israel arrepentimiento y perdón de pecados" (Hch 5:31). Ahora, en virtud de Su presencia en el trono a la diestra del Padre, *intercede* por nosotros con autoridad, es decir, interviene a favor nuestro para asegurar que recibamos todo lo que adquirió para nosotros al morir en nuestro lugar. ¿Y después nos va a condenar? ¿Él, el Mediador, que nos amó y se entregó a Sí mismo por nosotros, y cuya preocupación constante en el cielo es que podamos disfrutar plenamente los frutos de Su redención? Semejante idea resulta grotesca y a la vez imposible.

Una vez más, entonces, perder la justificación resulta inconcebible; y esto es lo que debe repetirse constantemente el creyente, como mensaje de Dios. Una vez más Toplady nos ofrece las palabras adecuadas, en el himno titulado "Fe que reanima":

¿De dónde este temor y esta incredulidad?
¿Acaso el Padre no afligió
a Su Hijo sin mancha por mí?
¿Acaso el justo Juez de los hombres

*me condenará por esta deuda de pecado
que fue cargada sobre Ti?*

*Has hecho expiación completa
y has pagado, hasta el último centavo,
todo lo que debía Tu pueblo;
Tu ira no puede descargarse sobre mí,
si estoy amparado en Tu justicia
y he sido rociado con Tu sangre.*

*Si Tú has procurado mi absolución,
y libremente has soportado en mi lugar
la plenitud de la ira divina,
Dios no puede requerir pago dos veces,
primero de la mano de mi ensangrentado fiador
y luego de la mía.*

*Vuélvete, por lo tanto, alma mía, a tu descanso;
los méritos de tu gran Sumo Sacerdote
han comprado tu libertad; confía en Su sangre eficaz,
y no temas ser desterrado por Dios,
porque Jesús murió por ti.*

¿QUIÉN PODRÁ SEPARARNOS?

Cuarto: "¿Quién nos apartará del amor de Cristo?".

El pensamiento culminante al que llega Pablo en su cuarta pregunta es que *ninguna separación del amor de Cristo nos puede suceder jamás*. Transmite este concepto presentándonos a Dios, Padre e Hijo, como nuestro *guardador soberano*, y destacando claramente el carácter decisivo del *amor divino* al resolver nuestro destino.

En un capítulo anterior estudiamos el amor de Dios, por lo cual no necesitamos volver a este tema aquí. La cuestión crucial en torno a la cual se desarrolla el razonamiento de Pablo ya es terreno familiar para nosotros, a saber, que mientras el amor humano, sean cuales sean sus aspectos positivos en otros sentidos, no puede asegurarnos que lo que desea para

PARTE TRES | *Si Dios está por nosotros*

la persona amada en realidad se cumplirá (como lo saben multitudes de amantes contrariados y de padres desconsolados), el amor divino es función de la omnipotencia, y tiene un todopoderoso propósito de bendición que no puede ser contrariado. Esta decisión soberana se menciona aquí como el "amor de Cristo" y el "amor que Dios nos ha manifestado en Cristo Jesús nuestro Señor" (Ro 8:35, 39); y esa doble descripción nos recuerda que el Padre y el Hijo (con el Espíritu Santo, como la parte anterior de Romanos 8 ha mostrado) están unidos en Su amor a los pecadores, y, también, que el amor que escoge, justifica y glorifica es un amor "en Cristo Jesús", amor que solo puede ser conocido por aquellos para los cuales Cristo Jesús es "nuestro Señor".

El amor del que habla Pablo es amor que salva, y el Nuevo Testamento no permite que persona alguna suponga que este amor divino lo abraza, a menos que haya acudido como pecador a Jesús y haya aprendido a decirle a Jesús, junto con Tomás: "¡Señor mío y Dios mío!". Pero una vez que la persona realmente se ha entregado al Señor Jesús (nos asegura Pablo) jamás necesitará sentir la incertidumbre de la dama que murmura mientras deshoja los pétalos de la margarita: "Me quiere, no me quiere". Porque es un privilegio de cada cristiano saber con certeza que Dios lo ama inmutablemente, y nada podrá jamás apartarlo de este amor, o estorbar el disfrute final de sus beneficios.

Esto es lo que Pablo proclama en la triunfante declaración de los versículos 38-39, en los que se oyen los latidos del corazón mismo de la certidumbre cristiana: "estoy convencido" —"estoy seguro" (RV60)— "de que ni la muerte ni la vida, ni los ángeles ni los demonios, ni lo presente ni lo por venir, ni los poderes, ni lo alto ni lo profundo, ni cosa alguna en toda la creación podrá apartarnos del amor que Dios nos ha manifestado en Cristo Jesús nuestro Señor". Pablo expone aquí la suficiencia de Dios —Su carácter "todo suficiente" en la expresión antigua— por lo menos en dos maneras.

Primero, Dios es suficiente como nuestro *guardador*. "Nada... podrá separarnos del amor de Dios", porque el amor de Dios nos sostiene fuertemente. Los cristianos "son protegidos por el poder de Dios, para la salvación" (1P 1:5, NBLA), y el poder de Dios no solo los hace perseverar en la fe, sino que, incluso, los mantiene seguros mediante su fe. Tu fe no faltará mientras Dios la sostiene; no eres tan fuertes como para alejarte cuando Dios ha resuelto sostenerte.

Segundo, Dios es suficiente como nuestra *meta*. Las relaciones humanas basadas en el amor —entre hijos y padres, entre esposo y esposa, entre amigos— son metas en sí mismas, encuentran su valor y su gozo en sí mismas; y lo mismo es verdad para el conocimiento del Dios que nos ama, el Dios cuyo amor se ve en Jesús.

Pablo escribió: "Todo lo considero pérdida por razón del incomparable valor de conocer a Cristo Jesús, mi Señor. Por Él lo he perdido todo, y lo tengo por estiércol, a fin de ganar a Cristo... a fin de conocer a Cristo, experimentar el poder que se manifestó en Su resurrección, participar en Sus sufrimientos y llegar a ser semejante a Él en Su muerte... sigo adelante esperando alcanzar aquello para lo cual Cristo Jesús me alcanzó a mí... una cosa hago: olvidando lo que queda atrás y esforzándome por alcanzar lo que está delante, sigo avanzando hacia la meta para ganar el premio que Dios ofrece mediante Su llamamiento celestial en Cristo Jesús" (Fil 3:8-14). Como lo expresa el himno: "Cristo es la senda, y Cristo el premio". El propósito de nuestra relación con Dios en Cristo es el perfeccionamiento de esa misma relación. ¿Cómo podría ser de otro modo, cuando se trata de una relación basada en el amor? Así que Dios es suficiente en este sentido más profundo: que conociéndolo plenamente nos sentiremos plenamente satisfechos, sin necesitar ni desear nada más.

Una vez más, Pablo está combatiendo el temor; temor, en este caso, de lo desconocido, ya sea en términos de sufrimiento sin precedentes (Ro 8:35-36), o de un futuro horrible ("lo por venir"), o de fuerzas cósmicas que no pueden medirse ni dominarse ("alto" y "profundo" en Ro 8:39 son términos técnicos astrológicos relativos a poderes cósmicos misteriosos). La razón del temor es el efecto que estas cosas podrían tener sobre nuestra comunión con Dios, si logran imponerse sobre la razón y la fe, destruyendo de ese modo la cordura y la salvación al mismo tiempo. En una época como la nuestra (¡que en este sentido no es tan diferente a la de Pablo!) todos los cristianos, en especial los más imaginativos, conocen algo de este tipo de temor. Es la versión cristiana de la *angustia* existencialista ante la perspectiva de la destrucción personal. Pero, dice Pablo, tenemos que luchar contra este temor, por cuanto el espanto es ficticio. Nada, literalmente nada, nos puede separar del amor de Dios: "en todo esto somos más que vencedores por medio de Aquel que nos amó" (Ro 8:37). Cuando Pablo y Silas estaban detenidos en el cepo de la cárcel de Filipos, estaban tan rebosantes de gozo que, a medianoche, se pusieron a cantar, y así es como estarán siempre los que conocen el amor soberano de Dios cuando las cosas más duras les sobrevengan. Una vez más es Toplady, en un himno llamado "Full Assurance" ["Completa certidumbre"], quien encuentra palabras para explicar lo que esto significa.

El brazo de Su fortaleza completará
la obra que inició Su bondad;
Su promesa es Sí y Amén.

Y jamás ha sido retirada hasta hoy;
ni cosas futuras, ni las que ya son,
ni todas las cosas de arriba o de abajo
pueden hacerle renunciar a Su propósito
o separar mi alma de Su amor.

La eternidad no borrará mi nombre
de las palmas de Sus manos;
con marcas de gracia indeleble
queda grabado en Su corazón;
sí, hasta el final perduraré,
con la misma seguridad con que se dio la garantía.
¡Podrán tener mayor alegría, pero no mayor seguridad,
los espíritus ya glorificados en el cielo!

APRENDER A CONOCER A DIOS EN CRISTO

Hemos llegado al punto culminante de nuestro libro. Al comenzar nos propusimos averiguar qué significa conocer a Dios. Descubrimos que el Dios que está "allí" para que podamos conocerlo es el Dios de la Biblia, el Dios de Romanos, el Dios revelado en Jesús, el Dios que es tres en uno, según la doctrina cristiana histórica. Vimos que para conocer a Dios tenemos que comenzar por tener conocimiento sobre Él, de modo que estudiamos tanto Su carácter como Sus modos de obrar según la revelación, y llegamos a comprender algo de Su bondad y Su severidad, de Su ira y de Su gracia. Al hacerlo, aprendimos a revaluarnos como criaturas caídas, no como criaturas fuertes y todo suficientes, como alguna vez supusimos, sino como seres débiles, necios y realmente malos, encaminados no hacia la Utopía, sino hacia el infierno, a menos que intervenga la gracia.

Además, vimos que conocer a Dios requiere una relación personal por la que nos entregamos en manos de Dios sobre la base de Su promesa de entregarse Él también a nosotros. Conocer a Dios significa pedirle misericordia, y descansar en Su promesa de perdonar a los pecadores por la obra de Jesús.

Además, significa hacernos discípulos de Jesús, el Salvador viviente que está "allí" hoy, llamando a los necesitados a que acudan a Él como lo hizo en Galilea hace dos mil años. Conocer a Dios, en otras palabras, comprende la *fe* —el asentimiento, el consentimiento, el compromiso—, y la fe se expresa en la oración y la obediencia. "La mejor medida de una vida espiritual" —dijo Oswald Chambers— "no son sus éxtasis, sino su obediencia". El buen rey Josías "defendía la causa del pobre y del necesitado... *¿Acaso no es esto conocerme?* —afirma el Señor—" (Jer 22:16).

Y ahora, finalmente, y sobre la base de todo lo anterior, aprendemos que la persona que conoce a Dios será más que vencedor, y vivirá en Romanos 8, exultando con Pablo en la suficiencia de Dios. Y aquí tenemos que parar, porque es imposible que lleguemos más alto en el conocimiento de Dios este lado de la gloria.

¿Adónde nos ha llevado todo esto? Al corazón mismo de la religión bíblica. Hemos llegado a un punto en que podemos hacer nuestra la oración y la confesión de David en el Salmo 16: "Cuídame, oh Dios, porque en Ti busco refugio. Yo le he dicho al Señor: 'Mi Señor eres Tú. Fuera de Ti, no poseo bien alguno'... Tú, Señor, eres mi porción y mi copa; eres Tú quien ha afirmado mi suerte... Bendeciré al Señor, que me aconseja... Siempre tengo presente al Señor; con Él a mi derecha, nada me hará caer. Por eso mi corazón se alegra... Me has dado a conocer la senda de la vida; me llenarás de alegría en Tu presencia, y de dicha eterna a Tu derecha".

Luego podríamos decir con Habacuc en casos de ruina económica o cualquier otra privación: "Aunque la higuera no florezca, ni haya frutos en las vides; aunque falle la cosecha del olivo, y los campos no produzcan alimentos; aunque en el aprisco no haya ovejas, ni ganado alguno en los establos; *aun así, yo me regocijaré en el* SEÑOR, ¡me alegraré en Dios, mi libertador! El SEÑOR omnipotente es mi fuerza; da a mis pies la ligereza de una gacela y me hace caminar por las alturas" (Hab 3:17-19). ¡Feliz la persona que puede decir estas cosas y realmente sentirlas!

De nuevo, hemos llegado al punto en que podemos comprender la verdad de las descripciones de la vida cristiana en términos de "victoria" y de que "Jesús satisface". Este tipo de lenguaje puede desconcertar si se usa ingenuamente; porque la "victoria" no es todavía el fin de la guerra, y la fe en el Dios trino no puede reducirse a la "Jesusolatría". No obstante, estas frases son preciosas, porque muestran el vínculo entre el conocimiento de Dios por un lado y la realización humana por otro. Cuando hablamos de la suficiencia de Dios, es este vínculo que resaltamos: es la esencia misma del cristianismo. Los que conocen a Dios en Cristo han descubierto el secreto de la verdadera libertad y de la verdadera humanidad. ¡Pero necesitaríamos otro libro para considerar esto a profundidad!

Por último, hemos llegado al punto donde podemos y tenemos que definir las prioridades de nuestra vida. A juzgar por las publicaciones cristianas actuales, se podría pensar que la cuestión más vital para cualquier cristiano real o aspirante a serlo en el mundo actual es la afiliación denominacional, o el testimonio social, o el diálogo con otros cristianos y otras confesiones, o la refutación de tal o cual *ismo*, o el desarrollo de una filosofía y una cultura cristianas, o lo que sea. Pero nuestra línea de estudio hace que la concentración actual en estas cosas parezca una gigantesca conspiración para distraernos. Por supuesto, no es eso; los temas en sí son reales y deben ser tratados en su lugar. Pero es trágico que, al prestarles atención, tantas personas en nuestros días parezcan haberse distraído de lo que fue, es y será siempre la verdadera prioridad para todo ser humano: aprender a conocer a Dios en Cristo.

"El corazón me dice: '¡Busca Su rostro!'. Y yo, SEÑOR, Tu rostro busco" (Sal 27:8). Si este libro ayuda a alguno de sus lectores a identificarse con el salmista en este punto, no habrá sido escrito en vano.

PARTE FINAL

GUÍA DE ESTUDIO

PREFACIO

1975

Escribí *Conocer a Dios* hace algunos años. En ese período de tiempo recuerdo haber estado muy preocupado, y lo sigo estando, en cuanto a cómo poder ayudar a las personas a darse cuenta de la *grandeza de Dios*. Mi propio peregrinaje espiritual ha sido marcado (gracias a Dios) por una búsqueda constante de esto. Antes de mi conversión vivía, por varios asuntos, ensimismado. Realmente, creo que desperdicié toda mi adolescencia. Necesitaba que algo pasara en mi vida, y Dios fue la respuesta.

Algo que descubrí desde los inicios de mi vida cristiana y que he ido aprendiendo a lo largo del tiempo dentro de este misericordioso proceso hasta el día de hoy (y pienso que todavía no he llegado muy lejos), es que la primera pregunta que debo hacerle a cualquier texto de la Escritura no tiene que ver con lo que dice acerca de mí, sino con lo que dice acerca de Dios. Este es un gran secreto al estudiar la Biblia, y si quieres meditar profundamente en ella y (como diría un puritano) «engordar el alma», es un buen consejo para que puedas estudiarla. La verdad es que no es muy difícil hacer esto. Te lo sugiero porque yo empecé a estudiar la Biblia con el pie izquierdo y pasaron muchos años antes de que entendiera esta grandiosa lección.

Además de esto, hubo otra cosa en mi vida que fue parecida a la revolución astronómica que inició Copérnico: me di cuenta de que yo no era el centro del universo, sino Dios. También me di cuenta de que como Su criatura e hijo existo por Él, no por mí mismo. Aún después de mi conversión, algunos pensamientos impíos seguían rondando por mi cabeza, pero no los veía. Sin embargo, los escritos de cuatro hombres centrados en Dios: J. C. Ryle, John Owen, Juan Calvino y Jonathan Edwards me ayudaron a entender cuál era mi error. Además, el hecho de experimentar cosas difíciles junto a los que más amo y el hecho de encontrar fortaleza y apoyo en ellos me llevaron a aprender, aunque de forma incompleta, que Dios debe tener la preeminencia en mi vida.

«Confío en que el Señor me ha enseñado muchas cosas», y *Conocer a Dios* refleja todas estas. De ahí que este libro tenga más de mí que cualquier otro libro que haya escrito. Es más, la tarea de tratar de decirle a las personas quién es Dios siempre constituyó una pieza clave de lo que yo considero mi ministerio. Es por eso que ha significado mucho para mí saber que *Conocer a Dios* ha sido publicado alrededor del mundo y que, además, ha sido de gran bendición para muchos. Espero que el uso de esta excelente guía de estudio, que ha preparado esta casa editorial, haga que el libro sea de más edificación todavía.

Me han sugerido que, como parte de este prefacio, mencione algunas ideas que hubiera querido añadirle al libro, pero que no puse; y también me sugirieron que pusiera ideas que hubiera querido quitar, pero están allí. Gracias a Dios, puedo decir que no hay nada que quiera deshacer de *Conocer a Dios*, así como de otros escritos que tengo. De hecho, tuve la oportunidad de volver a leerlo, tal cual hizo Richard Baxter con uno de sus libros tres siglos atrás, y sigo pensando lo mismo.

Realmente, puedo decirte que no quisiera omitir nada en cuanto al plan original. En cuanto al atributo de *la soberanía de Dios*, personalmente, decidí no escribir sobre él en un capítulo aparte, sino lidiar con ese tema dentro de cada capítulo. Quise hacer lo mismo que John Newton hizo con su calvinismo: para él no fue un problema este tema, habló de este en todos sus demás escritos. Así como el azúcar en el café, lo «endulzó todo» con este tema. Lo mismo puedo decir sobre la *santidad* de Dios, «el atributo de los atributos». Sin embargo, aquí la ilustración apropiada no sería la del azúcar, sino la de la mostaza. Quiero que sepas que el hecho de no presentar por separado estos dos atributos tiene que ver más con la forma, no tanto con el contenido. Es cierto que mi categorización de los

Prefacio 1975

atributos de Dios ha sido criticada por ser fuera de lo común, pero prefiero tener un esquema fuera de lo común y claro antes que uno moderno y confuso. Por eso escribí con el ánimo de que mis lectores disfruten de esto en cada página.

Ahora bien, para finalizar quiero decirte que sí hay un defecto en mi libro. Cuando les hablo a mis lectores, me refiero a ellos como a individuos aislados. Es verdad que traté de ayudarles a buscar de corazón a Dios, pero fallé en demostrarles que esto solo les será dado dentro de las relaciones humanas: en sus hogares, con sus amistades, con sus vecinos, como miembros de la iglesia, dentro de ministerios cristianos, dentro de esas relaciones que a veces son buenas, pero también dentro de aquellas que son tóxicas. Así son todas las relaciones humanas, pero es allí que nuestro conocimiento experimental de Dios se hace real y profundo. ¡No fuimos creados para ser ermitaños! El cristiano llanero solitario, que se mantiene distante de las personas y que lee libros cristianos como este (¡o solo la Biblia!), puede entender la doctrina de Dios tan bien como cualquier otra persona, pero el cristiano que se une a otros, que toma el riesgo de ser herido, que quiere vivir en comunión con otros y que muchas veces resultará lastimado, conocerá mucho más de Dios en la práctica. Esta perspectiva, que se ve claramente en los Salmos (quizás se pueda ver en mi libro como un preámbulo, o como notas al pie de página), es tan vital que me siento en deuda con mis lectores por no haber escrito más sobre esto. Pero si *grupos* de personas utilizan esta guía de estudio, como está previsto, esto servirá para que el lector de mi libro pueda tener este estilo de vida que fallé en resaltar. Mi oración es que esto suceda.

J.I.P.

PREFACIO

2005

Siento que mucho tiempo ha pasado desde que escribí los artículos de revista que se convirtieron en *Conocer a Dios*. Supongo que en términos de una vida normal, sí es mucho tiempo. El libro apareció hace más de treinta años, y los artículos empezaron a salir diez años antes de eso. Gran Bretaña era diferente en aquel entonces: todavía se veían trenes a vapor en algunas de las líneas principales de ferrocarril, todas las bicicletas tenían guardabarros y timbres, la televisión aún era un lujo, las computadoras eran desconocidas para la mayoría de personas, y lo mismo pasaba con el Islam. Yo también era diferente: un joven evangélico inglés y entusiasta que deseaba producir cambios; me parecía que era algo realista tener la esperanza de que durante el tiempo que me tocara vivir Dios atraería a cristianos e iglesias en masa a Sí mismo mediante un regreso a la Biblia y al evangelio. Sin embargo, el trayecto ha resultado más largo de lo que anticipaba, y no solo hemos ganado territorio sino que también lo hemos perdido. El pensamiento que me sirve hoy de ancla es que Dios aún es el mismo aunque el mundo no lo sea.

Cuando se me pidió que escribiera esa serie de artículos para un lector ideal que fuera impaciente hacia la religiosidad, pero que deseara conocer a Dios, el proyecto encendió chispas en mi mente. Los artículos tomaban forma con facilidad cuando en cada etapa me preguntaba: "¿Qué es lo siguiente que debo contarle a mi lector ideal?", y lo siguiente después de eso, y así sucesivamente, dando la impresión de ser un ministerio significativo desde su comienzo. Al principio no imaginé que la serie fuera un libro en desarrollo, y la primera editorial que escuchó la idea la pasó por alto; pero para mi sorpresa se ha convertido en un libro de educación para el mundo cristiano, un punto de referencia en los círculos evangelísticos y devocionales, y en las clases de membresía en las iglesias, además de ser un medio de bendición para todo tipo de persona cuyo perfil no era para nada el de mi lector ideal. Tengo un grueso archivo de cartas de gratitud que atesoro. A Dios sea la gloria.

Les aseguro que a *Conocer a Dios* no le han faltado críticas. Las dos críticas que según mi opinión tienen más peso, ambas provenientes de personas que apoyan su idea principal, son que carece de un capítulo sobre la santidad de Dios, el mayor atributo de todos los atributos divinos, como lo han llamado, y también que después de sus siete páginas sobre la Trinidad sigue "como si nada hubiera pasado" (cito), dando a entender que la divina Trinidad se mantiene al margen en lugar de ocupar el centro de todo lo que sigue. Con todo respeto, pienso que estas críticas se equivocan al centrar la atención en las palabras en lugar de en las cosas. Permítanme que me explique.

Sé que citarse uno mismo se considera un vicio, pero en lo que respecta a la santidad de Dios no puedo hacer otra cosa mejor que citar lo que escribí en mi libro *God's Words* [*Palabras de Dios*]:

> Cuando se le llama a Dios "santo", el pensamiento que viene a la mente es el de deidad, y en particular esas cualidades de la deidad que destacan la infinita superioridad del trino Yahvé sobre la humanidad, en lo que respecta tanto a poderes como a perfección. La palabra señala que Dios está por encima y aparte de los hombres, un ser diferente en un plano de existencia más elevado. Enfoca la atención en todas las cosas de Dios que hacen que sea un apropiado objeto de admiración, adoración y temor reverente, y eso sirve para que Sus criaturas humanas recuerden hasta qué punto se diferencian de Dios. Por lo tanto, primero denota la grandeza y el poder infinitos de Dios, en comparación con la pequeñez y la debilidad de nosotros los hombres y las mujeres;

y segundo, denota su decisión de mantener Su propio gobierno perfecto, aun cuando deba enfrentar mucha resistencia y oposición... una determinación que garantiza que todo pecado a la larga recibirá su recompensa merecida.

Me parece que puedo decir con imparcialidad que todos estos aspectos del ser y del proceder de Dios se ponen plenamente de manifiesto en un capítulo tras otro de *Conocer a Dios*, pese a que no hay ningún capítulo que trate en específico el tema de la santidad de Dios.

En cuanto a la Trinidad, no sé lo que mi crítico pensó que debía hacer después de explicar que Dios es *Ellos* y también es *Él*, y que jamás debemos pensar en el singular sin el plural, o viceversa, no sea que caigamos en el unitarismo o el triteísmo. Lo que sí hago es dedicar el resto del libro a demostrar cómo los tres obran como equipo, trío o conjunto de tres con un solo propósito, concretamente nuestra salvación y el perfeccionamiento de la iglesia, y para mí esto sigue siendo tanto la mejor alternativa como la más bíblica.

En esta etapa avanzada de mi vida he aprendido la palabra más adecuada para describir a qué apunto en *Conocer a Dios*. Dicha palabra es catequesis; soy un catequista adulto. Al catequista le corresponde la tarea de explicar en detalle las verdades y la respuesta a las mismas, que constituyen la identidad del cristiano, y aplicar estas en forma directa a la vida de las personas como evangelista, pastor, consejero, instructor y alentador, de acuerdo a la relación de la verdad misma con ellos. De la misma manera que uno de los personajes de Molière se regocijó al descubrir que había hablado en prosa toda su vida, también yo me regocijo al descubrir que he sido un catequista durante toda la vida, aunque casi no lo supe hasta hace poco. *Conocer a Dios* es un catequismo... tal vez un catequismo y algo más.

La antigua costumbre antes de que un barco comenzara a navegar era romper una botella de champaña contra la proa y decir: "Que Dios bendiga este barco y a todos los que en él navegan". Así que ahora digo: "Que Dios bendiga esta nueva edición de *Conocer a Dios* y a todas las personas a cuyas manos llegue este libro".

J.I.P.
Regent College, Vancouver, Canadá

INTRODUCCIÓN
a la guía de estudio

Conocer a Dios de J.I. Packer es un análisis rico, profundo, exquisito y transformador del entendimiento que el cristiano tiene de Dios. Escrito con gran intensidad y a la vez magnífico control, explica quién es Dios y cómo puede relacionarse el ser humano con Él. Consta de tres secciones: la primera dirige la atención a los cómo y los porqués de conocer a Dios, la segunda a los atributos de Dios, la tercera a algunos de los beneficios principales que disfruta una persona que es hija de Dios. Packer ha producido un libro que es probable que eduque a generaciones de creyentes.

El autor dice que escribió *Conocer a Dios* partiendo de la convicción de que la ignorancia con relación a Dios es la raíz de la debilidad de la iglesia contemporánea. El propósito de esta guía es ayudar al árbol enfermo del cristianismo a fin de que ingiera una dieta rica en vitaminas o, si dejamos de lado la metáfora, ayudar a grupos de cristianos para que identifiquen y apliquen las verdades esenciales de la teología bíblica.

La presente guía contiene veintidós estudios, uno por cada capítulo de *Conocer a Dios*. Un grupo de cristianos reunidos puede usarla para estudiar el libro entero o bien para que los guíe hacia los diferentes capítulos que se ajusten a sus propósitos, intereses y límites de tiempo. Una clase de escuela dominical o grupo de estudio bíblico podrá hallar aquí dos excelentes proyectos de once semanas: (1) un estudio de los atributos de Dios (estudios 7–17) y (2) una investigación de los privilegios y problemas de vivir como cristiano (estudios 1–6, 18–22).

La estructura de cada estudio es la siguiente: primero, una oración (u oraciones) de propósito declarando la meta. Esto ayuda a que los participantes sepan hacia dónde van. Luego sigue el cuerpo del debate: una serie de preguntas que se desplaza por todo el material con eficacia. Finalmente, una o dos preguntas de resumen ayudan a extraer la esencia del capítulo.

Cada sesión llevará de treinta a sesenta minutos, dependiendo de cuán conversadores resulten los miembros del grupo. Si el estudio amenaza con ocupar menos tiempo del que tiene dispuesto, cada pregunta de resumen es lo suficiente abierta como para dedicarse a la misma con detenimiento. Además, los estudios más cortos incluyen una pregunta optativa que alienta a los miembros a exponer algún punto importante y desarrollarlo detalladamente.

A lo largo de cada estudio hay dos o tres preguntas de aplicación. Cada una tiene el propósito de estimular la comunicación de algo personal y una respuesta individual a los principios que presenta Packer. La respuesta a una pregunta de aplicación deberá tomar un mínimo de cinco minutos —y se debe limitar a un máximo de diez— de modo que lo más probable es que las preguntas de aplicación por sí solas ocupen entre quince y treinta minutos y comprendan de un cuarto a la mitad de cada discusión.

PARA EL LÍDER

Las preguntas que aquí se proveen componen el esqueleto de cada estudio. Te ayudan a mantener a tu grupo ocupado a un ritmo constante durante la totalidad del capítulo, a la vez que se tratan todos los puntos importantes y se aplican como corresponde. Sin embargo, se espera que le des cuerpo a la discusión mediante la formulación de preguntas adicionales. Por ejemplo, puedes preguntar: "¿Qué diferencia produce en *tu* diario vivir el amor de Dios?" (una pregunta del estudio doce), y tal vez alguien responda: "Me ayuda a sobrellevar mi día de trabajo". Luego puedes insistir en eso y llevarlo un poco más allá al preguntar: "¿Cómo logra eso?" o "¿Cuáles problemas en particular te ayuda a resolver?". Además, haz un resumen con frecuencia para que la gente recuerde dónde estuvo y hacia dónde se dirige.

Haz todo lo posible por fomentar un debate equilibrado. Cuando alguien que habla mucho termine una declaración, invita a que se hagan comentarios adicionales al decir por ejemplo: "¿Alguno quisiera agregar algo?" o "¿Hay alguno que tenga otra idea?". Esto estimulará la participación de los que son más callados. Pero no le tengas miedo a los silencios en la discusión. Si el grupo trabaja unido, los silencios pueden ser periodos de esfuerzo creativo. Si un silencio se prolonga demasiado, reformula tu pregunta o trata de inyectar un poco de humor. Si hay alguien que domina o se mantiene callado constantemente, habla con esa persona en privado a fin de fomentar una participación más equilibrada.

Tal vez quieras desarrollar un hábito regular de alabanza colectiva, que se combine con cada tema, mediante la elevación de oraciones de alabanza y gratitud, o bien al cantar un himno. En ocasiones se sugiere un tiempo de conversación con Dios como actividad optativa cuando resulte en particular apropiado. Pero esto debe ser un estímulo que favorezca la alabanza, no un límite.

En cuanto a la preparación, di a los miembros del grupo que lean el capítulo antes de la sesión. Anímalos a que subrayen pasajes significativos y a que mediten sobre los mismos, así como a que vengan con sus reflexiones y preguntas para ayudar en el progreso del debate. En lo que a ti respecta, toma el tiempo necesario (es probable que necesites dos o tres horas) para "hacer tuyo el estudio". Escribe una breve respuesta a cada pregunta; luego vuelve, y donde sea necesario, reformula las preguntas usando palabras y frases que a ti te resulten cómodas. Pero asegúrate de no desviarte de la intención de la pregunta.

Piensa en cómo se relaciona este estudio en particular con las necesidades de tus amigos. ¿Acaso Juan necesita saber que Dios lo ama de verdad? ¿Tiene Carla un concepto acertado de la ira de Dios? Las vidas cambian, de modo que las preguntas de aplicación que se incluyen en esta guía deberán ser lo suficientemente generales como para adecuarse a una variedad de situaciones de vida. Asegúrate de que toquen la vida de las personas en tu grupo.

Sé sensible a las necesidades que surjan durante la discusión, y prepárate para ministrar entre una sesión y otra. Siéntate y habla con las

PARTE FINAL | *Guía de estudio*

personas en forma individual. Muestra tu interés por los miembros de otras formas prácticas.

Asegúrate que todos sepan lo que tienen que leer para el primer estudio, y luego comienza con tu propia preparación, orando con entusiasmo para conducir a tus hermanos y hermanas en Cristo hacia la aventura de conocer a Dios.

GUÍA DE ESTUDIO

ESTUDIO UNO

EL ESTUDIO DE DIOS

PROPÓSITO
Considerar por qué es importante el estudio de Dios.

REFLEXIÓN Y DISCUSIÓN
Las primeras tres preguntas tienen que ver con el prefacio de 1973, y el resto con el capítulo 1.

1. ¿Para quién escribió Packer este libro? ¿Qué quiere decir con la palabra *viajero* (p. xii)?
2. ¿Qué convicción hay detrás del libro (p. xii)?
3. Según Spurgeon, ¿cómo te afecta "la contemplación de la divinidad"?
4. ¿Qué viene a tu mente cuando escuchas la palabra *teología*? ¿Cuál es tu actitud hacia la teología? ¿Por qué dice Packer que "un estudio sobre la naturaleza y el carácter de Dios… es el proyecto más práctico que cualquier persona puede encarar" (p. 5)?
5. Según Packer, ¿qué actitud debemos adoptar cuando alguien nos dice que "no hay camino que lleve al conocimiento de Dios" (p. 6)?
6. En las páginas 6-7, Packer enumera cinco principios fundamentales que nos ayudan a encaminar nuestro estudio de Dios. Léelos en voz alta. ¿Podrías explicar de qué trata cada uno de ellos? ¿Estás de acuerdo con lo que cada uno significa?
7. ¿Cuál debe ser nuestro objetivo supremo al estudiar la Divinidad? ¿Por qué el conocimiento teológico nos resulta "contraproducente" si se busca como fin supremo?
8. ¿Por qué el escritor del Salmo 119 deseaba tanto el conocimiento de Dios? ¿Cómo relacionarías la sección del "conocimiento aplicado" en este capítulo (pp. 8-10) con tu deseo de comenzar este estudio sobre Dios?
9. ¿Cómo puedes hacer para no solo adquirir conocimiento *de* Dios, sino para conocer *a* Dios? ¿Qué significa *meditar*? ¿Qué pasos prácticos darás para meditar en la presencia de Dios?

RESUMEN
¿Por qué es tan importante el estudio de Dios? ¿Cómo crees que este estudio afectará tu vida esta semana?

ESTUDIO DOS

EL PUEBLO QUE CONOCE A SU DIOS

PROPÓSITO
Examinarnos para saber si conocemos a Dios.

REFLEXIÓN Y DISCUSIÓN
1. En las páginas 14-29, ¿qué acusaciones hace Packer a los evangélicos? ¿Hasta qué punto esto es cierto en tu vida?
2. ¿Qué significa la frase "se puede conocer mucho acerca de Dios sin tener mucho conocimiento de Él" (p. 15)?
3. ¿Qué significa la frase "Podemos tener mucho conocimiento acerca de la piedad sin tener mucho conocimiento de Dios" (p. 15)?
4. ¿Cuáles son las cuatro características de las personas que conocen a Dios?
5. ¿Qué debería incentivar al pueblo de Dios a actuar en favor de Su causa? ¿Por qué "el eterno fruto del verdadero conocimiento de Dios es la energía para orar a favor de la causa de Dios" (p. 18)?
6. ¿Cuál es la verdad central acerca de Dios que se enseña en el libro de Daniel?
7. ¿Por qué tus oraciones son la mejor evidencia de lo que piensas sobre Dios? Piensa en todas las oraciones que has hecho hoy o durante esta semana. ¿Qué reflejan sobre Dios?
8. ¿Cómo describirías el espíritu de Daniel y de sus tres amigos? ¿Qué lo produjo?
9. ¿Por qué conocer a Dios es la base de la paz personal genuina?
10. Packer sugiere que, si en verdad quieres conocer a Dios, debes hacer dos cosas (p. 22). ¿Cuáles son? ¿Cómo puedes ponerlas en práctica cada día?

RESUMEN
Packer dice que las cuatro características que se detallan en las páginas ??? son una "señal" o "prueba" del conocimiento que una persona tiene acerca de Dios. ¿Cuál de ellas piensas que es tu fortaleza? ¿Cuál es tu debilidad?

ESTUDIO TRES

PARA CONOCER Y SER CONOCIDOS

PROPÓSITO
Entender lo que significa conocer a Dios.

REFLEXIÓN Y DISCUSIÓN
1. Lee en voz alta los seis primeros párrafos de la página 23. ¿Cuál es el propósito de tu vida?
2. ¿Qué piensas sobre el séptimo párrafo de este capítulo (p. 24)? ¿Qué impacto tiene esta verdad en *tu* vida? ¿Qué puede indicar esto sobre tu situación ante Dios?
3. ¿Por qué los cristianos son inmunes al parásito de lo absurdo y a la fiebre de María Antonieta?
4. ¿Qué significa realmente *conocer* a una persona?
5. En la página 26, ¿de qué forma ilustra Packer nuestra relación con Dios? ¿Te parece una buena analogía? ¿Por qué?
6. ¿Qué sucede cuando el Creador todopoderoso, ante quien "las naciones son como una gota de agua en un balde" (Is 40:15), irrumpe en la vida de alguien y le habla personalmente? ¿Te anima saber que estás dentro de un pacto con Dios?
7. ¿Cuáles son los cuatro puntos que forman parte de conocer a Dios?
8. ¿Cuáles son las cuatro analogías que usa la Biblia para describir nuestra relación con Dios? ¿Qué tienen en común?
9. ¿Cuál es la diferencia entre la relación de un cristiano contemporáneo con Jesús y la relación que tuvieron los primeros discípulos con Él? ¿En qué se parecen?
10. ¿Qué significa el hecho de que conocer a Dios sea un asunto de "trato personal", de "compromiso personal" y de "gracia"?
11. ¿Por qué es más importante el hecho de que Dios te conozca que el hecho de que tú le conozcas a Él?

RESUMEN
¿Qué significa conocer a Dios?

ESTUDIO CUATRO

EL ÚNICO DIOS VERDADERO

PROPÓSITO
Entender qué significa la idolatría y cómo afecta nuestro conocimiento de Dios.

REFLEXIÓN Y DISCUSIÓN
1. ¿A qué principio alude el segundo mandamiento? En las páginas 37-39, ¿cómo aplica Packer este principio a los cristianos?
2. ¿Cómo deshonran a Dios las imágenes?
3. ¿Cómo engañan las imágenes a las personas?
4. Packer dice que "Psicológicamente, es evidente que si nos habituamos a centrar los pensamientos en una imagen o en una figura de aquel a quien vamos a dirigir la oración, con el tiempo llegaremos a pensar en Él y a orar a Él en términos de la representación que nos ofrece esta imagen" (p. 39). ¿Has sido entrenado o animado a centrarte en alguna imagen de Dios? ¿Qué pasos puedes dar para liberar tu mente de las imágenes?
5. ¿Por qué una imagen mental falsa es tan perjudicial para conocer a Dios como una representación física?
6. ¿Cuál es el propósito positivo del segundo mandamiento?
7. ¿Cuál es, según Packer, la relación entre centrarse en las imágenes y prestar atención a la Palabra de Dios? ¿Cómo apoya esta afirmación la experiencia de los judíos en el Sinaí?
8. Packer argumenta que: "Todas las imágenes de Dios hechas por seres humanos, ya sean fundidas en metal o mentales, constituyen en realidad copias de lo que ofrece un mundo pecador e impío, y por consiguiente no pueden menos que ser contrarias a lo que establece la Santa Palabra de Dios". ¿Estás de acuerdo? Si es así, ¿qué parte del argumento de Packer te convence? Si no, explica por qué.
9. ¿Qué prueba ofrece Packer para determinar si tu Dios es el Dios cristiano? ¿Cómo se ajustan tus ideas sobre Dios a esta prueba?

Opcional: ¿Qué implicaciones tiene el argumento de Packer en la primera parte de este capítulo para el arte cristiano? Por ejemplo, ¿cómo afectaría su punto de vista la selección del tema de un artista?

RESUMEN
¿Cómo pueden las imágenes impedirnos conocer a Dios?

ESTUDIO CINCO

DIOS ENCARNADO

PROPÓSITO
Considerar el misterio de la encarnación.

REFLEXIÓN Y DISCUSIÓN
1. ¿Cuál es "el más grande misterio" (pp. 46-47) al que nos enfrenta el evangelio?
2. Menciona algunas ilustraciones específicas sobre cómo creer en la encarnación elimina otras dificultades en cuanto a la doctrina cristiana.
3. *El niño que nació en Belén era Dios.* ¿Cómo el apóstol Juan estructura el prólogo de su Evangelio para aclarar lo que significa el título *Hijo de Dios*? ¿Cuáles son las siete cosas que nos dice sobre el Verbo que se hizo carne?
4. *El niño que nació en Belén era hombre.* ¿Cómo describe Packer la idea de la encarnación en la página 51 ¿Cómo cambió la encarnación la relación de Jesús con el diablo?
5. ¿Por qué la encarnación debe animarte a alabar a Dios por Su humildad?
6. ¿Qué *motivó* la encarnación de Cristo?
7. ¿Qué es la teoría de la *kenosis* (p. 53)? ¿Cuáles son algunas de las maneras en que se ha formulado? ¿Por qué dirías que no tiene validez esta teoría?
8. ¿Qué significa esta declaración: "La impresión... no es tanto la de una deidad reducida sino la de capacidades divinas restringidas" (p. 56)? ¿Cómo puedes explicar esta limitación?
9. En tus propias palabras, ¿qué es el "espíritu navideño" (p. 72)? ¿De qué manera la iglesia actual no lo exhibe? ¿Cuáles son algunas acciones específicas que podría realizar para manifestar el espíritu navideño?

RESUMEN
¿Por qué la encarnación es el misterio supremo del evangelio? ¿Qué efectos debe tener en cada uno de nosotros ser conscientes de la encarnación?

ESTUDIO SEIS

ÉL TESTIFICARÁ

PROPÓSITO
Entender la naturaleza e importancia de la obra del Espíritu Santo.

REFLEXIÓN Y DISCUSIÓN

1. ¿Te parece que la doctrina de la Trinidad ha sido muy descuidada como lo muestra Packer? ¿Cómo influye la doctrina de la Trinidad en tu propia vida?
2. ¿Qué te enseña el Evangelio de Juan sobre la Trinidad?
3. ¿Cuáles son otras traducciones de la palabra *Consolador*? ¿Qué ideas expresa esta palabra?
4. ¿Cuál es la relación que existe entre la obra del Espíritu Santo y la obra de Cristo?
5. ¿Qué dice el Antiguo Testamento sobre la *Palabra* de Dios y la del *Espíritu* de Dios?
6. En la página 64, Packer explica los vínculos que existen en la Trinidad. ¿A qué conclusiones llega? ¿Qué evidencias muestra?
7. Packer sostiene que la iglesia constantemente ignora la obra del Espíritu Santo. ¿Estás de acuerdo con esto? ¿De qué manera tu conciencia de la obra del Espíritu marca la diferencia en tu propia vida?
8. ¿Por qué sin el Espíritu Santo no habría evangelio ni Nuevo Testamento?
9. ¿Por qué sin el Espíritu Santo no habría cristianos?
10. En la sección titulada "Nuestra respuesta apropiada" (pp. 68-69), ¿qué implica la forma de honrar al Espíritu en nuestra fe, en nuestra vida y en nuestro testimonio?

Opcional: Lee Romanos 8:1-30. Discute la relación que debería tener un cristiano con el Espíritu Santo.

RESUMEN
¿Cuál es ministerio del Espíritu Santo? ¿Por qué es tan importante?

ESTUDIO SIETE

EL DIOS INMUTABLE

PROPÓSITO
Comprender la realidad y la importancia de la inmutabilidad de Dios.

REFLEXIÓN Y DISCUSIÓN
1. ¿Qué problema explica Packer en las páginas 73-88 ¿Hasta qué punto te identificas con este problema?
2. Responde a la pregunta de Packer: "¿cómo puede vencerse esta sensación de distancia remota entre nosotros y la experiencia bíblica de Dios? (p. 74).
3. Menciona seis aspectos de Dios que no cambian.
4. Compara la *vida* de Dios con la vida de Sus criaturas.
5. Compara el *carácter* de Dios con el de los seres humanos.
6. ¿Cómo se complementan las dos revelaciones del nombre de Dios en Éxodo?
7. Compara las *palabras* de Dios con las palabras de los seres humanos.
8. ¿Qué cosas que Dios *hace* hoy que también hizo en los tiempos bíblicos? Por cada cosa que menciones responde: ¿Por qué Dios las hace?
9. ¿Por qué Dios no necesita arrepentirse? ¿Cómo explica Packer los versículos que hablan del arrepentimiento de Dios? ¿Qué efecto debería producir en tu vida saber sobre la inmutabilidad de los decretos de Dios?
10. ¿Por qué dice Packer que el hecho de que "Jesucristo es el mismo ayer y hoy y por los siglos" debe "un poderoso motivo de consuelo para el pueblo de Dios"?
11. ¿En qué se basa la sensación de distancia entre nosotros y los creyentes de los tiempos bíblicos? ¿Qué realidades son las mismas para nosotros que para ellos? ¿En qué medida este pensamiento debe reconfortarnos y desafiarnos?

Opcional: Lee cada uno de estos versículos en voz alta: Salmo 93:2; Jeremías 10:10; Romanos 1:22-23; 1 Timoteo 6:16; Salmo 90:2; 102:26-27; Isaías 48:12. ¿Cuál fue la primera impresión que tuviste al escuchar todos estos versículos juntos?

RESUMEN
¿Qué significa decir que Dios es *inmutable*? ¿Por qué esto debe ser importante para ti?

ESTUDIO OCHO

LA MAJESTAD DE DIOS

PROPÓSITO
Apreciar la majestad de Dios.

REFLEXIÓN Y DISCUSIÓN
1. ¿Cómo usa la Biblia la palabra *majestad*? ¿Cómo contrasta esto con el pensamiento contemporáneo acerca de Dios?
2. Cuando subrayamos que Dios es personal, ¿qué debemos asegurarnos de no comunicar?
3. ¿Cuáles son las dos doctrinas gemelas acerca de Dios que se recalcan en los primeros capítulos de Génesis? ¿Por medio de qué acontecimientos se destaca cada una?
4. ¿Cuáles son dos pasos que debes dar para poder tener una idea correcta de la grandeza de Dios?
5. En la página 84, Packer menciona el Salmo 139 como un ejemplo de lo que implica dar el primer paso. ¿Cómo este Salmo recalca la presencia de Dios, Su conocimiento y poder?
6. En Isaías 40, ¿con qué fuerzas poderosas se compara a Dios? ¿Cuál es la naturaleza de estas comparaciones? ¿Cómo te impactan personalmente estas comparaciones?
7. ¿Cuáles son las tres preguntas que hace Isaías a los israelitas abatidos? ¿Cuál es la represión que está detrás de ellas? ¿Qué puedes hacer para evitar cada represión?

Opcional: Lee Job 38–41. ¿Cómo Dios revela Su majestad? ¿Qué efecto tiene esto sobre Job (ver Job 42:1-6)?

RESUMEN
¿Qué has aprendido sobre la majestad de Dios? ¿Cómo debería afectar esto a tu adoración, tus decisiones morales y tu vida de oración?

ESTUDIO NUEVE

EL ÚNICO Y SABIO DIOS

PROPÓSITO
Apreciar la sabiduría de Dios y encontrar consuelo en ella.

REFLEXIÓN Y DISCUSIÓN
1. ¿Qué es la *sabiduría*?
2. ¿Por qué Dios es "digno por completo de nuestra plena confianza" (p. 92)?
3. ¿Qué es lo que mucha gente considera erróneamente el objetivo de Dios en el mundo?
4. ¿Cuál *es* el propósito supremo de Dios?
5. ¿Cuáles son Sus propósitos inmediatos?
6. ¿Por qué el Señor Jesús es central en el cumplimiento de cada parte del propósito de Dios?
7. Packer analiza la sabiduría de Dios al tratar con tres hombres: Abraham, Jacob y José.
8. ¿Cómo era Abraham cuando Dios comenzó a tratar con él? ¿Cuál era su mayor necesidad? ¿Cuáles eran las características de Abraham "el hombre de Dios"?
9. ¿En qué aspectos necesitaba Jacob ser transformado? ¿Cómo lo cambió Dios?
10. ¿Cuál fue el doble propósito del sufrimiento de José?
11. ¿Cuáles son algunas de las razones por las que Dios nos permite soportar las dificultades? ¿Cuáles de ellas has experimentado tú? Menciona algunos ejemplos.
12. ¿Por qué es importante que un cristiano confíe en Dios?
13. ¿Cómo debemos afrontar las situaciones difíciles cuando no podemos ver el propósito de Dios en ellas?
14. ¿De qué manera la actitud de Pablo es un modelo para nosotros?

Opcional: Comprarte algunas maneras en que Dios ha obrado en tu vida. ¿Cómo lo ha hecho?

RESUMEN
¿Cómo se muestra la sabiduría de Dios en Su trato con los seres humanos? ¿Cómo puede consolarnos la confianza en la sabiduría de Dios?

ESTUDIO DIEZ

LA SABIDURÍA DE DIOS Y LA NUESTRA

PROPÓSITO
Entender el regalo de la sabiduría de Dios.

REFLEXIÓN Y DISCUSIÓN
1. ¿Cuál es la diferencia entre un atributo *incomunicable* y uno *comunicable*? Nombra algunos atributos de Dios que entren en cada categoría.
2. Expresa con tus propias palabras lo que significa decir que el hombre fue creado a imagen y semejanza de Dios.
3. ¿Qué significa esta afirmación? "Dios obra en los creyentes con el fin de reparar esa imagen arruinada, renovando en ellos estas cualidades [atributos comunicables]"?
4. ¿Cuál es la idea principal de las citas sobre la sabiduría (pp. 104-105)?
5. ¿Cuáles son los dos pasos que debe dar una persona para obtener el regalo de la sabiduría? ¿Cómo podemos hacerlo día a día?
6. Según la analogía de Packer en la sección "Lo que la sabiduría no es", ¿qué no significa tener el regalo de sabiduría?
7. Según la analogía de Packer en la sección "El realismo es necesario", ¿qué significa que Dios nos dé sabiduría?
8. ¿Con qué propósito escribió su sermón el autor de Eclesiastés?
9. Lee el resumen que hace Packer del mensaje del Eclesiastés en las páginas 108-113. Luego, en pocas frases, pon este mensaje en tus propias palabras.
10. ¿Cómo puede la advertencia de Eclesiastés ayudar a los cristianos de hoy?
11. ¿Por qué Dios "ha escondido de nosotros casi todo lo que nos agradaría saber acerca de los propósitos providenciales que está llevando a cabo en las iglesias y en nuestra propia vida"?
12. Según Eclesiastés, ¿qué es la sabiduría?
13. ¿Cuál es el efecto del regalo de la sabiduría de Dios?
14. ¿Qué pasos concretos podemos dar para seguir la advertencia de Packer en el último párrafo del capítulo?

RESUMEN
¿Qué es la sabiduría que Dios da?

ESTUDIO ONCE

TU PALABRA ES VERDAD

PROPÓSITO
Entender la naturaleza de la Palabra de Dios y considerar cómo debemos responder a ella.

REFLEXIÓN Y DISCUSIÓN
1. ¿Cuáles son los dos hechos que se asumen en cada pasaje bíblico?
2. ¿Cuáles son las dos razones por las que Dios habla?
3. ¿Cuál es el triple carácter de la Torá de Dios? (Si el significado de alguno de los tres términos no está claro, consulta los ejemplos de la página 116).
4. ¿Qué quiere decir Packer cuando afirma que "Dios nos envía su palabra con carácter de "información" e "invitación"? ¿Por qué Dios hace esto?
5. ¿Cómo describe Génesis 1-3 la palabra creadora de Dios? ¿Su palabra de mandato? ¿Su palabra de testimonio? ¿Su palabra de prohibición? ¿Su palabra de promesa?
6. ¿Por qué pudo Dios decir a Jeremías que este establecería y destruiría reinos?
7. ¿Qué dijo Dios a través de Isaías sobre Su palabra?
8. ¿Cuál es la respuesta adecuada a la palabra de Dios? ¿Cuál es una respuesta impía? ¿Cómo describirías tu propia respuesta?
9. Debemos creer y obedecer la palabra de Dios principalmente porque es una palabra verdadera. ¿Qué es la *verdad* en la Biblia?
10. ¿Por qué se describen los *mandatos* de Dios como verdaderos? ¿Cuál es el resultado de desobedecer los mandatos de Dios?
11. Según Samuel Clark, ¿cuáles deberían ser algunas consecuencias prácticas de saber que las *promesas* de Dios son verdaderas? ¿Qué podemos hacer específicamente para hacer nuestros los beneficios de las promesas de Dios?
12. En la sección "Creer y obedecer", ¿qué definición de cristiano propone Packer? ¿Cómo te describe o no te describe su amplia descripción?

RESUMEN
¿Cómo describirías la palabra de Dios?

ESTUDIO DOCE

EL AMOR DE DIOS

PROPÓSITO
Intentar comprender el amor de Dios.

REFLEXIÓN Y DISCUSIÓN
1. Packer dice que "Conocer el amor de Dios equivale en realidad a tener el cielo en la tierra". ¿Cuáles son los tres puntos sobre el amor de Dios que Packer destaca de Romanos 5:5?
2. En la página 142, ¿qué crítica hace Packer a los cristianos contemporáneos? ¿Cómo reaccionas a esta acusación?
3. Para no malinterpretar la afirmación de Juan "Dios es amor", ¿qué otras dos afirmaciones debemos considerar en conjunto con ella? ¿Cómo nos ayuda cada una de estas afirmaciones a comprender mejor el amor de Dios?
4. Packer acaba de decir: "La expresión 'Dios es amor' no encierra la verdad total acerca de Dios en lo que respecta a la Biblia". ¿Qué quiere decir con la afirmación aparentemente contradictoria de que "La expresión 'Dios es amor' es toda la verdad acerca de Dios en lo que respecta al cristiano"? ¿De qué manera el amor de Dios marca la diferencia en tu vida día a día?
5. La definición de Packer del amor de Dios en la página 146 es: "El amor de Dios es un ejercicio de Su bondad hacia los pecadores individuales, por el cual, habiéndose identificado con el bienestar de los mismos, ha dado a Su Hijo para que fuera Salvador de ellos, y ahora los trae a conocerlo y a gozarse en Él en una relación basada en un pacto". ¿Qué significa decir
   a. que el amor de Dios es *un ejercicio de Su bondad*?
   b. que el amor de Dios es un ejercicio de Su bondad *hacia los pecadores*?
   c. que el amor de Dios es un ejercicio de Su bondad hacia los pecadores *individuales*?
   d. que el amor de Dios a los pecadores implica que Dios se *identifica con el bienestar de los mismos*?
   e. que el amor de Dios a los pecadores fue expresado cuando Él *dio a Su Hijo para que fuera Salvador de ellos*?
   f. que el amor de Dios a los pecadores alcanza su objetivo cuando *los trae a conocerlo y a gozarse en Él en una relación basada en un pacto*?
6. Lee en silencio la sección titulada "¡Amor asombroso!" en las páginas 136-136. ¿En qué parte de tu vida el amor de Dios no ha surtido su efecto pleno?

RESUMEN
En tus propias palabras, ¿qué es el amor de Dios? En tu propia experiencia, ¿qué significa el amor de Dios?

ESTUDIO TRECE

LA GRACIA DE DIOS

PROPÓSITO
Entender la doctrina de la gracia.

REFLEXIÓN Y DISCUSIÓN

1. ¿Cuáles son las dos respuestas a la doctrina de la gracia que se contrastan en las páginas 137-138?
2. ¿Cuáles son las cuatro verdades cruciales que presupone la doctrina de la gracia?
3. Al discutir estas cuatro verdades, ¿cómo caracteriza Packer el punto de vista del pagano moderno sobre su propia moral? ¿Cómo caracteriza Packer la visión de Dios del pagano moderno? ¿Cómo es que tal concepto de Dios descarta una doctrina de la gracia?
4. ¿Por qué algunas personas encuentran la doctrina de la gracia tan significativa?
5. ¿Cómo se compara tu "concepto funcional" (lo que realmente crees y vives) sobre la doctrina de la gracia con los dos puntos de vista que hemos discutido?
6. ¿Cuál es la relación entre la *gracia* y la *salvación*?
7. ¿Qué es la *justificación*? ¿Qué relación tiene la gracia con ella?
8. ¿Qué es el *plan de salvación*? ¿Qué relación tiene la gracia con él?
9. ¿Qué es la *preservación de los santos*? ¿Qué relación tiene la gracia con ella?
10. ¿Qué significa esta afirmación? "En el Nuevo Testamento la doctrina es gracia, y la ética gratitud"? ¿Cómo has experimentado esto en tu propia vida?
11. ¿Por qué crees que Packer dice: "Quienes suponen que la doctrina de la gracia de Dios tiende a favorecer el relajamiento moral... no saben de lo que hablan" (p. 147)?

Opcional: Canta un himno que describa o exprese alguna característica de la gracia de Dios. Ten un tiempo de adoración, confesando tu indignidad y alabando a Dios por Su gracia.

RESUMEN
¿Qué es la gracia de Dios? ¿Cómo puede una persona *experimentarla*?

ESTUDIO CATORCE

DIOS EL JUEZ

PROPÓSITO
Percibir la necesidad del juicio de Dios y regocijarnos en él.

REFLEXIÓN Y DISCUSIÓN
1. Menciona algunos casos en los que se hace referencia a Dios como Juez en las Escrituras; en los que Dios actúa como Juez; en los que se nos enseña que Dios es Juez.
2. ¿Cuáles son las cuatro ideas que implica el hecho de que Dios sea juez? Por qué Dios es capaz de cumplir cada una de estas funciones judiciales?
3. ¿Qué es la *retribución*? ¿Por qué dice Packer que es "la ineludible ley moral de la creación"?
4. En la página 154 Packer argumenta que el compromiso de Dios de juzgar a las personas es la prueba final de Su perfección moral. ¿Cuál es el argumento de Packer?
5. En las páginas 154-155, ¿cuál, según Packer, es la idea principal de la realidad del juicio divino?
6. ¿Cuál es la relación de Jesucristo con el juicio de Dios?
7. ¿Cuál es "la importancia de las obras en el juicio final" (p. 157)?
8. Responde a la pregunta de Packer: "¿Pueden ser compatibles el perdón gratuito y la justificación por la fe con el juicio según las obras?".
9. ¿Qué enseña 1 Corintios 3:12-15 a los cristianos? ¿Cómo debería afectar nuestra vida diaria tener conciencia de esto?
10. ¿Cómo afectará nuestro conocimiento de Dios Su juicio sobre nosotros?
11. ¿Qué debería hacer nuestro temor al juicio? ¿Cómo afectará esto nuestra anticipación del juicio final?

Opcional: Lee en voz alta los nueve pasajes bíblicos que aparecen en la página 155. ¿Cuál es el punto principal de estos pasajes?

RESUMEN
¿Por qué debemos regocijarnos al saber que Dios es Juez?

ESTUDIO QUINCE

LA IRA DE DIOS

PROPÓSITO
Entender la naturaleza de la ira de Dios.

REFLEXIÓN Y DISCUSIÓN
1. ¿En qué piensas cuando escuchas la palabra *ira*? ¿Qué significa esta palabra? ¿Se limita la Biblia cuando habla acerca de la ira de Dios?
2. ¿Por qué la Biblia habla de Dios de forma *antropomórfica*? ¿A qué error nos puede llevar esto en relación con la ira de Dios?
3. ¿Cuáles son las dos consideraciones bíblicas que responden a la acusación de que la ira de Dios es cruel?
4. ¿Qué pasajes bíblicos utiliza Packer para apoyar su argumento de que "antes de ser una experiencia infligida por Dios, el infierno es un estado por el cual la persona misma opta"?
5. ¿Cómo describe Packer la *Gehena*? ¿Cómo debería afectar nuestra actitud hacia los no cristianos y nuestro comportamiento hacia ellos el conocimiento de lo que significa estar separado de Dios?
6. Según Romanos, ¿qué es la ira de Dios?
7. ¿De qué manera se hace la revelación constante y universal de la ira de Dios?
8. ¿Cómo puede una persona ser liberada de la ira de Dios?
9. ¿Cuáles son algunas verdades importantes que nunca entenderemos si no afrontamos la verdad sobre la ira de Dios?
10. Según A. W. Pink, ¿por qué debemos meditar frecuentemente en la ira de Dios?
11. ¿Cómo se cumple la prueba de que "estemos dispuestos... a meditar sobre la ira de Dios"?

Opcional: Lee algunos o todos los pasajes bíblicos citados en la página 176. ¿Con qué impresión te quedas? ¿Qué imágenes se utilizan para describir la ira de Dios?

RESUMEN
¿Qué es la ira de Dios? ¿A qué debe motivarnos nuestro conocimiento de ella?

ESTUDIO DIECISÉIS

BONDAD Y SEVERIDAD

PROPÓSITO
Aprender a relacionar la bondad de Dios con Su severidad.

REFLEXIÓN Y DISCUSIÓN
1. ¿Por qué la palabra *y* es la palabra crucial en Romanos 11:22?
2. ¿Por qué las personas están tan confundidas en su pensamiento sobre Dios?
3. ¿Cuál es el origen de "la costumbre de disociar el pensamiento de la bondad de Dios de Su severidad"? ¿Qué efecto tiene este hábito en el cristianismo? ¿Por qué?
4. ¿Por qué "la teología de Papá Noel lleva en sí la semilla de su propio colapso"?
5. ¿Qué atributos conforman la *bondad* de Dios?
6. ¿Qué atributo destacó Dios especialmente a Moisés?
7. En la página 175, ¿qué significa esta afirmación: "La generosidad es, por así decirlo, el punto central de la perfección moral de Dios"?
8. También en la página 176, ¿qué significa esta afirmación?: "Dios es bueno con todos en algunas maneras y con algunos en todas las maneras"?
9. ¿Cuál es el argumento del Salmo 145?
10. ¿Cuáles son, en tu perspectiva, las principales bendiciones que Dios te ha concedido?
11. ¿Cuáles son los cuatro ejemplos de liberación por los que el escritor del Salmo 107 alaba a Dios (p. 177)?
12. ¿Qué es la severidad de Dios? ¿Qué significa esta afirmación: "detrás de cada muestra de bondad divina, se esconde una amenaza de severidad en el juicio si se desprecia esa bondad"?
13. ¿Qué destaca toda la Biblia sobre la naturaleza de la severidad de Dios?
14. ¿Cuáles son las tres lecciones que Packer extrae de su consideración de la bondad y la severidad de Dios? ¿Cómo podemos aplicar cada una de ellas?

Opcional: Concluye con un tiempo de agradecimiento y alabanza a Dios.

RESUMEN
¿Cómo se relacionan la bondad y severidad de Dios?

ESTUDIO DIECISIETE

EL DIOS CELOSO

PROPÓSITO
Entender la naturaleza del celo de Dios.

REFLEXIÓN Y DISCUSIÓN
1. ¿Cómo sabemos que Dios es celoso? ¿En qué momento de la historia de Israel lo dejó especialmente claro?
2. ¿Cómo debería afectar nuestra conciencia del uso de antropomorfismos en la Biblia nuestra comprensión de los celos de Dios?
3. En la página 184, ¿cuáles son los dos tipos de celos que distingue Packer? ¿Por qué el segundo tipo es una virtud positiva?
4. ¿De qué manera los celos de Dios son un aspecto de Su amor de pacto?
5. ¿Qué exige Dios a los que ha amado y redimido?
6. ¿Cuál es el objetivo del amor de pacto de Dios?
7. ¿Cuál es el triple objetivo de Dios para este mundo? ¿Por qué Packer dice que "Su celo tiene como fin asegurar al cabo este objetivo"?
8. ¿Qué le llevaron a hacer los celos de Dios por Israel?
9. ¿Cuáles son dos consecuencias prácticas de los celos de Dios para quienes profesan ser el pueblo del Señor?
10. ¿Qué es el celo? ¿Por qué los celos por Dios deben producirlo? ¿Qué dice la Biblia sobre el celo?
11. Lee en voz alta el segundo párrafo completo de la página 189. ¿Cómo respondes personalmente a estas preguntas?
12. ¿Qué le dijo Dios a la iglesia de Laodicea? ¿Le diría eso a nuestra (tu) iglesia?

Opcional: Lee los versículos que aparecen al final de la página 182. ¿Qué nos dicen sobre los celos de Dios?

RESUMEN
¿A qué nos referimos cuando hablamos de que Dios es celoso? ¿Qué implicacio¿Qué queremos decir cuando decimos que Dios es celoso? ¿Qué implicaciones tiene esto para nuestro comportamiento personal y para nuestro comportamiento colectivo?

Repaso opcional: Según tu opinión, ¿qué es lo más importante que has aprendido sobre los atributos de Dios en los estudios 7-17?

ESTUDIO DIECIOCHO

LA ESENCIA DEL EVANGELIO

PROPÓSITO
Reconocer la esencia del evangelio.

REFLEXIÓN Y DISCUSIÓN
1. ¿En qué se diferencia la religión bíblica de la pagana? ¿En qué se parece?
2. ¿Qué es la propiciación?
3. ¿Cómo se relaciona la propiciación con el argumento de la justificación de los pecadores realizada por Dios, con el argumento de la encarnación de Dios Hijo, con el ministerio celestial de nuestro Señor, y con la definición del amor de Dios que hace Juan?
4. ¿Cuál es la diferencia entre propiciación y expiación?
5. ¿Cuál es la interpretación de C. H. Dodd del "grupo de palabras relacionado con la *propiciación* en el Nuevo Testamento" (p. 197)? ¿Cuál es la respuesta de Packer?
6. En la sección llamada "La ira de Dios", ¿cómo caracteriza Packer la ira que fue propiciada en el Calvario?
7. En la siguiente sección, ¿cuáles son los tres hechos sobre la propiciación que afirma Packer? ¿Por qué razones es importante cada hecho?
8. ¿Cuál es el problema fundamental que resuelve el evangelio? ¿Cómo afecta este problema central resuelto en tu propia vida las áreas fuera del centro? (Sé específico).
9. ¿Cómo nos ayuda el hecho de ver la verdad de la propiciación a entender la fuerza impulsora de la vida de Jesús, el destino de los que rechazan a Dios, el regalo de la paz de Dios, las dimensiones del amor de Dios, y el significado de la gloria de Dios?

Opcional: ¿Qué rituales importantes del Antiguo Testamento estaban relacionados con la idea de propiciación? Utilizando una concordancia o un diccionario bíblico, investiga cada una de estas prácticas.

RESUMEN
¿Cuál es la esencia del evangelio? Como pregunta Packer: "¿Tiene la palabra propiciación algún lugar en tu cristianismo?".

ESTUDIO DIECINUEVE

HIJOS DE DIOS

PROPÓSITO
Comprender el glorioso significado de la adopción.

REFLEXIÓN Y DISCUSIÓN
1. ¿Es Dios el Padre de todas las personas? ¿Qué tipo de filiación puede experimentar un ser humano?
2. ¿En qué frase resume Packer toda la enseñanza del Nuevo Testamento? ¿En qué frase resume toda la religión del Nuevo Testamento?
3. Packer dice: "La revelación al creyente de que Dios es su Padre es en cierto sentido el clímax de la Biblia". ¿Cómo se compara la revelación de Dios en el Antiguo Testamento con la revelación del Nuevo Testamento?
4. ¿Cómo refuta Packer la afirmación de que la paternidad de Dios "no puede significar nada para quienes tienen padres humanos inadecuados"?
5. ¿Cómo ha aclarado Dios el significado de Su paternidad? ¿Cuáles son los cuatro elementos esenciales de la misma (p. 222)?
6. ¿Qué quiere decir Packer cuando afirma que la adopción es "el privilegio más grande que ofrece el evangelio"?
7. Packer dice que toda la vida cristiana debe entenderse en términos de adopción. Del Sermón del Monte, ¿cuáles son las tres cosas en las que se basa la adopción? ¿Cómo proporciona esta base?
8. ¿Por qué la frase adopción mediante la propiciación, que Packer utiliza en la página 233, es un resumen tan rico del evangelio?
9. ¿Cómo nos muestra nuestra adopción la grandeza del amor de Dios, la gloria de la esperanza cristiana, la clave para entender el ministerio del Espíritu Santo, el significado y los motivos de la "santidad evangélica", y la solución al problema de la seguridad?
10. Piensa (o escribe) una respuesta de sí o no a cada una de las preguntas enumeradas al final del capítulo. ¿Qué impresiones te quedan sobre tu propia comprensión de la adopción y tu relación con el Padre celestial?

RESUMEN
¿Qué es la *adopción*? ¿Por qué es tan importante esta doctrina?

ESTUDIO VEINTE

TÚ ERES NUESTRO GUÍA

PROPÓSITO
Aprender sobre la manera en que Dios guía a los cristianos.

REFLEXIÓN Y DISCUSIÓN
1. ¿Por qué la dirección es un problema crónico para muchos cristianos? ¿Te sientes ansioso por conocer la voluntad de Dios?
2. Enumera los dos hechos fundamentales en los que se basa nuestra confianza en la dirección divina.
3. ¿Cuáles son algunos ejemplos de dirección divina en la Biblia? ¿Cuáles son algunas promesas bíblicas de que Dios guiará?
4. ¿Qué otras verdades bíblicas confirman que Dios guiará (pp. 256)?
5. ¿Cuál es el error básico que cometen los cristianos sobre la dirección? ¿Cuál es la raíz de este error?
6. ¿Cómo guía Dios a Su pueblo?
7. ¿Cómo obra Dios en las decisiones "vocacionales"? ¿Qué errores pueden apagar al Espíritu en esta labor? ¿Qué pasos concretos podemos dar para asegurarnos de evitar cada uno de estos errores?
8. Si damos un paso en fe y llegan problemas, ¿cómo debemos reaccionar? ¿Cuáles son los principales ejemplos que Packer cita en las páginas ??? para demostrar que quienes siguen a Dios pueden experimentar dificultades?
9. Si tomamos el camino equivocado, ¿el daño es irreparable? ¿Por qué podemos estar seguros de que no lo es?
10. En la página 266, ¿qué verdad esencial sobre la dirección de Dios subraya Packer? ¿En qué manera esto te consuela?

Opcional: ¿Cuáles son las dos características distintivas de las "decisiones vocacionales"? ¿Cómo ridiculiza Hannah Whitall Smith la costumbre de considerar toda elección como "vocacional"?

RESUMEN
¿Cómo Dios dirige? ¿Qué implicaciones tiene para ti el hecho de saber esto?

ESTUDIO VEINTIUNO

ESTAS PRUEBAS INTERIORES

PROPÓSITO
Reconocer el daño que causan algunos ministerios evangélicos.

REFLEXIÓN Y DISCUSIÓN
1. En este capítulo, Packer critica cierto tipo de ministerio evangélico. ¿Por qué es cruel este ministerio? ¿Qué hace que sea un ministerio evangélico? ¿Qué está mal con él?
2. Según la sección "Doctrinas mal aplicadas", ¿qué destaca este ministerio sobre la diferencia que supone convertirse en cristiano en la vida de una persona? Incluso si estas cosas son ciertas, ¿qué hay de malo en este énfasis?
3. ¿Qué significa esta afirmación? "En este capítulo, Packer critica cierto tipo de ministerio evangélico. ¿Por qué es cruel este ministerio? ¿Qué hace que sea un ministerio evangélico? ¿Qué está mal con él?
4. ¿Qué efecto produce esta promesa?
5. ¿Por qué suele haber una diferencia entre la experiencia de un cristiano muy joven y la de uno mayor?
6. ¿Cuál es tu edad espiritual? ¿Cómo te ayuda Packer a entender tu situación actual?
7. ¿Qué remedio propone el ministerio aquí tratado para las dificultades de la vida cristiana?
8. ¿Cuándo es este remedio el correcto? ¿Cuándo es desastroso? ¿Por qué?
9. Al principio de la sección "Perder de vista la gracia", Packer formula varias críticas. ¿Cuáles son?
10. ¿Qué es la gracia? ¿Cuál es su propósito? ¿Cómo logra Dios este propósito?
11. Packer dice que la principal maldición de este tipo de enseñanza es la irrealidad. ¿Qué realidad describe el himno de John Newton?
12. ¿Dónde has encontrado la enseñanza a la que se opone Packer?

RESUMEN
¿Cuál es el error principal de los ministerios que Packer critica?

ESTUDIO VEINTIDÓS

LA SUFICIENCIA DE DIOS

PROPÓSITO
Regocijarnos en la suficiencia de Dios.

REFLEXIÓN Y DISCUSIÓN
(No le dediques mucho tiempo a las primeras cinco preguntas).
1. Cómo se puede leer Romanos, "el punto culminante de las Escrituras"?
2. ¿Por qué algunos cristianos aprecian más este libro que otros?
3. ¿Por qué escribió Pablo Romanos 8, "el punto culminante de Romanos"?
4. ¿Cuál es la estructura de Romanos 8?
5. ¿Por qué pregunta Pablo a sus lectores en el versículo 31: "¿Qué diremos frente a esto?".

La respuesta que da Pablo a la pregunta de Romanos 8:31 se centra en cuatro preguntas más.
6. La primera pregunta es: "Si Dios está de nuestra parte, ¿quién puede estar en contra nuestra?". ¿Qué pensamiento expresa esto? ¿Qué significa hablar de "la suficiencia de Dios como protector soberano", y hablar del "carácter decisivo del compromiso contraído según el pacto con nosotros"? ¿Qué significa para ti la frase *"Dios está de nuestra parte"*?
7. La segunda pregunta es: "El que no escatimó ni a su propio Hijo, sino que lo entregó por todos nosotros, ¿cómo no habrá de darnos generosamente, junto con él, todas las cosas?". ¿Qué pensamiento expresa esto? ¿Qué significa hablar de "la suficiencia de Dios como nuestro benefactor soberano" y hablar del "carácter decisivo de la obra redentora de Dios por nosotros"? ¿Qué implicaciones tiene para nuestro estilo de vida el hecho de que Dios nos reclama para Él?
8. La tercera pregunta es: "¿Quién acusará a los que Dios ha escogido? Dios es el que justifica. ¿Quién condenará?". ¿Qué pensamiento expresa esto? ¿Qué significa hablar de "la suficiencia de Dios como defensor soberano" y hablar del "carácter decisivo de Su veredicto justificador sobre nosotros"? ¿Cómo deben afectarnos estas verdades?
9. La cuarta pregunta es: "¿Quién nos apartará del amor de Cristo?". ¿Qué pensamiento expresa esto? ¿Qué significa hablar de la idoneidad de Dios "nuestro guardador soberano" y hablar del "carácter decisivo del amor divino al resolver nuestro destino"? ¿A qué temores de tu vida se refiere esto?
10. ¿De qué manera nuestro estudio sobre el conocimiento de Dios nos ha llevado "al corazón mismo de la religión bíblica"?
11. ¿Cómo afectará tus prioridades lo que hemos estudiado?

RESUMEN

Al describir la suficiencia de Dios, Packer utiliza cuatro términos para describir la maravillosa y soberana obra de Dios en la vida del creyente. ¿Cuáles son? ¿Cuál de estas funciones te produce más regocijo?

CONCLUSIÓN

Pregúntate qué te ha enseñado el estudio de *Conocer a Dios* acerca de Dios, acerca de ti mismo, y de tu relación con Él. (Anima a cada miembro del grupo a expresar sus reacciones).

¿Cómo entiendes tu posición como cristiano en la sociedad a la luz de lo aprendido? Al hablarles a otros de Cristo, ¿en qué cosas harías mayor énfasis ahora?

ÍNDICE
de las Escrituras

Génesis
1 *116*
1 – 2 *83*
1:2-3 *63*
1 – 3 *118*
1:3 *49*
1:5 *117*
1:6 *117*
1:6, 9, 11, 14, 20, 24, 26 *117*
1:9 *117*
1:12 *117*
1:14 *117*
1:20 *117*
1:24 *117*
1:26 *83, 117*
1:26-27 *104*
1:28 *117*
1:29 *117*
2:17 *117*
2:19 *83*
3 *149, 160, 165*

3:8-9 *83*
3:11-13 *83*
3:15-19 *117*
3:17-24 *83*
4:9 *83, 84*
6:3 *178*
6:5 *84*
6:6-7 *79, 83*
6 – 8 *83, 150*
6:16 – 17:1 *278*
11:5 *83*
11:7-9 *83*
12:1-3 *84*
12:4 *95*
12:7 *95*
12:10-20 *94*
12:12-13 *94*
13:8-9 *95*
13:14-17 *84*
14:14-15 *95*
14:19-22 *83*
15:1 *94, 287*

15:5 *119*
15:13-21 *84*
15:14 *150*
16:5-6 *94*
16:7 *84*
16:8 *83*
17:1 *94*
17:1, 7-9 *290*
17:1-8 *119*
17:1-7 *135*
18:14 *84*
18:17 *94*
18 – 19 *150*
18:20-21 *153*
18:20-33 *83*
18:23-32 *95*
18:25 *83, 140, 149*
19:24-25 *83*
20:11 *94*
21:5 *95*
22 *95*
25:9-10 *95*

25:29-34 96
27:1-40 96
28:13-15 95
29:15-30 96
30:25 – 31:55 96
31 96
31:3, 11-13 96
32:1-2, 9-10 96
32:24-30 97
32:25 97
32:26 97
32:28 98
33:14-17 98
45:7-8 98
48 – 49 95

Éxodo
3 76, 182
3:7-10 119
3:12 292
3:14 76
3:15 76
4:10-14 278
4:22-23 217
6 182
7 – 12 150
13:21-22 264
14:10-12 264
16:3 264
17:8 264
17:9-13 188
20:2-3 296
20:4-5 35
20:5 182
31:18 182

32:5 39
32:26-35 150
33:17 32
33:19 174
34 76, 182
34:5-7 76, 174
34:6 119, 175, 290
34:6-7 177, 182
34:14 182

Levítico
4:1 – 6:7 194
4:4, 24, 29, 33 202
4:6-7, 17-18, 25, 30 202
10:1-3 150
16:1-34 194
16:21-22 202
17:11 201

Números
5:11-31 184
11:4-6 264
14:2-3 264
16:41-50 194
16:46-48 194
20:2-5 264
21:4-5 264
21:21-23 264
23:19 78, 120
25:11 182
25:11, 13 188

Deuteronomio
1:19 264

4 42
4:24 182
6:14-15 186
6:15 182
7:7-8 132
7:21 105
10:17 105
29:20 182
32:16, 21 182
32:29 261

Josué
7 150
24:19 182
24:19-20 186

Jueces
2:11-15 150
3:5-8 150
4:1-3 150
11:27 149
24:19 185

1 Samuel
15:11 79
15:29 78, 120

2 Samuel
7:28 119
17 92
22:31 175
24:16 79

1 Reyes
14 182

14:22 *185*
19:10, 14 *188*
22 *182*

2 Reyes
17 *150*
22:15-17 *150*
23:26-27 *150*

2 Crónicas
5:13 *176*
7:13 *176*
32:7-8 *293*

Esdras
1:1 *254*

Nehemías
1:5 *105*
4:14 *105*
9:17 *178*
9:32 *105*

Job
5:17 *274*
9:4 *92*
12:13 *92*
28:28 *105*
36:5 *92*
37:22 *85*
38 – 41 *85*
40:9-11 *85*

Salmos
16 *309*

18:30 *175*
23:3 *256, 260*
25 *255*
25:8, 9, 12 *255*
27:8 *310*
31:5 *119*
32:8 *255*
33:6 *63*
33:6, 9 *49, 117*
33:11 *78*
34:14 *260*
34:19 *263*
36:5 *121*
37:27 *260*
48:1 *81*
50:8-13 *141*
51 *31*
56:2 *291*
56:3-4 *291*
56:4, 10 *292*
56:5-6 *291*
56:8 *291*
56:9 *291*
56:12-13 *292*
56:13 *292*
57:10 *119*
62:12 *163*
73 *154*
73:24-26 *287*
73:25-26 *94*
75:7 *149*
78:58 *182, 185*
79:5 *182*
82:8 *149*
84:11 *302*

86:5 *176*
90:2 *75*
93:1-2 *81*
93:2 *75*
95:3, 6 *82*
99:3 *105*
100:4-5 *176*
102:23 *98*
102:26-27 *75*
103:8 *178*
106:1 *176*
106:2, 136 *176*
107 *176*
107:1 *176*
107:1, 6, 13, 19, 28 *177*
107:8, 15, 21, 31 *177*
108:4 *119*
110 *54*
111:10 *105*
116:12-18 *179*
118:1 *176*
119 *9, 256*
119:1, 2, 5 *9*
119:5, 10, 26-27, 36, 80 *123*
119:12, 18, 97, 103, 125 *9*
119:32 *59*
119:68 *176*
119:71 *180*
119:89, 151-152 *77*
119:90 *121*
119:98-99 *105*
119:136 *31*

119:151 *120*
119:160 *119*
136:1 *176*
139 *84*
139:1-4 *85, 116*
139:5-10 *84*
139:11-12 *84*
139:14 *85*
139:23-24 *262*
145 *176*
145:5 *81*
145:8 *178*
145:9, 15-16 *132, 176*
147:15-18 *118*
148:8 *118*

Proverbios
1:7 *105*
3:6 *255*
3:11 *274*
4:7, 13 *104*
6:34 *184*
8:34-36 *104*
9:4 *104*
9:10 *105*
11:2 *105*
12:15 *261*
15:33 *105*
24:12 *163*
27:4 *184*

Eclesiastés
1:1 *109*
1:2 *108*
1:3 *110*

1:4-7 *110*
1 – 10 *108*
1:14 *110*
1:17-18 *110*
2:11, 22 *110*
2:14, 16 *110*
2:15-16, 22-23 *110*
2:18-21 *110*
2:19 *110*
2:24 *112*
3:1-8 *110*
3:9 *110*
3:11 *110*
3:12 *112*
3:12-13 *112*
3:16 *110*
3:19-20 *110*
4:1 *110*
4:4 *110*
4:8 *110*
5:8 *110*
5:11 *110*
5:16 *110*
5:17 *112*
5:18-20 *112*
5:15-16 *110*
7:4-6 *112*
7:13-14 *110*
7:14 *112*
7:15 *110*
7:29 *104*
8:8 *110*
8:11 *110*
8:14 *110*
8:15 *112*

8:17 *110*
9:2-3 *110*
9:3 *110*
9:7-10 *112*
9:10 *112*
9:11-12 *110*
11:1-6 *112*
11:5 *110, 112*
11:9 *109, 112, 151*
11:9-10 *112*
11 – 12:7 *108*
12:1, 12 *109*
12:8 *108*
12:12 *109*
12:13 *112*
12:14 *112, 151*

Cantares
8:6 *130*
8:7 *130*

Isaías
6:3 *219*
9:6-7 *119*
9:7 *186*
11:1-2 *119*
28:20 *269*
37:32 *186*
40 *86*
40:6-8 *77*
40:12 *86*
40:15, 17 *86*
40:18 *39*
40:22 *87*
40:23 *87*

40:25 *88*	**Lamentaciones**	5:18-23 *19*
40:26 *88*	3:23 *121*	5:21 *19*
40:26, 28 *92*		6 *19*
40:27 *88*	**Ezequiel**	6:10 *17*
40:28 *89*	5:13 *186*	6:22 *22*
42:8 *187*	8:3 *185*	7:13-14 *156*
44:9-20 *35*	8:3-5 *182*	7:14 *119*
46:6-7 *35*	16 *185*	9 *19*
46:9-10 *290*	16:38 *185*	9:3 *18*
48:11 *187*	16:38, 42 *182*	9:4, 7, 9, 14 *20*
48:12 *75*	16:42 *185*	10:21 *122*
53 *214*	23:25 *182, 185*	11:21 *17*
53:4-10 *209*	36:5-7 *182, 186*	11:31-32 *17*
55:8-9 *41*	38:19 *182*	11:32 *17*
55:10-11 *118*	39:25 *182, 187*	
57:17 *274*		**Oseas**
58:11 *255*	**Daniel**	6:6 *23*
65:16 *119*	1 *19*	
66:2 *119*	1:8-26 *17*	**Joel**
	2 *19*	2:13 *178*
Jeremías	2, 4, 7, 8, 10 – 12 *19*	2:13-14 *79*
1:7 *118*	2:20 *92*	2:18 *182, 186*
1:9 *118*	2:20-22 *19*	2:25-26 *266*
1:10 *118*	2:44 *119*	
1:11-12 *118*	3 *19*	**Amós**
6:16 *xiv*	3:15 *21*	4:12 *156*
9:23-24 *23*	3:16-18 *21*	
9:24 *26*	3:25 *22*	**Jonás**
10:10 *75*	4 *19*	1:3 *263*
13:10 *119*	4:5, 27, 34 *150*	3:10 *79*
20:11 *105*	4:17 *19*	4:2 *178*
22:16 *309*	4:26 *19*	
33:11 *176*	4:34- 37 *19*	**Nahúm**
	5 *19*	1:2 *182, 186*
	5:5-6, 23-28, 30 *150*	1:2-8 *160*

Habacuc
1:13 *219*
3:17-19 *310*

Sofonías
1:18 *182, 186*
3:8 *182, 186*

Zacarías
1:14 *182*
1:14-17 *186*
8:2 *182, 186*
13:1 *142*

Malaquías
3:6 *302*

Mateo
2:1-6 *48*
5:8 *237*
5:16 *229*
5:44-45, 48 *229*
5:48 *130*
6:1 *230*
6:1-18 *230*
6:4, 6, 18 *230*
6:7-8 *230*
6:9 *229, 230*
6:25 *232*
6:26 *232*
6:31-33 *232*
6:33 *296*
7:7-11 *231*
7:11 *256*
7:13-27 *155*

10:24-25 *264*
10:26-33 *155*
11:28 *142*
11:28-29 *29, 164*
12:33-34 *156*
12:36-37 *155, 156*
13:24-50 *155*
16:16 *28*
16:24-26 *164*
16:27 *153*
17:27 *56*
21:43-44 *150*
22:1-14 *155*
24:36 – 25:46 *155*
25:31-34, 41 *155*
25:34-46 *157*
26:53-54 *57*
28:8-10 *228*
28:18, 20 *55*

Marcos
1:11 *207*
1:22, 27 *207*
3:14 *28*
3:35 *228*
4:35 *264*
4:37 *264*
5:30 *56*
6:38 *56*
6:45 *264*
6:48 *264*
8:31 *208*
8:34-35 *208*
9:7 *207*
9:9, 31 *208*

9:47 *164*
9:48 *164*
10:29-30 *296*
10:33-34 *208*
10:45 *208*
11:27-33 *207*
12:8 *208*
13:32 *56, 57*
14:18, 24 *208*
14:21 *210*
14:21, 49 *208*
14:24 *206, 208*
14:33-34 *208*
14:36 *208*
14:61-62 *207*
15:34 *208*

Lucas
6:35 *132*
11:2, 4 *244*
12:47-48 *158, 163*
12:48 *158*
12:50 *58*
13:23-30 *155*
15:10 *134*
15:18-19 *235*
16:19-31 *155*
18:31 *254*
21:22-24 *160*
22:22 *254*
22:61-62 *31*
24:26-27 *209*
24:47 *224*

Juan

1:1 *49, 50, 62*
1:1-18 *49*
1:3 *50*
1:4 *50*
1:5 *32*
1:12 *222, 226*
1:12-13 *217*
1:14 *46, 50, 52*
1:14, 18 *48*
1:18 *290*
1:29 *206, 213*
2:17 *189*
3:3, 5 *67*
3:11 *67*
3:16 *135, 142*
3:16, 18 *48*
3:18-19 *164*
4:17-18 *56*
4:24 *128, 129*
4:34 *189, 222, 254*
5:19 *222*
5:19, 30 *56*
5:20 *222*
5:22-23 *222*
5:22-23, 26-29 *156*
5:22, 27-29 *152*
5:22-30 *155*
5:23-24 *29*
5:23, 26-27 *63*
5:24 *157*
5:43 *63*
6:35 *29*
6:38 *56, 222*
6:68 *28*
7:16 *55*
8:28 *55*
8:28-29 *56*
8:29 *222*
8:40 *55*
10:7, 14 *29*
10:14-15, 27-28 *32*
10:25 *63*
10:27 *29*
10:27-28 *29*
10:35 *77*
11:11-13 *56*
11:25 *29*
11:42 *230*
12:26 *223*
12:49-50 *55, 66*
13:31 *214*
14:6 *217*
14:9, 6 *28*
14:16 *62, 64*
14:17, 26 *63*
14:26 *63*
15:9-10 *222*
15:15 *225*
15:26 *63*
15:26-27 *66*
15:27 *66*
16:7 *64*
16:8 *67*
16:12-14 *66*
16:27 *63, 223*
16:32 *222*
17:1 *222*
17:3 *23, 43*
17:4 *222*
17:4, 12 *63*
17:5 *54*
17:8, 14 *66*
17:11 *63*
17:17 *119*
17:24 *223, 237*
20:17 *222*
20:17-18 *228*
20:19-20 *212*
20:31 *49*
21:17 *55*
Jn 1:18 *50*

Hechos

1 – 2 *205*
1:8 *66*
2:17-18, 33 *126*
2:38 *224*
3:19 *224*
5:1-10 *150*
5:29 *20*
5:31 *224, 304*
8:26, 29 *255*
8:29 *256*
10 *266*
10:19 *256*
10:19-20 *255*
10:42 *151*
10:43 *224*
10:45 *126*
11:23 *31*
12:21-23 *150*
13:2 *255, 256*
13:8-11 *150*
13:38-39 *224*

14:17 *132, 176, 203*	2:1-6 *203*	5:10-11 *206*
14:22 *272, 288*	2:1-16 *197*	5:20 *166*
15:28 *256*	2:4 *178*	6:2 *274*
16:6 *256*	2:5 *154, 160, 165, 166*	6 – 7 *284*
16:6-10 *255*	2:5-6 *163*	6:13, 18 *287*
16:10 *264*	2:5-6, 8, 16 *197*	7 *285, 286, 303*
17:25 *141*	2:6-11 *153*	7:7 *285*
17:30 *119*	2:9 *197*	7:7-13 *166*
17:30-31 *224*	2:12 *158*	7:11 *285*
17:31 *151, 156*	2:16 *151*	7:14-25 *302*
18:9-10 *255*	3 *197*	7:18, 22-23 *285*
19:2 *65*	3:5 *166*	7:22 *285*
19:21 *264*	3:9-10, 19 *167*	7:24 *285*
20:21 *224*	3 – 15 *282*	7:25 *285*
20:22-23 *264*	3:20 *141*	8 *233, 246, 284, 286, 309*
20:24 *20, 189*	3:21-26 *195*	
21:14 *254*	3:22-26 *224*	8:1 *158, 286, 296*
22:14 *254*	3:24 *206*	8:1-9 *286*
22:16 *224*	3:24-25 *143, 167*	8:1, 16-17, 28, 30, 31, 33, 35, 38-39 *21*
26:16-19 *254*	3:25 *197, 198*	
26:18 *224*	3:25-26 *203*	8:1-20 *287*
	3:26 *204*	8:1-30 *288*
Romanos	4 – 5 *284*	8:4-27 *286*
1 – 3 *282, 284*	4:5 *198, 303*	8:6-13 *286*
1 – 5 *205, 224*	4, 10, 14 *282*	8:14 *232, 260*
1 – 7 *284*	4:15 *165*	8:14-17, 29 *286*
1:18 *160, 166, 197, 290*	4:25 *204*	8:15 *240, 286*
	5:1 *21*	8:16 *246*
1:19-31 *167*	5:1-11 *284*	8:16-17 *236*
1:23 *75*	5:5 *125, 127*	8:17 *236, 246*
1:23, 25 *35*	5 – 7 *282*	8:17-25 *286*
1:24, 26, 28 *167, 197*	5:8 *135, 142, 233, 290, 294*	8:18-23, 35-39 *284*
1:28 *166*		8:19-21 *237*
1:32 *166*	5:9 *160, 165, 167, 198*	8:23 *236, 285*
2:1-5 *178*	5:10 *198*	8:26-27 *286*

8:28 *131, 242, 301*
8:28-30 *286*
8:29 *290*
8:29-30 *144, 246*
8:30 *276, 295*
8:31 *287*
8:31-35 *289*
8:31-39 *287, 288*
8:32 *135, 143*
8:33 *296*
8:35 *288*
8:35-36 *307*
8:35-39 *130*
8:35, 39 *306*
8:37 *308*
8:38-39 *246, 306*
8:39 *307*
9 *282*
9:16 *141*
9:22 *178*
10:14 *30*
11:20-21 *177*
11:22 *171, 176, 177, 178*
11:33-34 *41*
12:2 *255*
12:19 *160*
13:4 *165*
13:4-5 *160*
13:5 *165*
15-16 *289*
16:25, 27 *92*
22:37-38 *298*
38-39 *289*

1 Corintios
1:9 *276*
1:21 *40*
1:24, 30 *113*
2:1-5 *68*
2:9-13 *67*
3:9 *27*
3:12-15 *157*
3:18 *113*
5:18-20 *206*
7:39 *260*
8:1-2 *8*
10:13 *272, 302*
10:22 *182, 185*
11:29-32 *150*
12:28-30 *126*
13:1-3 *126*
13:12 *32, 237*
15:10 *138, 276*
15:47 *46*
15:47-54 *276*

2 Corintios
1:4 *99*
3:8 *104*
3:18 *241, 276*
4:4 *67*
4:6 *215*
4:13 *xiv*
5:10 *153, 154, 157*
5:11 *158*
5:14, 18-21 *202*
5:18-21 *224*
5:21 *276*
7:11 *188*

8:9 *53, 59*
12:7-9 *100, 231*
12:9 *302*

Gálatas
1:4 *206*
1:8 *196*
2:11-14 *266*
2:20 *135, 206*
2:21 *138*
3 *205*
3:13 *201, 206*
3:13-14 *224*
3:15-29 *135*
3:26-29 *217*
4:1-7 *226*
4:3, 5, 8 *226*
4:4-5 *218*
4:5 *206, 226, 232*
4:6 *226, 240*
4:7 *226, 236*
4:9 *32*
5:22 *179*
6:7 *210*

Efesios
1:3 *145, 221*
1:4 *133, 214*
1:4-5 *145, 241*
1:5 *218, 232*
1:5, 9, 11 *145*
1:6 *145, 214*
1:7 *144, 145, 213, 224*
1:10-11 *254*
1:11-12 *145*

1:12, 14 *145*	**Filipenses**	**1 Timoteo**
1:13-14 *145, 276*	1:6 *276*	1:16 *254*
1:14 *214*	1:29 *146*	2:6 *206*
1:19 *145*	2:5 *59*	2:9 *259*
1:19-20 *145*	2:6-8 *52*	6:16
2:1-5 *213*	2:7 *53, 54*	
2:1-6 *276*	2:8 *209*	**2 Timoteo**
2:3 *166*	3:7-10 *14*	3:15 *113*
2:4 *134*	3:8-14 *307*	3:15-17 *105*
2:4, 7 *145*		3:16-17 *256*
2:4-8 *145*	**Colosenses**	4:8 *151*
2:5, 8 *142*	1:9 *105, 255*	
2:7 *145*	1:20 *213*	**Tito**
2:7-10 *214*	1:20-22 *206*	1:2 *120*
2:8 *145*	3:10 *104*	2:11 *142*
2:8-10 *145*	3:12 *179*	2:11-12 *147*
2:10 *145, 147*	3:16 *105*	2:14 *188*
2:13 *213*	4:5 *105*	3:6 *126*
3:11 *254*	4:12 *255*	3:7 *143*
3:12 *220*		
3:14-16 *127*	**1 Tesalonicenses**	**Hebreos**
3:15 *221*	1:10 *160, 168, 169*	1:2 *47*
3:18-19 *213*	2:14-16 *150*	1:3 *81, 219*
3:19 *134*	2:16 *160*	2:10 *237*
4:2 *179*	4:17 *237*	2:11-13 *228*
4:10 *55*	5:9 *160*	2:17 *195*
4:11-16 *214*	5:21 *263*	2:17-18 *51*
4:19-22 *259*		4:15-16 *51*
4:30 *214*	**2 Tesalonicenses**	5:8-9 *99*
5:2 *206, 213*	1:7-10 *160*	6:17-18 *79*
5:15-17 *105*	2:10 *9*	6:18 *120*
5:25 *213*	2:12-13 *144*	7:16 *75*
5:25-27 *214*	2:13 *133*	7:25 *79*
		8:1 *81, 219*
		8–10 *205*

9:1 – 10:18 *206*
9:14 *206*
9:28 *206*
10:7, 9 *254*
10:19-22 *220*
10:23 *121*
10:30 *199*
11:3 *117*
12:5 *180, 274*
12:6-7, 11 *242*
12:6-11 *130*
12:23 *149*
12:28-29 *169*
13:8 *79, 302*

Santiago
1:5 *105, 255*
1:17 *76, 129*
1:20 *183*
3:17 *113*
4:5 *182*
5:9 *151*

1 Pedro
1:5 *146, 306*
1:8 *14, 31*
1:16 *199*
1:18 *206*
2:24 *206*
3:20 *178*
4:5 *151*
4:15 *259*

2 Pedro
1:16 *81*
3:5 *117*
3:9 *179*

1 Juan
1 – 3 *205*
1:3 *223*
1:5 *128*
1:6-7 *130*
1:15 *130*
2:1-2 *195*
2:2 *168*
2:3, 29 *248*
2:4 *31*
2:7-11 *130*
2:9-11 *222*
2:9, 11 *31*
2:13, 23-24 *222*
2:15 *222*
2:20, 27 *256*
2:29 *222*
3:1 *222, 226, 233*
3:1-2 *218*
3:2 *236, 237, 242*
3:3 *222, 242*
3:6-10, 14, 18-21 *248*
3:6, 11 *31*
3:9-10 *222*
3:10 *130*
3:10-17 *222*
3:23 *119*
4:7-8 *200*
4:7-8, 15-16 *248*
4:7, 21 *222*
4:8-10 *92, 195, 233*
4:8, 16 *125*
4:9 *201*
4:9-10 *135*
4:11 *136*
4:16 *125*
4:20 *31*
5:1-3 *222*
5:1, 3 *223*
5:1-4, 18 *248*
5:18 *222*

Judas
23 *168*
24 *134*

Apocalipsis
1:5 *206*
2:21 *179*
3:15-16, 19 *189*
5:9 *206*
5:12 *214*
6:16-17 *160*
7:9-12 *214*
16:19 *160*
17 – 18, 20 *160*
20:11-15 *157*
20:12-13 *153*
22:4 *237*

Descubre *el evangelio*
Descubre a Jesús

Encuentros con Jesús
Respuestas inesperadas a las preguntas más grandes de la vida

¿Cuál es mi propósito en la vida?

Jesús *cambió la vida* de cada persona que conoció cuando se encontró con ellos y les dio respuestas inesperadas a sus preguntas más grandes. Encuentros con Jesús muestra cómo las vidas de muchas personas fueron transformadas cuando se encontraron con Jesús personalmente —y cómo nosotros podemos ser transformados hoy a través de un encuentro personal con Él.

Los Cantos de Jesús
Un año de devocionales diarios en los Salmos

¿Sabías que Jesús cantaba Los Salmos en Su vida diaria? Él conoció los 150 Salmos íntimamente y los recordaba para enfrentar cada situación, incluyendo Su muerte.

¡Los Salmos son los Cantos de Jesús!

En este devocional, Timothy Keller y su esposa Kathy te mostrarán profundidades en Los Salmos que te **llevarán a tener una relación más íntima con Dios.**

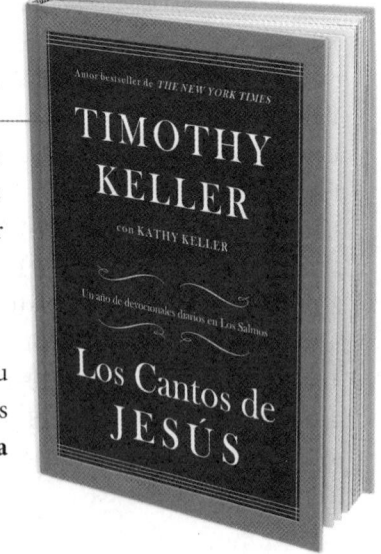

TÍTULOS DE LA SERIE
LA PALABRA DE DIOS PARA TI

"Todo Gálatas habla del evangelio: el evangelio que todos necesitamos durante toda la vida. **¡Este evangelio es como dinamita!** Oro para que su poderoso mensaje explote en tu corazón mientras lees este libro".

- Timothy Keller

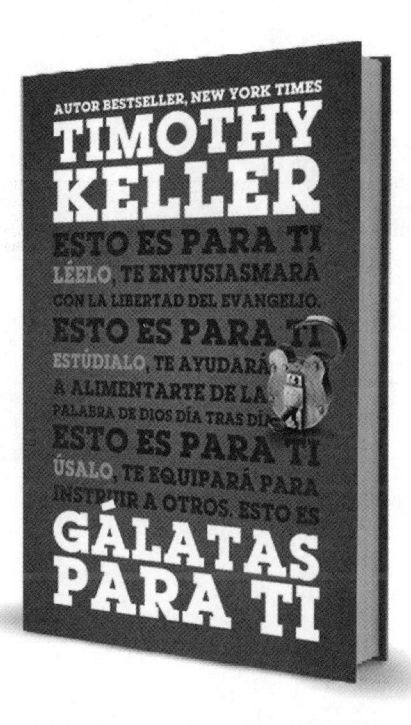

LÉELOS • ESTÚDIALOS • ÚSALOS

Conoce la Serie

40 DÍAS

Esta serie de devocionales cortos escrita por el popular autor y conferencista Paul David Tripp anima a los cristianos a experimentar el mensaje vivificador del evangelio cada día. Cada libro contiene 40 lecturas diarias cuidadosamente seleccionadas del libro bestseller *Nuevas misericordias cada mañana*, y cada lectura desarrolla un tema esencial de la vida cristiana. Tan cortas como para ser leídas en 5 minutos o menos, cada meditación te animará como lector a atesorar las verdades transformadoras de la Palabra de Dios con mayor profundidad.

Otros libros de
POIEMA

el evangelio para cada rincón de la vida

www.poiema.co

El Evangelio
¡para cada rincón de la Vida!

Poiema /POY-EMA/ es la palabra griega que se refiere a una obra creada por Dios. Es la raíz de nuestra palabra "poema", que nos insinúa algo artístico, no una simple fabricación. Pablo dice:

Porque somos la obra maestra (POIEMA) de Dios, creados de nuevo en Cristo Jesús…
Efesios 2:10

El propósito de Poiema Publicaciones es reflejar la imagen de nuestro Creador, creando libros de alta calidad, accesibles, agradables y pertinentes al mundo caído en el que vivimos. Dios nos invita a tomar parte en la redención de toda Su creación en Jesús. En Poiema Publicaciones, sentimos un llamado a que nuestra lectura itambién sea redimida!

POIEMA
LECTURA REDIMIDA

- PoiemaLibros
- Poiema Publicaciones
- PoiemaLibros

Visita nuestra web **www.poiema.co**